高等院校财经类专业应用型本科系列教材

税法

SHUIFA

◎主　编　杨　捷
◎副主编　明永红　宋锐林　崔　曲
◎主　审　范维纲

重庆大学出版社

内容提要

本书共分为13章。第1章介绍了税法的基础知识和基本理论；第2、第3、第4、第6章阐述了我国现行流转税制，具体分为增值税、消费税、营业税和关税；第5章介绍了与增值税、消费税、营业税紧密联系的城市维护建设税和教育费附加；第7、第8章阐述了我国现行所得税制，具体分为企业所得税和个人所得税；第9章介绍了资源税和土地增值税；第10章介绍了房产税、城镇土地使用税、契税和耕地占用税；第11章介绍了车辆购置税、车船税和印花税；第12、第13章介绍了我国现行的税收征收管理法和税务行政法制。

本书适用于各应用型本科和专科院校财经类、法学类、管理类等专业，同时也是社会各界人士学习税法知识的参考书和培训教材。

图书在版编目(CIP)数据

税法 / 杨捷主编. —重庆：重庆大学出版社，2015.4

高等院校财经类专业应用型本科系列教材

ISBN 978-7-5624-8788-3

Ⅰ.①税… Ⅱ.①杨… Ⅲ.①税法—中国—高等学校—教材 Ⅳ.①D922.22

中国版本图书馆CIP数据核字(2014)第306590号

税　法

主　编　杨　捷

副主编　明永红　宋锐林　崔　曲

主　审　范维纲

责任编辑：范　莹　　版式设计：范　莹

责任校对：秦巴达　　责任印制：赵　晟

*

重庆大学出版社出版发行

出版人：邓晓益

社址：重庆市沙坪坝区大学城西路21号

邮编：401331

电话：(023) 88617190　88617185(中小学)

传真：(023) 88617186　88617166

网址：http://www.cqup.com.cn

邮箱：fxk@cqup.com.cn (营销中心)

全国新华书店经销

重庆紫石东南印务有限公司印刷

*

开本：787×1092　1/16　印张：26　字数：600千

2015年4月第1版　2015年4月第1次印刷

印数：1—3 000

ISBN 978-7-5624-8788-3　定价：47.00元

前言 PREFACE

税法是我国法律体系的重要组成部分，是调整税收关系的重要法律依据，同时也是保障国家财政收入、调控经济与社会活动、维护纳税人权益的重要法律手段。随着我国社会主义市场经济的深入发展和社会民主法制的进步，税法和税法科学得到了迅速发展，我国的税法体系和税收制度也在不断地修订和完善。在这种大背景下，根据最新的税收法律法规，编写最新的税法教程，使之能更好地满足课堂教学和实际工作的需要，就显得尤为重要。因此，我们组织具有丰富教学经验和税务实践工作的专业教师编写了本书。

税法课程一直是我国高等院校财经类专业和法学专业学生的主干课程，税法知识和技能，已经成为学生专业知识结构中不可或缺的重要组成部分，同时也是我国各类专业资格考试（如会计从业资格考试、会计职称资格考试、注册会计师考试、司法考试等）的全国统一考试科目。

为了让大家系统地学习税法的有关理论和实务，掌握我国目前最新的税法细则，本书以现行的最新税收法律法规为依据，结合有关条例进行编写，体现了我国税收法律法规的最新动态。

本书适用于应用型普通高校和高职高专等院校专业教学使用，同时也是社会各界人士学习税法知识的参考书和培训教材。本书注重理论与实际的结合，侧重实务法规的应用和税收计算。

本书由武汉科技大学城市学院杨捷担任主编，由范维纲教授担任主审，武汉科技大学城市学院明永红、宋锐林、崔曲担任副主编。本书的编写体例、大纲结构由杨捷制定，最后由范维纲教授审核全书、杨捷汇总编撰和定稿。

本书共分 13 章，具体的编写分工如下：

杨捷编写第 1 章、第 2 章、第 3 章、第 4 章、第 5 章、第 7 章；明永红编写第 6 章、第 8 章；宋锐林编写第 9 章、第 10 章、第 13 章；崔曲编写第 11 章、第 12 章。

本书的出版得到了范维纲教授的细心指导及重庆大学出版社等有关单位和人士的大力支持和关心，谨在此表示衷心的感谢！另外，在编写过程中参考了大量相关资料，在此也向所有参考文献的作者表示真诚的感谢！

由于编写人员的水平有限，书中难免存在一些不足之处，恳请各位读者批评指正。

杨　捷

于东湖磨山

2015 年 1 月

目录 CONTENTS

第1章 税法概论

【学习要求】

1. 熟悉税收和税法的基本概念，熟悉税收法律关系；
2. 掌握税收实体法中的有关纳税义务人、税目、税基、税率、减免税等知识；
3. 了解我国现有税法体系及我国税收征管制度。

1.1 税法的概念

1.1.1 税法的概述

税收的本质特征具体体现为税收制度，作为税收制度的法律表现形式，税法所确定的具体内容就是税收制度。因此，必须在深入理解税收的基础上把握税法的概念。

税收是政府为了满足社会公共需要，凭借政治权力，强制、无偿地取得财政收入的一种形式。理解税收的概念可从以下几方面把握：

1）税收是国家取得财政收入的一种重要工具，其本质是一种分配关系

国家要行使职能必须有一定的财政收入作为保障。取得财政收入的手段多种多样，如税收、发行货币、发行国债、收费、罚没，而税收收入是大部分国家取得财政收入的主要形式。我国自1994年税制改革以来，税收收入占财政收入的比重基本维持在90%以上。在社会再生产过程中，分配是连接生产与消费必要环节，在市场经济条件下，分配主要是对社会产品价值的分割。税收解决的是分配问题，处于社会再生产的分配环节，因而它体现的是一种分配关系。

2）国家征税的依据是政治权力，它有别于按要素进行的分配

国家通过征税，将一部分社会产品由纳税人所有转变为国家所有，因此征税的过程实际上是国家参与社会产品的分配过程。国家与纳税人之间形成的这种分配关系与社会再生产中的一般分配关系不同。分配问题涉及两个基本问题：一是分配的主体；二是分配的依据。税收分配是以国家为主体所进行的分配，而一般分配则是以各生产要素的所有者为主体所进行的分配；税收分配是国家凭借政治权力进行的分配，而一般分配则是基于生产要素所进行的分配。

3）征税的目的是满足社会公共需要

国家在履行其公共职能过程中必然要有一定的公共支出。公共产品提供的特殊性决定了公共支出一般情况下不能由公民个人、企业采取自愿出价的方式，而只能采用由国家（政府）强制征税的方式，由经济组织、单位和个人来负担。国家征税的目的是满足国家提供公共产品的需要，其中包括政府弥补市场失灵，促进公平分配等需要。同时，国家征税也要受到所提供公共产品规模和质量的制约。

4）税收具有无偿性、强制性和固定性的形式特征

税收特征，亦称“税收形式特征”，是指税收分配形式区别于其他财政分配形式的质的规定性。税收特征是由税收的本质决定的，是税收本质属性的外在表现，是区别税与非税的外在尺度和标志，也是古今中外税收的共性特征。税收的形式特征通常概括为税收“三性”，即无偿性、强制性和固定性。

（1）税收的无偿性

税收的无偿性是指国家征税以后对具体纳税人既不需要直接偿还，也不付出任何直接形式的报酬，纳税人从政府支出中所获利益通常与其支付的税款不完全成一一对应的比例关系。无偿性是税收的关键特征，它使税收明显地区别于国债等财政收入形式，决定了税收是国家筹集财政收入的主要手段，并成为调节经济和矫正社会分配不公的有力工具。

（2）税收的强制性

税收的强制性指税收是国家凭借政治权力，通过法律形式对社会产品进行的强制性分配，而非纳税人的一种自愿交纳，纳税人必须依法纳税，否则会受到法律制裁。强制性是国家的权力在税收上的法律体现，是国家取得税收收入的根本前提。它也是与税收的无偿性特征相对应的一个特征。正因为税收具有无偿性，才需要通过税收法律的形式规范征纳双方的权利和义务，对纳税人而言依法纳税既是一种权利，更是一种义务。

（3）税收的固定性

税收的固定性指税收是国家通过法律形式预先规定了对什么征税及其征收比例等税制要素，并保持相对的连续性和稳定性，即使税制要素的具体内容也会因经济发展水平、国家经济政策的变化而进行必要的改革和调整，但这种改革和调整也总是要通过法律形式事先规定，而且改革调整后要保持一定时期的相对稳定。基于法律的税收固定性始终是税收的固有形式特征，税收固定性对国家和纳税人都具有十分重要的意义。对国家来说，可以保证财政收入的及时、稳定和可靠，可以防止国家不顾客观经济条件和纳税人的负担能力，滥用征税权力；对于纳税人来说，可以保护其合法权益不受侵犯，增强其依法纳税的法律意识，同时也有利于纳税人通过税收筹划选择合理的经营规模、经营方式和经营结构等，降低经营成本。

税收三性是一个完整的统一体，它们相辅相成、缺一不可。其中，无偿性是核心，强制性是保障，固定性是对强制性和无偿性的一种规范和约束。

1.1.2 税法的概念

税收制度是在税收分配活动中税收征纳双方所应遵守的行为规范的总和。其内容主要包括各税种的法律法规以及为了保证这些税法得以实施的税收征管制度和税收管理体制。其中,税法是税收制度的核心内容。

税法是国家制定的用以调整国家与纳税人之间在征纳税方面的权利及义务关系的法律规范的总称。它是国家及纳税人依法征税、依法纳税的行为准则,其目的是保障国家利益和纳税人的合法权益,维护正常的税收秩序,保证国家的财政收入。税法具有义务性法规和综合性法规的特点。

从法律性质上看,税法属于义务性法规,以规定纳税人的义务为主。税法属于义务性法规,并不是指税法没有规定纳税人的权利,而是指纳税人的权利是建立在其纳税义务的基础之上,处于从属地位。税法属于义务性法规的这一特点是由税收的无偿性和强制性特点所决定的。税法的另一特点是具有综合性,它是由一系列单行税收法律法规及行政规章制度组成的体系,其内容涉及课税的基本原则、征纳双方的权利和义务、税收管理规则、法律责任、解决税务争议的法律规范等。税法的综合性特点是由税收制度所调整的税收分配关系和税收法律关系的复杂性所决定的。

1.1.3 税法的作用

由于税法调整的对象涉及社会经济活动的各个方面,与国家的整体利益及企业、单位、个人的直接利益有着密切的关系,并且在建立和发展我国社会主义市场经济体制中,国家将通过制定实施税法加强对国民经济的宏观调控,因此,税法的地位越来越重要。正确认识税法在我国社会主义市场经济发展中的重要作用,对于我们在实际工作中准确地把握和认真执行税法的各项规定是很有必要的。我国税法的重要作用主要有这样几方面:

1)税法是国家组织财政收入的法律保障

为了维护国家机器的正常运转以及促进国民经济健康发展,必须筹集大量的资金,即组织国家财政收入。为了保证税收组织财政收入职能的发挥,必须通过制定税法,以法律的形式确定企业、单位和个人履行纳税义务的具体项目、数额和纳税程序,惩治偷逃税款的行为,防止税款流失,保证国家依法征税,及时足额地取得税收收入。针对我国税费并存(政府收费)的宏观分配格局,今后一段时期,我国实施税制改革,一个重要的目的就是要逐步提高税收占国民生产总值的比重,以保障财政收入。

2)税法是国家宏观调控经济的法律手段

我国建立和发展社会主义市场经济体制,一个重要的改革目标,就是国家从过去习惯于运用行政手段直接管理经济,向主要运用法律、经济的手段宏观调控经济转变。税收作为国家宏观调控的重要手段,通过制定税法,以法律的形式确定国家与纳税人之间的利益分配关系,调节社会成员的收入水平,调整产业结构和社会资源的优化配置,使之符合国家的宏观经济政策;同时,以法律的平等原则,公平调整纳税人的税收负担,鼓励平等竞争,为市场经济的发展创造良好的条件。例如,1994 年实施的增值税和消费税暂行条例,对于调整产业结构,促进商品的生产、流通,适应市场竞争机制的要求,都发挥了积极的作用。

3)税法对维护经济秩序有重要的作用

由于税法的贯彻执行,涉及从事生产经营活动的每个单位和个人,一切经营单位和个人通过办理税务登记、建账建制、纳税申报,其各项经营活动都将纳入税法的规范制约和管理范围,都将较全面地反映出纳税人的生产经营情况。这样税法就确定了一个规范有效的纳税秩序和经济秩序,监督经营单位和个人依法经营,加强经济核算,提高经营管理水平;同时,税务机关按照税法规定对纳税人进行税务检查,严肃查处偷逃税款及其他违反税法规定的行为,也将有效地打击各种违法经营活动,为国民经济的健康发展创造一个良好、稳定的环境秩序。

4)税法能有效地保护纳税人的合法权益

由于国家征税直接涉及纳税人的切身利益,如果税务机关随意征税,就会侵犯纳税人的合法权益,影响纳税人的正常经营,这是法律所不允许的。因此,税法在确定税务机关征税权力和纳税人履行纳税义务的同时,相应规定了税务机关必尽的义务和纳税人享有的权利,如纳税人享有延期纳税权、申请减税免税权、多缴税款要求退还权、不服税务机关的处理决定申请复议或提起诉讼权等;税法还严格规定了对税务机关执法行为的监督制约制度,如进行税收征收管理必须按照法定的权限和程序行事,造成纳税人合法权益损失的要负赔偿责任等。所以说,税法不仅是税务机关征税的法律依据,同时也是纳税人保护自身合法权益的重要法律依据。

5)税法是维护国家权益,促进国际经济交往的可靠保证

在国际经济交往中,任何国家对在本国境内从事生产、经营的外国企业或个人都拥有税收管辖权,这是国家权益的具体体现。我国自 1979 年实行对外开放以来,在平等互利的基础上,不断扩大和发展同各国、各地区的经济交流与合作,利用外资、引进技术的规模、渠道和形式都有了很大发展。我国在建立和完善涉外税法的同时,还与 80 多个国家签订了避免双重征税的协定。这些税法规定既维护了国家的权益,又为鼓励外商投资,保护国外企业或个人在华合法经营,发展国家间平等互利的经济技术合作关系,提供了可靠的法律保障。

1.1.4 税法的地位及其与其他法律的关系

1)税法是我国法律体系的重要组成部分

了解税法在整个国家法律中所处的地位,以及与其他法律之间的关系,能使我们更好地执行税法,有效地打击违反税法的犯罪行为。

税法属于国家法律体系中一个重要部门法,它是调整国家与各个经济单位及公民个人分配关系的基本法律规范。税法的调整对象是具有某一性质的社会关系,它是划分各法律部门的基本因素,也是一个法律部门区别于其他法律部门的基本标志和依据。税法以税收关系为自己的调整对象,这一社会关系的特定性把税法和其他法律部门划分开来了。因此税法主要以维护公共利益而非个人利益为目的,在性质上属于公法。不过与宪法、行政法、

刑法等典型公法相比，税法仍具有一些私法的属性，如课税依据私法化，税收法律关系私法化，税法概念范畴私法化等。

税法是我国法律体系的重要组成部分。税法在我国法律体系中的地位是由税收在国家经济活动中的重要性决定的。第一，税收收入是政府取得财政收入的基本来源，而财政收入是维持国家机器正常运转的经济基础。第二，税收是国家宏观调控的重要手段。因为它是调整国家与企业和公民个人分配关系的最基本、最直接的方式。特别是在市场经济条件下，税收的上述两项作用表现得非常明显。税收与法密不可分，有税必有法，无法不成税。现代国家大多奉行立宪征税、依法治税的原则，即政府的征税权由宪法授予，税收法律须经议会批准，税务机关履行职责必须依法办事，税务争议要按法定程序解决。简而言之，国家的一切税收活动，均以法定方式表现出来。因此，税收在国家经济活动中的重要性决定了税法在法律体系中的重要地位。

2)税法与其他法律的关系

涉及税收征纳关系的法律规范，除税法本身直接在税收实体法、税收程序法、税收争讼法、税收处罚法中规定外，在某种情况下也援引一些其他法律。

(1)税法与《宪法》的关系

《宪法》是我国的根本大法，它是制定所有法律、法规的依据和章程。税法是国家法律的组成部分，当然也是依据《宪法》的原则制定的。

《宪法》第五十六条规定："中华人民共和国公民有依照法律纳税的义务。"这里一是明确了国家可以向公民征税，二是明确了向公民征税要有法律依据。因此，《宪法》的这一条规定，是立法机关制定税法并据以向公民征税以及公民必须依照税法纳税的最直接的法律依据。

《宪法》还规定，国家要保护公民的合法收入、财产所有权，保护公民的人身自由不受侵犯等。因此，在制定税法时，就要规定公民应享受的各项权利以及国家税务机关行使征税权的约束条件，同时要求税务机关在行使征税权时，不能侵犯公民的合法权益等。

《宪法》第三十三条规定："中华人民共和国公民在法律面前一律平等。"即凡是中国公民都应在法律面前处于平等的地位。在制定税法时也应遵循这个原则，对所有的纳税人平等对待，不能因为纳税人的种族、性别、出身、年龄等不同而在税收上给予不平等的待遇。

(2)税法与民法的关系

民法是调整平等主体之间，也就是公民之间、法人之间、公民与法人之间财产关系和人身关系的法律规范，故民法调整方法的主要特点是平等、等价和有偿。而税法的本质是国家依据政治权力向公民进行课税，是调整国家与纳税人关系的法律规范，这种税收征纳关系不是商品的关系，明显带有国家意志和强制的特点，其调整方法要采用命令和服从的方法，这是由税法与民法的本质区别所决定的。

但两者之间又有联系，当税法的某些规范同民法的规范基本相同时，税法一般援引民法条款。在征税过程中，经常涉及大量的民事权利和义务问题。比如，印花税中有关经济合同关系的成立，房产税中有关房屋的产权认定等，而这些在民法中已予以规定，所以，税法就不再另行规定。

当涉及税收征纳关系的问题时，一般应以税法的规范为准则。比如，两个关联企业之间，一方以高进低出的价格与对方进行商业交易，然后再以其他方式从对方取得利益补偿，以达到避税的目的。虽然上述交易符合民法中规定的“民事活动应遵循自愿、公平、等价有偿、诚实信用”的原则，但是违反了税法规定，应该按照税法的规定对这种交易做相应的调整。

(3)税法与《刑法》的关系

税法与《刑法》有本质区别。《刑法》是关于犯罪、刑事责任与刑罚的法律规范的总和。税法则是调整税收征纳关系的法律规范，其调整的范围不同。

两者也有着密切的联系，因为税法和《刑法》对于违反税法都规定了处罚条款。但应该指出的是，违反了税法，并不一定就是犯罪。例如，我国《刑法》第二百零一条规定：“纳税人采取伪造、变造、隐匿、擅自销毁账簿、记账凭证，在账簿上多列支出或者不列、少列收入，经税务机关通知申报而拒不申报或者进行虚假的纳税申报的手段，不缴或者少缴应纳税款，偷税数额占应纳税额的10%以上不满30%并且偷税数额在1万元以上不满10万元的，或者因偷税被税务机关给予二次行政处罚又偷税的，处3年以下有期徒刑或者拘役……”而《税收征收管理法》第六十三条规定：“纳税人采取伪造、变造、隐匿、擅自销毁账簿、记账凭证，在账簿上多列支出或者不列、少列收入，或者经税务机关通知申报而拒不申报或者进行虚假的纳税申报，不缴或者少缴应纳税款的，是偷税。对纳税人偷税的，由税务机关追缴其不缴或少缴的税款、滞纳金，并处不缴或少缴的税款50%以上5倍以下的罚款；构成犯罪的，依法追究刑事责任。”从上面规定可以看出，两者之间的区别就在于情节是否严重，轻者给予行政处罚，重者则要承担刑事责任，给予刑事处罚。

从2009年2月28日起，“偷税”将不再作为一个刑法概念存在。十一届全国人大常委会第七次会议表决通过了《刑法修正案(七)》，修订后的《刑法》对第二百零一条关于不履行纳税义务的定罪量刑标准和法律规定中的相关表述方式进行了修改。用“逃避缴纳税款”取代了“偷税”。但目前我国的《税收征收管理法》中还没有做出相应修改。

(4)税法与《行政法》的关系

税法与行政法有十分密切的联系，主要表现在税法具有行政法的一般特性。税收实体法和税收程序法中都有大量内容是对国家机关之间、国家机关与法人或自然人之间的法律关系的调整。而且税收法律关系中居于领导地位的一方总是国家，体现国家单方面意志，不需要征纳双方意思表示一致。另外，税收法律关系中争议的解决一般按照行政复议程序和行政诉讼程序进行。

税法与行政法也有一定区别。与一般行政法所不同的是，税法具有经济分配的性质，并且经济利益由纳税人向国家无偿单方面转移，这是一般行政法所不具备的。社会再生产的几乎每一个环节都有税法的参与和调节，在广度和深度上是一般行政法所不能比的。另外，行政法大多为授权性法规，所含的少数义务性规定也不像税法一样涉及货币收益的转移，而税法则是一种义务性法规。

1.2　税法基本理论

1.2.1　税法的原则

税法的原则反映税收活动的根本属性,是税收法律制度建立的基础。税法原则包括税法基本原则和税法适用原则。

1)税法基本原则

税法基本原则是统领所有税收规范的根本准则,为包括税收立法、执法、司法在内的一切税收活动所必须遵守。

(1)税收法定原则

税收法定原则又称为税收法定主义,是指税法主体的权利义务必须由法律加以规定,税法的各类构成要素皆必须且只能由法律予以明确。税收法定主义贯穿税收立法和执法的全部领域,其内容包括税收要件法定原则和税务合法性原则。税收要件法定主义是指有关纳税人、课税对象、课税标准等税收要件必须以法律形式作出规定,且有关课税要素的规定必须尽量明确。税务合法性原则是指税务机关按法定程序依法征税,不得随意减征、停征或免征,无法律依据不征税。

(2)税法公平原则

一般认为税收公平原则包括税收横向公平和纵向公平,即税收负担必须根据纳税人的负担能力分配,负担能力相等,税负相同;负担能力不等,税负不同。税收公平原则源于法律上的平等性原则,所以许多国家的税法在贯彻税收公平原则时,都特别强调"禁止不平等对待"的法理,禁止对特定纳税人给予歧视性对待,也禁止在没有正当理由的情况下对特定纳税人给予特别优惠。

(3)税收效率原则

税收效率原则包含两方面,一是指经济效率,二是指行政效率。前者要求税法的制定要有利于资源的有效配置和经济体制的有效运行,后者要求提高税收行政效率。

(4)实质课税原则

实质课税原则是指应根据客观事实确定是否符合课税要件,并根据纳税人的真实负担能力决定纳税人的税负,而不能仅考虑相关外观和形式。

2)税法的适用原则

税法适用原则是指税务行政机关和司法机关运用税收法律规范解决具体问题所必须遵循的准则。税法适用原则并不违背税法基本原则,而且在一定程度上体现着税法基本原则。但是与其相比,税法适用原则含有更多的法律技术性准则,更为具体化。包括:

(1)法律优位原则

其基本含义为法律的效力高于行政立法的效力。法律优位原则在税法中的作用主要体现在处理不同等级税法的关系上。法律优位原则明确了税收法律的效力高于税收行政法规的效力,对此还可以进一步推论为税收行政法规的效力优于税收行政规章的效力。效力低的税法与效力高的税法发生冲突,效力低的税法即是无效的。

(2)法律不溯及既往原则

法律不溯及既往原则是绝大多数国家所遵循的法律程序技术原则。其基本含义为:一部新法实施后,对新法实施之前人们的行为不得适用新法,而只能沿用旧法。在税法领域内坚持这一原则,目的在于维护税法的稳定性和可预测性,使纳税人能在知道纳税结果的前提下做出相应的经济决策税收的调节作用才会较为有效。

(3)新法优于旧法原则

新法优于旧法原则也称后法优于先法原则,其含义为:新法、旧法对同一事项有不同规定时,新法的效力优于旧法。其作用在于避免因法律修订带来新法、旧法对同一事项有不同的规定而给法律适用带来的混乱,为法律的更新与完善提供法律适用上的保障。新法优于旧法原则在税法中普遍适用,但是当新税法与旧税法处于普通法与特别法的关系时,以及某些程序性税法引用"实体从旧,程序从新原则"时,可以例外。

(4)特别法优于普通法的原则

其含义为对同一事项两部法律分别订有一般和特别规定时,特别规定的效力高于一般规定的效力。特别法优于普通法原则打破了税法效力等级的限制,即居于特别法地位级别较低的税法,其效力可以高于作为普通法的级别较高的税法。

(5)实体从旧,程序从新原则

这一原则的含义包括两个方面,一是实体税法不具备溯及力,二是程序性税法在特定条件下具备一定的溯及力。即对于一项新税法公布实施之前发生的纳税义务在新税法公布实施之后进入税款征收程序的原则上新税法具有约束力。

(6)程序优于实体原则

程序优于实体原则是关于税收争讼法的原则,其基本含义为在诉讼发生时税收程序法优于税收实体法适用。适用这一原则,是为了确保国家课税权的实现,不因争议的发生而影响税款的及时、足额入库。

1.2.2 税收法律关系

税收法律关系是税法所确认和调整的,国家与纳税人之间、国家与国家之间以及各级政府之间在税收分配过程中形成的权利与义务关系。国家征税与纳税人纳税形式上表现为利益分配的关系,但经过法律明确其双方的权利与义务后,这种关系实质上已上升为一种特定的法律关系。了解税收法律关系,对于正确理解国家税法的本质,严格依法纳税、依法征税都具有重要的意义。

1)税收法律关系的构成

税收法律关系在总体上与其他法律关系一样,都是由权利主体、客体和法律关系内容三方面构成的,但在三方面的内涵上,税收法律关系则具有特殊性。

(1)权利主体

法律关系的主体是指法律关系的参加者。税收法律关系的主体即税收法律关系中享有权利和承担义务的当事人。在我国税收法律关系中,权利主体一方是代表国家行使征税职责的国家行政机关,包括国家各级税务机关、海关和财政机关,另一方是履行纳税义务的人,包括法人、自然人和其他组织,在华的外国企业、组织、外籍人、无国籍人,以及在华虽然没有机构、场所但有来源于中国境内所得的外国企业或组织。这种对税收法律关系中权利主体另一方的确定,在我国采取的是属地兼属人的原则。

在税收法律关系中权利主体双方法律地位平等,只是因为主体双方是行政管理者与被管理者的关系,所以双方的权利与义务不对等,因此,与一般民事法律关系中主体双方权利与义务平等是不一样的,这是税收法律关系的一个重要特征。

(2)权利客体

权利客体即税收法律关系主体的权利、义务所共同指向的对象,也就是征税对象。例如,所得税法律关系客体就是生产经营所得和其他所得,财产税法律关系客体即是财产,流转税法律关系客体就是货物销售收入或劳务收入。税收法律关系客体也是国家利用税收杠杆调整和控制的目标,国家在一定时期根据客观经济形势发展的需要,通过扩大或缩小征税范围调整征税对象,以达到限制或鼓励国民经济中某些产业、行业发展的目的。

(3)税收法律关系的内容

税收法律关系的内容就是权利主体所享有的权利和所应承担的义务,这是税收法律关系中最实质的东西,也是税法的灵魂。它规定权利主体可以有什么行为,不可以有什么行为,若违反了这些规定,须承担相应的法律责任。

税务机关的权利主要表现在依法进行征税、税务检查以及对违章者进行处罚;其义务主要是向纳税人宣传、咨询、辅导解读税法,及时把征收的税款解缴国库,依法受理纳税人对税收争议的申诉等。

纳税义务人的权利主要有多缴税款申请退还权、延期纳税权、依法申请减免税权、申请复议和提起诉讼权等。其义务主要是按税法规定办理税务登记、进行纳税申报、接受税务检查、依法缴纳税款等。

2)税收法律关系的产生、变更与消灭

税法是引起税收法律关系的前提条件,但税法本身并不能产生具体的税收法律关系。税收法律关系的产生、变更和消灭必须有能够引起税收法律关系产生、变更或消灭的客观情况,也就是由税收法律事实来决定。税收法律事实可以分为税收法律事件和税收法律行为,税收法律事件是指不以税收法律关系权力主体的意志为转移的客观事件,例如,自然灾害可以导致税收减免,从而改变税收法律关系内容的变化。税收法律行为是指税收法律关系主体在正常意志支配下做出的活动，例如，纳税人开业经营即产生税收法律关系，纳税人转业或停业就造成税收法律关系的变更或消灭。

3）税收法律关系的保护

税收法律关系是同国家利益及企业和个人的权益相联系的。保护税收法律关系，实质上就是保护国家正常的经济秩序，保障国家财政收入，维护纳税人的合法权益。税收法律关系的保护形式和方法是很多的，税法中关于限期纳税、征收滞纳金和罚款的规定，《中华人民共和国刑法》（以下简称《刑法》）对构成逃税、抗税罪给予刑罚的规定，以及税法中对纳税人不服税务机关征税处理决定，可以申请复议或提出诉讼的规定等都是对税收法律关系的直接保护。税收法律关系的保护对权利主体双方是平等的，不能只对一方保护，而对另一方不予保护。同时对其享有权利的保护，就是对其承担义务的制约。

1.2.3 税法的构成要素

税法的构成要素是指各种单行税法具有的共同的基本要素的总称。首先，税法构成要素既包括实体性的，也包括程序性的；其次，税法构成要素是所有完善的单行税法都共同具备的，仅为某一税法所单独具有而非普遍性的内容，不构成税法要素，如扣缴义务人。税法的构成要素一般包括总则、纳税义务人、征税对象、税目、税率、纳税环节、纳税期限、纳税地点、减税免税、罚则、附则等项目。

1）总则

总则主要包括立法依据、立法目的、适用原则等。

2）纳税义务人

纳税人又叫纳税主体，是税法规定的直接负有纳税义务的单位和个人。任何一个税种首先要解决的就是国家对谁征税的问题，如我国个人所得税法、增值税、消费税、营业税、资源税以及印花税等暂行条例的第一条规定的都是该税种的纳税义务人。

纳税人有两种基本形式：自然人和法人。自然人和法人是两个相对称的法律概念。自然人是基于自然规律而出生的，有民事权利和义务的主体，包括本国公民，也包括外国人和无国籍人。法人是自然人的对称，根据《民法通则》第三十六条规定，法人是基于法律规定享有权利能力和行为能力，具有独立的财产和经费，依法独立承担民事责任的社会组织。我国的法人主要有四种：机关法人、事业法人、企业法人和社团法人。

税法中规定的纳税人有自然人和法人两种最基本的形式，按照不同的目的和标准，还可以对自然人和法人进行多种详细的分类，这些分类对国家制定区别对待的税收政策，发挥税收的经济调节作用，具有重要的意义。如自然人可划分为居民纳税人和非居民纳税人，个体经营者和其他个人等；法人可划分为居民企业和非居民企业，还可按企业的不同所有制性质来进行分类等。

与纳税人紧密联系的两个概念是代扣代缴义务人和代收代缴义务人。前者是指虽不承担纳税义务，但依照有关规定，在向纳税人支付收入、结算货款、收取费用时有义务代扣代缴其应纳税款的单位和个人。如出版社代扣作者稿酬所得的个人所得税等。如果代扣代缴义务人按规定履行了代扣代缴义务，税务机关将支付一定的手续费。反之，未按规定代扣代缴税款，造成应纳税款流失或将已扣缴的税款私自截留挪用、不按时缴入国库，一经税务机关发现，将要承担相应的法律责任。代收代缴义务人是指虽不承担纳税义务，但依照有关规定，在向纳税人收取商品或劳务收入时，有义务代收代缴其应纳税款的单位和个人。如消费税条例规定，委托加工的应税消费品，由受托方在向委托方交货时代收代缴委托方应该缴纳的消费税。

3）征税对象

征税对象又叫课税对象、征税客体，指税法规定对什么征税，是征纳税双方权利义务共同指向的客体或标的物，是区别一种税与另一种税的重要标志。如消费税的征税对象是消费税条例所列举的应税消费品，房产税的征税对象是房屋等。征税对象是税法最基本的要素，因为它体现着征税的最基本界限，决定着某一种税的基本征税范围，同时，征税对象也决定了各个不同税种的名称。如消费税、土地增值税、个人所得税等，这些税种因征税对象不同，性质不同，税名也就不同。征税对象按其性质的不同，通常可划分为流转额、所得额、财产、资源、特定行为等五大类，通常也因此将税收分为相应的五大类，即流转税或称商品和劳务税、所得税、财产税、资源税和特定行为税。

与课税对象相关的两个基本概念：税目和税基。税目本身也是一个重要的税法要素，下面将单独讨论。而税基又叫计税依据，是据以计算征税对象应纳税款的直接数量依据，它解决对征税对象课税的计算问题，是对课税对象的量的规定。如企业所得税应纳税额的基本计算方法是应纳税所得额乘以适用税率，其中，应纳税所得额是据以计算所得税应纳税额的数量基础，为所得税的税基。计税依据按照计量单位的性质划分，有两种基本形态：价值形态和物理形态。价值形态包括应纳税所得额、销售收入、营业收入等，物理形态包括面积、体积、容积、重量等。以价值形态作为税基，又称为从价计征，即按征税对象的货币价值计算，如生产销售化妆品应纳消费税税额是由化妆品的销售收入乘以适用税率计算产生，其税基为销售收入，属于从价计征的方法。另一种是从量计征，即直接按征税对象的自然单位计算，如城镇土地使用税应纳税额是由占用土地面积乘以每单位面积应纳税额计算产生，其税基为占用土地的面积，属于从量计征的方法。

4）税目

税目是在税法中对征税对象分类规定的具体的征税项目，反映具体的征税范围，是对课税对象质的界定。设置税目的目的首先是明确具体的征税范围，凡列入税目的即为应税项目，未列入税目的，则不属于应税项目。其次，划分税目也是贯彻国家税收调节政策的需要，国家可根据不同项目的利润水平以及国家经济政策等为依据制定高低不同的税率，以体现不同的税收政策。并非所有税种都需规定税目，有些税种不分课税对象的具体项目，一律按照课税对象的应税数额采用同一税率计征税款，因此一般无须设置税目，如企业所得税。有些税种具体课税对象比较复杂，需要规定税目，如消费税、营业税等，一般都规定有不同的税目。

5）税率

税率是对征税对象的征收比例或征收额度。税率是计算税额的尺度，也是衡量税负轻

重与否的重要标志。我国现行的税率主要有:

(1)比例税率

比例税率即对同一征税对象,不分数额大小,规定相同的征收比例。我国的增值税、营业税、城市维护建设税、企业所得税等采用的是比例税率。比例税率在适用中又可分为三种具体形式:

①单一比例税率,是指对同一征税对象的所有纳税人都适用同一比例税率。

②差别比例税率,是指对同一征税对象的不同纳税人适用不同的比例征税。我国现行税法又分别按产品、行业和地区的不同将差别比例税率划分为以下三种类型:一是产品差别比例税率,即对不同产品分别适用不同的比例税率,同一产品采用同一比例税率,如消费税、关税等;二是行业差别比例税率,即对不同行业分别适用不同的比例税率,同一行业采用同一比例税率,如营业税等;三是地区差别比例税率,即区分不同的地区分别适用不同的比例税率,同一地区采用同一比例税率,如我国城市维护建设税等。

③幅度比例税率,是指对同一征税对象,税法只规定最低税率和最高税率,各地区在该幅度内确定具体的适用税率。

比例税率具有计算简单、税负透明度高、有利于保证财政收入、有利于纳税人公平竞争、不妨碍商品流转额或非商品营业额扩大等优点,符合税收效率原则。但比例税率不能针对不同的收入水平实施不同的税收负担,在调节纳税人的收入水平方面难以体现税收的公平原则。

(2)超额累进税率

为解释超额累进税率,在此先说明累进税率和全额累进税率。累进税率是指随着征税对象数量增大而随之提高的税率,即按征税对象数额的大小划分为若干等级,不同等级的课税数额分别适用不同的税率,课税数额越大,适用税率越高。累进税率一般在所得税中使用,可以充分体现对纳税人收入多的多征、收入少的少征、无收入的不征的税收原则,从而有效地调节纳税人的收入,正确处理税收负担的纵向公平问题。全额累进税率,是把征税对象的数额划分为若干等级,对每个等级分别规定相应税率,当税基超过某个级距时,课税对象的全部数额都按提高后级距的相应税率征税(表1.1)。

表1.1 某三级全额累进税率

级 数	全月应纳税所得额/元	税率/%
1	5 000 以下	10
2	5 000 ~ 20 000(含)	20
3	20 000 以上	30

运用全额累进税率的关键是查找每一纳税人应税收入在税率表中所属的级次,找到了收入级次,与其对应的税率便是该纳税人所适用的税率,全部税基乘以适用税率即可计算出应缴税额。例如,某纳税人某月应纳税所得额为6 000元,按上表所列税率,适用第二级次,

其应纳税额为6 000 × 20% = 1 200(元)。

全额累进税率计算方法简便,但税收负担不合理,特别是在划分级距的临界点附近,税负呈跳跃式递增,甚至会出现税额增加超过课税对象数额增加的不合理现象,不利于鼓励纳税人增加收入。

超额累进税率是指把征税对象按数额的大小分成若干等级,每一等级规定一个税率,税率依次提高,但每一纳税人的征税对象则依所属等级同时适用几个税率分别计算,将计算结果相加后得出应纳税款。表1.2为一个三级超额累进税率表。

表1.2　某三级超额累进税率表

级　数	全月应纳税所得额/元	税率/%	速算扣除数
1	5 000以下	10	0
2	5 000 ~ 20 000(含)	20	500
3	20 000以上	30	2 500

如某人某月应纳税所得额为6 000元,用表1.2所列税率,其应纳税额可以分步计算:

第一级的5 000元适用10%税率,应纳税为5 000 × 10% = 500(元)。

第二级的1 000元(6 000 - 5 000)适用20%的税率,应纳税为1 000 × 20% = 200(元)。

其该月应纳税额 = 5 000 × 10% + 1 000 × 20% = 700(元)。

目前,个人所得税采用这种税率。

在级数较多的情况下,分级计算、然后相加的方法比较烦琐。为了简化计算,也可采用速算法。速算法的原理是,基于全额累进计算的方法比较简单,可将超额累进计算的方法转化为全额累进计算的方法。对于同样的课税对象数量,按全额累进方法计算出的税额比按超额累进方法计算出的税额多,即有重复计算的部分,这个多征的常数称为速算扣除数。用公式表示为:

速算扣除数 = 按全额累进方法计算的税额 - 按超额累进方法计算的税额

公式移项得:

按超额方法计算的应纳税额 = 按全额累进方法计算的税额 - 速算扣除数

接上例,某人某月应纳税所得额为6 000元,如果直接用6 000元乘以所对应级次的税率20%则对于第一级次的5 000元应纳税所得额就出现了5 000 × (20% - 10%)的重复计算的部分。因为这5 000元仅适用10%的税率,而现在全部用了20%的税率来计算,故多算了10%,这就是应该扣除的所谓速算扣除数。如果用简化的计算,则:

6 000元月应纳税所得额应纳所得税 = 6 000 × 20% - 500 = 700(元)。

(3)定额税率

定额税率即按征税对象确定的计算单位,直接规定一个固定的税额。目前采用定额税率的有资源税、城镇土地使用税、车船税等。

(4)超率累进税率

超率累进税率即以征税对象数额的相对率划分若干级距,分别规定相应的差别税率,相对率每超过一个级距,对超过的部分就按高一级的税率计算征税。目前采用这种税率的是土地增值税。

6)纳税环节

主要指税法规定的征税对象在从生产到消费的流转过程中应当缴纳税款的环节。如流转税在生产和流通环节纳税、所得税在分配环节纳税等。纳税环节有广义和狭义之分。广义的纳税环节指全部课税对象在再生产中的分布情况。如资源税分布在资源生产环节,商品税分布在生产或流通环节,所得税分布在分配环节等。狭义的纳税环节特指应税商品在流转过程中应纳税的环节。商品从生产到消费要经历诸多流转环节,各环节都存在销售额,都可能成为纳税环节。但考虑到税收对经济的影响、财政收入的需要以及税收征管的能力等因素,国家常常对在商品流转过程中所征税种规定不同的纳税环节。按照某种税征税环节的多少,可以将税种划分为一次课征制或多次课征制。合理选择纳税环节,对加强税收征管、有效控制税源、保证国家财政收入的及时、稳定、可靠,方便纳税人生产经营活动和财务核算,灵活机动地发挥税收调节经济的作用,具有十分重要的理论和实践意义。

7)纳税期限

纳税期限是指税法规定的关于税款缴纳时间方面的限定。税法关于纳税期限的规定,有三个概念:一是纳税义务发生时间。纳税义务发生时间,是指应税行为发生的时间。如《增值税暂行条例》规定采取预收货款方式销售货物的,其纳税义务发生时间为货物发出的当天。二是纳税期限。纳税人每次发生纳税义务后,不可能马上去缴纳税款。税法规定了每种税的纳税期限,即每隔固定时间汇总一次纳税义务的时间。如《增值税暂行条例》规定,增值税的具体纳税期限分别为 1 日、3 日、5 日、10 日、15 日、1 个月或者 1 个季度。纳税人的具体纳税期限,由主管税务机关根据纳税人应纳税额的大小分别核定;不能按照固定期限纳税的,可以按次纳税。三是缴库期限,即税法规定的纳税期满后,纳税人将应纳税款缴入国库的期限。如《增值税暂行条例》规定,纳税人以 1 个月或者 1 个季度为 1 个纳税期的,自期满之日起 15 日内申报纳税;以 1 日、3 日、5 日、10 日或者 15 日为 1 个纳税期的,自期满之日起 5 日内预缴税款,于次月 1 日起 15 日内申报纳税并结清上月应纳税款。

8)纳税地点

主要是指根据各个税种纳税对象的纳税环节和有利于对税款的源泉控制而规定的纳税人(包括代征、代扣、代缴义务人)的具体纳税地点。

9)减税免税

主要是对某些纳税人和征税对象采取减少征税或者免予征税的特殊规定。

10)罚则

主要是指对纳税人违反税法的行为采取的处罚措施。

11)附则

附则一般都规定与该法紧密相关的内容,比如该法的解释权、生效时间等。

1.3 税收立法与税法的实施

1.3.1 税收立法

1)税收立法概述

税收立法是指有权的机关依据一定的程序,遵循一定的原则,运用一定的技术,制定、公布、修改、补充和废止有关税收法律、法规、规章的活动。税收立法是税法实施的前提,有法可依,有法必依,执法必严,违法必究,是税收立法与税法实施过程中必须遵循的基本原则。

2)我国税收立法原则

税收立法原则是指在税收立法活动中必须遵循的准则。我国的税收立法原则是根据我国的社会性质和具体国情确定的,是立法机关根据社会经济活动、经济关系,特别是税收征纳双方的特点确定的,并贯穿于税收立法工作始终的指导方针。税收立法主要应遵循以下几个原则:

(1)从实际出发的原则

从实际出发,这是唯物主义的思想路线在税收立法实践中的运用和体现。贯彻这个原则,首先要求税收立法必须根据经济、政治发展的客观需要,反映客观规律,也就是从中国国情出发,充分尊重社会经济发展规律和税收分配理论。其次,要客观反映一定时期国家、社会、政治、经济等各方面的实际情况,既不能被某些条条框框所束缚,也不能盲目抄袭别国的立法模式。在此基础上,充分运用科学知识和技术手段,不断丰富税收立法理论,完善税法体系,以适应社会主义市场经济发展的客观需要。

(2)公平原则

在税收立法中一定要体现公平原则。所谓公平,就是要体现合理负担原则。在市场经济体制下,参加市场竞争的各个主体需要有一个平等竞争的环境,而税收的公平是实现平等竞争的重要条件。公平主要体现在三个方面:一是从税收负担能力上看,负担能力大的应多纳税,负担能力小的应少纳税,没有负担能力的不纳税。二是从纳税人所处的生产和经营环境看,由于客观环境优越而取得超额收入或级差收益者应多纳税,反之少纳税。三是从税负平衡看,不同地区、不同行业间及多种经济成分之间的实际税负必须尽可能公平。

(3)民主决策的原则

民主决策的原则主要指税收立法过程中必须充分倾听群众的意见,严格按照法定程序进行,确保税收法律能体现广大群众的根本利益。坚持这个原则,要求税收立法的主体应以人民代表大会及其常务委员会为主,按照法定程序进行;对税收法案的审议,要进行充分的辩论,倾听各方面意见;税收立法过程要公开化,让广大公众及时了解税收立法的全过程,以及立法过程中各个环节的争论和如何达成共识的情况。

(4)原则性与灵活性相结合的原则

在制定税法时,要求明确、具体、严谨、周密。但是,为了保证税法制定后在全国范围内、在各个地区都能贯彻执行,不致与现实脱节,又要求在制定税法时,不能规定得过细过死,这就要求必须坚持原则性与灵活性相结合的原则。具体讲,就是必须贯彻法制的统一性与因时、因地制宜相结合。法制的统一性,表现在税收立法上,就是税收立法权只能由国家最高权力机关来行使,各地区、各部门不能擅自制定违背国家宪法和法律的所谓"土政策""土规定"。但是,我国又是一个幅员辽阔、人口众多、多民族的国家,各地区的经济文化发展水平不平衡,政治状况也不尽相同,因而对不同地区不能强求一样。因此,为了照顾不同地区、特别是少数民族地区不同的情况和特点,为了充分发挥地方的积极性,在某些情况下,允许地方在遵守国家法律、法规的前提下,制定适合当地的实施办法等。因此,只有贯彻这个原则,才能制定出既符合全国统一性要求、又能适应各地区实际情况的税法。

(5)法律的稳定性、连续性与废、改、立相结合的原则

制定税法,是与一定经济基础相适应的,税法一旦制定,在一定阶段内就要保持其稳定性,不能朝令夕改,变化不定。如果税法经常变动,不仅会破坏税法的权威和严肃性,而且会给国民经济生活造成非常不利的影响。但是,这种稳定性不是绝对的,因为社会政治、经济状况是不断变化的,税法也要进行相应的发展变化。这种发展变化具体表现在:有的税法,已经过时,需要废除;有的税法,部分失去效力,需要修改、补充;根据新的情况,需要制定新的税法。此外,还必须注意保持税法的连续性,即税法不能中断,在新的税法制定前,原有的税法不应随便中止失效;在修改、补充或制定新的税法时,应保持与原有税法的承续关系,应在原有税法的基础上,结合新的实践经验,修改、补充原有的税法和制定新的税法。只有遵循这个原则,才能制定出符合社会政治、经济发展规律的税法。

3)我国税收立法、税法调整

(1)税收立法机关

根据我国《宪法》《全国人民代表大会组织法》《国务院组织法》以及《地方各级人民代表大会和地方各级人民政府组织法》的规定,我国的立法体制是:全国人民代表大会及其常务委员会行使立法权,制定法律;国务院及所属各部委,有权根据宪法和法律制定行政法规和规章;地方人民代表大会及其常务委员会,在不与宪法、法律、行政法规抵触的前提下,有权制定地方性法规,但要报全国人大常委会和国务院备案;民族自治地方的人大有权依照当地民族政治、经济和文化的特点,制定自治条例和单行条例。

各有权机关根据国家立法体制规定,所制定的一系列税收法律、法规、规章和规范性文件,构成了我国的税收法律体系。需要说明的是,我们平时所说的税法,有广义和狭义之分。广义概念上的税法包括所有调整税收关系的法律、法规、规章和规范性文件,是税法体系的总称;而狭义概念上的税法是特指由全国人民代表大会及其常务委员会制定和颁布的税收法律。由于制定税收法律、法规和规章的机关不同,其法律级次不同,因此其法律效力也不

同。下面简单地予以介绍。

①全国人民代表大会和全国人大常委会制定的税收法律。《宪法》第五十八条规定："全国人民代表大会和全国人民代表大会常务委员会行使国家立法权。"上述规定确定了我国税收法律的立法权由全国人大及其常委会行使，其他任何机关都没有制定税收法律的权力。在国家税收中，凡是基本的、全局性的问题，例如，国家税收的性质，税收法律关系中征纳双方权利与义务的确定，税种的设置，税目、税率的确定等，都需要由全国人大及其常委会以税收法律的形式制定实施，并且在全国范围内，无论对国内纳税人，还是涉外纳税人都普遍适用。在现行税法中，如《企业所得税法》《个人所得税法》《税收征收管理法》以及1993年12月全国人大常委会通过的《关于外商投资企业和外国企业适用增值税、消费税、营业税等税收暂行条例的决定》都是税收法律。除《宪法》外，在税收法律体系中，税收法律具有最高的法律效力，是其他机关制定税收法规、规章的法律依据，其他各级机关制定的税收法规、规章，都不得与《宪法》和税收法律相抵触。

②全国人大或人大常委会授权立法。授权立法是指全国人民代表大会及其常务委员会根据需要授权国务院制定某些具有法律效力的暂行规定或者条例。授权立法与制定行政法规不同。国务院经授权立法所制定的规定或条例等，具有国家法律的性质和地位，它的法律效力高于行政法规，在立法程序上还需报全国人大常委会备案。1984年9月1日，全国人大常委会授权国务院改革工商税制和发布有关税收条例。1985年，全国人大授权国务院在经济体制改革和对外开放方面可以制定暂行的规定或者条例，都是授权国务院立法的依据。按照这两次授权立法，国务院从1994年1月1日起实施工商税制改革，制定实施了增值税、营业税、消费税、资源税、土地增值税、企业所得税六个暂行条例。授权立法，在一定程度上解决了我国经济体制改革和对外开放工作急需法律保障的当务之急。税收暂行条例的制定和公布施行，也为全国人大及常委会立法工作提供了有益的经验和条件，将这些条例在条件成熟时上升为法律做好了准备。

③国务院制定的税收行政法规。国务院作为最高国家权力机关的执行机关，是最高的国家行政机关，拥有广泛的行政立法权。我国《宪法》规定，国务院可"根据宪法和法律，规定行政措施，制定行政法规，发布决定和命令"。行政法规作为一种法律形式，在中国法律形式中处于低于宪法、法律和高于地方法规、部门规章、地方规章的地位，也是在全国范围内普遍适用的。行政法规的立法目的在于保证宪法和法律的实施，行政法规不得与宪法、法律相抵触，否则无效。国务院发布的《企业所得税法实施条例》《税收征收管理法实施细则》等，都是税收行政法规。

④地方人民代表大会及其常委会制定的税收地方性法规。根据《地方各级人民代表大会和地方各级人民政府组织法》的规定，省、自治区、直辖市的人民代表大会以及省、自治区的人民政府所在地的市和经国务院批准的较大的市的人民代表大会有制定地方性法规的权力。由于我国在税收立法上坚持"统一税法"的原则，因此地方权力机关制定税收地方法规不是无限制的，而是要严格按照税收法律的授权行事。目前，除了海南省、民族自治地区按照全国人大授权立法规定，在遵循宪法、法律和行政法规的原则基础上，可以制定有关税收

的地方性法规外,其他省、市都无权自定税收地方性法规。

⑤国务院税务主管部门制定的税收部门规章。《宪法》第九十条规定:"国务院各部、各委员会根据法律和国务院的行政法规、决定、命令,在本部门的权限内,发布命令、指示和规章。"有权制定税收部门规章的税务主管机关是财政部、国家税务总局及海关总署。其制定规章的范围包括:对有关税收法律、法规的具体解释、税收征收管理的具体规定、办法等,税收部门规章在全国范围内具有普遍适用效力,但不得与税收法律、行政法规相抵触。例如,财政部颁发的《增值税暂行条例实施细则》、国家税务总局颁发的《税务代理试行办法》等都属于税收部门规章。

⑥地方政府制定的税收地方规章。《地方各级人民代表大会和地方各级人民政府组织法》规定:"省、自治区、直辖市以及省、自治区的人民政府所在地的市和国务院批准的较大的市的人民政府,可以根据法律和国务院的行政法规,制定规章。"按照"统一税法"的原则,上述地方政府制定税收规章,都必须在税收法律、法规明确授权的前提下进行,并且不得与税收法律、行政法规相抵触。没有税收法律、法规的授权,地方政府是无权自定税收规章的,凡越权自定的税收规章没有法律效力。例如,国务院发布实施的城市维护建设税、车船税、房产税等地方性税种暂行条例,都规定省、自治区、直辖市人民政府可根据条例制定实施细则。

(2)税收立法、修订和废止程序

税收立法程序是指有权的机关,在制定、认可、修改、补充、废止等税收立法活动中,必须遵循的法定步骤和方法。

目前我国税收立法程序主要包括以下几个阶段:

①提议阶段。无论是税法的制定,还是税法的修改、补充和废止,一般由国务院授权其税务主管部门(财政部或国家税务总局)负责立法的调查研究等准备工作,并提出立法方案或税法草案,上报国务院。

②审议阶段。税收法规由国务院负责审议。税收法律在经国务院审议通过后,以议案的形式提交全国人民代表大会常务委员会的有关工作部门,在广泛征求意见并作修改后,提交全国人民代表大会或其常务委员会审议通过。

③通过和公布阶段。税收行政法规,由国务院审议通过后,以国务院总理名义发布实施。税收法律,在全国人民代表大会或其常务委员会开会期间,先听取国务院关于制定税法议案的说明,然后经过讨论,以简单多数的方式通过后,以国家主席名义发布实施。

1.3.2 税法的实施

税法的实施,即税法的执行。它包括税收执法和守法两个方面:一方面要求税务机关和税务人员正确运用税收法律,并对违法者实施制裁;另一方面要求税务机关、税务人员、公民、法人、社会团体及其他组织严格遵守税收法律。

由于税法具有多层次的特点,因此,在税收执法过程中,对其适用性或法律效力的判断,一般按以下原则掌握:一是层次高的法律优于层次低的法律;二是同一层次的法律中,特别法优于普通法;三是国际法优于国内法;四是实体法从旧,程序法从新。

所谓遵守税法是指税务机关、税务人员都必须遵守税法的规定,严格依法办事。遵守税法是保证税法得以顺利实施的重要条件。

1.4 我国现行税法体系

1.4.1 税法体系概述

税法内容十分丰富,涉及范围也极为广泛,各单行税收法律法规结合起来,形成了完整配套的税法体系,共同规范和制约税收分配的全过程,是实现依法治税的前提和保证。从法律角度来讲,一个国家在一定时期内、一定体制下以法定形式规定的各种税收法律、法规的总和,被称为税法体系。但从税收工作的角度来讲,所谓税法体系往往被称为税收制度。即一个国家的税收制度是指在既定的管理体制下设置的税种以及与这些税种的征收、管理有关的,具有法律效力的各级成文法律、行政法规、部门规章等的总和。换句话说,税法体系就是通常所说的税收制度(简称税制)。

一个国家的税收制度,可按照构成方法和形式分为简单型税制及复合型税制。结构简单的税制主要是指税种单一、结构简单的税收制度;而结构复杂的税制主要是指由多个税种构成的税收制度。

在现代社会中,世界各国一般都采用多种税并存的复税制税收制度。一个国家为了有效取得财政收入或调节社会经济活动,必须设置一定数量的税种,并规定每种税的征收和缴纳办法,包括对什么征税、向谁征税、征多少税以及何时纳税、何地纳税、按什么手续纳税、不纳税如何处理等。

因此,税收制度的内容主要有三个层次:一是不同的要素构成税种,构成税种的要素主要包括:纳税人、征税对象、税目、税率、纳税环节、纳税期限、减税免税等(详见本章第1.1.3“税法的构成要素”)。二是不同的税种构成税收制度。构成税收制度的具体税种,国与国之间差异较大,但一般都包括所得税(直接税),如企业(法人)所得税、个人所得税,也包括流转税(间接税),如增值税、消费税、营业税,及其他一些税种,如财产税(房地产税、车船税)、关税等。三是规范税款征收程序的法律法规,如税收征收管理法等。

税种的设置及每种税的征税办法,一般是以法律形式确定的,这些法律就是税法。一个国家的税法一般包括税法通则、各税税法(条例)、实施细则、具体规定四个层次。其中,“税法通则”规定一个国家的税种设置和每个税种的立法精神,各个税种的“税法(条例)”分别规定每种税的征税办法,“实施细则”是对各税税法(条例)的详细说明和解释,“具体规定”则是根据不同地区、不同时期的具体情况制定的补充性法规。目前,世界上只有少数国家单独制定税法通则,大多数国家都把税法通则的有关内容包含在各税税法(条例)之中,我国的税法就属于这种情况。

1.4.2 税法的分类

税法体系中各税法按立法目的、征税对象、权限划分、适用范围、职能作用的不同，可分为不同类型。

1）按照税法的基本内容和效力的不同，可分为税收基本法和税收普通法

税收基本法也称税收通则，是税法体系的主体和核心，在税法体系中起着税收母法的作用。其基本内容包括税收制度的性质、税务管理机构、税收立法与管理权限、纳税人的基本权利与义务、征税机关的权利和义务、税种设置等。我国目前还没有制定统一的税收基本法，随着我国税收法制建设的发展和完善，将研究制定税收基本法。税收普通法是根据税收基本法的原则，对税收基本法规定的事项分别立法实施的法律，如个人所得税法、税收征收管理法等。

2）按照税法的职能作用的不同，可分为税收实体法和税收程序法

税收实体法主要是指确定税种立法，具体规定各税种的征收对象、征收范围、税目、税率、纳税地点等。例如《中华人民共和国企业所得税法》《中华人民共和国个人所得税法》就属于税收实体法。税收程序法是指税务管理方面的法律，主要包括税收管理法、纳税程序法、发票管理法、税务机关组织法、税务争议处理法等。《中华人民共和国税收征收管理法》（以下简称《税收征收管理法》）就属于税收程序法。

3）按照税法征收对象的不同，可分为流转税税法等四种

（1）流转税税法

主要包括增值税、营业税、消费税、关税等税法。这类税法的特点是与商品生产、流通、消费有密切联系。对什么商品征税，税率多高，对商品经济活动都有直接的影响，易于发挥对经济的宏观调控作用。

（2）所得税税法

主要包括企业所得税、个人所得税等税法。其特点是可以直接调节纳税人收入，发挥其公平税负、调整分配关系的作用。

（3）财产、行为税税法

主要是对财产的价值或某种行为课税。包括房产税、印花税等税法。

（4）资源税税法

主要是为保护和合理使用国家自然资源而课征的税。我国现行的资源税、城镇土地使用税等税种均属于资源课税的范畴。

（5）特定目的税类

包括城建税、烟叶税及暂缓征收的固定资产投资方向调节税等，其目的是对某些特定对象和特定行为发挥特定调节作用。

4）按照主权国家行使税收管辖权的不同，可分为国内税法、国际税法、外国税法等

国内税法一般是按照属人或属地原则，规定一个国家的内部税收制度。国际税法是指

国家间形成的税收制度，主要包括双边或多边国家间的税收协定、条约和国际惯例等，一般而言，其效力高于国内税法。外国税法是指外国各个国家制定的税收制度。

以上对于税种的分类不具有法定性，但将各具体税种按一定方法分类，在税收理论研究和税制建设方面用途相当广泛，作用非常之大。例如，流转税也称间接税是由于这些税种都是按照商品和劳务收入计算征收的，而这些税种虽然是由纳税人负责缴纳，但最终是由商品和劳务的购买者即消费者负担的，所以称为间接税；而所得税类税种的纳税人本身就是负税人，一般不存在税负转移或转嫁问题，所以称为直接税。

通常认为，在以间接税为主体的税制结构中，主要税种一般包括增值税、营业税和消费税；在以直接税为主体的税制结构中，主要税种一般包括个人所得税和企业（法人）所得税。以个人所得税为主体税种的，多见于经济发达国家，而把企业（法人）所得税作为主体税种的国家很少。以某种直接税和间接税税种为“双主体”的税制，是作为一种过渡性税制类型存在的。在20世纪70年代以前，理论界一直认为以所得税为主体的税制结构最为理想。发达国家和一些发展较快的发展中国家在进行以流转税为主体向以收益所得税为主体税种的税制改革过程中，曾经出现过一些采用“双主体”税制的国家。我国目前税制基本上是以间接税和直接税为双主体的税制结构，间接税（增值税、消费税、营业税）占全部税收收入的比例60%左右，直接税（企业所得税、个人所得税）占全部税收收入的比例25%左右，其他辅助税种数量较多，但收入比重不大。

1.4.3 我国现行税法体系

国家税收制度的确立，要根据本国的具体政治经济条件。所以，各国的政治经济条件不同，税收制度也不尽相同，具体征税办法也各有千秋、千差万别。就一个国家而言，在不同的时期，由于政治经济条件和政治经济目标不同，税收制度也有着或大或小的差异。我国的现行税制就其实体法而言，是1949年新中国成立后经过几次较大的改革逐步演变而来的，按其性质和作用大致分为五类：

1）流转税类

包括增值税、消费税、营业税和关税。主要在生产、流通或者服务业中发挥调节作用。

2）资源税类

包括资源税、土地增值税和城镇土地使用税。主要是对因开发和利用自然资源差异而形成的级差收入发挥调节作用。

3）所得税类

包括企业所得税、个人所得税。主要是在国民收入形成后，对生产经营者的利润和个人的纯收入发挥调节作用。

4）特定目的税类

包括固定资产投资方向调节税（暂缓征收）、筵席税、城市维护建设税、车辆购置税、耕地占用税和烟叶税，主要是为了达到特定目的，对特定对象和特定行为发挥调节作用。

5)财产和行为税类

包括房产税、车船税、印花税、契税,主要是对某些财产和行为发挥调节作用。

上述税种中的关税由海关负责征收管理,其他税种由税务机关负责征收管理。耕地占用税和契税,1996 年以前由财政机关的农税部门征收管理,1996 年财政部农税管理机构划归国家税务总局领导,部分省市机构相应划转,这些税种就改由税务部门负责征收,部分省市仍由财政机关负责征收。

上述 5 种税,除企业所得税、个人所得税是以国家法律的形式发布实施外,其他各税种都是经全国人民代表大会授权立法,由国务院以暂行条例的形式发布实施的。这 19 个税收法律、法规组成了我国的税收实体法体系。

除税收实体法外,我国对税收征收管理适用的法律制度,是按照税收管理机关的不同而分别规定的:

①由税务机关负责征收的税种的征收管理,按照全国人大常委会发布实施的《税收征收管理法》执行。

②由海关机关负责征收的税种的征收管理,按照《海关法》及《进出口关税条例》等有关规定执行。

上述税收实体法和税收征收管理的程序法的法律制度构成了我国现行税法体系。

1.5 我国税收管理体制

1.5.1 税收管理体制的概念

税收管理体制是在各级国家机构之间划分税权的制度。税权的划分有纵向划分和横向划分的区别。纵向划分是指税权在中央与地方国家机构之间的划分;横向划分是指税权在同级立法、司法、行政等国家机构之间的划分。

我国的税收管理体制,是税收制度的重要组成部分,也是财政管理体制的重要内容。税收管理权限,包括税收立法权、税收法律法规的解释权、税种的开征或停征权、税目和税率的调整权、税收的加征和减免权等。如果按大类划分,可以简单地将税收管理权限划分为税收立法权和税收执法权两类。

1.5.2 税收立法权的划分

税收立法权是制定、修改、解释或废止税收法律、法规、规章和规范性文件的权力。它包括两方面的内容:一是什么机关有税收立法权;二是各级机关的税收立法权是如何划分的。

1)税收立法权划分的种类

税收立法权的明确有利于保证国家税法的统一制定和贯彻执行,充分、准确地发挥各级有权机关管理税收的职能作用,防止各种越权自定章法、随意减免税收现象的发生。

税收立法权的划分可按以下不同的方式进行:

第一,可以按照税种类型的不同来划分,如按流转税类、所得税类、地方税类来划分。有关特定税收领域的税收立法权通常全部给予特定一级的政府。

第二,可以根据任何税种的基本要素来划分。任何税种的结构都由几个要素构成:纳税人、征税对象、税基、税率、税目、纳税环节等。理论上,可以将税种的某一要素如税基和税率的立法权,授予某级政府。但在实践中,这种做法并不多见。

第三,可以根据税收执法的级次来划分。立法权可以给予某级政府,行政上的执行权给予另一级,这是一种传统的划分方法,能适用于任何类型的立法权。根据这种模式,有关纳税主体、税基和税率的基本法规的立法权放在中央政府,更具体的税收实施规定的立法权给予较低级政府。因此,需要指定某级政府制定不同级次的法律。我国的税收立法权的划分就是属于此种类型。

2)我国税收立法权划分的现状

第一,中央税、中央与地方共享税以及全国统一实行的地方税的立法权集中在中央,以保证中央政令统一,维护全国统一市场和企业平等竞争。其中,中央税是指维护国家权益、实施宏观调控所必需的税种,具体包括消费税、关税、车辆购置税等。中央和地方共享税是指同经济发展直接相关的主要税种,具体包括增值税、企业所得税、个人所得税、证券交易印花税。地方税具体包括营业税、资源税、土地增值税、印花税、城市维护建设税、土地使用税、房产税、车船税等。

第二,依法赋予地方适当的地方税收立法权。我国地域辽阔,地区间经济发展水平很不平衡,经济资源包括税源都存在着较大差异,这种状况给全国统一制定税收法律带来一定的难度。因此,随着分税制改革的进行,有前提地、适当地给地方下放一些税收立法权,使地方可以实事求是地根据自己特有的税源开征新的税种,促进地方经济的发展。这样,既有利于地方因地制宜地发挥当地的经济优势,同时便于同国际税收惯例对接。

具体地说,我国税收立法权划分的层次是这样的:

①全国性税种的立法权,即包括全部中央税、中央与地方共享税和在全国范围内征收的地方税税法的制定、公布和税种的开征、停征权,属于全国人民代表大会(简称全国人大)及其常务委员会(简称常委会)。

②经全国人大及其常委会授权,全国性税种可先由国务院以“条例”或“暂行条例”的形式发布施行。经一段时期后,再行修订并通过立法程序,由全国人大及其常委会正式立法。

③经全国人大及其常委会授权,国务院有制定税法实施细则、增减税目和调整税率的权力。

④经全国人大及其常委会的授权,国务院有税法的解释权;经国务院授权,国家税务主管部门(财政部和国家税务总局)有税收条例的解释权和制定税收条例实施细则的权力。

⑤省级人民代表大会及其常务委员会有根据本地区经济发展的具体情况和实际需要,在不违背国家统一税法,不影响中央的财政收入,不妨碍我国统一市场的前提下,开征全国

性税种以外的地方税种的税收立法权。税法的公布,税种的开征、停征,由省级人民代表大会及其常务委员会统一规定,所立税法在公布实施前须报全国人大常委会备案。

⑥经省级人民代表大会及其常务委员会授权,省级人民政府有本地区地方税法的解释权和制定税法实施细则、调整税目、税率的权力,也可在上述规定的前提下,制定一些税收征收办法,还可以在全国性地方税条例规定的幅度内,确定本地区适用的税率或税额。上述权力除税法解释权外,在行使后和发布实施前须报国务院备案。

地区性地方税收的立法权应只限于省级立法机关或经省级立法机关授权同级政府,不能层层下放。所立税法可在全省(自治区、直辖市)范围内执行,也可只在部分地区执行。

关于我国现行税收立法权的划分问题,迄今为止,尚无一部法律对之加以完整规定,只是散见于若干财政和税收法律、法规中,尚有待于税收基本法做出统一规定。

1.5.3 税收执法权的划分

税收执法权和行政管理权是国家赋予税务机关的基本权力,是税务机关实施税收管理和系统内部行政管理的法律手段。其中税收执法权是指税收机关依法征收税款,依法进行税收管理活动的权力。具体包括税款征收管理权、税务稽查权、税务检查权、税务行政复议裁决权及其他税务管理权。

1)税款征收权

《税收征管法》第二十八条规定,税务机关依照法律、行政法规的规定征收税款。

(1)税收的征收管理权限的划分

根据国务院《关于实行财政分税制有关问题的通知》等有关法律、法规的规定,我国现行税制下税收执法管理权限的划分大致如下:

①首先根据国务院关于实行分税制财政管理体制的决定,按税种划分中央和地方的收入。将维护国家权益、实施宏观调控所必需的税种划为中央税;将同国民经济发展直接相关的主要税种划为中央与地方共享税;将适合地方征管的税种划为地方税,并充实地方税税种,增加地方税收收入。同时根据按收入归属划分税收管理权限的原则,对中央税,其税收管理权由国务院及其税务主管部门(财政部和国家税务总局)掌握,由中央税务机构负责征收;对地方税,其管理权由地方人民政府及其税务主管部门掌握,由地方税务机构负责征收;对中央与地方共享税,原则上由中央税务机构负责征收,共享税中地方分享的部分,由中央税务机构直接划入地方金库。在实践中,由于税收制度在不断地完善,因此,税收的征收管理权限也在不断地完善之中。

②地方自行立法的地区性税种,其管理权由省级人民政府及其税务主管部门掌握。

③根据《国务院关于取消集市交易税、牲畜交易税、烧油特别税、奖金税、工资调节税和将屠宰税、筵席税下放地方管理的通知》的有关规定,省级人民政府可以根据本地区经济发展的实际情况,自行决定继续征收或者停止征收屠宰税和筵席税。继续征收的地区,省级人民政府可以根据《屠宰税暂行条例》和《筵席税暂行条例》的规定,制定具体征收办法,并报国务院备案。

④属于地方税收管理权限,在省级及其以下的地区如何划分,由省级人民代表大会或省级人民政府决定。

⑤除少数民族自治地区和经济特区外,各地均不得擅自停征全国性的地方税种。

⑥经全国人大及其常委会和国务院的批准,民族自治地方可以拥有某些特殊的税收管理权,如全国性地方税种某些税目税率的调整权以及一般地方税收管理权以外的其他一些管理权等。

⑦经全国人大及其常委会和国务院的批准,经济特区也可以在享有一般地方税收管理权之外,拥有一些特殊的税收管理权。

⑧上述地方(包括少数民族自治地区和经济特区)的税收管理权的行使,必须以不影响国家宏观调控和中央财政收入为前提。

⑨涉外税收必须执行国家的统一税法,涉外税收政策的调整权集中在全国人大常委会和国务院,各地一律不得自行制定涉外税收的优惠措施。

⑩根据国务院的有关规定,为了更好地体现公平税负、促进竞争的原则,保护社会主义统一市场的正常发育,在税法规定之外,一律不得减税免税,也不得采取先征后返的形式变相减免税。

(2)税务机构设置

根据我国经济和社会发展及实行分税制财政管理体制的需要,现行税务机构设置是中央政府设立国家税务总局(正部级),省及省以下税务机构分为国家税务局和地方税务局两个系统。

国家税务总局对国家税务局系统实行机构、编制、干部、经费的垂直管理,协同省级人民政府对省级地方税务局实行双重领导。

①国家税务局系统包括省、自治区、直辖市国家税务局,地区、地级市、自治州、盟国家税务局,县、县级市、旗国家税务局,征收分局、税务所。征收分局、税务所是县级国家税务局的派出机构,前者一般按照行政区划、经济区划或者行业设置,后者一般按照经济区划或者行政区划设置。

省级国家税务局是国家税务总局直属的正厅(局)级行政机构,是本地区主管国家税收工作的职能部门,负责贯彻执行国家的有关税收法律、法规和规章,并结合本地实际情况制定具体实施办法。局长、副局长均由国家税务总局任命。

②地方税务局系统包括省、自治区、直辖市地方税务局,地区、地级市、自治州、盟地方税务局,县、县级市、旗地方税务局,征收分局、税务所。省以下地方税务局实行上级税务机关和同级政府双重领导、以上级税务机关垂直领导为主的管理体制,即地区(市)、县(市)地方税务局的机构设置、干部管理、人员编制和经费开支均由所在省(自治区、直辖市)地方税务局垂直管理。

省级地方税务局是省级人民政府所属的主管本地区地方税收工作的职能部门,一般为正厅(局)级行政机构,实行地方政府和国家税务总局双重领导,以地方政府领导为主的管理体制。

国家税务总局对省级地方税务局的领导,主要体现在税收政策、业务的指导和协调,对国家统一的税收制度、政策的监督,组织经验交流等方面。省级地方税务局的局长人选,由地方政府征求国家税务总局意见之后任免。

(3)税收征收管理范围划分

目前,我国的税收分别由财政、税务、海关等系统负责征收管理。

①国家税务局系统负责征收和管理的项目有:增值税,消费税,车辆购置税,铁道部门、各银行总行、各保险总公司集中缴纳的营业税、所得税、城市维护建设税,中央企业缴纳的所得税,中央与地方所属企业、事业单位组成的联营企业、股份制企业缴纳的所得税,地方银行、非银行金融企业缴纳的所得税,海洋石油企业缴纳的所得税、资源税,部分企业的企业所得税,证券交易税(开征之前为对证券交易征收的印花税),个人所得税中对储蓄存款利息所得征收的部分,中央税的滞纳金、补税、罚款。

②地方税务局系统负责征收和管理的项目有:营业税,城市维护建设税(不包括上述由国家税务局系统负责征收管理的部分),地方国有企业、集体企业、私营企业缴纳的所得税,个人所得税(不包括对银行储蓄存款利息所得征收的部分),资源税,城镇土地使用税,耕地占用税,土地增值税,房产税,车船税,印花税,契税,屠宰税,筵席税及其地方附加,地方税的滞纳金、补税、罚款。

此外,依据国税发〔2002〕8 号文件通知规定,企业所得税、个人所得税的征收管理范围按以下规定执行:

a. 2001 年 12 月 31 日以前国家税务局、地方税务局征收管理的企业所得税、个人所得税(包括储蓄存款利息所得个人所得税),以及按现行规定征收管理的外商投资企业和外国企业所得税,仍由原征管机关征收管理,不作变动。

b. 自 2002 年 1 月 1 日起,按国家工商行政管理总局的有关规定,在各级工商行政管理部门办理设立(开业)登记的企业,其企业所得税由国家税务局负责征收管理。但下列办理设立(开业)登记的企业仍由地方税务局负责征收管理:

两个以上企业合并设立一个新的企业,合并各方解散,但合并各方原均为地方税务局征收管理的;因分立而新设立的企业,但原企业由地方税务局负责征收管理的;原缴纳企业所得税的事业单位改制为企业办理设立登记,但原事业单位由地方税务局负责征收管理的;在工商行政管理部门办理变更登记的企业,其企业所得税仍由原征收机关负责征收管理。

c. 自 2002 年 1 月 1 日起,在其他行政管理部门新登记注册、领取许可证的事业单位、社会团体、律师事务所、医院、学校等缴纳企业所得税的其他组织,其企业所得税由国家税务局负责征收管理。

d. 2001 年 12 月 31 日前已在工商行政管理部门和其他行政管理部门登记注册,但未进行税务登记的企事业单位及其他组织,在 2002 年 1 月 1 日后进行税务登记的,其企业所得税按原规定的征管范围,由国家税务局、地方税务局分别征收管理。

e. 2001 年年底前的债转股企业、中央企事业单位参股的股份制企业和联营企业,仍由原征管机关征收管理,不再调整。

f. 不实行所得税分享的铁路运输(包括广铁集团)、国家邮政、中国工商银行、中国农业银行、中国银行、中国建设银行、国家开发银行、中国农业发展银行、中国进出口银行以及海洋石油天然气企业,由国家税务局负责征收管理。

g. 除储蓄存款利息所得以外的个人所得税(包括个人独资、合伙企业的个人所得税),仍由地方税务局负责征收管理。

为了加强税收征收管理,降低征收成本,避免工作交叉,简化征收手续,方便纳税人,在某些情况下,国家税务局和地方税务局可以相互委托对方代征某些税收。

③在大部分地区,地方附加、契税、耕地占用税,仍由地方财政部门征收和管理。

④海关系统负责征收和管理的项目有关税、行李和邮递物品进口税,同时负责代征进出口环节的增值税和消费税。

(4) 中央政府与地方政府税收收入划分

根据国务院关于实行分税制财政管理体制的规定,我国的税收收入分为中央政府固定收入、地方政府固定收入和中央政府与地方政府共享收入。

①中央政府固定收入包括消费税(含进口环节海关代征的部分)、车辆购置税、关税、海关代征的进口环节增值税等。

②地方政府固定收入包括城镇土地使用税、耕地占用税、土地增值税、房产税、车船税、契税。

③中央政府与地方政府共享收入主要包括:

a. 增值税(不含进口环节由海关代征的部分):中央政府分享75%,地方政府分享25%。

b. 营业税:铁道部、各银行总行、各保险总公司集中缴纳的部分归中央政府,其余部分归地方政府。

c. 企业所得税:铁道部、各银行总行及海洋石油企业缴纳的部分归中央政府,其余部分中央与地方政府按60%与40%的比例分享。

d. 个人所得税:除储蓄存款利息所得的个人所得税外,其余部分的分享比例与企业所得税相同。

e. 资源税:海洋石油企业缴纳的部分归中央政府,其余部分归地方政府。

f. 城市维护建设税:铁道部、各银行总行、各保险总公司集中缴纳的部分归中央政府,其余部分归地方政府。

g. 印花税:证券交易印花税收入的94%归中央政府,其余6%和其他印花税收入归地方政府。

2)税务检查权

税务检查时税务机关依据国家的税收法律、法规对纳税人等管理相对人履行法定义务的情况进行审查、监督的执法活动。有效的税务检查可以抑制不法纳税人的侥幸心理,提高税法的威慑力,减少税收违法犯罪行为,保证国家收入,维护税收公平与纳税人的合法利益。税务检查包括两类:

①税务机关为取得确定税额所需资料,正是纳税人纳税申报的真实性与准确性而进行

的经常性检查，其依据是税法赋予税务机关的强制行政检查权。

②为打击税收违法犯罪而进行的特别调查，它可以分为行政性调查和刑事调查两个阶段。行政性调查属于税务检查权范围之内，从原则上讲，纳税人有违反税法的刑事犯罪嫌疑的情况下，即调查的刑事性质确定后，案件应开始适用刑事调查程序。

3）税务稽查权

税务稽查是税务机关依法对纳税人、扣缴义务人履行纳税义务、扣缴义务情况所进行的税务检查和处理工作的总称。税务稽查权是税收执法权的一个重要组成部分，也是整个国家行政监督体系中的一种特殊的监督权行使形式。

根据相关法律规定，税务稽查的基本任务是：依照国家税收法律、法规，查处税收违法行为，保障税收收入，维护税收秩序，促进依法纳税，保证税法的实施。税务稽查必须以事实为根据，以税收法律、法规、规章为准绳，依靠人民群众，加强与司法机关及其他有关部门的联系和配合。各级税务机关设立的税务稽查机构，按照各自的税收管辖范围行使税务稽查职能。

4）税务行政复议裁决权

税务行政复议裁决权的行使是税收执法权的有机组成部分，该权力的实现对保障和监督税务机关依法行使税收执法权，防止和纠正违法或者不当的具体税务行政行为，保护纳税人和其他有关当事人的合法权益，发挥着积极作用。根据《中华人民共和国行政复议法》《中华人民共和国税收征收管理法》和其他有关规定，为了防止和纠正税务机关违法或者不当的具体行政行为，保护纳税人及其他当事人的合法权益，保障和监督税务机关依法行使职权，纳税人及其他当事人认为税务机关的具体行政行为侵犯其合法权益，可依法向税务行政复议机关申请行政复议；税务行政复议机关受理行政复议申请，作出行政复议决定。税务行政复议机关，是指依法受理行政复议申请，对具体行政行为进行审查并作出行政复议决定的税务机关。

税务行政复议裁决权的行使过程中，税务行政复议机关中负责税收法制工作的机构具体办理行政复议事项，履行下列职责：

①受理行政复议申请；

②向有关组织和人员调查取证，查阅文件和资料；

③审查申请行政复议的具体行政行为是否合法与适当，拟定行政复议决定；

④处理或者转送对本规则第九条所列有关规定的审查申请；

⑤对被申请人违反行政复议法及本规则规定的行为，依照规定的权限和程序提出处理建议；

⑥办理因不服行政复议决定提起行政诉讼的应诉事项；

⑦对下级税务机关的行政复议工作进行检查和监督；

⑧办理行政复议案件的赔偿事项；

⑨办理行政复议、诉讼、赔偿等案件的统计、报告和归档工作。

行政复议活动应当遵循合法、公正、公开、及时、便民的原则。纳税人及其他当事人对行政复议决定不服的,可以依照行政诉讼法的规定向人民法院提起行政诉讼。

5)其他税收执法权

在除上述税收执法权的几个方面之外,根据法律规定,税务机关还享有其他相关税收执法权。其中主要的有税务行政处罚权等。

税务行政处罚权是指税务机关依法对纳税主体违反税法尚未构成犯罪,但应承担相应法律责任的行为实施制裁措施的权力。税务行政处罚是行政处罚的基本组成部分,税务行政处罚权的行使对于保证国家税收利益,督促纳税人依法纳税有重要作用。税务行政处罚权的法律依据是行政处罚法和税收征管法等法律法规。根据《税收征收管理法》相关规定,税务行政处罚的种类应当有警告(责令限期改正)、罚款、停止出口退税权、没收违法所得、收缴发票或者停止发售发票、提请吊销营业执照、通知出境管理机关阻止出境等。

本章练习题

一、单项选择题

1. 下列关于税法特点的表述中,不正确的是(　　)。

   A. 从立法过程来看,税法属于制定法

   B. 从法律性质来看,税法属于义务性法规

   C. 从内容上看,税法具有综合性

   D. 税法的特点是税收上升为法律后的形式特征,应与税收属于经济范畴的特点相一致

2. 下列选项中,属于税基式减免的是(　　)。

   A. 全部免征　　B. 减半征收　　C. 零税率　　D. 免征额

3. 区分不同税种的主要标志是(　　)。

   A. 纳税义务人　　B. 课税对象　　C. 税率　　D. 税目

4. 税收法律关系产生的标志是(　　)。

   A. 纳税人办理或重新办理税务登记

   B. 征税主体与纳税主体的同时存在

   C. 引起纳税义务成立的法律事实

   D. 征、纳双方权利与义务关系的形成

5. 下列具有最高法律效力的是(　　)。

   A.《中华人民共和国个人所得税法实施细则》

   B.《中华人民共和国增值税暂行条例》

   C.《税务部门规章制定实施办法》

   D.《中华人民共和国车船税法》

6. 税收立法是指国家机关依照其职权范围,通过一定程序制定税收法律规范的活动,下列关于税收立法说法错误的是(　　)。

   A.《中华人民共和国税收征收管理法》是国务院制定的税收法规

B. 税收立法权的划分,是税收立法的核心问题
C. 税收立法必须经过法定程序,这是法的现代化的基本标志之一
D. 在我国,划分税收立法权的直接法律依据主要是《宪法》与《立法法》的规定
7. 下列关于税收法律关系的表述中,正确的是(　　)。
A. 税法是引起税收法律关系的前提条件,税法可以产生具体的税收法律关系
B. 税收法律关系中权利主体双方法律地位并不平等,双方的权利义务也不对等
C. 代表国家行使征税职责的各级国家税务机关,是税收法律关系中的权利主体之一
D. 税收法律关系总体上与其他法律关系一样,都是由权利主体、权利客体两方面构成

二、多项选择题

1. 税源是税款的最终来源。以下关于税源的表述中,正确的有(　　)。
A. 税源的大小体现着纳税人的负担能力
B. 税源是税收负担的最终归宿
C. 税源和课税对象是一致的
D. 税源和课税对象是不一致的
E. 在社会产品价值中,能够成为税源的不单是国民收入分配中形成的各种收入
2. 税源是税款的最终来源。以下关于税源的表述中,正确的有(　　)。
A. 税源的大小体现着纳税人的负担能力
B. 税源是税收负担的最终归宿
C. 税源和课税对象是一致的
D. 税源和课税对象是不一致的
E. 在社会产品价值中,能够成为税源的不单是国民收入分配中形成的各种收入
3. 课税对象构成了税收实体法诸要素中的基础性要素,主要因为(　　)。
A. 课税对象反映具体的征税范围,代表征税的广度
B. 课税对象体现着各种税的征税范围
C. 课税对象规定着计算各种应征税款的依据
D. 其他要素的内容一般都是以课税对象为基础确定的
E. 课税对象是一种税区别于另一种税的最主要标志
4. 下列关于税率的表述中,正确的有(　　)。
A. 税率是个总的概念,实际中可分为定额税率和比例税率两种形式
B. 在具体运用上,比例税率可以分为产品比例税率、行业比例税率、地区差别比例税率、有幅度比例税率
C. 零税率是以零表示的税率,是免税的一种方式
D. 负税率是政府利用税收形式对所得额低于特定标准的家庭或个人给予补贴的比例
E. 名义税率和实际税率是分析纳税人负担时的常用概念

三、简答题

1. 税法和税收是什么关系？

2. 我国哪些税种属于中央和地方共享税？

第2章 增值税

【学习要求】

1. 熟悉增值税的概念和生产型、收入型、消费型增值税的区别；
2. 掌握小规模纳税人和一般纳税人的区分；
3. 掌握增值税的征收范围、税率、征收率；
4. 掌握增值税进项税额和销项税额的计算；
5. 掌握增值税出口退税，熟悉增值税专用发票的使用和管理。

增值税法是指国家制定的用以调整增值税征收与缴纳之间权利及义务关系的法律规范。现行增值税法的基本规范，是2008年11月10日国务院颁布的《中华人民共和国增值税暂行条例》。

2.1 增值税概述

2.1.1 增值税的概念

增值税是以商品(含应税劳务)在流转过程中产生的增值额作为计税依据而征收的一种流转税。按照我国增值税法的规定，增值税是对在我国境内销售货物或者提供加工、修理修配劳务以及进口货物的企业单位和个人，就其货物销售或提供劳务的增值额和货物进口金额为计税依据而课征的一种流转税。

早在1917年，美国学者亚当斯(T. Adams)就已经提出了具有现代增值税雏形的想法。1921年，德国学者西门子(C. F. V. Siemens)正式提出了增值税的名称。但是增值税最终得以确立并征收的国家是法国。1954年，法国在生产阶段对原来的按营业额全额课征改为按全额计算后允许扣除购进项目已缴纳的税款，即按增值额征税，开创了增值税实施之先河。此后，增值税在欧洲得到推广，不久又扩展到欧洲以外的许多国家。目前，世界上已有100多个国家实行了增值税。增值税在半个多世纪的时间里能得到如此众多国家的广泛认可和推行，这在世界税制发展史上是罕见的，被称为20世纪人类在财税领域的一个最重要改革和成就。增值税得以推广，最主要的原因是其改变了传统的流转税按全额道道重复征税的做法,改由对每一生产流通环节的增值额进行征税,由此产生一些自身独特的功能和作用。

对增值税概念的理解,关键是要理解增值额的含义。

增值额是指企业或者其他经营者从事生产经营或者提供劳务,在购入的商品或者取得劳务的价值基础上新增加的价值额。可以从以下四个方面理解:

①从理论上讲,增值额是指生产经营者生产经营过程中新创造的价值额。增值额相当于商品价值C+V+M中的V+M部分。C即商品生产过程中所消耗的生产资料转移价值;V即工资,是劳动者为自己创造的价值;M即剩余价值或盈利,是劳动者为社会创造的价值。增值额是劳动者新创造的价值,从内容上讲大体相当于净产值或国民收入。

②就一个生产单位而言,增值额是这个单位商品销售收入额或经营收入额扣除非增值项目(相当于物化劳动,如外购的原材料、燃料、动力、包装物、低值易耗品等)价值后的余额。这个余额,大体相当于该单位活劳动创造的价值。

③就一个商品的生产经营全过程来讲,不论其生产经营经过几个环节,其最后的销售总值,应等于该商品从生产到流通的各个环节的增值额之和,即:

商品最后销售价格 = 各环节增值额之和

表2.1 某商品最后销售价格与各生产流通环节增值额关系

生产流通环节	本环节销售额/元	本环节增值额/元
原材料生产环节	50	50①
产成品生产环节	80	30②
批发环节	120	40
零售环节	140	20
合　计	390	140

①假定本环节均为增值额,无购进项目。

②每环节的增值额为本环节销售额减去购进成本即上一环节的销售额后的余额。

以表2.1为例,如果用传统的流转税计税方式,对每个流转环节均按全额课税,将会对该商品从原材料到零售环节的每个环节按销售全额计税,其计税总值为390元。但如果按增值税的计税方式,对每个环节的增值额计税,即其计税总值为140元。这两者的差额250元就产生了重复征税问题。即第一环节的50元实际上在传统的流转税计税方式下将被征税4次,被重复征税3次。同理,其余环节分别被重复征税若干次。而改为按每环节的增值额征税后不论一个商品从生产到最后销售经过几个流转环节,其计税总值就等于该商品的最终销售价格。这个特点对消除重复征税、对产品的出口退税等均产生了重要影响。

④从国民收入分配角度看,增值额V+M在我国相当于净产值,包括工资、利润、利息、租金和其他属于增值性的收入。

确定增值额在实际工作中是一件很困难的事,甚至难以做到,因而在各国增值税征收实践中,都不是直接通过增值额计算增值税,而是采取从销售总额的应纳税款中扣除外购项目已纳税款的税款抵扣法。

2.1.2 增值税的特点

1)保持税收中性

根据增值税的计税原理,流转额中的非增值因素在计税时被扣除。因此,对同一商品而言,无论流转环节的多与少,只要增值额相同,税负就相等,不会影响商品的生产结构、组织结构和产品结构。

2)普遍征收

从增值税的征税范围看,对从事商品生产经营和劳务提供的所有单位和个人,在商品增值的各个生产流通环节向纳税人普遍征收。

3)税收负担由商品最终消费者承担

虽然增值税是向企业主征收,但企业主在销售商品时又通过价格将税收负担转嫁给下一生产流通环节,最后由最终消费者承担。

4)实行税款抵扣制度

在计算企业主应纳税款时,要扣除商品在以前生产环节已负担的税款,以避免重复征税。从世界各国来看,一般都实行凭购货发票进行抵扣。

5)实行比例税率

从实行增值税制度的国家看,普遍实行比例税制,以贯彻征收简便易行的原则。由于增值额对不同行业和不同企业、不同产品来说性质是一样的,原则对增值额应采用单一比例税率。但为了贯彻一些经济社会政策也会对某些行业或产品实行不同的政策,因而引入增值税的国家一般都规定基本税率和优惠税率或称低税率。

6)实行价外税制度

在计税时,作为计税依据的销售额中不包含增值税税额,这样有利于形成均衡的生产价格,并有利于税负转嫁的实现。这是增值税与传统的以全部流转额为计税依据的流转税或商品课税的一个重要区别。

2.1.3 增值税的类型

在实践中,各国实行的增值税都是以法定增值额为课税对象的。法定增值额和理论增值额往往不相一致,其主要区别在于对购入固定资产的处理上。所以根据对购入固定资产已纳税款处理的不同,可以将增值税分为不同的类型。依据实行增值税的各个国家允许抵扣已纳税款的扣除项目范围的大小,增值税分为生产型增值税、收入型增值税、消费型增值税三种类型。

1)生产型增值税

生产型增值税以纳税人的销售收入(或劳务收入)减去用于生产、经营的外购原材料、燃料、动力等物质资料价值后的余额作为法定的增值额,但对购入的固定资产及其折旧均不予扣除。既不允许扣除购入固定资产的价值,也不考虑生产经营过程中固定资产磨损的那部分转移价值（即折旧）。由于这个法定增值额等于工资、租金、利息、利润和折旧之和，其内容从整个社会来说相当于国民生产总值，所以称为生产型增值税。

2）收入型增值税

收入型增值税除允许扣除外购物质资料的价值以外，对于购置用于生产、经营用的固定资产，允许将已提折旧的价值额予以扣除。即对于购入的固定资产，可以按照磨损程度相应地给予扣除。这个法定增值额，就整个社会来说，相当于国民收入，所以称为收入型增值税。

3）消费型增值税

消费型增值税允许将购置物质资料的价值和用于生产、经营的固定资产价值中所含的税款，在购置当期全部一次扣除。虽然固定资产在原生产经营单位作为商品于出售时都已征税，但当购置者作为固定资产购进使用时，其已纳税金在购置当期已经全部扣除。因此，就整个社会而言，这部分商品实际上没有征税，所以说这种类型增值税的课税对象不包括生产资料部分，仅限于当期生产销售的所有消费品，故称为消费型增值税。

我国从2009年1月1日起实行消费型增值税，这至少产生三个方面的积极效应：

第一，从经济的角度看，实行消费型增值税有利于鼓励投资，特别是民间投资，有利于促进产业结构调整和技术升级，有利于提高我国产品的竞争力。

第二，从财政的角度看，实行消费型增值税虽然在短期内将导致税基的减少，对财政收入造成一定的影响，但是有利于消除重复征税，有利于公平内外资企业和国内外产品的税收负担，有利于税制的优化；从长远看，由于实行消费型增值税将刺激投资，促进产业结构的调整，对经济的增长将起到重要的拉动作用，财政收入总量也会随之逐渐增长。

第三，从管理的角度看，实行消费型增值税将使非抵扣项目大为减少，征收和缴纳将变得相对简便易行，从而有助于减少偷逃税行为的发生，有利于降低税收管理成本，提高征收管理的效率。

2.2 纳税人

2.2.1 增值税纳税人的基本规定

根据《增值税暂行条例》的规定，凡在中华人民共和国境内销售货物或者提供加工、修理修配劳务以及进口货物的单位和个人，为增值税的纳税义务人。

1）单位

一切从事销售或进口货物、提供应税劳务的单位包括国有企业、集体企业、私有企业、股份制企业、外商投资企业和外国企业、其他企业和行政单位、事业单位、军事单位、社会团体及其他单位。

2)个人

凡从事销售或进口货物、提供应税劳务的个人均属于增值税纳税义务人。包括个体经营者和其他个人。

3)承租人和承包人

把企业租赁或承包给他人经营的,以承租人或承包人为纳税人。

4)进口货物的收货人或办理报关手续的单位和个人

对报关进口的货物,以进口货物的收货人或办理报关手续的单位和个人为进口货物的纳税人。对代理进口货物,以海关开具的完税凭证上的纳税人为增值税纳税人。即对报关进口货物,凡是海关的完税凭证开具给委托方的,对代理方不征增值税;凡是海关的完税凭证开具给代理方的,对代理方应按规定征收增值税。

5)扣缴义务人

境外的单位或个人在境内销售应税劳务而境内未设有经营机构的,其应纳税款以代理人为扣缴义务人;没有代理人的,以购买者为扣缴义务人。

2.2.2 增值税纳税人的分类

1)增值税纳税人分类的依据

根据《增值税暂行条例》及其实施细则的规定,划分一般纳税人和小规模纳税人的基本依据是纳税人的会计核算是否健全,是否能够提供准确的税务资料以及企业规模的大小。而衡量企业规模的大小一般以年销售额为依据。因此,现行增值税制度是以纳税人年销售额的大小和会计核算水平这两个标准为依据来划分一般纳税人和小规模纳税人的。

2)划分一般纳税人与小规模纳税人的目的

对增值税纳税人进行分类的目的,是为了配合增值税专用发票的管理。专用发票既是增值税纳税人纳税的依据,又是纳税人据以扣税的凭证。而且增值税实施面广、情况复杂、纳税人多且核算水平差距很大为保证对专用发票的正确使用和安全管理,有必要对增值税纳税人进行分类。

这两类纳税人在税款计算方法、适用税率以及管理办法上都有所不同。对一般纳税人实行凭发票扣税的计税方法;对小规模纳税人规定简便易行的计税方法和征收管理办法,这样规定有利于增值税制度的推行,也符合国际惯例。

2.2.3 小规模纳税人的认定及管理

1)小规模纳税人的认定标准

小规模纳税人是指年销售额在规定标准以下,并且会计核算不健全,不能按规定报送有关税务资料的增值税纳税人。所称会计核算不健全是指不能正确核算增值税的销项税额、进项税额和应纳税额。

根据《增值税暂行条例》及《增值税暂行条例实施细则》的规定,小规模纳税人的认定标准是：

①从事货物生产或者提供应税劳务的纳税人，以及以从事货物生产或者供应税劳务为主，并兼营货物批发或者零售的纳税人，年应征增值税销售额（以下简称应税销售额）在50万元以下（含本数，下同）的；“以从事货物生产或者提供应税劳务为主”是指纳税人的年货物生产或者提供应税劳务的销售额占年应税销售额的比重在50%以上。

②对上述规定以外的纳税人，年应税销售额在80万元以下的。

③年应税销售额超过小规模纳税人标准的其他个人按小规模纳税人纳税。

④非企业性单位、不经常发生应税行为的企业可选择按小规模纳税人纳税。

2）小规模纳税人的管理

小规模纳税人虽然实行简易征税办法，并且一般不使用增值税专用发票，但基于增值税征收管理中一般纳税人与小规模纳税人之间客观存在的经济往来的实情，国家税务总局根据授权专门制定实施了《增值税小规模纳税人征收管理办法》，其主要规定如下：

①基层税务机关要加强对小规模生产企业财会人员的培训，帮助建立会计账簿，只要小规模企业有会计，有账册，能够正确计算进项税额、销项税额和应纳税额，并能按规定报送有关税务资料，年应税销售额不低于30万元的可以认定为增值税一般纳税人。

②对没有条件设置专职会计人员的小规模企业，在纳税人自愿并配有本单位兼职会计人员的前提下，可采取以下措施，使兼职人员尽快独立工作，进行会计核算。

a. 由税务机关帮助小规模企业从税务咨询公司、会计师事务所等聘请会计人员建账、核算。

b. 由税务机关组织从事过财会业务，有一定工作经验，遵纪守法的离、退休会计人员，帮助小规模企业建账、核算。

c. 在职会计人员经所在单位同意，主管税务机关批准，也可以到小规模企业兼任会计。

③小规模企业可以单独聘请会计人员，也可以几个企业联合聘请会计人员。

2.2.4 一般纳税人的认定及管理

1）一般纳税人的认定标准

一般纳税人是指年应征增值税销售额（以下简称年应税销售额，包括一个公历年度内的全部应税销售额），超过《增值税暂行条例实施细则》规定的小规模纳税人标准的企业和企业性单位（以下简称企业）。具体包括：

①从事货物生产或提供应税劳务的纳税人，以及以从事货物生产或提供应税劳务为主，并兼营货物批发或零售的纳税人，年应税销售额在50万元以上的。

②对上述规定以外的纳税人，年应税销售额在80万元以上的。

③新开业的符合一般纳税人条件的企业，应在办理税务登记的同时申请办理一般纳税人认定手续。税务机关对其（非商贸企业）预计年应税销售额超过小规模企业标准的暂认定为一般纳税人。

新开业的企业（非商贸企业）开业后的实际年应税销售额未超过小规模纳税人标准的，

应重新申请办理一般纳税人认定手续。

④年应税销售额未超过标准的商业企业以外的其他小规模企业,会计核算健全,能准确核算并提供销项税额、进项税额的,可申请办理一般纳税人认定手续。已开业的小规模企业(商贸企业除外),其年应税销售额超过小规模纳税人标准的,应在次年1月底以前申请办理一般纳税人认定手续。

⑤纳税人总分支机构实行统一核算,其总机构年应税销售额超过小规模企业标准,但分支机构是商业企业以外的其他企业,年应税销售额未超过小规模企业标准的,其分支机构可申请办理一般纳税人认定手续。在办理认定手续时,须提供总机构所在地主管税务机关批准其总机构为一般纳税人的证明(总机构申请认定表的影印件)(商贸企业除外)。

⑥为了加强对加油站成品油销售的增值税征收管理,从2002年1月1日起,对从事成品油销售的加油站,一律按增值税一般纳税人征税。

下列纳税人不属于一般纳税人:

①年应税销售额未超过小规模纳税人标准的企业(以下简称小规模企业);

②个人(除个人经营者以外的其他个人);

③非企业性单位;

④不经常发生增值税应税行为的企业。

2)一般纳税人的认定管理

纳税人自认定机关认定为一般纳税人的次月起(新开业纳税人自认定机关认定为一般纳税人的当月起),按照税法的有关规定计算应纳税额,并按照规定领购、使用增值税专用发票。

除国家税务总局另有规定外,纳税人一经认定为一般纳税人后,不得转为小规模纳税人。

2.3 征税范围

根据《增值税暂行条例》的规定,在中华人民共和国境内(以下简称境内)销售货物或者提供加工、修理修配劳务以及进口货物的单位和个人,为增值税的纳税人,应当依照本条例缴纳增值税。在境内销售货物或者提供加工、修理修配劳务,是指销售货物的起运地或者所在地在境内以及提供的应税劳务发生在境内。

根据《增值税暂行条例》的规定,我们将增值税的征税范围分为一般规定和具体规定。

2.3.1 征税范围的一般规定

增值税征税范围包括货物的生产、批发、零售和进口四个环节,此外,加工和修理修配也属于增值税的征税范围,加工和修理修配以外的劳务服务暂不实行增值税。凡在上述四环

节中销售货物、提供加工和修理修配劳务的,都要按规定缴纳增值税。增值税征税范围的具体内容如下:

1)销售货物

“货物”是指除土地、房屋和其他建筑物等一切不动产之外的有形动产,包括电力、热力和气体在内。销售货物是指有偿转让货物的所有权。“有偿”不仅仅指从购买方取得货币,还包括取得货物或其他经济利益。

2)提供加工和修理修配劳务

“加工”是指接收来料承做货物,加工后的货物所有权仍属于委托者的业务,即通常所说的委托加工业务。“委托加工业务”是指由委托方提供原料及主要材料,受托方按照委托方的要求制造货物并收取加工费的业务。“修理修配”是指受托对损伤和丧失功能的货物进行修复,使其恢复原状和功能的业务。这里的“提供加工和修理修配劳务”都是指有偿提供加工和修理修配劳务。但单位或个体经营者聘用的员工为本单位或雇主提供加工、修理修配劳务则不包括在内。

3)进口货物

进口货物是指申报进入我国海关境内的货物。确定一项货物是否属于进口货物,必须看其是否办理了报关进口手续。通常,境外产品要输入境内,必须向我国海关申报进口,并办理有关报关于续。只要是报关进口的应税货物,均属于增值税征税范围,在进口环节缴纳增值税(享受免税政策的货物除外)。

2.3.2 征税范围的具体规定

除了上述的一般规定以外,特殊项目或行为需要作出具体规定。

1)属于征税范围的特殊项目

①货物期货(包括商品期货和贵金属期货),应当征收增值税,在期货的实物交割环节纳税,其中:交割时采取由期货交易所开具发票的,以期货交易所为纳税人。期货交易所增值税按次计算,其进项税额为该货物交割时供货会员单位开具的增值税专用发票上注明的销项税额,期货交易所本身发生的各种进项不得抵扣。交割时采取由供货的会员单位直接将发票开给购货会员单位的,以供货会员单位为纳税人。

②银行销售金银的业务,应当征收增值税。

③典当业的死当物品销售业务和寄售业代委托人销售寄售物品的业务,均应征收增值税。

④电力公司向发电企业收取的过网费,应当征收增值税,不征收营业税。

⑤缝纫业务,应征收增值税。

⑥旅店业和饮食业纳税人销售非现场消费的食品应当缴纳增值税,不缴纳营业税。

⑦纳税人提供的矿产资源开采、挖掘、破碎、分拣、洗选等劳务,属于增值税应税劳务,应当缴纳增值税。

2)属于征税范围的特殊行为

(1)视同销售货物行为

单位或者个体工商户的下列行为,视同销售货物:

①将货物交付其他单位或者个人代销;

②销售代销货物;

③设有两个以上机构并实行统一核算的纳税人,将货物从一个机构移送至其他机构用于销售,但相关机构设在同一县(市)的除外;

④将自产或者委托加工的货物用于非增值税应税项目;

⑤将自产、委托加工的货物用于集体福利或者个人消费;

⑥将自产、委托加工或者购进的货物作为投资,提供给其他单位或者个体工商户;

⑦将自产、委托加工或者购进的货物分配给股东或者投资者;

⑧将自产、委托加工或者购进的货物无偿赠送其他单位或者个人。

上述八种行为应该确定为视同销售货物行为,均要征收增值税。其确定的目的主要有三个:一是保证增值税税款抵扣制度的实施,不致因发生上述行为而造成各相关环节税款抵扣链条的中断,如前两种情况就是这种原因。如果不将之视同销售就会出现销售代销货物方仅有销项税额而无进项税额,而将货物交付其他单位或者个人代销方仅有进项税额而无销项税额的情况,就会出现增值税抵扣链条不完整。二是避免因发生上述行为而造成货物销售税收负担不平衡的矛盾,防止以上述行为逃避纳税的现象。三是体现增值税计算的配比原则。即购进货物已经在购进环节实施了进项税额抵扣,这些购进货物应该产生相应的销售额,同时就应该产生相应的销项税额,否则就会产生不配比情况。如上述④~⑧的几种情况就属于此种原因。

(2)混合销售行为

根据《增值税暂行条例实施细则》的规定,一项销售行为如果既涉及货物又涉及非增值税应税劳务,为混合销售行为。除《增值税暂行条例实施细则》第六条的规定外,从事货物的生产、批发或者零售的企业、企业性单位和个体工商户的混合销售行为,视为销售货物,应当缴纳增值税;其他单位和个人的混合销售行为,视为销售非增值税应税劳务,不缴纳增值税。

需要解释的是,出现混合销售行为,涉及的货物和非增值税应税劳务只是针对一项销售行为而言的,也就是说,非增值税应税劳务是为了直接销售一批货物而提供的,二者之间是紧密相连的从属关系,它与一般既从事这个税的应税项目又从事另一个税的应税项目,二者之间没有直接从属关系的兼营行为是完全不同的。对实际经济活动中发生的混合销售行为与兼营行为,由于涉及不同的税务处理,因此,要严格区分,不能混淆。

上述所称“非增值税应税劳务”是指属于应缴营业税的交通运输业、建筑业、金融保险业、邮电通信业、文化体育业、娱乐业、服务业税目征收范围的劳务。所称“从事货物的生产、批发或者零售的企业、企业性单位和个体工商户”,包括以从事货物的生产、批发或者零售为主,并兼营非增值税应税劳务的单位和个体工商户在内。

比如,某家电卖场对外销售空调,同时提供安装空调服务。就发生了销售货物和不属于增值税规定的非应税劳务（属于营业税规定的安装业务）的混合销售行为。家电卖场属于货物销售企业，其做出的混合销售行为，都视为销售货物，取得的货款和安装费一并作为货物销售额，按空调适用的17%税率征收增值税，对取得的安装收入不再单独征收营业税。

根据《增值税暂行条例实施细则》的规定，混合销售行为如依照上述税务处理，属于应当征收增值税的，其销售额应是货物与非应税劳务的销售额的合计，该非应税劳务的销售额应视同含税销售额处理；且该混合销售行为涉及的非增值税应税劳务所用购进货物的进项税额，凡符合《增值税暂行条例》规定的，在计算该混合销售行为增值税时，准予从销项税额中抵扣。上述“凡符合《增值税暂行条例》规定的”，是指该混合销售行为涉及的非增值税应税劳务所用购进货物有增值税扣税凭证上注明的增值税额。

另外，《增值税暂行条例实施细则》第六条规定，纳税人的下列混合销售行为，应当分别核算货物的销售额和非增值税应税劳务的营业额，并根据其销售货物的销售额计算缴纳增值税，非增值税应税劳务的营业额不缴纳增值税；未分别核算的，由主管税务机关核定其货物的销售额：

①销售自产货物并同时提供建筑业劳务的行为；

②财政部、国家税务总局规定的其他情形。

之所以对上述行为作出另行规定，是因为该行为很难体现“以从事货物的生产、批发或者零售为主”的精神。在通常情况下提供建筑业劳务行为的营业额可能还会大于销售自产货物的销售额。因此，该混合行为不宜采用统一征收增值税的办法，而由其主管税务机关核定其货物的销售额比较适宜。

（3）兼营非增值税应税劳务

根据《增值税暂行条例实施细则》的规定，纳税人兼营非增值税应税项目的，应分别核算货物或者应税劳务的销售额和非增值税应税项目的营业额；未分别核算的，由主管税务机关核定货物或者应税劳务的销售额。

与混合销售行为相区别，兼营非应税劳务是指增值税纳税人在从事应税货物销售或提供应税劳务的同时，还从事非增值税应税劳务（即营业税规定的各项劳务），且从事的非增值税应税劳务与某一项销售货物或提供应税劳务并无直接的联系和从属关系。在社会经济活动中，随着经济的放开搞活，企业充分调动本单位的人力、物力，从事跨行业多种经营，兼营非增值税应税劳务的情况已经比较多。比如，某大型商场及从事商品销售，有从事餐饮服务。根据《增值税暂行条例实施细则》的规定，纳税人兼营非增值税应税劳务的，应分别核算货物或应税劳务和非增值税应税劳务的销售额，对货物和应税劳务的销售额按各自适用的税率征收增值税，对非增值税应税劳务的销售额（即营业额）按适用的税率征收营业税。如果不分别核算或者不能准确核算货物或应税劳务和非增值税应税劳务销售额的，由主管税务机关核定货物或者应税劳务的销售额。

根据《增值税暂行条例实施细则》的规定，一般纳税人兼营免税项目或者非增值税应税劳务而无法划分不得抵扣的进项税额的，按下列公式计算不得抵扣的进项税额：

不得抵扣的进项税额=当月无法划分的全部进项税额×当月免税项目销售额、非增值税

应税劳务营业额合计÷当月全部销售额、营业额合计

混合销售与兼营，两者有相同的方面，又有明显的区别。相同点是：两种行为的经营范围都有销售货物和提供劳务这两类经营项目。区别是：混合销售强调的是在同一项销售行为中存在着两类经营项目的混合，销售货款及劳务价款是同时从一个购买方取得的；兼营强调的是在同一纳税人的经营活动中存在着两类经营项目，但这两类经营项目不是在同一项销售行为中发生，即销售货物和应税劳务与提供非应税劳务不是同时发生在同一购买者身上。

混合销售与兼营既然是两个不同的税收概念，因此，在税务处理上的规定也不同。混合销售的纳税原则是按“经营主业”划分，只征一种税，即或者征增值税或者征营业税。兼营的纳税原则是分别核算、分别征税，即对销售货物或应税劳务的销售额，征收增值税；对提供非应税劳务获取的收入额征收营业税。对兼营行为不分别核算或者不能准确核算的，其非应税劳务应与货物或应税劳务一并征收增值税。

2.3.3 增值税征税范围的其他特殊规定

1)《增值税暂行条例》规定的免税项目

①农业生产者销售的自产农产品。农业，是指种植业、养殖业、林业、牧业、水产业。农业生产者，包括从事农业生产的单位和个人。农业生产者销售的自产农产品，是指直接从事植物的种植、收割和动物的饲养、捕捞的单位和个人销售的自产农产品，具体范围由财政部、国家税务总局确定；对上述单位和个人销售的外购农产品，以及单位和个人外购农产品生产、加工后销售的仍然属于规定范围的农业产品，不属于免税范围，应当按照规定的税率征收增值税。

②避孕药品和用具。

③古旧图书。古旧图书，是指向社会收购的古书和旧书。

④直接用于科学研究、科学试验和教学的进口仪器、设备。

⑤外国政府、国际组织无偿援助的进口物资和设备。

⑥由残疾人的组织直接进口供残疾人专用的物品。

⑦销售的自己使用过的物品。自己使用过的物品，是指其他个人自己使用过的物品。

2)财政部、国家税务总局规定的其他征免税项目

①对资源综合利用、再生资源、鼓励节能减排等方面的主要规定。

财税〔2008〕156号《关于资源综合利用及其他产品增值税政策的通知》和财税〔2008〕167号《关于再生资源的增值税政策的通知》中规定了鼓励资源综合利用、节能减排、促进环保等政策措施。主要有：对再生水、以废旧轮胎为全部生产原料生产的胶粉、翻新轮胎、污水处理劳务等免征增值税；对销售以工业废气为原料生产的高纯度二氧化碳产品、以垃圾为燃料生产的电力或者热力(包括利用垃圾发酵产生的沼气生产销售的电力或者热力)、以煤炭开采过程中伴生的舍弃物油母页岩为原料生产的页岩油等自产货物实行增值税即征即退的政策；对销售以退役军用发射药为原料生产的涂料硝化棉粉、以煤矸石、煤泥、石煤、油母页岩为燃料生产的电力和热力、利用风力生产的电力等自产货物实现的增值税实行即征即退

50%的政策;对销售自产的综合利用生物柴油实行增值税先征后退政策;自2009年1月1日起至2010年12月31日,对纳税人销售的以三剩物、次小薪材、农作物秸秆、蔗渣等四类农林剩余物为原料自产的综合利用产品由税务机关实行增值税即征即退办法,具体退税比例2009年为100%,2010年为80%;在2010年底以前,对符合条件的增值税一般纳税人销售再生资源缴纳的增值税实行先征后退政策。

②对宣传文化事业实行增值税优惠的规定。

财税〔2006〕153号《关于宣传文化增值税和营业税优惠政策的通知》中规定从2006年1月1日起至2008年12月31日,对符合条件的出版物和印刷、制作业务等实行增值税先征后退或免税的优惠政策。财税〔2009〕147号《关于继续实行宣传文化增值税和营业税优惠政策的通知》对此作出了具体规定。

③自2008年6月1日起,纳税人生产销售和批发、零售有机肥产品免征增值税。

享受免税政策的有机肥产品是指有机肥料、有机-无机复混肥料和生物有机肥。其产品执行标准为:有机肥料NY525—2002,有机-无机复混肥料GB 18877—2002,生物有机肥NY 884—2004。其他不符合上述标准的产品,不属于财税〔2008〕56号文件规定的有机肥产品,应按照现行规定征收增值税。

④对农民专业合作社的增值税政策。

农民专业合作社,是指依照《中华人民共和国农民专业合作社法》规定设立和登记的农民专业合作社。具体规定如下:①对农民专业合作社销售本社成员生产的农业产品,视同农业生产者销售自产农业产品免征增值税。②对农民专业合作社向本社成员销售的农膜、种子、种苗、化肥、农药、农机,免征增值税。

⑤免税店销售免税品的增值税政策。

纳税人在机场、港口、车站、陆路边境等出境口岸海关隔离区(以下简称海关隔离区)设立免税店销售免税品,以及在城市区域内设立市内免税店销售免税品,但购买者必须在海关隔离区提取后直接出境的,不征收增值税。对于免税店销售其他不属于免税品的货物;应照章征收增值税。

⑥除经中国人民银行和对外经济贸易合作部(现为商务部)批准经营融资租赁业务的单位所从事的融资租赁业务外,其他单位从事的融资租赁业务,租赁的货物的所有权转让给承租方,征收增值税,租赁的货物的所有权未转让给承租方,不征收增值税。

⑦转让企业全部产权涉及的应税货物的转让,不属于增值税的征税范围,不征收增值税。

⑧对从事热力、电力、燃气、自来水等公用事业的增值税纳税人收取的一次性费用,凡与货物的销售数量有直接关系的,征收增值税;凡与货物的销售数量无直接关系的,不征收增值税。

⑨纳税人代有关行政管理部门收取的费用,凡同时符合以下条件的,不属于价外费用,不征收增值税:a.经国务院、国务院有关部门或省级政府批准;b.开具经财政部门批准使用的行政事业收费专用票据;c.所收款项全额上缴财政或虽不上缴财政但由政府部门监管,专款专用。

⑩纳税人销售货物的同时代办保险而向购买方收取的保险费,以及从事汽车销售的纳

税人向购买方收取的代购买方缴纳的车辆购置税、牌照费,不作为价外费用征收增值税。

⑪纳税人销售软件产品并随同销售一并收取的软件安装费、维护费、培训费等收入,应按照增值税混合销售的有关规定征收增值税,并可享受软件产品增值税即征即退政策。对软件产品交付使用后,按期或按次收取的维护、技术服务费、培训费等不征收增值税。纳税人受托开发软件产品,著作权属于受托方的征收增值税,著作权属于委托方或属于双方共同拥有的不征收增值税。

⑫印刷企业接受出版单位委托,自行购买纸张,印刷有统一刊号(CN)以及采用国际标准书号编序的图书、报纸和杂志,按货物销售征收增值税。

⑬对增值税纳税人收取的会员费收入不征收增值税。

⑭按债转股企业与金融资产管理公司签订的债转股协议,债转股原企业将货物资产作为投资提供给债转股新公司的,免征增值税。

⑮各燃油电厂从政府财政专户取得的发电补贴不属于增值税规定的价外费用,不计入应税销售额,不征收增值税。

3)增值税起征点的规定

增值税起征点的规定实际也涉及征税范围的大小问题,即未达到起征点的不列入增值税的征税范围,故在此节列明。增值税起征点的适用范围限于个人。增值税起征点的幅度规定如下:

①销售货物的,为月销售额 2 000 ~ 5 000 元;

②销售应税劳务的,为月销售额 1 500 ~ 3 000 元;

③按次纳税的,为每次(日)销售额 150 ~ 200 元。

上述所称的销售额,是指《增值税暂行条例实施细则》第三十条第一款所称小规模纳税人的销售额,即小规模纳税人的销售额不包括其应纳税额。省、自治区、直辖市财政厅(局)和国家税务局应在规定的幅度内,根据实际情况确定本地区适用的起征点,并报财政部、国家税务总局备案。纳税人销售额未达到国务院财政、税务主管部门规定的增值税起征点的,免征增值税;达到起征点的,依照本条例规定全额计算缴纳增值税。

2.4 税率和征收率

我国增值税是采用比例税率,按照一定的比例征收。为了发挥增值税的中性作用,原则上增值税的税率应该对不同行业不同企业实行单一税率,称为基本税率。实践中为照顾一些特殊行业或产品也增设了一档低税率,对出口产品实行零税率。由于增值税纳税人分成了两类,对这两类不同的纳税人又采用了不同的税率。

2.4.1 基本税率

增值税一般纳税人销售或者进口货物,提供加工、修理修配劳务,除低税率适用范围和销售个别旧货适用低税率外,税率一律为17%,这就是通常所说的基本税率。

2.4.2 低税率

增值税一般纳税人销售或者进口下列货物,按低税率计征增值税,低税率为13%。

①粮食、食用植物油、鲜奶。

②自来水、暖气、冷气、热水、煤气、石油液化气、天然气、沼气、居民用煤炭制品。

③图书、报纸、杂志。

④饲料、化肥、农药、农机、农膜。

⑤国务院及其有关部门规定的其他货物。

a. 农产品。农产品,是指种植业、养殖业、林业、牧业、水产业生产的各种植物、动物的初级产品。具体征税范围暂继续按照《财政部、国家税务总局关于印发〈农业产品征税范围注释〉的通知》(财税字〔1995〕52号)及现行相关规定执行。

b. 音像制品(自2007年1月1日起)。音像制品,是指正式出版的录有内容的录音带、录像带、唱片、激光唱盘和激光视盘。

c. 电子出版物(自2007年1月1日起)。电子出版物,是指以数字代码方式,使用计算机应用程序,将图文声像等内容信息编辑加工后存储在具有确定的物理形态的磁、光、电等介质上,通过内嵌在计算机、手机、电子阅读设备、电子显示设备、数字音/视频播放设备、电子游戏机、导航仪以及其他具有类似功能的设备上读取使用,具有交互功能,用以表达思想、普及知识和积累文化的大众传播媒体。

d. 二甲醚(自2008年1月1日起)。二甲醚,是指化学分子式为CH_3-O-CH_3,常温常压下为具有轻微醚香味,易燃、无毒、无腐蚀性的气体。

2.4.3 零税率

纳税人出口货物,税率为零;但是,国务院另有规定的除外。

税率为零不是简单地等同于免税。出口货物免税仅指在出口环节不征收增值税,而零税率是指对出口货物除了在出口环节不征增值税外还要对该产品在出口前已经缴纳的增值税进行退税使该出口产品在出口时完全不含增值税税款,从而以无税产品进入国际市场。当然我国目前并非对全部出口产品都完全实行零税率。我们根据经济形势的变化和调节出口产品结构规定了出口退税率,对大部分出口产品实行零税率,对某些出口产品也并非完全实行零税率。

2.4.4 征收率

增值税对小规模纳税人采用简易征收办法,对小规模纳税人适用的税率称为征收率。

1)一般规定

考虑到小规模纳税人经营规模小,且会计核算不健全,难以按上述增值税税率计税和使用增值税专用发票抵扣进项税款,因此实行按销售额与征收率计算应纳税额的简易办法。

自2009年1月1日起,小规模纳税人增值税征收率由过去的6%和4%一律调整为3%,不再设置工业和商业两档征收率。征收率的调整,由国务院决定。

之所以调整小规模纳税人征收率,出于两个原因:一是为了平衡小规模纳税人与一般纳税人之间的税负水平,促进中小企业的发展和扩大就业,需要相应降低小规模纳税人的征收率;二是考虑到现实经济活动中小规模纳税人混业经营十分普遍,实际征管中难以明确划分工业和商业小规模纳税人。所以小规模纳税人的征收率不再区分工业和商业,统一降低至3%。

2)国务院及其有关部门的规定

①下列按简易办法征收增值税的优惠政策继续执行,不得抵扣进项税额:

a. 纳税人销售自己使用过的物品,按下列政策执行:

• 一般纳税人销售自己使用过的属于《增值税暂行条例》第十条规定不得抵扣且未抵扣进项税额的固定资产,按简易办法依4%征收率减半征收增值税。

• 小规模纳税人(除其他个人外,下同)销售自己使用过的固定资产,减按2%征收率征收增值税。小规模纳税人销售自己使用过的除固定资产以外的物品,应按3%的征收率征收增值税。

b. 纳税人销售旧货,按照简易办法依照4%征收率减半征收增值税。

所称旧货,是指进入二次流通的具有部分使用价值的货物(含旧汽车、旧摩托车和旧游艇),但不包括自己使用过的物品。

• 一般纳税人销售自己使用过的物品和旧货,适用按简易办法依4%征收率减半征收增值税政策的,按下列公式确定销售额和应纳税额:

销售额 = 含税销售额 ÷ (1 + 4%)　　应纳税额 = 销售额 × 4% ÷ 2

• 小规模纳税人销售自己使用过的固定资产和旧货,按下列公式确定销售额和应纳税额:

销售额 = 含税销售额 ÷ (1 + 3%)　　应纳税额 = 销售额 × 2%

上述内容的概括情况见表2.2:

表2.2　纳税人销售自己使用过的物品或者销售旧货

<table>
<tr><th>纳税人</th><th>具体情形</th><th>税务处理</th><th>计税公式</th></tr>
<tr><td rowspan="4">一般纳税人</td><td>2009年1月1日以前购进的固定资产并且之前未纳入试点</td><td>按照简易办法依4%的征收率减半征收增值税</td><td>增值税=含税售价÷(1+4%)×4%×50%</td></tr>
<tr><td>2009年1月1日以后购进的固定资产或之前纳入试点的</td><td rowspan="2">按正常销售货物适用税率征收增值税</td><td rowspan="2">增值税销项税额=含税售价÷(1+17%)×17%</td></tr>
<tr><td>非固定资产</td></tr>
<tr><td>旧货</td><td>按照简易办法依照4%的征收率减半征收增值税</td><td>增值税=含税售价÷(1+4%)×4%×50%</td></tr>
</table>

续表

纳税人	具体情形	税务处理	计税公式
小规模纳税人	固定资产	减按2%的征收率征收增值税	增值税=含税售价÷(1+3%)×2%
	旧货		
	非固定资产	按3%的征收率征收增值税	增值税=含税售价÷(1+3%)×3%

c.一般纳税人销售自产的下列货物,可选择按照简易办法依照6%征收率计算缴纳增值税:

- 县级及县级以下小型水力发电单位生产的电力。小型水力发电单位,是指各类投资主体建设的装机容量为5万千瓦以下(含5万千瓦)的小型水力发电单位。
- 建筑用和生产建筑材料所用的砂、土、石料。
- 以自己采掘的砂、土、石料或其他矿物连续生产的砖、瓦、石灰(不含黏土实心砖、瓦)。
- 用微生物、微生物代谢产物、动物毒素、人或动物的血液或组织制成的生物制品。
- 自来水。
- 商品混凝土(仅限于以水泥为原料生产的水泥混凝土)。

一般纳税人选择简易办法计算缴纳增值税后,36个月内不得变更。

d.一般纳税人销售货物属于下列情形之一的,暂按简易办法依照4%征收率计算缴纳增值税:

- 寄售商店代销寄售物品(包括居民个人寄售的物品在内);
- 典当业销售死当物品;
- 经国务院或国务院授权机关批准的免税商店零售的免税品。

②对属于一般纳税人的自来水公司,销售自来水按简易办法依照6%征收率征收增值税,不得抵扣其购进自来水取得增值税扣税凭证上注明的增值税税款。

2.5 销项税额与进项税额

增值税一般纳税人当期应纳增值税税额的大小,主要取决于当期销项税额和当期进项税额两个因素。应纳税额的计算公式为:

$$应纳税额 = 当期销项税额 - 当期进项税额$$

2.5.1 增值税销项税额

1)销项税额的概念及计算

纳税人销售货物或者提供应税劳务,按照销售额和《增值税暂行条例》规定的税率计算并向购买方收取的增值税额,为销项税额。其含义是:一是销项税额是计算出来的,对销售方来讲,在没有依法抵扣其进项税额前,销项税额不是其应纳增值税额,而是销售货物或提供应税劳务的整体税负;二是销售额是不含销项税额的销售额,是从购买方收取的,体现了价外税性质。

销项税额是销售货物或提供应税劳务的销售额与税率的乘积,该概念是相对于进项税额来说的,定义销项税额是为了区别于应纳税额。其计算公式如下:

销项税额 = 销售额 × 税率

或

销项税额 = 组成计税价格 × 税率

2)销售额的确定

由于销项税额=销售额×增值税税率,在增值税税率一定的情况下计算销项税额的关键在于正确、合理地确定销售额。

(1)销售额的一般规定

《增值税暂行条例》第六条规定:销售额为纳税人销售货物或提供应税劳务向购买方收取的全部价款和价外费用。具体地说,应税销售额包括以下内容:

①销售货物或提供应税劳务取自于购买方的全部价款。

②向购买方收取的各种价外费用。具体包括:手续费、补贴、基金、集资费、返还利润、奖励费、违约金(延期付款利息)、包装费、包装物租金、储备费、优质费、运输装卸费、代收款项、代垫款项及其他各种性质的价外收费。上述价外费用无论其会计制度如何核算,都应并入销售额计税。

但上述价外费用不包括以下三项费用:

a. 向购买方收取的销项税额。因为增值税属于价外税,其税款不应包含在销售货物的价款之中。

b. 受托加工应征消费税的货物,而由受托方向委托方代收代缴的消费税。这是因为代收代缴消费税只是受托方履行法定义务的一种行为,此项税金虽然构成委托加工货物售价的一部分,但它同受托方的加工业务及其收取的应税加工费没有内在关联。

c. 同时符合以下两个条件的代垫运费:即承运部门的运费发票开具给购货方,并且由纳税人将该项发票转交给购货方的。在这种情况下纳税人仅仅是为购货人代办运输业务,而未从中收取额外费用。

税法规定,纳税人销售货物和提供应税劳务时向购买方收取的各种价外费用均要并入计税销售额计算征税,目的是为了防止纳税人以各种名目的收费减少计税销售额逃避纳税。同时应注意,根据国家税务总局规定,纳税人向购买方收取的价外费用和包装物押金,应视为含税收入在并入销售额征税时,应将其换算为不含税收入再并入销售额征税。

③消费税税金。由于消费税属于价内税,因此,凡征收消费税的货物在计征增值税额时,其应税销售额应包括消费税税金。这里再强调一点,增值税的销售额是不含增值税销售额,因而在确定增值税销售额时,应注意将价外费用合并销售额后也是不含税的,如果其价外费用是价税合并收取的应换算成不含税销售额。例如,某增值税一般纳税人销售钢材一

批，开出增值税专用发票，销售额为10万元，税额17 000元，另开一张普通发票收取包装费117元，则该笔业务的计税销售额 = 100 000 + 117 ÷ (1 + 17%) = 100 100(元)。

(2)价款和税款合并收取情况下的销售额

现行增值税实行价外税，即纳税人向购买方销售货物或应税劳务所收取的价款中，不应包含增值税税款，价款和税款在增值税专用发票上分别注明。作为增值税税基的只是增值税专用发票上单独列明的不含增值税税款的销售额。但是，根据税法规定，有些一般纳税人，如商品零售企业或其他企业将货物或应税劳务出售给消费者、使用单位或小规模纳税人，只能开具普通发票，而不开具增值税专用发票。这样，一部分纳税人(包括一般纳税人和小规模纳税人)在销售货物或提供应税劳务时，就会将价款和税款合并定价，发生销售额和增值税额合并收取的情况。

在这种情况下，就必须将开具在普通发票上的含税销售额换算成不含税销售额，作为增值税的税基。其换算公式为：

$$不含税销售额 = 含税销售额 \div (1 + 税率)$$

(3)视同销售行为销售额的确定

视同销售行为是增值税税法规定的特殊销售行为，在本章的2.3已经列明了八种视同销售行为。由于视同销售行为一般不以资金形式反映出来因而会出现视同销售而无销售额的情况。另外，有时纳税人销售货物或提供应税劳务的价格明显偏低而且无正当理由。在上述情况下，主管税务机关有权按照下列顺序核定其计税销售额：

①按纳税人当月同类货物的平均销售价格确定。

②按纳税人最近时期同类货物的平均销售价格确定。

③用以上两种方法均不能确定其销售额的情况下，可按组成计税价格确定销售额。

公式为：

$$组成计税价格 = 成本 \times (1 + 成本利润率)$$

属于应征消费税的货物其组成计税价格应加计消费税税额。计算公式为：

$$组成计税价格 = 成本 \times (1 + 成本利润率) + 消费税税额$$

$$或组成计税价格 = 成本 \times (1 + 成本利润率) \div (1 - 消费税税率)$$

式中，“成本”分为两种情况：属于销售自产货物的为实际生产成本；属于销售外购货物的为实际采购成本。

“成本利润率”为10%。但属于应从价定率征收消费税的货物，其组成计税价格公式中的成本利润率，为《消费税若干具体问题的规定》中规定的成本利润率(详见第3章消费税组成计税价格的计算)。

例如，某针织厂(一般纳税人)在1996年某月，将自产的针织内衣作为福利发给本厂职工，共发放A型内衣100件，销售价每件15元(不含税)；发放B型内衣200件，无销售价，已知制作B型内衣的总成本为36 000元，则A型、B型内衣计税销售额 = 100 × 15 + 36 000 × (1 + 10%) = 41 100(元)。

(4)特殊销售方式的销售额

在市场竞争过程中,纳税人会采取某些特殊、灵活的销售方式销售货物,以求扩大销售、占领市场。这些特殊销售方式及销售额的确定方法是:

①以折扣方式销售货物。折扣销售是指销售方在销售货物或提供应税劳务时,因购买方需求量大等原因,而给予的价格方面的优惠。按照现行税法规定:纳税人采取折扣方式销售货物,如果销售额和折扣额在同一张发票上分别注明,可以按折扣后的销售额征收增值税;如果将折扣额另开发票,不论其在财务上如何处理,均不得从销售额中减除折扣额。在这里应该注意以下几点:一是税法中所指的折扣销售有别于销售折扣,销售折扣通常是为了鼓励购货方及时偿还货款而给予的折扣优待,销售折扣发生在销货之后,而折扣销售则是与实现销售同时发生的,销售折扣不得从销售额中减除。二是销售折扣与销售折让是不同的,销售折让通常是指由于货物的品种或质量等原因引起销售额的减少,即销货方给予购货方未予退货状况下的价格折让。销售折让可以从销售额中减除。三是折扣销售仅限于货物价格的折扣,如果销货方将自产、委托加工和购买的货物用于实物折扣,则该实物款额不得从货物销售额中减除,应按"视同销售货物"计征增值税。

需要着重说明的是,税法中对纳税人采取折扣方式销售货物销售额的核定,之所以强调销售额与折扣额必须在同一张发票上注明,主要是从保证增值税征收管理的需要即征税、扣税相一致考虑的。如果允许对销售额开一张销货发票,对折扣额再开一张退款红字发票,就可能造成销货方按减除折扣额后的销售额计算销项税额,而购货方却按未减除折扣额的销售额及其进项税额进行抵扣的问题,显然会造成增值税计算征收上的混乱。

②以旧换新方式销售货物。以旧换新销售,是纳税人在销售过程中,折价收回同类旧货物,并以折价款部分冲减货物价款的一种销售方式。税法规定:纳税人采取"以旧换新"方式销售货物的(金银首饰除外),应按新货物的同期销售价格确定销售额。例如,某商场(小规模纳税人)1999 年 2 月采取"以旧换新"方式销售无氟电冰箱,开出普通发票 25 张,收到货款 5 万元,并注明已扣除旧货折价 2 万元:

则本月计税销售 = (50 000 + 20 000) ÷ (1 + 4%) = 67 307.70(元)

③还本销售方式销售货物。所谓还本销售,指销货方将货物出售之后,按约定的时间,一次或分次将购货款部分或全部退还给购货方,退还的货款即为还本支出。纳税人采取还本销售货物的,不得从销售额中减除还本支出。

④采取以物易物方式销售。以物易物是一种较为特殊的购销活动,是指购销双方不是以货币结算,而是以同等价款的货物相互结算,实现货物购销的一种方式。在实际工作中,有的纳税人认为以物易物不是购销行为,销货方收到购货方抵顶货款的货物,认为自己不是购物,购货方发出抵顶货款的货物,认为自己不是销货。这两种认识都是错误的。正确的方法应当是:以物易物双方都应作购销处理,以各自发出的货物核算销售额并计算销项税额,以各自收到的货物核算购货额及进项税额。需要强调的是在以物易物活动中,双方应各自开具合法的票据,必须计算销项税额,但如果收到货物不能取得相应的增值税专用发票或者其他合法票据,不得抵扣进项税额。

⑤销售自己使用过的固定资产的征免规定。自 2002 年 1 月 1 日起，纳税人销售旧货（包括旧货经营单位销售旧货和纳税人销售自己使用过的应税固定资产），无论其是增值税一般纳税人或小规模纳税人，也无论其是否为批准认定的旧货调剂试点单位，一律按 4% 的征收率减半征收增值税，不得抵扣进项税额。应税固定资产是指不同时具备三个条件（属于企业固定资产目录所列货物；企业按固定资产管理，并确已使用过的货物；销售价格不超过其原值的货物），应征增值税的固定资产。纳税人销售自己使用过的属于应征消费税的机动车、摩托车、游艇，售价超过原值的，按照 4% 的征收率减半征收增值税；售价未超过原值的，免征增值税。旧机动车经营单位销售旧机动车、摩托车、游艇，按照 4% 的征收率减半征收增值税。自 2009 年 1 月 1 日起，国务院财政、税务主管部门规定的纳税人自用消费品，其进项税额不得从销项税额中抵扣。

(5) 包装物押金计税问题

包装物是指纳税人包装本单位货物的各种物品。为了促使购货方尽早退回包装物以便周转使用，一般情况下，销货方向购货方收取包装物押金，购货方在规定的期间内返回包装物，销货方再将收取的包装物押金返还。根据税法规定，纳税人为销售货物而出租出借包装物收取的押金，单独记账的，时间在 1 年内，又未过期的，不并入销售额征税；但对逾期未收回不再退还的包装物押金，应按所包装货物的适用税率计算纳税。这里需要注意两个问题：一是“逾期”的界定，“逾期”是以 1 年（12 个月）为期限。二是押金属于含税收入，应先将其换算为不含税销售额再并入销售额征税。另外，包装物押金与包装物租金不能混淆，包装物租金属于价外费用，在收取时便并入销售额征税。

从 1995 年 6 月 1 日起，对销售除啤酒、黄酒以外的其他酒类产品收取的包装物押金，无论是否返还以及会计上如何核算均应并入销售额征税。

2.5.2 增值税进项税额

1) 进项税额的含义

纳税人购进货物或者接受应税劳务，所支付或者负担的增值税为进项税额。进项税额与销项税额是相互对应的两个概念，在购销业务中，对于销货方而言，在收回货款的同时，收回销项税额；对于购货方而言，在支付货款的同时，支付进项税额。也就是说，销货方收取的销项税额就是购货方支付的进项税额。对于任何一个增值税一般纳税人，在其经营过程中，都会同时以卖方和买方的身份存在，既会发生销售货物或者提供应税劳务，又会发生购进货物或接受应税劳务，因此，每一个增值税一般纳税人都会有收取的销项税额和支付的进项税额。增值税一般纳税人当期应纳增值税额采用购进抵扣法计算，即以当期的销项税额扣除当期进项税额，其余额为应纳增值税额。这样，增值税一般纳税人应纳税额的大小取决于两个因素：销项税额和进项税额。进项税额的大小影响纳税人实际缴纳的增值税。需要注意的是，并不是购进货物或者接受应税劳务所支付或者负担的增值税都可以在销项税额抵扣，税法对哪些进项税额可以抵扣、哪些进项税额不能抵扣作了严格的规定。

一般而言，准予抵扣的进项税额可以根据以下两个方法来确定：一是进项税额体现支付或者负担的增值税，直接在销货方开具的增值税专用发票和海关完税凭证上注明的税额，不需要计算；二是购进某些货物或者接受应税劳务时，其进项税额是根据支付金额和法定的扣除率计算出来的。

2）进项税额的确定

正确审定进项税额，严格按照税法规定计算可抵扣的进项税额，是保证增值税贯彻实施和国家财政收入的重要环节。在确定增值税进项税额抵扣时，必须按增值税规定依法计算应抵扣税额。为此，《增值税暂行条例》及其实施细则对进项税额的抵扣范围、条件、数额及方法作了专门规定。

（1）准予从销项税额中抵扣的进项税额

①从销售方取得的增值税专用发票上注明的增值税额。

②从海关取得的完税凭证上注明的增值税额。

上述两款规定是指增值税一般纳税人在购进或进口货物及劳务时取得对方的增值税专用发票或海关完税凭证上已注明规定税率或征收率计算的增值税税额，不需要纳税人计算，但要注意其增值税专用发票及海关完税凭证的合法性，对不符合规定的扣税凭证一律不准抵扣。

增值税一般纳税人取得所有需抵扣增值税进项税额的海关完税凭证，应根据相关海关完税凭证逐票填写《海关完税凭证抵扣清单》，在进行增值税纳税申报时随同纳税申报表一并报送。如果纳税人未按照规定要求填写《海关完税凭证抵扣清单》或者填写内容不全，该张凭证不得抵扣进项税额。

增值税一般纳税人当期未取得海关完税凭证可不向主管税务机关报送《海关完税凭证抵扣清单》。

③购进免税农产品进项税额的确定与抵扣。

自2002年1月1日起，增值税一般纳税人购进农业生产者销售的免税农产品，或者从小规模纳税人处购进的农产品，按买价和13%的扣除率计算抵扣进项税额。在掌握该项政策时，应注意以下几个问题：

a. 免税“农产品”是指直接从事植物的种植、收割和动物的饲养、捕捞的单位和个人销售的享受免税的自产农产品；农产品所包括的具体品目按《农产品征税范围注释》来确定。

b. “买价”是指经主管税务机关批准使用的收购凭证上注明的价款；对烟叶税纳税人按规定缴纳的烟叶税，准予并入烟叶产品的买价计算增值税的进项税额，并在计算缴纳增值税时予以抵扣。

c. “扣除率”为13%。根据财税〔2002〕12号文件的规定，从2002年1月1日起，增值税一般纳税人购进农业生产者销售的免税农业产品的进项税额扣除率，由10%提高到13%。根据财税〔2002〕105号文件的规定，增值税一般纳税人向小规模纳税人购买农产品，可按照财税〔2002〕12号文件的规定依13%的扣除率抵扣进项税额。

d. 根据财税〔2006〕64号和140号文件的规定，收购烟叶准予抵扣的进项税额 =（收购金额 + 烟叶税）× 13%，其中，收购金额 = 收购价款 ×（1 + 10%）。

④企业购置增值税防伪税控系统专用设备和通用设备，可凭购货所取得的专用发票所注明的税额从增值税销项税额中抵扣。其中，专用设备包括税控金税卡、税控IC卡和读卡器；通用设备包括用于防伪税控系统开具专用发票的计算机和打印机。增值税一般纳税人用于采集增值税专用发票抵扣联信息的扫描器具和计算机，属于防伪税控通用设备。对纳税人购置上述设备取得的增值税专用发票所注明的增值税税额，计入当期增值税进项税额（国税函〔2006〕1248号）。

⑤自2004年12月1日起，增值税一般纳税人购进税控收款机所支付的增值税额（以购进税控收款机取得的增值税专用发票上注明的增值税额为准），准予在企业当期销项税额中抵扣。需要强调的是，纳税人购进的税控收款机不论是否达到固定资产标准，其取得的增值税专用发票上注明的增值税额均可以从当期销项税额中抵扣；但如果购进税控收款机时未取得增值税专用发票，则不得抵扣进项税额。

（2）不得从销项税额中抵扣的进项税额

①纳税人购进货物或者应税劳务，未按照规定取得并保存增值税扣税凭证，或者增值税扣税凭证上未按照规定注明增值税额及其他有关事项的，其进项税额不得从销项税额中抵扣。同时规定，从1995年1月1日起对纳税人购进货物、应税劳务取得的专用发票"发票联""抵扣联"，凡不符合《增值税专用发票使用规定》开具要求的，不得作为扣税的凭证。自2003年8月1日起，全国停止开具手写版增值税专用发票。增值税一般纳税人取得2003年8月1日以后开具的手写版专用发票一律不得作为增值税扣税凭证。自2009年1月1日起，纳税人购进货物或者应税劳务，取得的增值税扣税凭证不符合法律、行政法规或者国务院税务主管部门有关规定的，其进项税额不得从销项税额中抵扣。

②一般纳税人有下列情形之一者，应按销售额依照增值税税率计算应纳税额，不得抵扣进项税额，也不得使用增值税专用发票：a. 会计核算不健全，或者不能够提供准确税务资料的。b. 符合一般纳税人条件，但不申请办理一般纳税人认定手续的。上述所称的"不得抵扣进项税额"是指纳税人在停止抵扣进项税额期间发生的全部进项税额，包括在停止抵扣期间取得的进项税额、上期留抵税额以及经批准允许抵扣的期初存货已征税款。纳税人经税务机关核准恢复抵扣进项税额资格后其在停止抵扣进项税额期间发生的全部进项税额不得抵扣。

③用于非应税项目的购进货物或者应税劳务。

④用于免税项目的购进货物或者应税劳务。

⑤用于集体福利或者个人消费的购进货物或者应税劳务。

⑥非正常损失的购进货物。

⑦非正常损失的在产品、产成品所耗用的购进货物或者应税劳务。

下面具体讲解一下不得抵扣进项税额各项目的条件、范围。

第③项所述的非应税项目是指：提供非应税劳务、转让无形资产、销售不动产和固定资产在建工程等。纳税人新建、改建、扩建、修缮、装饰建筑物，无论会计制度规定如何核算，均属于固定资产在建工程。这里需要注意的是，纳税人属混合销售与兼营非应税劳务行为的，其混合销售与兼营行为中的用于非应税劳务购进货物或应税劳务的进项税额，可依法抵扣。

第④项所称的免税项目参见本章2.3。

第⑥项所称非正常损失是指：生产经营过程中正常损耗外的损失，主要考虑非正常损失与纳税人生产经营没有直接关系，因而税法规定，购进货物或应税劳务因非正常损失不准抵扣。非正常损失具体包括：自然灾害损失；因管理不善造成货物被盗窃、发生霉烂变质等损失；其他非正常损失。对于企业由于资产评估减值而发生流动资产损失，如果流动资产未丢失或损坏，只是由于市场变化，价值量减少，不属于非正常损失，不作进项税额转出处理。

2.6 应纳税额的计算

2.6.1 一般纳税人应纳税额的计算

增值税一般纳税人销售货物或者提供应税劳务的应纳税额，应该等于当期销项税额抵扣当期进项税额后的余额。其计算公式如下：

当期应纳税额=当期销项税额-当期进项税额

1）计算应纳税额的时间限定

为了保证计算应纳税额的合理、准确性，纳税人必须严格把握当期进项税额从当期销项税额中抵扣这个要点。"当期"是个重要的时间限定，具体是指税务机关依照税法规定对纳税人确定的纳税期限；只有在纳税期限内实际发生的销项税额、进项税额，才是法定的当期销项税额或当期进项税额。目前，有些纳税人为了达到逃避纳税的目的，把当期实现的销售额隐瞒不记账或滞后记账，以减少当期销项税额，或者把不是当期实际发生的进项税额（上期结转的进项税额除外）也充作当期进项税额，以加大进项税额，少纳税甚至不纳税，这是违反税法规定的行为。为了制止这种违法行为，税法首先对销售货物或应税劳务应计入当期销项税额以及抵扣的进项税额的时间作了限定。

（1）销项税额的时间界定

销项税额是增值税一般纳税人销售货物或提供应税劳务按照实现的销售额计算的金额。纳税人在什么时间计算销项税额，《增值税暂行条例》及《增值税暂行条例实施细则》都做了严格的规定。如采取直接收款方式销售货物，不论货物是否发出，均为收到销售款或者取得索取销售款凭据的当天；采取托收承付和委托银行收款方式销售货物，为发出货物并办妥托收手续的当天；纳税人发生本章2.3视同销售货物行为中第③至第⑧项的，为货物移送的当天等，以保证准时、准确记录和核算当期销项税额。

（2）进项税额抵扣时限的规定

2003年以来，国家税务总局对增值税专用发票等扣税凭证陆续实行了90日申报抵扣期限的管理措施，对于提高增值税征管信息系统的运行质量、督促纳税人及时申报起到了积极作用。近来,部分纳税人及税务机关反映目前的90日申报抵扣期限较短,部分纳税人因扣税凭证逾期申报导致进项税额无法抵扣。为合理解决纳税人的实际问题,加强税收征管,经研究,现就有关问题通知如下:

①增值税一般纳税人取得2010年1月1日以后开具的增值税专用发票、公路内河货物运输业统一发票和机动车销售统一发票,应在开具之日起180日内到税务机关办理认证,并在认证通过的次月申报期内,向主管税务机关申报抵扣进项税额。

②实行海关进口增值税专用缴款书(以下简称海关缴款书)"先比对后抵扣"管理办法的增值税一般纳税人取得2010年1月1日以后开具的海关缴款书,应在开具之日起180日内向主管税务机关报送《海关完税凭证抵扣清单》(包括纸质资料和电子数据)申请稽核比对。

未实行海关缴款书"先比对后抵扣"管理办法的增值税一般纳税人取得2010年1月1日以后开具的海关缴款书,应在开具之日起180日后的第一个纳税申报期结束以前,向主管税务机关申报抵扣进项税额。

③增值税一般纳税人取得2010年1月1日以后开具的增值税专用发票、公路内河货物运输业统一发票、机动车销售统一发票以及海关缴款书,未在规定期限内到税务机关办理认证、申报抵扣或者申请稽核比对的,不得作为合法的增值税扣税凭证,不得计算进项税额抵扣。

④增值税一般纳税人丢失已开具的增值税专用发票,应在本通知第一条规定期限内,按照《国家税务总局关于修订(增值税专用发票使用规定)的通知》(国税发〔2006〕156号)第二十八条及相关规定办理。

增值税一般纳税人丢失海关缴款书,应在本通知第二条规定期限内,凭报关地海关出具的相关已完税证明,向主管税务机关提出抵扣申请。主管税务机关受理申请后,应当进行审核,并将纳税人提供的海关缴款书电子数据纳入稽核系统进行比对。稽核比对无误后,方可允许计算进项税额抵扣。

上述规定自2010年1月1日起执行。纳税人取得2009年12月31日以前开具的增值税扣税凭证,仍按原规定执行。

2)计算应纳税额时进项税额不足抵扣的处理

由于增值税实行购进扣税法,有时企业当期购进的货物很多,在计算应纳税额时会出现当期销项税额小于当期进项税额不足抵扣的情况。根据税法规定,当期进项税额不足抵扣的部分可以结转下期继续抵扣。

3)扣减发生期进项税额的规定

由于增值税实行以当期销项税额抵扣当期进项税额的"购进扣税法",当期购进的货物或应税劳务如果事先并未确定将用于非生产经营项目,其进项税额会在当期销项税额中予以抵扣。但已抵扣进项税额的购进货物或应税劳务如果事后改变用途,发生《增值税暂行条例》第十条第(一)至(五)项所列情况的(即用于非增值税应税项目、用于免征增值税项目、用于集体福利或者个人消费、购进货物发生非正常损失、在产品或产成品发生非正常损失等)，将如何处理？根据《增值税暂行条例》及《增值税暂行条例实施细则》的规定，应当将该项购进货物或者应税劳务的进项税额从当期的进项税额中扣减；无法确定该项进项税额的，按当期实际成本计算应扣减的进项税额。

这里需要注意的是，所称"从当期发生的进项税额中扣减"，是指已抵扣进项税额的购进货物或应税劳务是在哪一个时期发生上述五种情况的，就从这个发生期内纳税人的进项税额中扣减，而无须追溯到这些购进货物或应税劳务抵扣进项税额的那个时期。另外，对无法准确确定该项进项税额的，"按当期实际成本计算应扣减的进项税额"是指其扣减进项税额的计算依据不是按该货物或应税劳务的原进价，而是按发生上述情况的当期该货物或应税劳务的"实际成本"按征税时该货物或应税劳务适用的税率计算应扣减的进项税额。

实际成本 = 进价 + 运费 + 保险费 + 其他有关费用

前述实际成本的计算公式，如果属于进口货物是完全适用的；如果是国内购进的货物，主要包括进价和运费两大部分。

4)销货退回或折让涉及销项税额和进项税额的税务处理

一般纳税人销售货物或者应税劳务，开具增值税专用发票后，发生销售货物退回或者折让、开票有误等情形，应按国家税务总局的规定开具红字增值税专用发票。未按规定开具红字增值税专用发票的，增值税额不得从销项税额中扣减。

纳税人在货物购销活动中，因货物质量、规格等原因常会发生销货退回或销售折让的情况。由于销货退回或折让不仅涉及销货价款或折让价款的退回，还涉及增值税的退回，这样，销货方和购货方应相应对当期的销项税额或进项税额进行调整。为此，《增值税暂行条例》及《增值税暂行条例实施细则》规定，增值税一般纳税人因销售货物退回或者折让而退还给购买方的增值税额，应从发生销售货物退回或者折让当期的销项税额中扣减；因购进货物退出或者折让而收回的增值税额，应从发生购进货物退出或者折让当期的进项税额中扣减。

目前，一些企业在发生进货退出或折让并收回价款和增值税额时，没有相应减少当期进项税额，造成进项税额虚增，减少纳税的现象，这是税法所不允许的。对于纳税人进货退出或折让而不扣减当期进项税额，造成不纳税或少纳税的，都将被认定为是偷税行为，并按偷税予以处罚。

5)向供货方取得返还收入的税务处理

自2004年7月1日起，对商业企业向供货方收取的与商品销售量、销售额挂钩(如以一定比例、金额、数量计算)的各种返还收入，均应按照平销返利行为的有关规定冲减当期增值税进项税金。应冲减进项税金的计算公式调整为：

当期应冲减进项税金 = 当期取得的返还资金 ÷ (1 + 所购货物适用增值税税率) × 所购货物适用增值税税率

商业企业向供货方收取的各种返还收入，一律不得开具增值税专用发票。

6)一般纳税人应纳税额计算实例

【例2.1】 某生产企业为增值税一般纳税人，适用增值税税率17%，2013年5月份的有关生产经营业务如下：

①销售甲产品给某大商场，开具增值税专用发票，取得不含税销售额80万元；另外，开具普通发票，取得销售甲产品的送货运输费收入5.85万元。

②销售乙产品，开具普通发票，取得含税销售额29.25万元。

③将试制的一批应税新产品用于本企业基建工程，成本价为20万元，成本利润率为10%，该新产品无同类产品市场销售价格。

④销售2013年1月份购进作为固定资产使用过的进口摩托车5辆，开具普通发票，每辆取得含税销售额1.17万元，该摩托车原值每辆0.9万元。

⑤购进货物取得增值税专用发票，注明支付的货款60万元、进项税额10.2万元；另外支付购货的运输费用6万元，取得运输公司开具的普通发票。

⑥向农业生产者购进免税农产品一批，支付收购价30万元，支付给运输单位的运费5万元，取得相关的合法票据。本月下旬将购进的农产品的20%用于本企业职工福利。

以上相关票据均符合税法的规定。请按下列顺序计算该企业5月份应缴纳的增值税税额。

①计算销售甲产品的销项税额；

②计算销售乙产品的销项税额；

③计算自用新产品的销项税额；

④计算销售使用过的摩托车应纳税额；

⑤计算外购货物应抵扣的进项税额；

⑥计算外购免税农产品应抵扣的进项税额；

⑦计算该企业5月份合计应缴纳的增值税额。

【解析】

① 销售甲产品的销项税额 $= 80 \times 17\% + 5.85 \div (1 + 17\%) \times 17\%$
$= 14.45$（万元）

② 销售乙产品的销项税额 $= 29.25 \div (1 + 17\%) \times 17\% = 4.25$（万元）

③ 自用新产品的销项税额 $= 20 \times (1 + 10\%) \times 17\% = 3.74$（万元）

④ 销售使用过的摩托车应纳税额 $= 1.17 \div (1 + 17\%) \times 17\% \times 5 = 0.85$（万元）

⑤ 外购货物应抵扣的进项税额 $= 10.2 + 6 \times 7\% = 10.62$（万元）

⑥ 外购免税农产品应抵扣的进项税额 $= (30 \times 13\% + 5 \times 7\%) \times (1 - 20\%)$
$= 3.4$（万元）

⑦ 该企业5月份应缴纳的增值税额 $= 14.45 + 4.25 + 3.74 + 0.85 - 10.62 - 3.4 = 9.27$（万元）

【例2.2】 南部地区某纺织厂（增值税一般纳税人）主要生产棉纱、棉型涤纶纱、棉坯布、棉型涤纶坯布和印染布。2013年8月份外购项目如下（外购货物均已验收入库，本月取得的相关发票均在本月认证并抵扣）：

①外购染料价款30 000元，专用发票注明增值税税额5 100元。

②外购低值易耗品价款 15 000 元,增值税专用发票注明税额 2 550 元。

③从供销社棉麻公司购进棉花一批,增值税专用发票注明税额 27 200 元。

④从农业生产者手中购进棉花价款 40 000 元,无进项税额。

⑤从“小规模纳税人”企业购进修理用配件 6 000 元,发票未注明税额。

⑥购进煤炭 100 吨,价款 9 000 元,增值税专用发票注明税额 170 元。

⑦生产用外购电力若干千瓦时,增值税专用发票注明税额 5 270 元。

⑧生产用外购水若干吨,增值税专用发票注明税额 715 元。

⑨购气流纺纱机 1 台,价款 50 000 元,增值税专用发票注明税额 8 500 元。

该厂本月份销售货物情况如下(除注明外,销售收入均为不含税):

①销售棉坯布 120 000 米,销售收入 240 000 元。

②销售棉型涤纶布 100 000 米,销售收入 310 000 元。

③销售印染布 90 000 米,其中销售给“一般纳税人”80 000 米,销售收入 280 000 元,销售给“小规模纳税人”10 000 米价税混合收取计 40 000 元。

④销售各类棉纱给“一般纳税人”,价款 220 000 元,销售各类棉纱给“小规模纳税人”,价税混合收取,计 60 000 元。

根据上述资料,计算该厂本月份应纳增值税。

【解析】 对该厂增值税的计算可分为三个部分进行,首先计算销项税额,其次计算进项税额,然后再根据销项税额和进项税额计算应纳税额。

第一,销项税额的计算。

计算销项税额时,除价税混收的之外,其他销售项目用销售收入额乘以增值税税率即可取得

①销售给“一般纳税人”的货物收入:棉坯布 240 000 元,棉型涤纶布 310 000 元,印染布 280 000 元,各类棉纱 220 000 元。

销项税额的计税依据 = 240 000 + 310 000 + 280 000 + 220 000 = 1 050 000(元)

销项税额 = 1 050 000 × 17% = 178 500(元)

②销售给“小规模纳税人”的货物,是价税混合收取的,需要先分出销售额,确定销售额的公式为:销售额=含税销售收入÷(1+增值税税率),然后再计算应纳税额。本月销售给“小规模纳税人”的货物收入:印染布 40 000 元,各类棉纱 60 000 元,计 100 000 元。

销售额 = 100 000 ÷ (1 + 17%) = 85 470.09(元)

销项税额 = 85 470.09 × 17% = 14 529.91(元)

③该厂本月销项税额合计 = 178 500 + 14 529.91 = 193 029.91(元)

第二,进项税额的计算。

①购进货物专用发票上注明的增值税税额:外购染料 5 100 元,外购低值易耗品 2 550 元,外购棉花 27 200 元,外购煤炭 170 元,外购电力 5 270 元,外购水 715 元,计 42 005 元。

②购进农业产品按 13% 的税率计算进项税额。该厂本月从农业生产者手中购进棉花,按价款 40 000 元计算应抵扣的进项税额为:

$$进项税额 = 40\ 000 \times 13\% = 5\ 200(元)$$

③该厂本月从“小规模纳税人”企业中购进的配件因没有取得增值税专用发票，其进项税额不得抵扣。

④该厂本月购进的气流纺纱机，虽然取得了增值税专用发票，但属于购入的固定资产，所以进项税额也不得抵扣。

⑤该厂本月进项税额合计为：

$$进项税额合计 = 42\ 005 + 5\ 200 = 47\ 205(元)$$

第三，应纳税额的计算。

企业应纳增值税税额，是用当期销项税额减去当期进项税额计算的，其计算公式为：

$$应纳税额 = 当期销项税额 - 当期进项税额$$

$$该厂本月应纳税额 = 193\ 029.91 - 47\ 205 = 145\ 824.91(元)$$

2.6.2 小规模纳税人应纳税额的计算

1）应纳税额的计算公式

根据《增值税暂行条例》规定，小规模纳税人销售货物或提供应税劳务，按简易方法计算，即按销售额和规定征收率计算应纳税额，不得抵扣进项税额，同时，销售货物也不得自行开具增值税专用发票。其应纳税额的计算公式为：

$$应纳税额 = 销售额 \times 征收率$$

公式中销售额与增值税一般纳税人计算应纳增值税的销售额规定内容一致，是销售货物或提供应税劳务向购买方收取的全部价款和价外费用。但不包括按6%或4%的征收率（2008年12月31日前为6%或者4%，2009年1月1日起为3%）收取的增值税税额。

2）含税销售额的换算

由于小规模纳税人销售货物自行开具的发票是普通发票，发票上列示的是含税销售额，因此，在计税时需要将其换算为不含税销售额。换算公式为：

$$不含税销售额 = 含税销售额 \div (1 + 征收率)$$

3）主管税务机关为小规模纳税人代开发票应纳税额的计算

小规模纳税人销售货物或提供应税劳务，可以申请由主管税务机关代开发票。主管税务机关为小规模纳税人（包括小规模纳税人中的企业、企业性单位及其他小规模纳税人，下同）代开专用发票，应在专用发票“单价”栏和“金额”栏分别填写不含增值税税额的单价和销售额，因此，其应纳税额按销售额依照征收率计算。

主管税务机关为小规模纳税人代开专用发票后，发生退票的，可比照增值税一般纳税人开具专用发票后作废或开具红字发票的有关规定处理，由销售方到税务机关办理。对于重新开票的，应同时进行新开票税额与原开票税额的清算，多退少补；对无需重新开票的，退还其已征的税款或抵顶下期正常申报税款。

4）小规模纳税人购进税控收款机的进项税额抵扣

自2004年12月1日起，增值税小规模纳税人购置税控收款机，经主管税务机关审核批准后,可凭购进税控收款机取得的增值税专用发票,按照发票上注明的增值税额,抵免当期应纳增值税。或者按照购进税控收款机取得的普通发票上注明的价款,依下列公式计算可抵免的税额:

$$可抵免的税额 = 价款 \div (1 + 17\%) \times 17\%$$

当期应纳税额不足抵免的,未抵免的部分可在下期继续抵免。

【例 2.3】 某企业为增值税小规模纳税人,主要从事汽车修理和装潢业务。2013 年 9 月提供汽车修理业务取得收入 21 万元,销售汽车装饰用品取得收入 15 万元;购进的修理用配件被盗,账面成本 0.6 万元。计算该企业应纳增值税。

【解析】 应纳增值税 = (21 + 15) ÷ (1 + 3%) × 3% = 1.05(万元)

2.6.3 进口货物应纳税额的计算

对进口货物征税是国际惯例。根据《增值税暂行条例》的规定,一切进口货物的单位和个人均应按规定缴纳增值税。

1)进口货物的纳税人

根据《增值税暂行条例》的规定,进口货物增值税的纳税义务人为进口货物的收货人或办理报关手续的单位和个人,包括国内一切从事进口业务的企事业单位、机关团体和个人。对于企业、单位和个人委托代理进口应征增值税的货物,鉴于代理进口货物的海关完税凭证,有的开具给委托方,有的开具给受托方的特殊性,对代理进口货物以海关开具的完税凭证上的纳税人为增值税纳税人。

2)进口货物征税范围

根据《增值税暂行条例》的规定,申报进入中华人民共和国海关境内的货物,均应缴纳增值税。

确定一项货物是否属于进口货物,看其是否有报关手续。只要是报关进境的应税货物,不论其用途如何,是自行采购用于贸易,还是自用;不论是购进,还是国外捐赠,均应按照规定缴纳进口环节的增值税(免税进口的货物除外)。

国家在规定对进口货物征税的同时,对某些进口货物制定了减免税的特殊规定。如属于"来料加工、进料加工"贸易方式进口国外的原材料、零部件等在国内加工后复出口的,对进口的料、件按规定给予免税或减税;但这些进口免、减税的料、件若不能加工复出口,而是销往国内的,就要予以补税。

3)进口货物的适用税率

进口货物增值税税率与增值税一般纳税人在国内销售同类货物的税率相同。

4)进口货物应纳税额的计算

(1)组成计税价格的确定

进口货物增值税的组成计税价格中包括已纳关税税额,如果进口货物属于消费税应税消费品,其组成计税价格中还要包括进口环节已纳消费税税额。按照《海关法》和《进出口关税条例》的规定,一般贸易项下进口货物的关税完税价格以海关审定的成交价格为基础的到岸价格作为完税价格。所谓成交价格是一般贸易项下进口货物的买方为购买该项货物向卖方实际支付或应当支付的价格；到岸价格是包括货价、加上货物运抵我国关境内输入地点起卸前的包装费、运费、保险费和其他劳务费等费用构成的一种价格。

特殊贸易项下进口的货物，由于进口时没有"成交价格"可作依据，为此，《进出口关税条例》对这些进口货物制定了确定其完税价格的具体办法。

组成计税价格的计算公式是：

组成计税价格 = 关税完税价格 + 关税 ÷ (1- 消费税税率)

或　组成计税价格 = 关税完税价格 + 关税 + 消费税

(2)进口货物应纳税额的计算

纳税人进口货物，按照组成计税价格和适用的税率计算应纳税额，不得抵扣任何税额，即在计算进口环节的应纳增值税税额时，不得抵扣发生在我国境外的各种税金。公式是：

应纳税额 = 组成计税价格 × 税率

进口货物在海关缴纳的增值税，符合抵扣范围的，凭借海关完税凭证可以从当期销项税额中抵扣。

【例 2.4】 某市日化厂为增值税一般纳税人，2013 年 8 月进口一批香水精，买价 85 万元，境外运费及保险费共计 5 万元。海关于 8 月 15 日开具了完税凭证。日化厂缴纳进口环节税金后海关放行。计算该日化厂进口环节应纳增值税(关税税率为 50%，消费税税率为 30%)。

【解析】 关税完税价格 = 85 + 5 = 90(万元)

组成计税价格 = 90 × (1 + 50%)/(1 − 30%) = 192.86(万元)

进口环节缴纳增值税 = 192.86 × 17% = 32.79(万元)

【例2.5】 某商场10 月进口货物一批。该批货物在国外的买价 40 万元，另该批货物运抵我国海关前发生的包装费、运输费、保险费等共计 20 万元。货物报关后，商场按规定缴纳了进口环节的增值税并取得了海关开具的完税凭证。假定该批进口货物在国内全部销售，取得不含税销售额 80 万元。

货物进口关税税率 15%，增值税税率 17%。请按下列顺序回答问题：

①计算关税的组成计税价格；

②计算进口环节应纳的进口关税；

③计算进口环节应纳增值税的组成计税价格；

④计算进口环节应缴纳增值税的税额；

⑤计算国内销售环节的销项税额；

⑥计算国内销售环节应缴纳增值税税额。

【解析】

①关税的组成计税价格 = 40 + 20 = 60(万元)

②应缴纳进口关税 = 60 × 15% = 9(万元)

③进口环节应纳增值税的组成计税价格 = 60 + 9 = 69(万元)

④进口环节应缴纳增值税的税额 = 69 × 17% = 11.73(万元)

⑤国内销售环节的销项税额 = 80 × 17% = 13.6(万元)

⑥国内销售环节应缴纳增值税税额 = 13.6 - 11.73 = 1.87(万元)

2.7 出口货物退(免)税

2.7.1 出口货物退(免)税的概念

出口货物退(免)税是国际贸易中通常采用的并为世界各国普遍接受的、目的在于鼓励各国出口货物公平竞争的一种退还或免征间接税(目前我国主要包括增值税、消费税)的税收措施,即对出口货物已承担或应承担的增值税和消费税等间接税实行退还或者免征。由于这项制度比较公平合理,因此它已成为国际社会通行的惯例。

我国的出口货物退(免)税是指在国际贸易业务中,对我国报关出口的货物退还或免征其在国内各生产和流转环节按税法规定缴纳的增值税和消费税,即对增值税出口货物实行零税率,对消费税出口货物免税。

增值税出口货物的零税率,从税法上理解有两层含义:一是对本道环节生产或销售货物的增值部分免征增值税;二是对出口货物前道环节所含的进项税额进行退付。当然,由于各种货物出口前涉及征免税情况有所不同,且国家对少数货物有限制出口政策,因此,对货物出口的不同情况国家在遵循“征多少、退多少”“未征不退和彻底退税”基本原则的基础上,制定了不同的税务处理办法。

2.7.2 出口货物退(免)税基本政策

世界各国为了鼓励本国货物出口,在遵循 WTO 基本规则的前提下,一般都采取优惠的税收政策。有的国家采取对该货物出口前所包含的税金在出口后予以退还的政策(即出口退税);有的国家采取对出口的货物在出口前即予以免税的政策。我国则根据本国的实际,采取出口退税与免税相结合的政策。鉴于我国的出口体制尚不成熟,拥有出口经营权的企业还限于少部分须经国家批准的企业,并且我国生产的某些货物,如稀有金属等还不能满足国内的需要,因此,对某些非生产性企业和国家紧缺的货物则采取限制从事出口业务或限制该货物出口,不予出口退(免)税。目前,我国的出口货物税收政策分为以下三种形式:

1)出口免税并退税

出口免税是指对货物在出口销售环节不征增值税、消费税,这是把货物出口环节与出口前的销售环节都同样视为一个征税环节;出口退税是指对货物在出口前实际承担的税收负担,按规定的退税率计算后予以退还。

2)出口免税不退税

出口免税与上述第1)项含义相同。出口不退税是指适用这个政策的出口货物因在前一道生产、销售环节或进口环节是免税的,因此,出口时该货物的价格中本身就不含税,也无须退税。

3)出口不免税也不退税

出口不免税是指对国家限制或禁止出口的某些货物的出口环节视同内销环节,照常征税;出口不退税是指对这些货物出口不退还出口前其所负担的税款。适用这个政策的主要是税法列举限制或禁止出口的货物,如天然牛黄、麝香等。

2.7.3 出口货物退(免)税的适用范围

《出口货物退(免)税管理办法》规定:可以退(免)税的出口货物一般应具备以下四个条件:

①必须是属于增值税、消费税征税范围的货物。这两种税的具体征收范围及其划分,《中华人民共和国增值税暂行条例》和《中华人民共和国消费税暂行条例》对其税目、税率(单位税额)均已明确。

②必须是报关离境的货物。所谓报关离境,即出口,就是货物输出海关,这是区别货物是否应退(免)税的主要标准之一。凡是报关不离境的货物,不论出口企业以外汇结算还是以人民币结算,也不论企业在财务上和其他管理上作何处理,均不能视为出口货物予以退(免)税。

③必须是在财务上作销售处理的货物。出口货物只有在财务上作销售后,才能办理退税。

④必须是出口收汇并已核销的货物。将出口退税与出口收汇核销挂钩可以有效地防止出口企业高报出口价格骗取退税,有助于提高出口收汇率,有助于强化出口收汇核销制度。

对出口的凡属于已征或应征增值税、消费税的货物,除国家明确规定不予退(免)税的货物和出口企业从小规模纳税人购进并持普通发票的部分货物外,都是出口货物退(免)税的货物范围,均应予以退还已征增值税和消费税或免征应征的增值税和消费税。

①下列企业出口满足上述四个条件的货物,除另有规定外,给予免税并退税:

a. 生产企业自营出口或委托外贸企业代理出口的自产货物。

b. 有出口经营权的外贸企业收购后直接出口或委托其他外贸企业代理出口的货物。

c. 下列特定出口的货物:

在出口货物中,有一些虽然不同时具备上述四个条件的货物,但由于这些货物销售方式、消费环节、结算办法的特殊性,以及国际间的特殊情况,国家特准退还或免征其增值税和消费税。这些货物主要有:对外承包工程公司运出境外用于对外承包项目的货物;对外承接修理修配业务的企业用于对外修理修配的货物;外轮供应公司、远洋运输供应公司销售给外轮、远洋国轮而收取外汇的货物;企业在国内采购并运往境外作为在国外投资的货物等。

②下列企业出口的货物,除另有规定外,给予免税,但不予退税:

a. 属于生产企业的小规模纳税人自营出口或委托外贸企业代理出口的自产货物。

b. 外贸企业从小规模纳税人购进并持普通发票的货物出口,免税但不予退税。但对规定列举的12类出口货物考虑其占出口比重较大及其生产、采购的特殊因素,特准退税。

c.外贸企业直接购进国家规定的免税货物(包括免税农产品)出口的,免税但不予退税。

需要说明的是,上述“除另有规定外”是指上述企业出口的货物如属于税法列举规定的限制或禁止出口的货物,则不能免税,当然更不能退税。

③下列出口货物,免税但不予退税:

a.来料加工复出口的货物,即原材料进口免税,加工自制的货物出口不退税。

b.避孕药品和用具、古旧图书,内销免税,出口也免税。

c.出口卷烟:有出口卷烟权的企业出口国家出口卷烟计划内的卷烟,在生产环节免征增值税、消费税,出口环节不办理退税。其他非计划内出口的卷烟照章征收增值税和消费税,出口一律不退税。

d.军品以及军队系统企业出口军需工厂生产或军需部门调拨的货物免税。

e.国家规定的其他免税货物,如农业生产者销售的自产农业产品、饲料、农膜等。

出口享受免征增值税的货物,其耗用的原材料、零部件等支付的进项税额,包括准予抵扣的运输费用所含的进项税额,不能从内销货物的销项税额中抵扣,应计入产品成本处理。

④除经批准属于进料加工复出口贸易以外,下列出口货物不免税也不退税:

a.国家计划外出口的原油(自1999年9月1日起国家计划内出口的原油恢复按13%的退税率退税);

b.援外出口货物(自1999年1月1日起,对一般物资援助项下出口货物,仍实行出口不退税政策;对利用中国政府的援外优惠贷款和合作项目基金方式下出口的货物,比照一般贸易出口,实行出口退税政策);

c.国家禁止出口的货物,包括天然牛黄、麝香、铜及铜基合金(出口电解铜自2001年1月1日起按17%的退税率退还增值税)等。

⑤对生产企业出口的下列四类产品,视同自产产品给予退(免)税:

a.生产企业出口外购的产品,凡同时符合以下条件的,可视同自产货物办理退税:

- 与本企业生产的产品名称、性能相同;
- 使用本企业注册商标或外商提供给本企业使用的商标;
- 出口给进口本企业自产产品的外商。

b.生产企业外购的与本企业所生产的产品配套出口的产品,若出口给进口本企业自产产品的外商,符合下列条件之一的,可视同自产产品办理退税:

- 用于维修本企业出口的自产产品的工具、零部件、配件;
- 不经过本企业加工或组装,出口后能直接与本企业自产产品组合成成套产品的。

c.凡同时符合下列条件的,主管出口退税的税务机关可认定为集团成员,集团公司(或总厂,下同)收购成员企业(或分厂,下同)生产的产品,可视同自产产品办理退(免)税:

- 经县级以上政府主管部门批准为集团公司成员的企业,或由集团公司控股的生产企业;
- 集团公司及其成员企业均实行生产企业财务会计制度;

• 集团公司必须将有关成员企业的证明材料报送给主管出口退税的税务机关。

d. 生产企业委托加工收回的产品，同时符合下列条件的，可视同自产产品办理退税：

• 必须与本企业生产的产品名称、性能相同，或者是用本企业生产的产品再委托深加工收回的产品；

• 出口给进口本企业自产产品的外商；

• 委托方执行的是生产企业财务会计制度；

• 委托方与受托方必须签订委托加工协议。主要原材料必须由委托方提供。受托方不垫付资金，只收取加工费，开具加工费（含代垫的辅助材料）的增值税专用发票。

上述外购货物可以退税的比例、退税计算办法以及所需要的凭证等，按《国家税务总局关于明确生产企业出口视同自产产品实行免、抵、退税办法的通知》（国税发〔2002〕152 号）文件执行。

对于生产企业正式投产前，委托加工的产品与正式投产后自产产品属于同类产品，收回后出口，并且是首次出口的，不受“出口给进口本企业自产产品的外商”的限制。出口的上述产品，若同时满足上述规定的其他条［即不含“出口给进口本企业自产产品的外商”］，主管税务机关在严格审核的前提下，准予视同自产产品办理出口退（免）税。

2.7.4　出口货物的退税率

根据《增值税暂行条例》规定，企业产品出口后，税务部门应按照出口商品的进项税额为企业办理退税，由于税收减免及其国家经济政策等原因，商品的进项税额往往不等于实际负担的税额，如果按出口商品的进项税额退税，就会产生少征多退的问题，于是就有了计算出口商品应退税款的比率——出口退税率。

出口货物的退税率，是出口货物的实际退税额与退税计税依据的比例。现行出口货物的增值税退税率有 17%，15%，14%，13%，11%，9%，8%，6%，5%等。

2.7.5　出口货物应退税额的计算

出口货物只有在适用既免税又退税的政策时，才会涉及如何计算退税的问题。由于各类出口企业对出口货物的会计核算办法不同，有对出口货物单独核算的，有对出口和内销的货物统一核算成本的。为了与出口企业的会计核算办法相一致，我国《出口货物退（免）税管理办法》规定了两种退税计算办法：第一种办法是“免、抵、退”办法，主要适用于自营和委托出口自产货物的生产企业；第二种办法是“先征后退”办法，目前主要用于收购货物出口的外（工）贸企业。

1）“免、抵、退”税的计算方法

按照财政部、国家税务总局《关于进一步推进出口货物实行免抵退税办法的通知》（财税〔2002〕7 号）规定：自 2002 年 1 月 1 日起，生产企业自营或委托外贸企业代理出口自产货物，除另有规定外，增值税一律实行免、抵、退税管理办法。

通知所述生产企业，是指独立核算，经主管国税机关认定为一般增值税纳税人，并且具有实际生产能力的企业和企业集团。增值税小规模纳税人出口自产货物继续实行免征增值税办法。生产企业出口自产的属于应征消费税的产品,实行免征消费税办法。

实行免、抵、退税管理办法的"免"税,是指对生产企业出口的自产货物,在出口时免征本企业生产销售环节增值税;"抵"税,是指生产企业出口自产货物所耗用的原材料、零部件、燃料、动力等所含应予退还的进项税额,抵顶内销货物的应纳税额;"退"税是指生产企业出口的自产货物在当月内应抵顶的进项税额大于应纳税额时,对未抵顶完的部分予以退税。由于出口货物增值税实行零税率,除了出口环节免征增值税即没有销项税额外还需要对为生产出口产品所购进的项目已经缴纳的税款,即进项税额退还给出口企业等纳税人。因此,出口退税并不是退还"销项税额",而是退还进项税额。如果一个企业完全是出口企业,商品没有内销,则完全采用"免"和"退"的方式,就不存在"抵"税的问题。采用"抵"税的方式其实是为了简化征管手续,即用本来要退还给纳税人的退税额抵顶内销货物应该按规定缴纳的增值税税款。

(1)具体计算方法与计算公式

①当期应纳税额的计算:

当期应纳税额 = 当期内销货物的销项税额 -(当期进项税额 - 当期免抵退税不得免征和抵扣税额)- 上期留抵税额

其中:

当期免抵退税不得免征和抵扣税额 = 出口货物离岸价 × 外汇人民币牌价 × 出口货物征税率 - 出口货物退税率)- 免抵退税不得免征和抵扣税额和抵减额

出口货物离岸价(FOB)以出口发票计算的离岸价为准。出口发票不能如实反映实际离岸价的,企业必须按照实际离岸价向主管国税机关申报,同时主管税务机关有权依照《中华人民共和国税收征收管理法》《中华人民共和国增值税暂行条例》等有关规定予以核定。

从上述计算公式看,出口退税在"销项税额"方面并非执行真正的零税率而是一种"超低税率",即征税率(17%,13%)与退税率(各货物不同)之差,即税法规定的出口退税"不得免征和抵扣税额"的计算比率。

如果我们从会计制度看,上述"免抵退税"的计算原理更加清晰。根据企业会计制度的规定,对于实行"免抵退"方法的生产企业,在会计上应当增设如下增值税专栏:

a."出口抵减内销产品应纳税额"借方专栏;

b."出口退税"贷方专栏。

另外,以"进项税额转出"贷方专栏核算"当期免抵退税不得免征和抵扣税额",以"其他应收款——应收补贴款"科目核算"当期应退税额"。

相关会计处理为:

a.根据"当期免抵退税不得免征和抵扣税额":

借:主营业务成本

　　贷:应交税费——应交增值税(进项税额转出)

b.根据"当期免抵税额":

借:应交税费——应交增值税(出口抵减内销产品应纳税额)

贷:应交税费——应交增值税(出口退税)

c.根据“当期应退税额”:

借:其他应收款——应收补贴款

贷:应交税费——应交增值税(出口退税)

这笔分录,才是真正的退税。根据“当期应退税额”的计算过程可得知,退的是期末未抵扣完的留抵进项税额。由此可见,“出口退税”贷方专栏核算的是“当期免抵税额”与“当期应退税额”之和,即税法中规定的“当期免抵退税额”(即出口销售额 × 退税率)。

而出口货物实际执行的“超低税率”计算的“销项税额”被计入了“进项税额转出”贷方专栏。如果将该部分数额与“出口退税”贷方专栏数额相加,其实也就是内销情况下,应当交纳的销项税额。所以,“出口退税”贷方专栏反映的并非真正的退税,而是出口货物较内销货物因执行税率的不同而少交的增值税“销项税额”。

当期免抵退税不得免征和抵扣税额的减项,即:

免抵退税不得免征和抵扣税额抵减额 = 免税购进原材料价格 ×(出口货物征税率 - 出口货物退税率)

免税购进原材料包括从国内购进免税原材料和进料加工免税进口料件,其中进料加工免税进口料件的价格为组成计税价格。

进料加工免税进口料件的组成计税价格 = 货物到岸价 + 海关实征关税和消费税

如果当期没有免税购进原材料价格,前述公式中的免抵退税不得免征和抵扣税额抵减额,以及后面公式中的免抵退税额抵减额,就不用计算。

“免抵退税不得免征和抵扣税额抵减额”与前面的“免抵退税额抵减额”是有区别的。“免抵退税额不得免征和抵扣税额抵减额”实质是不予抵免的金额,实际账务处理中是不存在的,但是作为免抵退这种管理办法的计算思路,必须将这部分予以剔除。而通过前面对计算公式的分析,可以理解为,前面对免税购进原材料也相应计算了不得免征和抵扣的税额,所以单独计算“免抵退税不得免征和抵扣税额抵减额”作为对其的修正。

②免抵退税额的计算:

免抵退税额 = 出口货物离岸价 × 外汇人民币牌价 × 出口货物退税率 - 免抵退税额抵减额

其中:

免抵退税额抵减额 = 免税购进原材料价格 × 出口货物退税率

这个公式中计算的“免抵退税额”就是名义应退税额或者免抵退制度下的可抵顶进项税额。公式最后一个减项“免抵退税额抵减额”的实质含义是,免税购进的原材料本身是不含进项税额的,所以在计算免抵退税额时就不应该退还这部分原本不存在的税额,因此要通过计算予以剔除。

③当期应退税额和免抵税额的计算:

a.如当期期末留抵税额 ≤ 当期免抵退税额,则:

当期应退税额 = 当期期末留抵税额

当期免抵税额 = 当期免抵退税额 - 当期应退税额

b. 如当期期末留抵税额 > 当期免抵退税额，则：

当期应退税额 = 当期免抵退税额

当期免抵税额 = 0

当期期末留抵税额根据当期《增值税纳税申报表》中“期末留抵税额”确定。

这里的“当期末留抵税额”实际上是名义留抵额。因为，最终的实际期末留抵额=名义留抵额-当期实际退税额，而此处的名义留抵额=-当期应纳税额，当然这要满足当期应纳税额小于零这个大前提。也只有明确了这点才能明白以免抵退税额与当期末留抵额进行比较的作用，其实是在判断当期的名义退税额到底应该实际退税多少以及已经实际抵顶多少。因为经过引申，这里的对比实际上是在对比“当期名义退税额”与“当期应纳税额的绝对值”，名义留抵额在数额上等于当期应纳税额的绝对值，或者负数(因为当期应纳税额小于零)。

为什么要做这样的比较呢？其实这才是免抵退管理办法的精髓所在，因为所谓的免抵，就是通过比较才能确定是否抵顶以及抵顶多少数额。按照制度设计，名义的退税额即免抵退税额是与内销产品应纳税额有关的，内销产品的应纳税额也可以通过以下公式计算出来：

内销产品应纳税额 = 内销产品当期销项税额 -（当期进项税额 - 当期免抵退税额 - 当期免抵退税不得免征和抵扣税额）

为什么括号里面要减出口产品应退税额呢？因为按照这种管理办法认定的出口货物所包含的进项税额，本应该另行退税的，因此要从当期进项税额中剔除。至于“当期免抵退税不得免征和抵扣税额”，其名称本身就已经明白地告诉我们，是既不能作为出口免征也不能作为内销抵扣的税额，虽然只是叫税额，但显然不是销项税额，而是进项税额，所以实质上就是指不能抵扣的进项税额，会计上要做进项税转出，所以这里就要从进项税额中剔除。

这样计算内销产品应纳税额的公式与前面计算的当期应纳税额的公式只差一个要素，就是当期免抵退税额。当期应纳税额公式中没有减去这个免抵退税额，就是体现抵顶的过程。

(2)企业免、抵、退税计算实例

【例 2.6】 某自营出口的生产企业为增值税一般纳税人，出口货物的征税税率为 17%，退税税率为 13%。2013 年 4 月的有关经营业务为：购进原材料一批，取得的增值税专用发票注明的价款 200 万元，外购货物准予抵扣的进项税额 34 万元通过认证。上月末留抵税款 3 万元，本月内销货物不含税销售额 100 万元，收款 117 万元存入银行，本月出口货物的销售额折合人民币 200 万元。试计算该企业当期的“免、抵、退”税额。

【解析】 ①当期免抵退税不得免征和抵扣税额 = 200 ×（17% - 13%）= 8(万元)

②当期应纳税额 = 100 × 17% -（34 - 8）- 3 = 17 - 26 - 3 =- 12(万元)

③出口货物“免、抵、退”税额 = 200 × 13% = 26(万元)

④按规定，如当期期末留抵税额 ≤ 当期免抵退税额时

当期应退税额 = 当期期末留抵税额

即该企业当期应退税额 = 12(万元)

⑤当期免抵税额 = 当期免抵退税额 - 当期应退税额

当期免抵税额 = 26 - 12 = 14(万元)

【例 2.7】 某自营出口的生产企业为增值税一般纳税人,出口货物的征税税率为 17%,退税税率为 13%。2013 年 6 月有关经营业务为:购原材料一批,取得的增值税专用发票注明的价款 400 万元,外购货物准予抵扣的进项税额 68 万元通过认证。上期期末留抵税款 5 万元。本月内销货物不含税销售额 100 万元,收款 117 万元存入银行。本月出口货物的销售额折合人民币 200 万元。试计算该企业当期的"免、抵、退"税额。

【解析】 ①当期免抵退税不得免征和抵扣税额 = 200 × (17% - 13%) = 8(万元)

②当期应纳税额 = 100 × 17% - (68 - 8) - 5 = 17 - 60 - 5 =- 48(万元)

③出口货物"免、抵、退"税额 = 200 × 13% = 26(万元)

④按规定,如当期期末留抵税额 > 当期免抵退税额时,当期应退税额 = 当期免抵退税额,即,该企业当期应退税额 = 26(万元)

⑤当期免抵税额 = 当期免抵退税额 - 当期应退税额,即该企业当期免抵税额 = 26 - 26 = 0(万元)

⑥6 月期末留抵结转下期继续抵扣税额为 22(48 - 26) 万元。

【例 2.8】 某自营出口生产企业是增值税一般纳税人,出口货物的征税税率为 17%,退税税率为 13%。2013 年 8 月有关经营业务为:购原材料一批,取得的增值税专用发票注明的价款 200 万元,外购货物准予抵扣进项税额 34 万元通过认证。当月进料加工免税进口料件的组成计税价格 100 万元。上期末留抵税款 6 万元。本月内销货物不含税销售额 100 万元。收款 117 万元存入银行。本月出口货物销售额折合人民币 200 万元。试计算该企业当期的"免、抵、退"税额。

【解析】 ①免抵退税不得免征和抵扣税额抵减额 = 免税进口料件的组成计税价格 × (出口货物征税税率 - 出口货物退税税率) = 100 × (17% - 13%) = 4(万元)

②免抵退税不得免征和抵扣税额 = 当期出口货物离岸价 × 外汇人民币牌价 × (出口货物征税税率 - 出口货物退税税率) - 免抵退税不得免征和抵扣税额抵减额 =

200 × (17% - 13%) - 4 = 8 - 4 = 4(万元)

③当期应纳税额 = 100 × 17% - (34 - 4) - 6 = 17 - 30 - 6 =- 19(万元)

④免抵退税额抵减额 = 免税购进原材料 × 材料出口货物退税税率

= 100 × 13% = 13(万元)

⑤出口货物"免抵退"税额 = 200 × 13% - 13 = 13(万元)

⑥按规定,如当期期末留抵税额 > 当期免抵退税额时,当期应退税额 = 当期免抵退税额,即,该企业应退税额 = 13 万元

⑦当期免抵税额 = 当期免抵退税额 - 当期应退税额,即当期该企业免抵税额 = 13 - 13 = 0(万元)

⑧8 月期末留抵结转下期继续抵扣税额为 6(19 - 13) 万元。

2)“先征后退”的计算方法

(1)外贸企业“先征后退”的计算办法

①外贸企业以及实行外贸企业财务制度的工贸企业收购货物出口,其出口销售环节的增值税免征;其收购货物的成本部分,因外贸企业在支付收购货款的同时也支付了生产经营该类商品的企业已纳的增值税款,因此,在货物出口后按收购成本与退税税率计算退税退还给外贸企业,征、退税之差计入企业成本。

外贸企业出口货物增值税的计算应依据购进出口货物增值税专用发票上所注明的进项金额和退税税率计算。

应退税额 = 外贸收购不含增值税购进金额 × 退税税率

②外贸企业收购小规模纳税人出口货物增值税的退税规定:

a. 凡从小规模纳税人购进持普通发票特准退税的抽纱、工艺品等 12 类出口货物,同样实行销售出口货物的收入免税,并退还出口货物进项税额的办法。由于小规模纳税人使用的是普通发票,其销售额和应纳税额没有单独计价,小规模纳税人应纳的增值税也是价外计征的,这样,必须将合并定价的销售额先换算成不含税价格,然后据以计算出口货物退税。其计算公式为:

应退税额 = [普通发票所列(含增值税)销售金额] ÷ (1 + 征收率) × 6% 或 5%

对出口企业购进小规模纳税人特准的 12 类货物出口,提供的普通发票应符合《中华人民共和国发票管理办法》的有关使用规定,否则不予办理退税。

b. 凡从小规模纳税人购进税务机关代开的增值税专用发票的出口货物,按以下公式计算退税:

应退税额 = 增值税专用发票注明的金额 × 6% 或 5%

③外贸企业委托生产企业加工出口货物的退税规定:

外贸企业委托生产企业加工收回后报关出口的货物,按购进国内原辅材料的增值税专用发票上注明的进项金额,依原辅材料的退税税率计算原辅材料应退税额。支付的加工费,凭受托方开具货物的退税税率,计算加工费的应退税额。

(2)外贸企业申报出口退税期限

①外贸企业在 2008 年 1 月 1 日后申报出口退税的,申报出口退税的截止期限调整为,货物报关出口之日[以出口货物报关单(出口退税专用)上注明的出口日期为准]起 90 天后第一个增值税纳税申报期截止之日。

②外贸企业确有特殊原因在上述规定期限内无法申报出口退税的,按现行有关规定申请办理延期申报手续。外贸企业申请开具《代理出口货物证明》仍按现行有关规定执行。

(3)外贸企业“先征后退”计算实例

【例 2.9】 某进出口公司 2013 年 3 月出口美国平纹布 2 000 平方米,进货增值税专用发票列明单价 20 元/平方米,计税金额 40 000 元,退税税率 13%,其应退税额:

【解析】 2 000 × 20 × 13% = 5 200(元)

【例2.10】 某进出口公司2013年4月购进某小规模纳税人抽纱工艺品200打(套)全部出口,普通发票注明金额6 000元;购进另一小规模纳税人西服500套全部出口,取得税务机关代开的增值税专用发票,发票注明金额5 000元,退税税率6%,该企业的应退税额:

【解析】 $6\,000 \div (1+6\%) \times 6\% + 5\,000 \times 6\% = 639.62$(元)

【例2.11】 某进出口公司2013年6月购进牛仔布委托加工成服装出口,取得牛仔布增值税专用发票一张,注明计税金额10 000元(退税税率13%),取得服装加工费计税金额2 000元(退税税率17%),该企业的应退税额:

【解析】 $10\,000 \times 13\% + 2\,000 \times 17\% = 1\,640$(元)

2.8 增值税专用发票的使用和管理

2.8.1 增值税专用发票概述

专用发票,是增值税一般纳税人销售货物或者提供应税劳务开具的发票,是购买方支付增值税额并可按照增值税有关规定据以抵扣增值税进项税额的凭证。一般纳税人应通过增值税防伪税控系统使用专用发票。使用,包括领购、开具、缴销、认证纸质专用发票及其相应的数据电文。防伪税控系统,是指经国务院同意推行的,使用专用设备和通用设备、运用数字密码和电子存储技术管理专用发票的计算机管理系统。专用设备,是指金税卡、IC卡、读卡器和其他设备。通用设备是指计算机、打印机、扫描器具和其他设备。

1)专用发票的构成与限额管理

(1)专用发票的构成形式

专用发票由基本联次或者基本联次附加其他联次构成,基本联次为三联:发票联、抵扣联和记账联。发票联,作为购买方核算采购成本和增值税进项税额的记账凭证;抵扣联,作为购买方报送主管税务机关认证和留存备查的凭证;记账联,作为销售方核算销售收入和增值税销项税额的记账凭证。其他联次用途由一般纳税人自行确定。

(2)专用发票限额管理

专用发票实行最高开票限额管理。最高开票限额,是指单份专用发票开具的销售额合计数不得达到的上限额度。

最高开票限额由一般纳税人申请,税务机关依法审批。最高开票限额为100万元及以下的,由区县级税务机关审批;最高开票限额为1 000万元及以上的,由省级税务机关审批。防伪税控系统的具体发行工作由区县级税务机关负责。

一般纳税人申请最高开票限额时,需填报《最高开票限额申请表》。

2)专用发票的初始发行

一般纳税人领购专用设备后,凭《最高开票限额申请表》《发票领购簿》到主管税务机关办理初始发行。初始发行，是指主管税务机关将一般纳税人的下列信息载入空白金税卡和IC卡的行为：

①企业名称；②税务登记代码；③开票限额；④购票限量；⑤购票人员姓名、密码；⑥开票机数量；⑦国家税务总局规定的其他信息。

一般纳税人发生上述第①、③、④、⑤、⑥、⑦项信息变化，应向主管税务机关申请变更发行；发生第②项信息变化应向主管税务机关申请注销发行。

一般纳税人凭《发票领购簿》、IC卡和经办人身份证明领购专用发票。

3）专用发票的领购开具

一般纳税人有下列情形之一的，不得领购开具专用发票：

①会计核算不健全，不能向税务机关准确提供增值税销项税额、进项税额、应纳税额数据及其他有关增值税税务资料的。上列其他有关增值税税务资料的内容，由省、自治区、直辖市和计划单列市国家税务局确定。

②有《税收征管法》规定的税收违法行为，拒不接受税务机关处理的。

③有下列行为之一，经税务机关责令限期改正而仍未改正的：a. 虚开增值税专用发票；b. 私自印制专用发票；c. 向税务机关以外的单位和个人买取专用发票；d. 借用他人专用发票；e. 未按规定开具专用发票；f. 未按规定保管专用发票和专用设备；g. 未按规定申请办理防伪税控系统变更发行；h. 未按规定接受税务机关检查。

有上述情形的，如已领购专用发票，主管税务机关应暂扣其结存的专用发票和IC卡。

上述f未按规定保管专用发票和专用设备是指：未设专人保管专用发票和专用设备；未按税务机关要求存放专用发票和专用设备；未将认证相符的专用发票抵扣联、《认证结果通知书》和《认证结果清单》装订成册；未经税务机关查验，擅自销毁专用发票基本联次。

2.8.2 专用发票的开具

1）专用发票的开具范围

一般纳税人销售货物或者提供应税劳务，应向购买方开具专用发票。商业企业一般纳税人零售的烟、酒、食品、服装、鞋帽（不包括劳保专用部分）、化妆品等消费品不得开具专用发票。

增值税小规模纳税人需要开具专用发票的，可向主管税务机关申请代开。销售免税货物不得开具专用发票，法律、法规及国家税务总局另有规定的除外。

2）专用发票的开具要求

①项目齐全，与实际交易相符；

②字迹清楚，不得压线、错格；

③发票联和抵扣联加盖财务专用章或者发票专用章；

④按照增值税纳税义务的发生时间开具。

对不符合上述要求的专用发票，购买方有权拒收。

一般纳税人销售货物或者提供应税劳务可汇总开具专用发票。汇总开具专用发票的，同时使用防伪税控系统开具《销售货物或者提供应税劳务清单》，并加盖财务专用章或者发票专用章。

2.8.3 专用发票的作废处理

一般纳税人在开具专用发票当月发生销货退回、开票有误等情形，收到退回的发票联、抵扣联符合作废条件的，按作废处理；开具时发现有误的，可即时作废。作废专用发票须在防伪税控系统中将相应的数据电文按"作废"处理，在纸质专用发票(含未打印的专用发票)各联次上注明"作废"字样，全联次留存。一般纳税人取得专用发票后，发生销货退回、开票有误等情形但不符合作废条件的，或者因销货部分退回及发生销售折让的，购买方应向主管税务机关填报《开具红字增值税专用发票申请单》(以下简称《申请单》)。

《申请单》所对应的蓝字专用发票应经税务机关认证。

经认证结果为"认证相符"并且已经抵扣增值税进项税额的，一般纳税人在填报《申请单》时不填写相对应的蓝字专用发票信息。

经认证结果为"纳税人识别号认证不符""专用发票代码、号码认证不符"的，一般纳税人在填报《申请单》时应填写相对应的蓝字专用发票信息。

主管税务机关对一般纳税人填报的《申请单》进行审核后，出具《开具红字增值税专用发票通知单》(以下简称《通知单》)。《通知单》应与《申请单》一一对应。

《通知单》应按月依次装订成册，并比照专用发票保管规定管理。

购买方必须依《通知单》所列增值税税额从当期进项税额中转出，未抵扣增值税进项税额的可列入当期进项税额，待取得销售方开具的红字专用发票后，与留存的《通知单》一并作为记账凭证。属于"纳税人识别号认证不符""专用发票代码、号码认证不符"的，不作进项税额转出。

销售方凭购买方提供的《通知单》开具红字专用发票，在防伪税控系统中以销项负数开具。红字专用发票应与《通知单》一一对应。

作废条件是指同时具有下列情形：

①收到退回的发票联、抵扣联时间未超过销售方开票当月；

②销售方未抄税并且未记账；

③购买方未认证或者认证结果为"纳税人识别号认证不符""专用发票代码、号码认证不符"。

抄税，是报税前用IC卡或者IC卡和软盘抄取开票数据电文。

2.8.4 专用发票的认证管理

一般纳税人开具专用发票应在增值税纳税申报期内向主管税务机关报税，在申报所属月份内可分次向主管税务机关报税。报税，是纳税人持IC卡或者IC卡和软盘向税务机关报送开票数据电文。因IC卡、软盘质量等问题无法报税的，应更换IC卡、软盘。因硬盘损坏、更换金税卡等原因不能正常报税的，应提供已开具未向税务机关报税的专用发票记账联原件或者复印件，由主管税务机关补采开票数据。

一般纳税人注销税务登记或者转为小规模纳税人，应将专用设备和结存未用的纸质专用发票送交主管税务机关。

主管税务机关应缴销其专用发票，并按有关安全管理的要求处理专用设备。专用发票的缴销，是指主管税务机关在纸质专用发票监制章处按"V"剪角作废，同时作废相应的专用发票数据电文。被缴销的纸质专用发票应退还纳税人。

用于抵扣增值税进项税额的专用发票应经税务机关认证相符（国家税务总局另有规定的除外）。认证相符的专用发票应作为购买方的记账凭证，不得退还销售方。认证，是税务机关通过防伪税控系统对专用发票所列数据的识别、确认。认证相符，是指纳税人识别号无误，专用发票所列密文解译后与明文一致。

1）认证结果的处理

①经认证，有下列情形之一的，不得作为增值税进项税额的抵扣凭证，税务机关退还原件，购买方可要求销售方重新开具专用发票：

a. 无法认证。指专用发票所列密文或者明文不能辨认，无法产生认证结果。

b. 纳税人识别号认证不符。指专用发票所列购买方纳税人识别号有误。

c. 专用发票代码、号码认证不符。指专用发票所列密文解译后与明文的代码或者号码不一致。

②经认证，有下列情形之一的，暂不得作为增值税进项税额的抵扣凭证，税务机关扣留原件，查明原因，分别情况进行处理：

a. 重复认证。指已经认证相符的同一张专用发票再次认证。

b. 密文有误。指专用发票所列密文无法解译。

c. 认证不符。指纳税人识别号有误，或者专用发票所列密文解译后与明文不一致。不包括"纳税人识别号认证不符""专用发票代码、号码认证不符"。

d. 列为失控专用发票。指认证时的专用发票已被登记为失控专用发票。

③专用发票抵扣联无法认证的，可使用专用发票发票联到主管税务机关认证。专用发票发票联复印件留存备查。

2）丢失已开具专用发票的处理

一般纳税人丢失已开具专用发票的发票联和抵扣联，如果丢失前已认证相符，购买方凭销售方提供的相应专用发票记账联复印件及销售方所在地主管税务机关出具的《丢失增值税专用发票已报税证明单》，经购买方主管税务机关审核同意后，可作为增值税进项税额的抵扣凭证；如果丢失前未认证的，购买方凭销售方提供的相应专用发票记账联复印件到主管税务机关进行认证，认证相符的凭该专用发票记账联复印件及销售方所在地主管税务机关出具的《丢失增值税专用发票已报税证明单》，经购买方主管税务机关审核同意后，可作为增值税进项税额的抵扣凭证。

一般纳税人丢失已开具专用发票的抵扣联，如果丢失前已认证相符，可使用专用发票发票联复印件留存备查；如果丢失前未认证，可使用专用发票发票联到主管税务机关认证，专用发票发票联复印件留存备查。

一般纳税人丢失已开具专用发票的发票联，可将专用发票抵扣联作为记账凭证，专用发票抵扣联复印件留存备查。

2.8.5 红字专用发票的开具

增值税一般纳税人开具增值税专用发票后，发生销货退回、销售折让以及开票有误等情况需要开具红字专用发票的，视不同情况分别按以下办法处理：

①因专用发票抵扣联、发票联均无法认证的，由购买方填报《申请单》，并在申请单上填写具体原因以及相对应蓝字专用发票的信息，主管税务机关审核后出具《通知单》。购买方不作进项税额转出处理。

②购买方所购货物不属于增值税扣税项目范围，取得的专用发票未经认证的，由购买方填报申请单，并在申请单上填写具体原因以及相对应蓝字专用发票的信息，主管税务机关审核后出具通知单。购买方不作进项税额转出处理。

③因开票有误购买方拒收专用发票时，销售方须在专用发票认证期限内向主管税务机关填报申请单，并在申请单上填写具体原因以及相对应蓝字专用发票的信息，同时提供由购买方出具的写明拒收理由、错误具体项目以及正确内容的书面材料，主管税务机关审核确认后出具通知单。销售方凭通知单开具红字专用发票。

④因开票有误等原因尚未将专用发票交付购买方的，销售方须在开具有误专用发票的次月内向主管税务机关填报申请单，并在申请单上填写具体原因以及相对应蓝字专用发票的信息，同时提供由销售方出具的写明具体理由、错误具体项目以及正确内容的书面材料，主管税务机关审核确认后出具通知单。销售方凭通知单开具红字专用发票。

⑤发生销货退回或销售折让的除按照规定进行处理外，销售方还应在开具红字专用发票后将该笔业务的相应记账凭证复印件报送主管税务机关备案。

税务机关为小规模纳税人代开专用发票需要开具红字专用发票的，比照一般纳税人开具红字专用发票的处理办法，通知单第二联交代开税务机关。

2.8.6 销货退回或销售折让增值税专用发票管理

销售货物并向购买方开具专用发票后如发生退货或销售折让应视不同情况分别按以下规定办理：一般纳税人在开具专用发票当月，发生销货退回、开票有误等情形，收到退回的发票联、抵扣联符合作废条件的，按作废处理。作废条件是指：收到退回的发票联、抵扣联时间未超过销售方开票当月；销售方未抄税并且未记账；购买方未认证或者认证结果为“纳税人识别号码认证不符”“专用发票代码、号码认证不符”。不符合作废条件的，或者因销货部分退回及发生销售折让的，购买方应向主管税务机关填报《申请单》。《申请单》一式两联：第一联由购买方留存；第二联由购买方主管税务机关留存。纳税人销售货物并向购买方开具增值税专用发票后，由于购货方在一定时期内累计购买货物达到一定数量，或者由于市场价格下降等原因，销货方给予购货方相应的价格优惠或补偿等折扣、折让行为，销货方可按现行《增值税专用发票使用规定》的有关规定开具红字增值税专用发票(国税函〔2006〕1279号)。

2.8.7 关于对代开、虚开增值税专用发票的处理

代开发票是指为与自己没有发生直接购销关系的他人开具发票的行为,虚开发票是指在没有任何购销事实的前提下为他人、为自己或让他人为自己或介绍他人开具发票的行为。代开、虚开发票的行为都是严重的违法行为。对代开、虚开专用发票的,一律按票面所列货物的适用税率全额征补税款,并按《税收征管法》的规定按偷税给予处罚。对纳税人取得代开、虚开的增值税专用发票不得作为增值税合法抵扣凭证抵扣进项税额。代开、虚开发票构成犯罪的,按全国人大常委会发布的《关于惩治虚开、伪造和非法出售增值税专用发票犯罪的决定》处以刑罚。

2.9 征收管理

2.9.1 纳税义务发生的时间

《增值税暂行条例》明确规定了增值税纳税义务的发生时间。纳税义务发生时间,是纳税人发生应税行为应当承担纳税义务的起始时间。税法明确规定纳税义务发生时间的作用在于:①正式确认纳税人已经发生属于税法规定的应税行为,应承担纳税义务;②有利于税务机关实施税务管理,合理规定申报期限和纳税期限,监督纳税人切实履行纳税义务。

销售货物或者应税劳务的纳税义务发生时间可以分为一般规定和具体规定。

1)一般规定

①纳税人销售货物或者应税劳务,其纳税义务发生时间为收讫销售款项或者取得索取销售款项凭据的当天;先开具发票的,为开具发票的当天。

②纳税人进口货物,其纳税义务发生时间为报关进口的当天。

③增值税扣缴义务发生时间为纳税人增值税纳税义务发生的当天。

2)具体规定

纳税人收讫销售款项或者取得索取销售款项凭据的当天,按销售结算方式的不同,具体分为:

①采取直接收款方式销售货物,不论货物是否发出,均为收到销售款或者取得索取销售款凭据的当天。

②采取托收承付和委托银行收款方式销售货物,为发出货物并办妥托收手续的当天。

③采取赊销和分期收款方式销售货物,为书面合同约定的收款日期的当天,无书面合同的或者书面合同没有约定收款日期的,为货物发出的当天。

④采取预收货款方式销售货物,为货物发出的当天,但生产销售生产工期超过12个月的大型机械设备、船舶、飞机等货物,为收到预收款或者书面合同约定的收款日期的当天。

⑤委托其他纳税人代销货物,为收到代销单位的代销清单或者收到全部或者部分货款的当天。未收到代销清单及货款的,为发出代销货物满180天的当天。

⑥销售应税劳务,为提供劳务同时收讫销售款或者取得索取销售款的凭据的当天。

⑦纳税人发生视同销售货物行为,为货物移送的当天。

上述销售货物或应税劳务纳税义务发生时间的确定,明确了企业在计算应纳税额时,对"当期销项税额"时间的限定,是增值税计税和征收管理中重要的规定。目前,一些企业没有按照上述规定的纳税义务发生时间将实现的销售收入及时入账并计算纳税,而是采取延迟入账或不计销售收入等做法,以拖延纳税或逃避纳税,这些做法都是错误的。企业必须按上述规定的时限及时、准确地记录销售额和计算当期销项税额。

2.9.2 纳税期限

在明确了增值税纳税义务发生时间后,还需要掌握具体纳税期限,以保证按期缴纳税款。根据《增值税暂行条例》的规定,增值税的纳税期限分别为1日、3日、5日、10日、15日、1个月或者1个季度。

纳税人的具体纳税期限,由主管税务机关根据纳税人应纳税额的大小分别核定;不能按照固定期限纳税的,可以按次纳税。以1个季度为纳税期限的规定仅适用于小规模纳税人。小规模纳税人的具体纳税期限,由主管税务机关根据其应纳税额的大小分别核定。

纳税人以1个月或者1个季度为1个纳税期的,自期满之日起15日内申报纳税;以1日、3日、5日、10日或者15日为1个纳税期的,自期满之日起5日内预缴税款,于次月1日起15日内申报纳税并结清上月应纳税款。

扣缴义务人解缴税款的期限,依照前两款规定执行。

纳税人进口货物,应当自海关填发进口增值税专用缴纳书之日起15日内缴纳税款。

纳税人出口货物适用退(免)税规定的,应当向海关办理出口手续,凭出口报关单等有关凭证,在规定的出口退(免)税申报期内按月向主管税务机关申报办理。具体办法由国务院财政、税务主管部门制定。

出口货物办理退税后发生退货或者退关的,纳税人应当依法补缴已退的税款。

2.9.3 纳税地点

为了保证纳税人按期申报纳税,根据企业跨地区经营和搞活商品流通的特点及不同情况,税法还具体规定了增值税的纳税地点:

①固定业户应当向其机构所在地的主管税务机关申报纳税。总机构和分支机构不在同一县(市)的,应当分别向各自所在地的主管税务机关申报纳税;经国务院财政、税务主管部门或者其授权的财政、税务机关批准,可以由总机构汇总向总机构所在地的主管税务机关申报纳税。

②固定业户到外县(市)销售货物或者应税劳务,应当向其机构所在地的主管税务机关申请开具外出经营活动税收管理证明,并向其机构所在地的主管税务机关申报纳税;未开具证明的,应当向销售地或者劳务发生地的主管税务机关申报纳税;未向销售地或者劳务发生地的主管税务机关申报纳税的,由其机构所在地的主管税务机关补征税款。

③非固定业户销售货物或者应税劳务,应当向销售地或者劳务发生地的主管税务机关申报纳税;未向销售地或者劳务发生地的主管税务机关申报纳税的,由其机构所在地或者居住地的主管税务机关补征税款。

④进口货物,应当向报关地海关申报纳税。

⑤扣缴义务人应当向其机构所在地或者居住地的主管税务机关申报缴纳其扣缴的税款。

2.10 营业税改征增值税试点相关规定

2.10.1 纳税人

1)纳税人

在中华人民共和国境内提供交通运输业、邮政业、电信业和部分现代服务业服务(以下称应税服务)的单位和个人,为增值税纳税人。纳税人提供应税服务,应当缴纳增值税,不再缴纳营业税。

在中华人民共和国境内提供应税服务,是指应税服务提供方或接受方在中国境内。下列情形不属于在中国境内提供应税服务:

①境外单位或者个人向境内单位或者个人提供完全在境外消费的应税服务。

②境外单位或者个人向境内单位或者个人出租完全在境外使用的有形动产。

③财政部和国家税务总局规定的其他情形。

单位,是指企业、行政单位、事业单位、军事单位、社会团体及其他单位。个人,是指个体工商户和个人。

单位以承包、承租、挂靠方式经营的,承包人、承租人、挂靠人(以下称承包人)以发包人、出租人、被挂靠人(以下称发包人)名义对外经营并由发包人承担相关法律责任的,以该发包人为纳税人。否则,以承包人为纳税人。

2)纳税人分类及认定标准

试点纳税人按照应税服务年销售额大小的不同,划分为一般纳税人和小规模纳税人。

应税服务年销售额,是指纳税人在连续不超过12个月的经营期内累计应征增值税的销售额,含减税、免税销售额、提供境外服务销售额以及按规定已从销售额中差额扣除的部分。如果该销售额为含税的,应按照应税服务的适用税率或征收率换算为不含税的销售额。

一般纳税人和小规模纳税人认定标准:应税服务年销售额超过500万元的纳税人为一般纳税人;应税服务年销售额未超过500万元的纳税人为小规模纳税人。

试点地区应税服务年销售额未超过500万元的原公路、内河货物运输自开票纳税人,应当申请认定为一般纳税人。

应税服务年销售额超过规定标准的其他个人不属于一般纳税人。

非企业性单位、不经常提供应税服务的企业和个体工商户可选择按照小规模纳税人纳税。

3)扣缴义务人

中华人民共和国境外的单位或者个人在境内提供应税服务,在境内未设有经营机构的,一起代理人为增值税扣缴义务人;在境内没有代理人的,以接收方为增值税扣缴义务人。

2.10.2 征税范围

根据营业税改征增值税试点有关规定,在中华人民共和国境内提供应税服务,应当缴纳增值税。

1)提供应税服务

提供应税服务是指有偿提供应税服务。有偿,是指取得货币、货物或者其他经济利益。应税服务是指陆路运输服务、水路运输服务、航空运输服务、管道运输服务,邮政普遍服务、邮政特殊服务、其他邮政服务、电信普通服务、电信增值业务、研发和技术服务、信息技术服务、文化创新服务、物流辅助服务、有形动产租赁服务、鉴证咨询服务;广播影视服务。

非营业活动中提供的交通运输业、邮政业、电信业和部分现代服务业服务不属于提供应税服务。非营业活动,是指:

①非企业性单位按照法律和行政法规的规定,为履行国家行政管理和公共服务职能收取政府性基金或者行政事业性收费的活动。

②单位或者个体工商户聘用的员工为本单位或者雇主提供应税服务。

③单位或个体工商户为员工提供应税服务。

④财政部和国家税务总局规定的其他情形。

2)视同提供应税服务

单位和个体工商户的下列情形,视同提供应税服务:

①向其他单位或者个人无偿提供交通运输业、邮政业、电信业和部分现代服务业服务,但以公益活动为目的的或者以社会工作为对象的除外。

②财政部和国家税务总局规定的其他情形。

【例2.12】 下列纳税人中,属于营改增试点范围的有(　　)。

A.某商业银行　　B.某会计师事务所

C.某航空运输公司　　D.某广告公司

【解析】 答案为BCD。根据营业税改征增值税试点相关规定,目前银行业未纳入营改增试点征税范围,所以银行不是营改增试点范围的纳税人。

2.10.3 税目

1)交通运输业

交通运输业,是指使用运输工具将货物或者旅客送达目的地,使其空间位置得到转移的业务活动,包括陆路运输服务、水路运输服务、航空运输服务、管道运输服务。

①陆路运输服务,是指通过陆桥(地上或者地下)运送货物或者旅客的运输业务活动,包括铁路运输和其他陆路运输。

②水路运输服务,是指通过江、河、湖、川等天然、人工水道或者海洋航道运送货物或旅客的运输业务活动。远洋运输的程租、期租业务,属于水路运输服务。

③航空运输服务,是指通过空中航线运送货物或旅客的运输业务活动。航空运输的湿租业务,属于航空运输服务。

④管道运输服务,是指通过管道设施运送气体、液体、固体物质的运输业务活动。

【例2.13】 下列运输业务中,属于营改增试点范围的有(　　)。

A.公路运输服务　　B.索道运输服务

C.水路运输服务　　D.铁路运输服务

【解析】 答案为ACD。根据营业税改征增值税试点相关规定,交通运输业纳入营改增试点征税范围,包括铁路运输。

2)邮政业

邮政业,是指中国邮政集团公司及其所属邮政企业提供邮件寄递、邮政汇兑、机要通信和邮政代理等邮政基本服务的业务活动。包括邮政普遍服务、邮政特殊服务和其他邮政服务。

①邮政普遍服务,是指函件、包裹等邮件寄递,以及邮票发行、报刊发行和邮政汇兑等业务活动。

②邮政特殊服务,是指义务兵平常信函、机要通信、盲人读物和革命烈士遗物的寄递等业务活动。

③其他邮政服务,是指邮册等邮品销售、邮政代理等业务活动。

3)电信业

电信业,是指利用有线、无线的电磁系统或者光电系统等各种通信网络资源,提供语音通话服务,传送、发射、接收或者应用图像、短信等电子数据和信息的业务活动。包括基础电信服务和增值电信服务。

①基础电信服务,是指利用固网、移动网、卫星、互联网,提供语音通话服务的业务活动,以及出租或者出售带宽、波长等网络元素的业务活动。

②增值电信服务,是指利用固网、移动网、卫星、互联网、有线电视网络,提供短信和彩信服务、电子数据和信息的传输及应用服务、互联网接入服务等业务活动。卫星电视信号落地转接服务,按照增值电信服务计算缴纳增值税。

4）部分现代服务业

部分现代服务业，是指围绕制造业、文化产业、现代物流产业等提供技术性、知识性服务的业务活动，包括研发和技术服务、信息技术服务、文化创意服务、物流辅助服务、有形动产租赁服务、鉴证咨询服务、广播影视服务。

①研发和技术服务，包括研发服务、技术转让服务、技术咨询服务、合同能源管理服务、工程勘察勘探服务。

②信息技术服务，包括软件服务、电路设计及测试服务、信息系统服务和业务流程管理服务。

③文化创意服务，包括设计服务、商标著作权转让服务、知识产权服务、广告服务和会议展览服务。

④物流辅助服务，包括航空服务、港口码头服务、货运客运场站服务、打捞救助服务、货物运输代理服务、代理报关服务、仓储服务、装卸搬运服务和收派服务。

⑤有形动产租赁，包括有形动产融资租赁和有形动产经营性租赁。

⑥鉴证咨询服务，包括认证服务、鉴证服务和咨询服务。

⑦广播影视服务，包括广播影视节目（作品）的制作服务、发行服务和播映（含放映）服务。

【例2.14】 下列项目中，属于营改增试点范围的有（　　）。

A. 广告设计　　B. 会议展览

C. 技术咨询　　D. 有形动产租赁

【解析】 答案为ABCD。根据营业税改征增值税试点相关规定，广告设计、会议展览、技术咨询、有形动产租赁均属于营改增试点征税范围。

2.10.4 税率

①增值税税率，一般纳税人提供应税劳务采取比例税率，具体规定为：

a. 提供有形动产租赁服务，税率为17%；

b. 提供交通运输业服务、邮政业服务、基础电信服务，税率为11%；

c. 提供增值电信服务、部分现代服务业服务（有形动产租赁服务除外），税率为6%；

d. 国家运输服务、向境外单位提供的研发服务和设计服务以及财政部和国家税务总局规定的其他应税服务，税率为零。

②增值税征收率，小规模纳税人提供应税服务，征收率为3%。

2.10.5 应纳税额的计算

1）一般纳税人应纳税额的计算

一般纳税人应纳税额的计算公式为：

$$应纳税额 = 当期销项税额 - 当期进项税额$$

当期销项税额小于当期进行税额不足抵扣时，其不足部分可以结转下期继续抵扣。

销项税额，是指纳税人提供应税服务按照销售额和增值税税率计算的增值税额。其计算公式为：

销项税额 = 销售额 × 税率

销售额不包括销项税额，纳税人采用销售额和销项税额合并定价方法的，按照下列公式计算：

销售额 = 含税销售额 ÷ (1 + 税率)

可见，一般纳税人计算增值税应纳税额主要有两个因素：一是销售额；二是进项税额。

(1)销售额的确定

销售额，是指纳税人提供应税服务取得的全部价款和价外费用。价外费用，是指价外收取的各种性质的价外收费，但不包括代为收取的政府性基金或者行政事业性收费。价外费用的具体范围参照《增值税暂行条例》及其实施细则的规定执行。

①销售额以人民币计算。纳税人按照人民币以外的货币结算销售额的，应当折合成人民币计算，折合率可以选择销售额发生的当天或者当月 1 日的人民币汇率中间价。纳税人应当在事先确定采用何种折合率，确定后 12 个月内不得变更。

②纳税人提供适用不同税率或者征收率的应税服务，应当分别核算适用不同税率或者征收率的销售额；未分别核算的，从高适用税率。

③纳税人兼营营业税应税项目的，应当分别核算应税服务的销售额和营业税应税项目的营业额；未分别核算的，由主管税务机关核定应税服务的销售额。

④纳税人兼营免税、减税项目的，应当分别核算免税、减税项目的销售额；未分别核算的，不得免税、减税。

⑤纳税人提供应税服务，开具增值税专用发票后，提供应税服务中止、折让、开票有误等情形，应当按照国家税务总局的规定开具红字增值税专用发票。未按照规定开具红字增值税专用发票的，不得扣减销项税额或者销售额。

⑥纳税人提供应税服务，将价款和折扣额在同一张发票上分别注明的，以折扣后的价款为销售额；未在同一张发票上注明的，以价款为销售额，不得扣减折扣额。

⑦纳税人提供应税服务的价格明显偏低或者偏高且不具有合理商业目的的，或者发生视同提供应税服务而无销售额的，主管税务机关有权按照下列顺序确定销售额：

第一，按照纳税人最近时期提供同类应税服务的平均价格确定。

第二，按照其他纳税人最近时期提供同类应税服务的平均价格确定。

第三，按照组成计税价格确定。组成计税价格的公式为：

组成计税价格 = 成本 × (1 + 成本利润率)

成本利润率由国家税务总局确定。

(2)进项税额的确定

进项税额，是指纳税人购进货物或者接受加工修理修配劳务和应税服务，支付或者负担的增值税税额。

①准予从销项税额中抵扣的进项税额：

第一，从销售方或者提供方取得的增值税专用发票（含货物运输业增值税专用发票、税控机动车销售统一发票，下同）上注明的增值税税额。

第二，从海关取得的海关进口增值税专用缴款书上注明的增值税税额。

第三，购进农产品，除取得增值税专用发票或者海关进口增值税专用缴款书外，按照农产品收购发票或者销售发票上注明的农产品买价和13%的扣除率计算的进项税额。其计算公式为：

$$进项税额 = 买价 \times 扣除率$$

买价，是指纳税人购进农产品在农产品收购发票或者销售发票上注明的价款和按照规定缴纳的烟叶税。

第四，接受境外单位或者个人提供的应税服务，从税务机关或者境内代理人取得的解缴税款的中华人民共和国税收缴款凭证（以下称税收缴款凭证）上注明的增值税税额。

②不得从销项税额中抵扣的进项税额。

第一，用于适用简易计税方法计税项目、非增值税应税项目、免征增值税项目、集体福利或者个人消费的购进货物、接受加工修理修配劳务或者应税服务。其中涉及的固定资产、专利技术、非专利技术、商誉、商标、著作权、有形动产租赁，仅指专用于上述项目的固定资产、专利技术、非专利技术、商誉、商标、著作权、有形动产租赁。

第二，非正常损失的购进货物及相关的加工修理修配劳务和交通运输业服务。

第三，非正常损失的在产品、产成品所耗用的购进货物（不包括固定资产）、加工修理修配劳务或者交通运输业服务。

第四，接受的旅客运输服务。

③非增值税应税项目确定。

非增值税项目是指非增值税应税劳务、转让无形资产（专利技术、非专利技术、商誉、商标、著作权除外）、销售不动产以及不动产在建工程。

非增值税应税劳务，是指《应税服务范围注释》所列项目以外的营业税应税劳务。

不动产，是指不能移动或者移动后会引起性质、形状改变的财产，包括建筑物、构筑物和其他土地附着物。

纳税人新建、改建、扩建、修缮、装饰不动产，均属于不动产在建工程。

个人消费，包括纳税人的交际应酬消费。

固定资产，是指使用期限超过12个月的机器、机械、运输工具以及其他与生产经营有关的设备、工具、器具等。

非正常损失，是指因管理不善造成被盗、丢失、霉烂变质的损失，以及被执法部门依法没收或者强令自行销毁的货物。

④一部纳税人兼营简易计税方法计税项目、非增值税应税劳务、免征增值税项目而无法划分不得抵扣的进项税额，按照下列公式计算不得抵扣的进项税额：

不得抵扣的进项税额 = 当期无法划分的全部进项税额 ×（当期简易计税方法计税项目销售额 + 非增值税应税劳务营业额 + 免征增值税项目销售额）÷（当期全部销售额 + 当期

全部营业额）

⑤纳税人发生服务中止、购进货物退出、折让而收回的增值税额，应当从当期的进项税额中扣减。

⑥纳税人取得的增值税扣税凭证不符合法律、行政法规或者国家税务总局有关规定的，其进项税额不得从销项税额中抵扣。

增值税扣税凭证，是指增值税专用发票、海关进口增值税专用缴款书、农产品收购发票、农产品销售发票和税收缴款凭证。

纳税人凭税收缴款凭证抵扣进项税额的，应当具备书面合同、付款证明和境外单位的对账单或者发票。资料不全的，其进项税额不得从销项税额中抵扣。

一般纳税人提供财政部和国家税务总局规定应税服务，可以选择适用简易计税方法计税，但一经选择，36 个月内不得变更。

【例 2.15】 北京市东方红公司专门从事认证服务，按现行营业税规定，其认证服务不适用于差额纳税的规定。2013 年 9 月 1 日开始实行营改增，被认定为增值税一般纳税人，2013 年 10 月发生如下业务：

①10 月 16 日，取得某项认证服务收入 106 万元，开具防伪税控增值税专用发票，价税合计为 106 万元；

②10 月 18 日，购进一台经营用设备，取得防伪税控增值税专用发票，注明金额 20 万元，税额 3.4 万元；

③10 月 20 日，接受本市其他单位设计服务，取得防伪税控增值税专用发票，注明金额 5 万元，税额 0.3 万元；

④10 月 25 日，接受上海市某运输企业提供交通运输服务，取得纳税人自开的货物运输增值税专用发票，注明金额 0.5 万元，税率 11%。税额 0.055 万元；

⑤10 月 28 日，销售 2009 年 1 月 1 日以前购进的一台固定资产，售价 0.208 万元。

已知：增值税税率为 6%，适用的征收率为 4%。计算公司当月应纳增值税税额。

【解析】 根据营业税改征增值税试点相关规定和增值税的规定，一般纳税人销售自己使用过的属于不得抵扣且抵扣进项税额的固定资产，按简易办法依 4% 征收率减半征收增值税。因此，该企业当月应纳税额由两部分组成：一部分是一般计税方法计算的应纳税额；另一部分是简易方法计算的应纳税额。

①当期销项税额 $= 106 \div (1 + 6\%) \times 6\% = 6$（万元）

②当期进项税额 $= 3.4 + 0.3 + 0.055 = 3.755$（万元）

③一般计税方法的应纳税额 $= 6 - 3.755 = 2.245$（万元）

④简易方法的应纳税额 $= 0.208 \div (1 + 4\%) \times 4\% \div 2 = 0.004$（万元）

⑤应纳增值税税额 $= 2.245 + 0.004 = 2.249$（万元）

2）小规模纳税人应纳税额的计算。

小规模纳税人采取简易计税方法，其应纳税额计算公式为：

$$应纳税额 = 当其销售额 \times 征收率$$

销售额不包括其应纳税额，纳税人采用销售额和应纳税额合并定价方法的，按照下列公式计算销售额：

$$销售额 = 含税销售额 \div (1 + 征收率)$$

纳税人提供的适用简易计税方法计税的应税服务，因服务中止或者折让而退还给接收方的销售额，应当从当期销售额中扣减。扣减当期销售额后仍有余额造成多缴的税款，可以从以后的应纳税额中扣减。

【例2.16】 北京市华硕公司专门从事商业资讯业务，从2013年的9月1日起实行营改增，被认定为增值税小规模纳税人。9月15日，向某一般纳税人企业提供资讯信息服务，取得含增值税销售额3.09万元；9月20日，向某小规模纳税人提供注册信息服务，取得含税增值税专用发票销售额1.03万元；9月25日，购进办公用品，支付价款2.06万元，并取得增值税专用发票。计算该公司当月应纳增值税税额。

【解析】 根据营业税改征增值税试点相关规定和增值税的规定，小规模纳税人提供应税服务，采用简易办法征税，销售额中含有增值税款的，应换算为不含税销售额，计算应纳税额，购进货物支付的增值税不允许抵扣。

销售额 $= (3.09 + 1.03) \div (1 + 3\%) = 4$（万元）

应纳增值税税额 $= 4 \times 3\% = 0.12$（万元）

2.10.6 征收管理

1）纳税义务发生时间

①纳税人提供应税服务并收讫销售款项或者取得索取销售款项凭据的当天；先开发票的，为开具发票的当天。

收讫销售款项，是指纳税人提供应税服务过程中或者完成后收到款项。

取得索取销售款项凭据的当天，是指书面合同确定的付款日期；未签订书面合同或者书面合同未确定付款日期的，为应税服务完成的当天。

②纳税人提供有形动产租赁服务采取预收款方式的，其纳税义务发生时间为收到预收款的当天。

③纳税人发生视同提供应税服务的，其纳税义务发生时间为应税服务完成的当天。

④增值税扣缴义务发生时间为纳税人增值税纳税义务发生的当天。

2）纳税地点

①固定业户应当向其机构所在地或者居住地主管税务机关申报纳税。总机构和分支机构不在同一县（市）的，应当分别向各自所在地的主管税务机关申报纳税；经财政部和国家税务总局或者其授权的财政和税务机关批准，可以由总机构合并向总机构所在地的主管税务机关申报纳税。

②非固定业户应当向应税服务发生地主管税务机关申报纳税；未申报纳税的，由其机构所在地或者居住地主管税务机关补征税款。

③扣缴义务人应当向其机构所在地或者居住地主管税务机关申报缴纳其扣缴的税款。

3)纳税期限

在明确了增值税纳税义务发生时间后,还需要掌握具体纳税期限,以保证按期缴纳税款。根据《增值税暂行条例》的规定,增值税的纳税期限分别为1日、3日、5日、10日、15日、1个月或者1个季度。

纳税人的具体纳税期限,由主管税务机关根据纳税人应纳税额的大小分别核定;不能按照固定期限纳税的,可以按次纳税。以1个季度为纳税期限的规定仅适用于小规模纳税人。小规模纳税人的具体纳税期限,由主管税务机关根据其应纳税额的大小分别核定。

纳税人以1个月或者1个季度为1个纳税期的,自期满之日起15日内申报纳税;以1日、3日、5日、10日或者15日为1个纳税期的,自期满之日起5日内预缴税款,于次月1日起15日内申报纳税并结清上月应纳税款。

扣缴义务人解缴税款的期限,依照前两款规定执行。

2.10.7 税收优惠

1)免征增值税项目

根据营业税改征增值税试点过渡政策的规定,下列项目免征增值税:

①个人转让著作权。

②残疾人个人提供的应税服务。

③航空公司提供飞机播撒农药服务。

④试点纳税人提供技术转让、技术开发和与之相关的技术咨询、技术服务。

⑤符合条件的节能服务公司实施合同能源管理项目中提供的应税服务。

⑥财政部和国家税务总局规定的其他免税项目。

2)起征点

增值税起征点仅适用于个体工商户小规模纳税人和其他个人,增值税起征点幅度如下:

①按期纳税的,为月销售额5 000元~20 000元(含本数)。

②按次纳税的,为每次(日)销售额300元~500元(含本数)。

个人提供应税服务的销售额未达到增值税起征点的,免征增值税;达到起征点的,全额计算缴纳增值税。

起征点的调整由财政部和国家税务总局规定。省、自治区、直辖市财政厅(局)和国家税务局应当在规定的幅度内,根据实际情况确定本地区适用的起征点,并报财政部和国家税务总局备案。

3)其他减免税规定

纳税人提供应税服务适用免税、减税规定的,可以放弃免税、减税,依照本办法的规定缴纳增值税。放弃免税、减税后,36个月内不得再次申请免税、减税。

本章练习题

一、单项选择题

1. 下列关于增值税纳税人的认定及管理的说法中，表述不正确的是（　　）。
   A. 增值税纳税人年应税销售额（不包括免税销售额）超过小规模纳税人标准的，除另有规定外，应当向主管税务机关申请一般纳税人资格认定
   B. 非企业性单位、不经常发生应税行为的企业，可以选择按小规模纳税人纳税
   C. 一般纳税人资格认定的权限，在县（市、区）国家税务局或者同级别的税务分局
   D. 从事货物生产或提供应税劳务的纳税人，年应税销售额在 50 万元以上，可以认定为增值税一般纳税人
2. 下列不属于 13% 低税率范围的是（　　）。
   A. 中药饮片　　B. 咖啡豆　　C. 林苗栽植机械　　D. 煤炭
3. 某工艺品厂为增值税一般纳税人，2013 年 12 月 2 日销售给甲企业 200 套工艺品，每套不含税价格 600 元。由于部分工艺品存在瑕疵，该工艺品厂给予甲企业 15% 的销售折让，已开具红字专用发票。为了鼓励甲企业及时付款，该工艺品厂提出（2/20，n/30）的付款条件，甲企业于当月 15 日付款。该工艺品厂此项业务的销项税额为（　　）元。
   A. 16 993.20　　B. 17 340.00　　C. 19 992.00　　D. 20 400.00
4. 某增值税一般纳税人购进玉米一批，支付给某农业开发基地收购价款 10 000 元，取得普通发票，并支付不含税运费 3 000 元，取得货运企业开具的增值税专用发票，验收入库后，因管理不善损失 1/5，则该项业务准予抵扣的进项税额为（　　）元。
   A. 1 304　　B. 1 158.75　　C. 1 510　　D. 1 525
5. 下列项目所包含的进项税额，不得从销项税额中抵扣的是（　　）。
   A. 生产过程中出现的报废产品
   B. 用于返修产品修理的易损零配件
   C. 生产企业用于经营管理的办公用品
   D. 生产免税药品耗用的外购材料
6. 某食品厂为增值税小规模纳税人，2013 年 10 月销售糕点一批，取得含税销售额 40 000 元，经主管税务机关核准购进税控收款机一台，取得的增值税普通发票注明价款 1 800 元。该食品厂当月应纳增值税（　　）元。
   A. 903.51　　B. 111.05　　C. 1 112.62　　D. 1 165.05
7. 下列关于固定资产处理的说法，正确的是（　　）。
   A. 纳税人购进固定资产时为小规模纳税人，认定为一般纳税人后销售该固定资产的，按照 17% 税率计算增值税
   B. 小规模纳税人销售自己使用过的除固定资产以外的物品，应减按 2% 的征收率征收增值税

C. 增值税一般纳税人销售自己使用过的2009年1月1日以后购进的固定资产，按照4%征收率减半征收增值税

D. 纳税人发生的固定资产视同销售行为，对已使用过的固定资产无法确定销售额的，以固定资产净值为销售额

8. 某化妆品生产企业，从国外进口一批化妆品香粉，关税完税价格为60 000元，缴纳关税35 000元。取得海关进口增值税专用缴款书当月已向税务机关申请并通过认证，则该企业进口环节应缴纳的增值税为(　　)元。

A. 18 071.56　　B. 15 810.43　　C. 23 000.00　　D. 23 071.43

9. 下列结算方式中，以货物发出当天为增值税纳税义务发生时间的是(　　)。

A. 预收货款　　B. 赊销

C. 分期收款　　D. 将货物交付他人代销

10. 下列行为属于视同销售货物，应征收增值税的是(　　)。

A. 某商店为服装厂代销儿童服装

B. 某批发部门将外购的部分饮料用于职工福利

C. 某企业将外购的水泥用于基建工程

D. 某企业将外购的洗衣粉用于个人消费

二、多项选择题

1. 下列表述中，不符合税法有关规定的有(　　)。

A. 自产货物用于实物折扣的，应视同销售货物，该实物款额不得从销售额中扣除

B. 纳税人销售啤酒收取的包装物押金，应于包装物押金逾期时，并入销售额中征税

C. 以物易物方式销售货物，由多交付货物的一方以价差计算缴纳增值税

D. 纳税人采取以旧换新方式销售货物的，都应按照新货物的同期销售价格确定销售额

E. 纳税人采取还本销售货物的，可以从销售额中减除还本支出

2. 下列行为，属于增值税视同销售的有(　　)。

A. 在同一个县(市)范围内设有两个机构并实行统一核算的纳税人，将货物从一个机构移送另一机构用于销售

B. 将外购的货物抵付员工工资

C. 将自产货物作为股利分配给股东

D. 将外购的货物用于集体福利

E. 将委托加工收回的货物用于个人消费

3. 下列货物，适用13%增值税税率的有(　　)。

A. 玉米胚芽

B. 石油液化气

C. 农机零部件

D. 氢化植物油

E. 卷帘机

4. 下列关于增值税的纳税义务发生时间的陈述,正确的有(　　)。

A. 采取预收货款方式销售货物,为收到货款的当天

B. 采取托收承付和委托银行收款方式销售货物,为发出货物并办妥托收手续的当天

C. 采取直接收款方式销售货物,不论货物是否发出,均为收到销售额或取得索取销售额的凭据的当天

D. 委托其他纳税人代销货物,为收到代销单位销售的代销清单或者收到全部或者部分货款或发出货物满 180 天的当天

5. 外购的货物发生下列用途,不可以抵扣进项税额的有(　　)。

A. 外购一批材料用于工程建设

B. 外购的货物无偿赠送他人

C. 外购的产品由于管理不善被盗

D. 外购的货物用于投资

E. 外购的货物用于集体福利

三、计算题

1. 某农机生产企业为增值税一般纳税人,2013 年 10 月发生以下业务:

①外购原材料,取得普通发票上注明价税合计 50 000 元,原材料已入库,另支付给运输企业不含税运输费用 3 000 元,取得货运增值税专用发票;

②外购农机零配件,取得的增值税专用发票上注明价款 140 000 元,本月生产领用价值 90 000 元的农机零配件;另支付给运输企业不含税运输费用 5 000 元,取得货运增值税专用发票;

③生产领用 9 月份外购的钢材一批,成本 85 000 元;企业在建工程领用 9 月份外购的钢材一批,成本 70 000 元(其中含运费成本 2 790 元),已抵扣进项税;

④销售农用机械一批,取得不含税销售额 430 000 元,另收取包装费和运输费 15 000 元;

⑤销售一批农机零部件,取得含税销售额 39 000 元;

⑥提供农机维修业务,开具的普通发票上注明价税合计 35 100 元。

企业取得的增值税专用发票均在当月通过认证并在当月抵扣。要求计算:

①2013 年 9 月该企业销项税额;

②2013 年 9 月该企业购进货物准予抵扣的进项税额;

③2013 年 9 月该企业进项税额转出金额;

④2013 年 9 月该企业应纳增值税额。

2. 某家电生产企业为增值税一般纳税人,2013 年 10 月份发生如下业务:

①采取"以旧换新"方式销售自产小家电,新产品的不含税销售额为 13 万元,取得的旧家电作价 7 万元,共取得差价款 6 万元;

②向某大型商场销售一批家电,取得不含税销售收入 120 万元,收取包装物押金 8 万元并

单独记账，同时还收取优质服务费4.68万元；

③向某食品公司销售自制的大型冷藏设备，开具增值税专用发票，注明销售额为20万元。同时企业负责包装，收取包装费2.34万元，开具了普通发票；

④本年8月份销售的一批小家电，由于质量出现了问题而发生退货，取得对方交来的“进货退出和索取折让证明单”，已按规定开具了红字专用发票，发票注明价款为3万元；

⑤企业设立一个独立核算的运输车队（为一般纳税人），用订制的特殊车辆，为加入家电业交流协会的其他企业提供大型特种家电的运输劳务，共取得不含税运费收入5万元；

⑥销售使用过的一台旧设备（未抵扣过进项税额），取得收入10.4万元，并开具了普通发票；

⑦从国外进口一台检测设备，关税完税价格为30万元，进口关税税率为20%；

⑧外购原材料一批，取得增值税专用发票，注明价款为80万元；采购过程中发生不含税运费10万元，取得符合规定的运费增值税专用发票。当月修理厂房，领用其中的10%；

⑨从小规模纳税人处购进零配件一批，取得税务机关代开的增值税专用发票，注明的价款为40万元；

另外，上月留抵进项税额为1.3万元；以上取得的有关票据均通过税务机关的认证。

要求计算：

①业务⑦中进口环节应缴纳的增值税；

②该企业销售环节的销项税额；

③转让旧设备应缴纳的增值税；

④该企业当期准予抵扣的进项税额；

⑤该企业当期应缴纳的增值税。

第3章　消费税

【学习要求】

1. 熟悉消费税的基本概念和我国消费税的特点；
2. 掌握消费税的征税范围，掌握消费税的税目和税率；
3. 掌握消费税的计税依据，掌握消费税从价计征、从量计征和复合计征的计算方法；
4. 了解消费税的征收管理。

消费税法是指国家制定的用以调整消费税征收与缴纳之间权利及义务关系的法律规范。现行消费税法的基本规范，是2008年11月5日经国务院第34次常务会议修订通过并颁布，自2009年1月1日起施行的《中华人民共和国消费税暂行条例》(以下简称《消费税暂行条例》)，以及2008年12月15日财政部、国家税务总局第51号令颁布的《中华人民共和国消费税暂行条例实施细则》(以下简称《消费税暂行条例实施细则》)。

3.1　消费税概述

3.1.1　消费税的概念、特点及其作用

消费税是对税法规定的特定消费品或者消费行为的流转额征收的一种税。它是世界各国普遍征收的一种税，在各国的财政收入尤其是在发展中国家财政收入中占有相当大的比重。在我国现行税制中，消费税属于中央税，是中央财政收入的重要来源，2007年国内消费税收入(不含进口环节海关代征消费税部分)就达2 206.82亿元。

消费税与增值税、营业税等税种同属于对流转额课征的税种，但和这些流转税相比，消费税具有以下显著特点：

①课征范围具有选择性。消费税的课税品目一般是有选择的，表现出明显的调节目的和政策导向性。

②征税环节具有单一性。消费税不是在生产、流通、消费全过程的各个环节征收，而只是选择在生产或零售的单一环节征收。出于节省征收成本、提高征收效率、防止税源流失的考虑，各国对多数产品一般选择在生产环节征税。

③税率设计具有灵活性、差别性。消费税的平均税率较高,而且往往针对不同品目的商品设置高低不同的税率,以体现消费税的调节作用。

④征收方法具有多样性。消费税既可从价定率征收,又可从量定额征收,还可复合征税,计税准确、管理简便、易于操作。

⑤税款征收具有重叠性。消费税的课税品目同时,也往往是进口关税和增值税的课税品目,是在普遍征收增值税的基础上,再加征一道消费税。因而,这些流转税之间具有重叠课征的性质。

⑥税收负担具有转嫁性。消费税是间接税,尽管立法确定在产制环节征收,但其立法预期是纳税人可以通过销售价格的调整将所纳的消费税转嫁给消费者,从而达到调节消费的目的。

消费税的上述特点,决定了消费税具有两大作用。一是调节作用,通过课税范围的选择、税率高低不同的设计和征收环节的确定,可以起到调整产业结构、调整消费结构、调节收入分配的作用。二是收入作用,通过选择税源集中、收入比较稳定的高档消费品作为征税对象,以及设计较高的税率等,可以为政府筹措稳定的财政收入。

3.1.2 消费税的产生和发展

消费税的历史源远流长,欧洲古希腊雅典时期的内陆关税、罗马时期的盐税,实质上都是对货物征收的消费税。封建社会中后期,商品经济日渐发达,消费税的课征范围也就随之扩大,到资本主义初期达到鼎盛阶段,成为政府财政收入的支柱。20 世纪以后,随着累进所得税的推行,消费税的主体税种地位在西方许多发达资本主义国家受到削弱,为所得税替代。但因消费税的独特调节作用,在这些国家的税制中,消费税仍然是一个不可缺少的辅助税种。而在广大的发展中国家,消费税至今仍是整个国家税制中十分重要的税种。

在我国,早在春秋战国时期,就已开征过“关市之赋”“山泽之赋”,皆不外是对特定的物品征收的消费税。其后,各朝代又较为普遍地征收过盐税、酒税和茶税。国民政府时期,为取得财政收入,更开征了专门的货物税。

解放初期,我国征收的货物税,20 世纪 50 年代征收的商品流通税,1958—1973 年征收的工商统一税,1973—1983 年征收的工商税中相当于货物税的部分,1983—1993 年征收的产品税、增值税,实际上相当或部分相当于消费税,只是未以“消费税”命名罢了。而我国在 1983 年开征的烧油特别税,1988 年曾对彩色电视机和小轿车征收的特别消费税,更是一种选择性消费税。至于作为独立税种的消费税的正式确立和征收,是从 1994 年 1 月 1 日开始的,是在原产品税、增值税、工商统一税的基础上形成的。它是在普遍征收增值税的基础上,根据消费政策、产业政策的要求,有选择地对部分消费品征收,故我国的消费税属于选择性消费税。消费税的特殊调节和增值税的普遍调节相配合,构成我国流转税的双层调节机制。

目前,我国调整消费税征纳关系的依据除了《中华人民共和国消费税暂行条例》(1993 年 12 月 13 日国务院发布,2008 年 11 月 5 日修订)、《中华人民共和国消费税暂行条例实施细则》(1993 年 12 月 25 日财政部发布,2008 年 12 月 15 日修订)外,尚包括国务院发布的

《关于实施成品油价格和税费改革的通知》(2008 年 12 月 18 日),财政部、国家税务总局发布的《关于调整金银首饰消费税纳税环节有关问题的通知》(1994 年 12 月 24 日)、《关于调整酒类产品消费税政策的通知》(2001 年 5 月 11 日)、《关于调整烟类产品消费税政策的通知》(2001 年 6 月 4 日)、《关于钻石及上海钻石交易所有关税收政策的通知》(2001 年 11 月 3 日)、《关于铂金及其制品税收政策的通知》(2003 年 4 月 28 日)、《关于调整和完善消费税政策的通知》(2006 年 3 月 20 日)、《关于进口环节消费税有关问题的通知》(2006 年 3 月 30 日)、《关于消费税若干具体政策的通知》(2006 年 8 月 30 日)、《关于调整乘用车消费税政策的通知》(2008 年 8 月 1 日)、《关于调整部分乘用车进口环节消费税的通知》(2008 年 8 月 11 日)及国家税务总局发布的《消费税征收范围注释》(1993 年 12 月 27 日)、《消费税若干具体问题的规定》(1993 年 12 月 28 日)、《金银首饰消费税征收管理办》(1994 年 12 月 26 日)、《关于用外购和委托加工收回的应税消费品连续生产应税消费品征收消费税问题的通知》(1995 年 5 月 19 日)、《关于消费税若干征税问题的通知》(1997 年 5 月 21 日)、《调整和完善消费税政策征收管理规定》(2006 年 3 月 31 日)、《葡萄酒消费税管理办法(试行)》(2006 年 5 月 14 日)、《增值税小规模纳税人出口货物免税管理办法(暂行)》(2007 年 12 月 3 日)、《石脑油消费税免税管理办法》(2008 年 4 月 30 日)、《关于提高成品油消费税税率的通知》(2008 年 12 月 19 日)等部门规章和规范性文件。

3.2 消费税纳税人、征税范围及征税环节

3.2.1 消费税纳税人

根据《消费税暂行条例》的规定,消费税的纳税人为:在中华人民共和国境内生产、委托加工和进口应税消费品的单位和个人。自 2009 年 1 月 1 日起,增加了国务院确定的销售应税消费品的其他单位和个人。这里所说的"单位"是指:国有企业、集体企业、私有企业、股份制企业、外商投资企业和外国企业、其他企业和行政单位、事业单位、军事单位、社会团体及其他单位。"个人"是指:个体经营者及其他个人。"中华人民共和国境内"是指:生产、委托加工和进口应税消费品的起运地或所在地在境内。

具体来说,消费税纳税人包括:生产应税消费品的单位和个人;进口应税消费品的单位和个人;委托加工应税消费品的单位和个人;自 2009 年 1 月 1 日起,国务院确定的销售应税消费品的单位和个人。其中委托加工的应税消费品由受托方于委托方提货时代扣代缴(受托方为个体经营者除外),自产自用的应税消费品,由自产自用单位和个人在移送使用时缴纳消费税。

进口的应税消费品,尽管其产制地不在我国境内,但在我国境内销售或消费,为了平衡进口应税消费品与本国应税消费品的税负,必须由从事进口应税消费品的进口人或其代理

人按照规定缴纳消费税。个人携带或者邮寄入境的应税消费品的消费税连同关税一并计征,由携带入境者或者收件人缴纳消费税。

3.2.2 消费税征税范围

根据《消费税暂行条例》的规定,消费税的征收范围为:在中华人民共和国境内生产、委托加工和进口条例规定的消费品。自 2009 年 1 月 1 日起,包括国务院确定的销售条例规定的消费品。

确定消费税征税范围的总原则是:立足于我国的经济发展水平、国家的消费政策和产业政策,充分考虑人民的生活水平、消费水平和消费结构状况,注重保证国家财政收入的稳定增长,并适当借鉴国外征收消费税的成功经验和国际通行做法。具体表现在以下几个方面:

①流转税格局调整后税收负担下降较多的产品。目前我国工业领域中的流转税收入主要集中在卷烟、石化、化工、电力、冶金、汽车等几个工业部门(占 50%),加之原流转税税率设计极不规范,税率档次多,税负相差悬殊,实行规范化的增值税以后,必然有一些高税率的产品税负下降,为了确保改革以后财政收入不减少,需要通过消费税、资源税拿回来。

②非生活必需品中一些高档、奢侈的消费品,例如贵重首饰及珠宝玉石、化妆品等。通过对奢侈品征收消费税,可以调节收入水平,体现多收入多缴税的原则。

③从保护身体健康、生态环境等方面需要出发,不提倡也不宜过度消费的某些消费品。如烟、酒、酒精、鞭炮、焰火等。对这些消费品征收消费税,可以抑制其消费。

④一些特殊的资源性消费品,如汽油、柴油等。对汽油、柴油征收消费税,并实行较高税率,一是因为它们是不可再生资源,需要限制无度消费;二是中间环节利润大,征收的是“倒爷”费;三是污染城市环境;四是国际惯例亦是如此。

按照上述原则,在种类繁多的消费品中,列入消费税征税范围的消费品并不很多,大体上可归为五类:

第一类:一些过度消费会对人身健康、社会秩序、生态环境等方面造成危害的特殊消费品,如烟、酒、鞭炮、焰火等。

第二类:非生活必需品,如化妆品、贵重首饰、珠宝玉石等。

第三类:高能耗及高档消费品如摩托车、小汽车等。

第四类:不可再生和替代的稀缺资源消费品如汽油、柴油等油品。

第五类:税基宽广、消费普遍、征税后不影响居民基本生活并具有一定财政意义的消费品,如汽车轮胎。

消费税的征税范围不是一成不变的,随着我国经济的发展,可以根据国家的政策和经济情况及消费结构的变化适当调整。例如,从 2006 年 4 月 1 日起,消费税的征税范围就进行了调整,增加了新的税目。目前,我国消费税征收范围的确定主要体现了以下两个特点:一是消费税是选择部分消费品列举品目征收的。消费税的征税范围与增值税的部分征税范围是交叉的。也就是说,对消费税列举的税目的征税范围,既要征收消费税,同时又要征收增值税。二是凡在我国境内生产和进口属于消费税税目税率表中列举的消费品都需要缴纳消费税,但是,为了平衡税收负担,堵塞税收漏洞,对于那些未体现销售而发出、使用和收回的应税消费品,亦视同销售,将其纳入消费税的征税范围。

3.2.3 消费税征税环节

1)生产应税消费品

生产应税消费品的销售是消费税征收的主要环节,因消费税具有单一环节征税的特点,在生产销售环节征税以后,货物在流通环节无论再转销多少次,不用再缴纳消费税。生产应税消费品除了直接对外销售应征收消费税外,纳税人将生产的应税消费品换取生产资料、消费资料、投资入股、偿还债务,以及用于继续生产应税消费品以外的其他方面都应缴纳消费税。

2)委托加工应税消费品

委托加工应税消费品是指委托方提供原料和主要材料,受托方只收取加工费和代垫部分辅助材料加工的应税消费品。由受托方提供原材料或其他情形的一律不能视同加工应税消费品。委托加工的应税消费品收回后,再继续用于生产应税消费品销售的,其加工环节缴纳的消费税款可以扣除。

3)进口应税消费品

单位和个人进口货物属于消费税征税范围的,在进口环节也要缴纳消费税。为了减少征税成本,进口环节缴纳的消费税由海关代征。

4)零售应税消费品

经国务院批准,自1995年1月1日起,金银首饰消费税由生产销售环节征收改为零售环节征收。改在零售环节征收消费税的金银首饰仅限于金基、银基合金首饰以及金、银和金基、银基合金的镶嵌首饰。零售环节适用税率为5%,在纳税人销售金银首饰、钻石及钻石饰品时征收。其计税依据是不含增值税的销售额。

对既销售金银首饰,又销售非金银首饰的生产、经营单位,应将两类商品划分清楚,分别核算销售额。凡划分不清楚或不能分别核算的并在生产环节销售的,一律从高适用税率征收消费税;在零售环节销售的,一律按金银首饰征收消费税。金银首饰与其他产品组成成套消费品销售的,应按销售额全额征收消费税。

金银首饰连同包装物销售的,无论包装是否单独计价,也无论会计上如何核算,均应并入金银首饰的销售额,计征消费税。

带料加工的金银首饰,应按受托方销售同类金银首饰的价格确定计税依据征收消费税。没有同类金银首饰销售价格的,按照组成计税价格计算纳税。

纳税人采用以旧换新(含翻新改制)方式销售的金银首饰,应按实际收取的不含增值税的全部价款确定计税依据征收消费税。

5)批发销售卷烟

自2009年5月1日起,在卷烟批发环节加征一道从价税,具体规定为:

①烟草批发企业将卷烟销售给零售单位的,要再征一道5%的从价税。

②烟草批发企业将卷烟销售给其他烟草批发企业的,不缴纳消费税。

卷烟消费税改为再生产和批发两个环节征收后,批发企业在计算应纳税额时不得抵扣已含的生产环节的消费税税款。

3.3 消费税税目和税率

3.3.1 消费税税目

按照《消费税暂行条例》的规定,2006 年 3 月调整后,确定征收消费税的只有烟、酒、化妆品等 14 个税目,有的税目还进一步划分了若干子目。消费税属于价内税,并实行单一环节征收,一般在应税消费品的生产、委托加工和进口环节缴纳,在以后的批发、零售等环节中,由于价款中已包含消费税,因此不必再缴纳消费税。

1)烟

烟即以烟叶为原料加工生产的特殊消费品。卷烟是指将各种烟叶切成烟丝并按照一定的配方辅之以糖、酒、香料加工而成的产品。

2)酒及酒精

①粮食白酒是指以高粱、玉米、大米、糯米、大麦、小麦、青稞等各种粮食为原料,经过糖化、发酵后,采用蒸馏方法酿制的白酒。

②薯类白酒是指以白薯(红薯、地瓜)、木薯、马铃薯、芋头、山药等各种干鲜薯类为原料,经过糖化、发酵后,采用蒸馏方法酿制的白酒。用甜菜酿制的白酒,比照薯类白酒征税。

③黄酒是指以糯米、粳米、籼米、大米、黄米、玉米、小麦、薯类等为原料,经加温、糖化、发酵、压榨酿制的酒。由于工艺、配料和含糖量的不同,黄酒分为干黄酒、半干黄酒、半甜黄酒、甜黄酒四类。黄酒的征税范围包括各种原料酿制的黄酒和酒精度超过 12 度(含 12 度)的土甜酒。

④啤酒是指以大麦或其他粮食为原料,加入啤酒花,经糖化、发酵、过滤酿制的含有二氧化碳的酒。啤酒按照杀菌方法的不同,可分为熟啤酒和生啤酒或鲜啤酒。啤酒的征税范围包括各种包装和散装的啤酒。无醇啤酒比照啤酒征税。对啤酒源、菠萝啤酒应按啤酒征收消费税。“果啤”属于啤酒,应征消费税(国税函〔2005〕333 号)。“果啤”是一种口味介于啤酒和饮料之间的低度酒精饮料,主要成分为啤酒和果汁。对饮食业、商业、娱乐业举办的啤酒屋(啤酒坊)利用啤酒生产设备生产的啤酒,应当征收消费税。

⑤其他酒是指除粮食白酒、薯类白酒、黄酒、啤酒以外,酒精度在 1 度以上的各种酒,包括糠麸白酒、其他原料白酒、土甜酒、复制酒、果木酒、汽酒、药酒等。对企业以白酒和酒精为酒基加入果汁、香料、色素、药材、补品、糖、调料等配制或泡制的酒,不按“其他酒”子目中的“复制酒”征税,一律按照酒基所用原料确定白酒的适用税率。酒基所用原料无法确定的一

律按粮食白酒的税率征收消费税。对以黄酒为酒基生产的配制或泡制酒,仍按"其他酒"的税率征收消费税。

⑥酒精。酒精又名乙醇,是指以含有淀粉或糖分的原料,经糖化和发酵后,用蒸馏方法生产的酒精度数在95度以上的无色透明液体,也可以石油裂解气中的乙烯为原料,用合成方法制成。酒精的征税范围包括用蒸馏法和合成方法生产的各种工业酒精、食用酒精。对于以外购酒精为原料,经蒸馏脱水处理后生产的无水乙醇,属于本税目征收范围。

调味料酒不征收消费税。

3)化妆品

本税目征收范围包括各类美容、修饰类化妆品、高档护肤类化妆品和成套化妆品。美容、修饰类化妆品是指香水、香水精、香粉、口红、指甲油、胭脂、眉笔、唇笔、蓝眼油、眼睫毛以及成套化妆品。

舞台、戏剧、影视演员化妆用的上妆油、卸妆油、油彩,不属于本税目的征收范围。高档护肤类化妆品征收范围另行制定。

4)贵重首饰及珠宝玉石

本税目征收范围包括:各种金银珠宝首饰和经采掘、打磨、加工的各种珠宝玉石。

①金银珠宝首饰包括:凡以金、银、白金、宝石、珍珠、钻石、翡翠、珊瑚、玛瑙等高贵稀有物质以及其他金属、人造宝石等制作的各种纯金银首饰及镶嵌首饰(含人造金银、合成金银首饰等)。

②珠宝玉石的种类包括:钻石、珍珠、松石、青金石、欧泊石、橄榄石、长石、玉、石英、玉髓、石榴石、锆石、尖晶石、黄玉、碧玺、金绿玉、绿柱石、刚玉、琥珀、珊瑚、煤玉、龟甲、合成刚玉、合成宝石、双合石、玻璃仿制品。

宝石坯是经采掘、打磨、初级加工的珠宝玉石半成品,因此,对宝石坯应按规定征收消费税。

5)鞭炮、焰火

鞭炮又称爆竹,是用多层纸密裹火药,接以药引线制成的一种爆炸品。焰火是指烟火剂,一般系包扎品,内装药剂,点燃后烟火喷射,呈各种颜色,有的还变幻成各种景象,分平地小焰火和空中大焰火两类。鞭炮、焰火的征税范围包括各种鞭炮、焰火。通常分为13类,即喷花类、旋转类、旋转升空类、火箭类、吐珠类、线香类、小礼花类、烟雾类、造型玩具类、爆竹类、摩擦炮类、组合烟花类、礼花弹类。体育上用的发令纸、鞭炮引线,不按本税目征收。

6)成品油

本税目包括汽油、柴油、石脑油、溶剂油、航空煤油、润滑油、燃料油七个子目。

①汽油是指用原油或其他原料加工生产的辛烷值不小于66的可用作汽油发动机燃料的各种轻质油。含铅汽油是指铅含量每升超过0.013克的汽油。汽油分为车用汽油和航空汽油。以汽油、汽油组分调和生产的甲醇汽油、乙醇汽油也属于本税目征收范围。

②柴油是指用原油或其他原料加工生产的倾点或凝点在-50号~30号的可用作柴油发动机燃料的各种轻质油和以柴油组分为主、经调和精制可用作柴油发动机燃料的非标油。

以柴油、柴油组合调和生产的生物柴油也属于本税目征收范围。以动植物油为原料，经提纯、精炼、合成等工艺生产的生物柴油，不属于消费税征收范围。

③石脑油又叫轻汽油、化工轻油，是以原油或其他原料加工生产的用于化工原料的轻质油。石脑油的征税范围包括除汽油、柴油、煤油、溶剂油以外的各种轻质油。非标汽油、重整生成油、拔头油、戊烷原料油、轻裂解料（减压柴油 VGO 和常压柴油 AGO）、重裂解料、加氢裂化尾油、芳烃抽余油均属轻质油，属于石脑油征税范围。

④溶剂油是用原油或其他原料加工生产的用于涂料、油漆、食用油、印刷油墨、皮革、农药、橡胶、化妆品生产和机械清洗、胶粘行业的轻质油。橡胶填充油、溶剂油原料，属于溶剂油征税范围。

⑤航空煤油也叫喷气燃料，是用原油或其他原料加工生产的用作喷气发动机和喷气推进系统燃料的各种轻质油。

⑥润滑油是用原油或其他原料加工生产的用于内燃机、机械加工过程的润滑产品。润滑油分为矿物性润滑油、植物性润滑油、动物性润滑油和化工原料合成润滑油。以植物性、动物性和矿物性基础油（或矿物性润滑油）混合掺配而成的“混合性润滑油”，不论矿物性基础油（或矿物性润滑油）所占比例高低，均属润滑油的征税范围。

⑦燃料油也称重油、渣油，用原油或其他原料加工生产，主要用作电厂发电、锅炉用燃料、加热炉燃料、冶金和其他工业炉燃料。

7）汽车轮胎

汽车轮胎是指用于各种汽车、挂车、专用车和其他机动车上的内、外胎。汽车轮胎的征税范围包括：轻型乘用汽车轮胎；载重及公共汽车、无轨电车轮胎；矿山、建筑等车辆用轮胎；特种车辆用轮胎（指行驶于无路面或雪地、沙漠等高越野轮胎）；摩托车轮胎；各种挂车用轮胎；工程车轮胎；其他机动车轮胎；汽车与农用拖拉机、收割机、手扶拖拉机通用轮胎。

8）摩托车

摩托车的征税范围包括：

①轻便摩托车。最大设计车速不超过 50 千米/小时、发动机汽缸总工作容积不超过 50 毫升的两轮机动车。

②摩托车。最大设计车速超过 50 千米/小时、发动机汽缸总工作容积超过 50 毫升、空车重量不超过 400 千克（带驾驶室的三轮车及特种车的空车重量不受此限）的两轮和三轮机动车。

9）小汽车

汽车是指由动力驱动，具有 4 个或 4 个以上车轮的非轨道承载的车辆。本税目征收范围包括含驾驶员座位在内最多不超过 9 个座位（含）的，在设计和技术特性上用于载运乘客和货物的各类乘用车，含驾驶员座位在内的座位数在 10 ~ 23 座（含 23 座）的在设计和技术特性上用于载运乘客和货物的各类中轻型商用客车。用排气量小于 15 升（含）的乘用车底盘（车架）改装、改制的车辆属于乘用车征税范围。用排气量大于 15 升的乘用车底盘（车架）或用中轻型商用客车底盘（车架）改装、改制的车辆属于中轻型商用客车征税范围。

对于购进乘用车或中轻型商用客车整车改装生产的汽车,应按规定征收消费税。含驾驶人数(额定载客)为区间值(如8~10人;17~26人)的小汽车,按其区间值下限人数确定征税范围。

车身长度大于7米(含),并且座位在10~23座(含)以下的商用客车,不属于中轻型商用客车征税范围,不征收消费税。

电动汽车不属于本税目征收范围;货车或厢式货车改装生产的商务车、卫星通信车等专用汽车不征消费税;沙滩车、雪地车、卡丁车、高尔夫车不属于消费税征收范围,不征收消费税。

10)高尔夫球及球具

高尔夫球及球具是指从事高尔夫球运动所需的各种专用装备,包括高尔夫球、高尔夫球杆及高尔夫球包(袋)等。

高尔夫球是指重量不超过45.93克、直径不超过42.67毫米的高尔夫球运动比赛、练习用球;高尔夫球杆是指被设计用来打高尔夫球的工具,由杆头、杆身和握把三部分组成;高尔夫球包(袋)是指专用于盛装高尔夫球及球杆的包(袋)。

本税目征收范围包括高尔夫球、高尔夫球杆、高尔夫球包(袋)。高尔夫球杆的杆头、杆身和握把属于本税目的征收范围。

11)高档手表

高档手表是指销售价格(不含增值税)每只在10 000元(含)以上的各类手表。本税目征税范围包括符合以上标准的各类手表。

12)游艇

游艇是指长度大于8米小于90米,船体由玻璃钢、钢、铝合金、塑料等多种材料制作,可以在水上移动的水上浮载体。按照动力划分,游艇分为无动力艇、帆艇和机动艇。本税目征收范围包括艇身长度大于8米(含)小于90米(含),内置发动机,可以在水上移动,一般为私人或团体购置,主要用于水上运动和休闲娱乐等非牟利活动的各类机动艇。

13)木制一次性筷子

木制一次性筷子,又称卫生筷子,是指以木材为原料,经过锯段、浸泡、旋切、刨切、烘干、筛选、打磨、倒角、包装等环节加工而成的各类一次性使用的筷子。本税目征收范围包括各种规格的木制一次性筷子。未经打磨、倒角的木制一次性筷子属于本税目征税范围。

14)实木地板

实木地板是指以木材为原料,经锯割、干燥、刨光、截断、开榫、涂漆等工序加工而成的块状或条状的地面装饰材料。实木地板按生产工艺不同,可分为独板(块)实木地板、实木指接地板、实木复合地板三类;按表面处理状态不同,可分为未涂饰地板(白坯板、素板)和漆饰地板两类。

本税目征收范围包括各类规格的实木地板、实木指接地板、实木复合地板及用于装饰墙壁、天棚的侧端面为榫、槽的实木装饰板。未经涂饰的素板也属于本税目征税范围。

3.3.2 消费税税率

消费税采用比例税率和定额税率两种形式，以适应不同应税消费品的实际情况。

消费税根据不同的税目或子目确定相应的税率或单位税额。例如，粮食白酒税率为20%，摩托车税率为3%等；黄酒、啤酒、汽油、柴油等分别按单位重量或单位体积确定单位税额。经整理汇总的消费税税目、税率（税额）见表3.1。

表3.1 消费税税目、税率

税 目	税 率
一、烟	
1. 卷烟	
(1) 甲类卷烟	56%加0.003元/支（生产环节）
(2) 乙类卷烟	36%加0.003元/支（生产环节）
(3) 批发环节	5%
2. 雪茄烟	36%
3. 烟丝	30%
二、酒及酒精	
1. 白酒	20%加0.5元/500克（或者500毫升）
2. 黄酒	240元/吨
3. 啤酒	
(1) 甲类啤酒	250元/吨
(2) 乙类啤酒	220元/吨
4. 其他酒	10%
5. 酒精	5%
三、化妆品	30%
四、贵重首饰及珠宝玉石	
1. 金银首饰、铂金首饰和钻石及钻石饰品	5%
2. 其他贵重首饰和珠宝玉石	10%
五、鞭炮、焰火	15%
六、成品油	
1. 汽油	
(1) 含铅汽油	1.40元/升
(2) 无铅汽油	1.00元/升
2. 柴油	0.80元/升
3. 航空煤油	0.80元/升
4. 石脑油	1.00元/升
5. 溶剂油	1.00元/升
6. 润滑油	1.00元/升
7. 燃料油	0.80元/升
七、汽车轮胎	3%

续表

税　目	税　率
八、摩托车 　1. 汽缸容量(排气量,下同)在250毫升(含250毫升)以下的 　2. 汽缸容量在250毫升以上的	 3% 10%
九、小汽车 　1. 乘用车 　　(1)汽缸容量(排气量,下同)在1.0升(含1.0升)以下的 　　(2)汽缸容量在1.0升以上至1.5升(含1.5升)的 　　(3)汽缸容量在1.5升以上至2.0升(含2.0升)的 　　(4)汽缸容量在2.0升以上至2.5升(含2.5升)的 　　(5)汽缸容量在2.5升以上至3.0升(含3.0升)的 　　(6)汽缸容量在3.0升以上至4.0升(含4.0升)的 　　(7)汽缸容量在4.0升以上的 　2. 中轻型商用客车	 1% 3% 5% 9% 12% 25% 40% 5%
十、高尔夫球及球具	10%
十一、高档手表	20%
十二、游艇	10%
十三、木制一次性筷子	5%
十四、实木地板	5%

说明:自2009年5月1日起,经国务院批准,调整烟产品消费税政策如下:

①甲类卷烟,即每标准条(200支,下同)调拨价格在70元(不含增值税)以上(含70元)的卷烟,生产环节(含进口)的税率调整为56%。

②乙类卷烟,即每标准条调拨价格在70元(不含增值税)以下的卷烟,生产环节(含进口)的税率调整为36%。

③卷烟的从量定额税率不变,即0.003元/支。

④将雪茄烟生产环节(含进口)的税率调整为36%。

⑤在卷烟批发环节加征一道从价税,在中华人民共和国境内从事卷烟批发业务的单位和个人,批发销售的所有牌号规格的卷烟,按其销售额(不含增值税)征收5%的消费税。纳税人应将卷烟销售额与其他商品销售额分开核算,未分开核算的,一并征收消费税。纳税人销售给纳税人以外的单位和个人的卷烟于销售时纳税。纳税人之间销售的卷烟不缴纳消费税。卷烟批发企业的机构所在地,总机构与分支机构不在同一地区的,由总机构申报纳税。卷烟消费税在生产和批发两个环节征收后,批发企业在计算纳税时不得扣除已含的生产环节的消费税税款。

3.4　消费税计税依据

按照现行消费税法的基本规定,消费税应纳税额的计算主要分为从价计征、从量计征和从价从量复合计征三种方法。

3.4.1 从价计征

在从价定率计算方法下，应纳税额等于应税消费品的销售额乘以适用税率，应纳税额的多少取决于应税消费品的销售额和适用税率两个因素。

由于消费税和增值税实行交叉征收，消费税实行价内税，增值税实行价外税。这种情况决定了实行从价定率征收的消费品，其消费税税基和增值税税基是一致的，即都是以含消费税而不含增值税的销售额作为计税基数。

1）应税销售行为的确定

要正确核定消费税的计税依据，首先应正确确定应税消费品的销售行为。根据《消费税暂行条例》及其实施细则的有关规定，下列情况均应作销售或视同销售，确定销售额（也包括销售数量），并按规定缴纳消费税：

①有偿转让应税消费品所有权的行为。即以从受让方取得货币、货物、劳务或其他经济利益为条件转让应税消费品所有权的行为。具体包括纳税人用应税消费品换取生产资料和消费资料；用应税消费品支付代扣手续费或销售回扣；在销售数量之外另付给购货方或中间人作为奖励和报酬的应税消费品。

②纳税人自产自用的应税消费品用于其他方面的。即纳税人用于生产非应税消费品和在建工程、管理部门、非生产机构、提供劳务以及用于馈赠、赞助、广告、样品、职工福利、奖励等，均视同对外销售。

③委托加工的应税消费品。委托加工是指由委托方提供原料和主要材料，受托方只收取加工费和代垫部分辅助材料加工的应税消费品。对于由受托方提供原材料生产的应税消费品，或者受托方先将原材料卖给委托方，然后再接受加工的应税消费品，以及由受托方以委托方名义购进原材料生产的应税消费品，不论纳税人在财务上是否作销售处理，都不得作为委托加工应税消费品，而应按照受托方销售自制应税消费品对待。但是，委托加工收回的应税消费品直接出售的，可不计算销售额，不再征收消费税。

2）销售额的确定

应税消费品的销售额包括销售应税消费品从购买方收取的全部价款和价外费用。所谓“价外费用”是指：价外收取的基金、集资款、返还利润、补贴、违约金（延期付款利息）和手续费、包装费、储备费、优质费、运输装卸费、品牌使用费、代收款项、代垫款项以及其他各种性质的价外收费。但下列款项不属于价外费用：

一是承运部门开具给购货方的运费发票；

二是纳税人将该项发票转交给购货方的。

除此之外，其他价外费用，无论是否属于纳税人的收入，均应并入销售额计算纳税。即销售额=应税消费品销售额+价外收费。

“销售额”不包括应向购买方收取的增值税税额。如果纳税人应税消费品的销售额中未扣除增值税税额或者因不得开具增值税专用发票而发生价款和增值税税额合并收取的，在计算消费税时，应当换算为不含增值税税额的销售额。其换算公式为：

应税消费品的销售额 = 含增值税的销售额 ÷ (1 + 增值税税率或征收率)

应税消费品连同包装物销售的,无论包装物是否单独计价,也不论在会计上如何核算,均应并入应税消费品的销售额中征收消费税。如果包装物不作价随同产品销售,而是收取押金,此项押金则不应并入应税消费品销售额中征税。但对逾期未收回的包装物不再退还的和已收取一年以上的押金,应并入应税消费品的销售额,按照应税消费品的适用税率征收消费税。

对既作价随同应税消费品销售,又另外收取的包装物的押金,凡纳税人在规定的期限内不予退还的,均应并入应税消费品的销售额,按照应税消费品的适用税率征收消费税。从1995年6月1日起,对酒类产品生产企业销售酒类产品而收取的包装物押金,无论押金是否返还及会计上如何核算,均应并入酒类产品销售额中征收消费税。根据财税〔2006〕20号文件规定,啤酒的包装物押金不包括供重复使用的塑料周转箱的押金。另外,白酒生产企业向商业销售单位收取的"品牌使用费"是随着应税白酒的销售而向购货方收取的,属于应税白酒销售价款的组成部分,因此,不论企业采取何种方式以何种名义收取价款,均应并入白酒的销售额中缴纳消费税。

对啤酒生产企业销售的啤酒,不得以向其关联企业的啤酒销售公司销售的价格作为确定消费税税额的标准,而应当以其关联企业的啤酒销售公司对外的销售价格(含包装物及包装物押金)作为确定消费税税额的标准,并依此确定该啤酒消费税单位税额。纳税人销售的应税消费品,以外汇结算销售额的,其销售额的人民币折合率可以选择结算的当天或者当月1日的国家外汇牌价(原则上为中间价),纳税人应在事先确定采取何种折合率,确定后一年内不得变更。

3)含增值税销售额的换算

应税消费品在缴纳消费税的同时,与一般货物一样,还应缴纳增值税。按照《消费税暂行条例实施细则》的规定,应税消费品的销售额,不包括应向购货方收取的增值税税款。如果纳税人应税消费品的销售额中未扣除增值税税款或者因不得开具增值税专用发票而发生价款和增值税税款合并收取的,在计算消费税时,应将含增值税的销售额换算为不含增值税税款的销售额。其换算公式为:

应税消费品的销售额 = 含增值税的销售额 ÷ (1 + 增值税税率或征收率)

在使用换算公式时,应根据纳税人的具体情况分别使用增值税税率或征收率。如果消费税的纳税人同时又是增值税一般纳税人的,应适用17%的增值税税率;如果消费税的纳税人是增值税小规模纳税人的,应适用3%的征收率。

3.4.2 从量计征

在从量定额计算方法下,应纳税额等于应税消费品的销售数量乘以单位税额,应纳税额的多少取决于应税消费品的销售数量和单位税额两个因素。

1)销售数量的确定

销售数量是指纳税人生产、加工和进口应税消费品的数量。具体规定为:

①销售应税消费品的,为应税消费品的销售数量;

②自产自用应税消费品的,为应税消费品的移送使用数量;

③委托加工应税消费品的,为纳税人收回的应税消费品数量;

④进口的应税消费品,为海关核定的应税消费品进口征税数量。

2)计量单位的换算标准

《消费税暂行条例》规定,黄酒、啤酒以吨为税额单位;汽油、柴油以升为税额单位。但是,考虑在实际销售过程中,一些纳税人会把吨或升这两个计量单位混用,为了规范不同产品的计量单位,以准确计算应纳税额,吨与升两个计量单位的换算标准见表3.2。

表3.2 吨、升换算

序 号	名 称	计量单位的换算标准
1	黄酒	1吨=962升
2	啤酒	1吨=988升
3	汽油	1吨=1 388升
4	柴油	1吨=1 176升
5	航空煤油	1吨=1 246升
6	石脑油	1吨=1 385升
7	溶剂油	1吨=1 282升
8	润滑油	1吨=1 126升
9	燃料油	1吨=1 015升

3.4.3 从价从量复合计征

现行消费税的征税范围中,只有卷烟、粮食白酒、薯类白酒采用复合计征方法。应纳税额等于应税销售数量乘以定额税率再加上应税销售额乘以比例税率。

生产销售卷烟、粮食白酒、薯类白酒从量定额计税依据为实际销售数量。进口、委托加工、自产自用卷烟、粮食白酒、薯类白酒从量定额计税依据分别为海关核定的进口征税数量、委托方收回数量、移送使用数量。

3.4.4 计税依据的特殊规定

①卷烟从价定率计税办法的计税依据为调拨价格或核定价格。调拨价格是指卷烟生产企业通过卷烟交易市场与购货方签订的卷烟交易价格。计税调拨价格由国家税务总局按照中国烟草交易中心和各省烟草交易(订货)会2000年各牌号、规格卷烟的调拨价格确定。核定价格是指由税务机关按其零售价倒算一定比例的办法核定计税价格。核定价格的计算公式为:

某牌号规格卷烟消费税计税价格 = 该牌号规格卷烟市场零售价格 ÷ (1 + 56%)

不进入省和省以上烟草交易场所交易、没有调拨价格的卷烟，消费税计税价格由省国家税务局按照下列公式核定：

没有调拨价格的某牌号规格卷烟计税价格 = 该牌号规格卷烟市场零售价格 ÷（1 + 35%）

实际销售价格高于计税价格和核定价格的卷烟，按实际销售价格征收消费税；实际销售价格低于计税价格和核定价格的卷烟，按计税价格或核定价格征收消费税。

非标准条包装卷烟应当折算成标准包装卷烟的数量，依其实际销售收入计算确定其折算成标准条包装后的实际销售价格，并确定适用的比例税率。

②纳税人通过自设非独立核算门市部销售的自产应税消费品，应当按照门市部对外销售额或者销售数量征收消费税。

③纳税人用于换取生产资料和消费资料、投资入股和抵偿债务等方面的应税消费品，应当以纳税人同类应税消费品的最高销售价格作为计税依据计算消费税。

④酒类关联企业间关联交易消费税问题的处理：

根据《中华人民共和国税收征收管理法实施细则》第三十八条的规定，纳税人与关联企业之间的购销业务，不按照独立企业之间的业务往来作价的，税务机关可以按照下列方法调整其计税收入额或者所得额，核定其应纳税额：

a. 按照独立企业之间进行相关或者类似业务活动的价格；

b. 按照再销售给无关联关系的第三者的价格所取得的收入和利润水平；

c. 按照成本加合理的费用和利润；

d. 按照其他合理的方法。

白酒生产企业向商业销售单位收取的“品牌使用费”是随着应税白酒的销售而向购货方收取的，属于应税白酒销售价款的组成部分，因此，不论企业采取何种方式或以何种名义收取价款，均应并入白酒的销售额中缴纳消费税。

⑤兼营不同税率应税消费品的税务处理：

纳税人生产销售应税消费品，如果不是单一经营某一税率的产品，而是经营多种不同税率的产品，这就是兼营行为。由于《消费税暂行条例》税目、税率表列举的各种应税消费品的税率高低不同，因此，纳税人在兼营不同税率应税消费品时，税法就要针对其不同的核算方式分别规定税务处理方法，以加强税收管理，避免因核算方式不同而出现税款流失的现象。

纳税人兼营不同税率的应税消费品，应当分别核算不同税率应税消费品的销售额、销售数量。未分别核算销售额、销售数量，或者将不同税率的应税消费品组成成套消费品销售的，从高适用税率。

需要解释的是，纳税人兼营不同税率的应税消费品，是指纳税人生产销售两种税率以上的应税消费品。所谓“从高适用税率”，就是对兼营高低不同税率的应税消费品，当不能分别核算销售额、销售数量，或者将不同税率的应税消费品组成成套消费品销售的，就以应税消费品中适用的高税率与混合在一起的销售额、销售数量相乘，得出应纳消费税额。

例如，某酒厂既生产税率为20%的粮食白酒，又生产税率为10%的其他酒，如汽酒、药酒等。对于这种情况，税法规定，该厂应分别核算白酒与其他酒的销售额，然后按各自适用的税率计税;如不分别核算各自的销售额,其他酒也按白酒的税率计算纳税。如果该酒厂还生产白酒与其他酒小瓶装礼品套酒,就是税法所指的成套消费品,应按全部销售额乘以白酒的税率20%计算应纳消费税额,而不能以其他酒10%的税率计算其中任何一部分的应纳税额了。对未分别核算的销售额按高税率计税,意在督促企业对不同税率应税消费品的销售额分别核算,准确计算纳税。

3.5 消费税应纳税额的计算

3.5.1 生产销售环节应纳消费税的计算

纳税人在生产销售环节应缴纳的消费税,包括直接对外销售应税消费品应缴纳的消费税和自产自用应税消费品应缴纳的消费税。

1)直接对外销售应纳消费税的计算

直接对外销售应税消费品可能涉及三种计算方法:

(1)从价定率计算

在从价定率计算方法下,应纳消费税额等于销售额乘以适用税率。基本计算公式为:

应纳税额 = 应税消费品的销售额 × 比例税率

【例3.1】 某化妆品生产企业为增值税一般纳税人。2013年3月15日向某大型商场销售化妆品一批,开具增值税专用发票,取得不含增值税销售额30万元,增值税额5.1万元;3月20日向某单位销售化妆品一批,开具普通发票,取得含增值税销售额4.68万元。计算该化妆品生产企业上述业务应缴纳的消费税额。

①化妆品适用消费税税率30%。

②化妆品的应税销售额 = 30 + 4.68 ÷ (1 + 17%) = 34(万元)。

③应缴纳的消费税额 = 34 × 30% = 10.2(万元)。

(2)从量定额计算

在从量定额计算方法下,应纳税额等于应税消费品的销售数量乘以单位税额。基本计算公式为:

应纳税额 = 应税消费品的销售数量 × 定额税率

【例3.2】 某啤酒厂2009年4月份销售乙类啤酒400吨,每吨出厂价格2 800元。计算8月该啤酒厂应纳消费税税额。

①销售乙类啤酒,适用定额税率220元。

②应纳税额 = 销售数量 × 定额税率 = 400 × 220 = 88 000(元)。

(3)从价定率和从量定额复合计算

现行消费税的征税范围中,只有卷烟、白酒、薯类白酒采用复合计算方法。基本计算公式为：

应纳税额 = 应税销售数量 × 定额税率 + 应税销售额 × 比例税率

【例 3.3】 某白酒生产企业为增值税一般纳税人，2009 年 4 月份销售粮食白酒 50 吨，取得不含增值税的销售额 150 万元。计算白酒企业 4 月应缴纳的消费税额。

①白酒适用比例税率 20%，定额税率每 500 克 0.5 元。

②应纳税额 = 50 × 2 000 × 0.000 05 + 150 × 20% = 35(万元)。

2) 自产自用应纳消费税的计算

所谓自产自用，就是纳税人生产应税消费品后，不是用于直接对外销售，而是用于自己连续生产应税消费品或用于其他方面。这种自产自用应税消费品形式，在实际经济活动中是常见的，但也是在是否纳税或如何纳税上最容易出现问题的。例如，有的企业把自己生产的应税消费品，以福利或奖励等形式发给本厂职工，以为不是对外销售，不必计入销售额，无须纳税。这样就出现了漏缴税款的现象。因此，很有必要认真理解税法对自产自用应税消费品的有关规定。

(1) 用于连续生产应税消费品

纳税人自产自用的应税消费品，用于连续生产应税消费品的，不纳税。所谓"纳税人自产自用的应税消费品，用于连续生产应税消费品的"，是指作为生产最终应税消费品的直接材料并构成最终产品实体的应税消费品。例如，卷烟厂生产出烟丝，烟丝已是应税消费品，卷烟厂再用生产出的烟丝连续生产卷烟，这样，用于连续生产卷烟的烟丝就不缴纳消费税，只对生产的卷烟征收消费税。当然，生产出的烟丝如果是直接销售的，则烟丝还是要缴纳消费税的。税法规定对自产自用的应税消费品，用于连续生产应税消费品的不征税，体现了税不重征且计税简便的原则。

(2) 用于其他方面的应税消费品

纳税人自产自用的应税消费品，除用于连续生产应税消费品外，凡用于其他方面的，于移送使用时纳税。用于其他方面的是指纳税人用于生产非应税消费品、在建工程、管理部门、非生产机构、提供劳务，以及用于馈赠、赞助、集资、广告、样品、职工福利、奖励等方面。所谓"用于生产非应税消费品"，是指把自产的应税消费品用于生产消费税条例税目、税率表所列 14 类产品以外的产品。例如：原油加工厂用生产出的应税消费品汽油调和制成溶剂汽油，该溶剂汽油就属于非应税消费品。所谓"用于在建工程"，是指把自产的应税消费品用于本单位的各项建设工程。例如，石化工厂把自己生产的柴油用于本厂基建工程的车辆、设备使用。所谓"用于管理部门、非生产机构"，是指把自己生产的应税消费品用于与本单位有隶属关系的管理部门或非生产机构。例如，汽车制造厂把生产出的小汽车提供给上级主管部门使用。所谓"用于馈赠、赞助、集资、广告、样品、职工福利、奖励"，是指把自己生产的应税消费品无偿赠送给他人或以资金的形式投资于外单位某些事业或作为商品广告、经销样品或以福利、奖励的形式发给职工。例如，摩托车厂把自己生产的摩托车赠送或赞助给摩托车拉力赛赛手使用，兼作商品广告；酒厂把生产的滋补药酒以福利的形式发给职工等。总之，企业自产的应税消费品虽然没有用于销售或连续生产应税消费品，但只要是用于税法所规定的范围的都要视同销售,依法缴纳消费税。

(3)组成计税价格及税额的计算

纳税人自产自用的应税消费品,凡用于其他方面,应当纳税的,按照纳税人生产的同类消费品的销售价格计算纳税。同类消费品的销售价格是指纳税人当月销售的同类消费品的销售价格,如果当月同类消费品各期销售价格高低不同,应按销售数量加权平均计算。但销售的应税消费品有下列情况之一的,不得列入加权平均计算:

①销售价格明显偏低又无正当理由的;

②无销售价格的。

如果当月无销售或者当月未完结,应按照同类消费品上月或者最近月份的销售价格计算纳税。没有同类消费品销售价格的,按照组成计税价格计算纳税。组成计税价格的计算公式是:

①实行从价定率办法计算纳税的组成计税价格计算公式:

$$组成计税价格 = (成本 + 利润) \div (1 - 比例税率)$$

$$应纳税额 = 组成计税价格 \times 比例税率$$

②实行复合计税办法计算纳税的组成计税价格计算公式:

$$组成计税价格 = (成本 + 利润 + 自产自用数量 \times 定额税率) \div (1 - 比例税率)$$

$$应纳税额 = 组成计税价格 \times 比例税率 + 自产自用数量 \times 定额税率$$

上述公式中所说的"成本",是指应税消费品的产品生产成本。

上述公式中所说的"利润",是指根据应税消费品的全国平均成本利润率计算的利润。应税消费品全国平均成本利润率由国家税务总局确定。

(4)应税消费品全国平均成本利润率

1993 年 12 月 28 日与 2006 年 3 月,国家税务总局颁发的《消费税若干具体问题的规定》,确定应税消费品全国平均成本利润率见表 3.3。

表 3.3　平均成本利润率　　单位:%

货物名称	利润率	货物名称	利润率
1. 甲类卷烟	10	11. 贵重首饰及珠宝玉石	6
2. 乙类卷烟	5	12. 汽车轮胎	5
3. 雪茄烟	5	13. 摩托车	6
4. 烟丝	5	14. 高尔夫球及球具	10
5. 粮食白酒	10	15. 高档手表	20
6. 薯类白酒	5	16. 游艇	10
7. 其他酒	5	17. 木制一次性筷子	5
8. 酒精	5	18. 实木地板	5
9. 化妆品	5	19. 乘用车	8
10. 鞭炮、焰火	5	20. 中轻型商用客车	5

【例3.4】 某化妆品公司将一批自产的化妆品用作职工福利，化妆品的成本8 000元，该化妆品无同类产品市场销售价格，但已知其成本利润率为5%，消费税税率为30%。计算该批化妆品应缴纳的消费税税额：

①组成计税价格 = 成本 ×（1 + 成本利润率）÷（1 - 消费税税率）

= 8 000 ×（1 + 5%）÷（1 - 30%）

= 8 400 ÷ 0.7 = 12 000（元）

②应纳税额 = 12 000 × 30% = 3 600（元）

3.5.2 委托加工环节应税消费品应纳税的计算

企业、单位或个人由于设备、技术、人力等方面的局限，或其他方面的原因，常常要委托其他单位代为加工应税消费品，然后，将加工好的应税消费品收回，直接销售或自己使用。这是生产应税消费品的另一种形式，也需要纳入征收消费税的范围。例如，某企业将购来的小客车底盘和零部件提供给某汽车改装厂，加工组装成小客车供自己使用，则加工、组装成的小客车就需要缴纳消费税。按照规定，委托加工的应税消费品，由受托方在向委托方交货时代收代缴税款。

1）委托加工应税消费品的确定

委托加工的应税消费品是指由委托方提供原料和主要材料，受托方只收取加工费和代垫部分辅助材料加工的应税消费品。对于由受托方提供原材料生产的应税消费品，或者受托方先将原材料卖给委托方，然后再接受加工的应税消费品，以及由受托方以委托方名义购进原材料生产的应税消费品，不论纳税人在财务上是否作销售处理，都不得作为委托加工应税消费品，而应当按照销售自制应税消费品缴纳消费税。

第一，它明确区分了什么是委托加工应税消费品，什么不是委托加工应税消费品。确定了区分的条件，就是由委托方提供原料和主要材料，受托方只收取加工费和代垫部分辅助材料；无论是委托方还是受托方，凡不符合规定条件的，都不能按委托加工应税消费品进行税务处理。

第二，为什么要对委托加工应税消费品规定严格的限定条件呢？这是因为，委托加工应税消费品是由受托方代收代缴消费税的，且受托方只就其加工劳务缴纳增值税。如果委托方不能提供原料和主要材料，而是受托方以某种形式提供原料，那就不成其为委托加工，而是受托方在自制应税消费品了，在这种情况下，就会出现受托方确定计税价格偏低、代收代缴消费税虚假的现象，同时，受托方也只以加工劳务缴纳增值税，逃避了自制应税消费品要缴纳消费税的责任，这是税法所不允许的。因此，对委托加工应税消费品要规定严格的限定条件。

第三，对于不符合委托加工应税消费品限定条件的如何处理？税法规定了严格的处理方法，即：不论纳税人在财务上是否作销售处理，都不得作为委托加工应税消费品，而应当按照销售自制应税消费品缴纳消费税。也就是说，应确定由受托方按销售自制消费品缴纳消费税。这种处理办法体现了税收管理的源泉控制原则，避免了应缴税款的流失。

2)代收代缴税款的规定

对于确实属于委托方提供原料和主要材料,受托方只收取加工费和代垫部分辅助材料加工的应税消费品,税法规定,由受托方在向委托方交货时代收代缴消费税。这样,受托方就是法定的代收代缴义务人。如果受托方对委托加工的应税消费品没有代收代缴或少代收代缴消费税,就要按照税收征收管理法的规定,承担代收代缴的法律责任。因此,受托方必须严格履行代收代缴义务,正确计算和按时代缴税款。为了加强对受托方代收代缴税款的管理,1994 年 5 月,国家税务总局在颁发的《关于消费税若干征税问题的通知》中,对委托个体经营者加工应税消费品纳税问题做了调整,由原定一律由受托方代收代缴税款,改为纳税人委托个体经营者加工应税消费品,一律于委托方收回后在委托方所在地缴纳消费税。2008 年 12 月 15 日财政部、国家税务总局第 51 号令颁布的《消费税暂行条例实施细则》也规定,委托个人加工的应税消费品,由委托方收回后缴纳消费税。

对于受托方没有按规定代收代缴税款的,并不能因此免除委托方补缴税款的责任。在对委托方进行税务检查中,如果发现其委托加工的应税消费品受托方没有代收代缴税款,委托方要补缴税款(对受托方不再重复补税了,但要按税收征收管理法的规定,处以应代收代缴税款 50% 以上 3 倍以下的罚款)。对委托方补征税款的计税依据是:

如果在检查时,收回的应税消费品已经直接销售的,按销售额计税;收回的应税消费品尚未销售或不能直接销售的(如收回后用于连续生产等),按组成计税价格计税。组成计税价格的计算公式与下列“3)”组成计税价格公式相同。

委托加工的应税消费品,受托方在交货时已代收代缴消费税,委托方收回后直接销售的,不再征收消费税。

3)组成计税价格及应纳税额的计算

委托加工的应税消费品,按照受托方的同类消费品的销售价格计算纳税,同类消费品的销售价格是指受托方(即代收代缴义务人)当月销售的同类消费品的销售价格,如果当月同类消费品各期销售价格高低不同,应按销售数量加权平均计算。但销售的应税消费品有下列情况之一的,不得列入加权平均计算:

①销售价格明显偏低又无正当理由的;

②无销售价格的。

如果当月无销售或者当月未完结,应按照同类消费品上月或最近月份的销售价格计算纳税。没有同类消费品销售价格的,按照组成计税价格计算纳税。组成计税价格的计算公式为:

①实行从价定率办法计算纳税的组成计税价格计算公式:

组成计税价格 =(材料成本 + 加工费)÷(1 - 比例税率)

②实行复合计税办法计算纳税的组成计税价格计算公式:

组成计税价格 =(材料成本 + 加工费 + 委托加工数量 × 定额税率)÷(1 - 比例税率)

上述组成计税价格公式中有两个重要的专用名词需要解释。

(1)材料成本

按照《消费税暂行条例实施细则》的解释,“材料成本”是指委托方所提供加工材料的实际成本。

委托加工应税消费品的纳税人,必须在委托加工合同上如实注明(或以其他方式提供)材料成本,凡未提供材料成本的,受托方所在地主管税务机关有权核定其材料成本。从这一条规定可以看出,税法对委托方提供原料和主要材料,并要以明确的方式如实提供材料成本,要求是很严格的,其目的就是为了防止假冒委托加工应税消费品或少报材料成本,逃避纳税的现象。

(2)加工费

《消费税暂行条例实施细则》规定,“加工费”是指受托方加工应税消费品向委托方所收取的全部费用(包括代垫辅助材料的实际成本,不包括增值税税金),这是税法对受托方的要求。受托方必须如实提供向委托方收取的全部费用,这样才能既保证组成计税价格及代收代缴消费税准确地计算出来,也使受托方按加工费得以正确计算其应纳的增值税。

【例3.5】 某鞭炮企业2013年4月受托为某单位加工一批鞭炮,委托单位提供的原材料金额为30万元,收取委托单位不含增值税的加工费4万元,鞭炮企业当地无加工鞭炮的同类产品市场价格。计算鞭炮企业应代收代缴的消费税。

①鞭炮的适用税率15%。

②组成计税价格 = (30 + 4) ÷ (1 - 15%) = 40(万元)。

③应代收代缴消费税 = 40 × 15% = 6(万元)。

3.5.3 进口环节应纳消费税的计算

进口的应税消费品,于报关进口时缴纳消费税;进口的应税消费品的消费税由海关代征;进口的应税消费品,由进口人或者其代理人向报关地海关申报纳税;纳税人进口应税消费品,按照关税征收管理的相关规定,应当自海关填发海关进口消费税专用缴款书之日起15日内缴纳税款。

1993年12月,国家税务总局、海关总署联合颁发的《关于对进口货物征收增值税、消费税有关问题的通知》规定,进口应税消费品的收货人或办理报关手续的单位和个人,为进口应税消费品消费税的纳税义务人。进口应税消费品消费税的税目、税率(税额),依照《消费税暂行条例》所附的消费税税目、税率(税额)表执行。

纳税人进口应税消费品,按照组成计税价格和规定的税率计算应纳税额。计算方法如下:

1)进口一般货物应纳消费税的计算

(1)从价定率计征应纳税额的计算应纳税额的计算公式

实行从价定率办法计算纳税的组成计税价格计算公式:

组成计税价格 = (关税完税价格 + 关税) ÷ (1 - 消费税比例税率)

应纳税额 = 组成计税价格 × 消费税比例税率

【例 3.6】 某商贸公司,2013 年 7 月从国外进口一批应税消费品,已知该批应税消费品的关税完税价格为 90 万元,按规定应缴纳关税 18 万元。假定进口的应税消费品的消费税税率为 10%。请计算该批消费品进口环节应缴纳的消费税税额。

①组成计税价格 = (90 + 18) ÷ (1 - 10%) = 120(万元)

②应缴纳消费税税额 = 120 × 10% = 12(万元)

公式中所称“关税完税价格”,是指海关核定的关税计税价格。

(2)实行从量定额计征应纳税额的计算应纳税额的计算公式

应纳税额 = 应税消费品数量 × 消费税定额税率

(3)实行从价定率和从量定额复合计税办法应纳税额的计算应纳税额的计算公式

组成计税价格 =(关税完税价格 + 关税 + 进口数量 × 消费税定额税率) ÷ (1 - 消费税比例税率)

应纳税额 = 组成计税价格 × 消费税税率 + 应税消费品进口数量 × 消费税定额税额

进口环节消费税除国务院另有规定者外,一律不得给予减税、免税。

2)进口卷烟应纳消费税额的计算

①为统一进口卷烟与国产卷烟的消费税政策,自 2004 年 3 月 1 日起,进口卷烟消费税适用比例税率按以下办法确定。

a. 每标准条进口卷烟(200 支)确定消费税适用比例税率的价格 = (关税完税价格 + 关税 + 消费税定额税率) ÷ (1 - 消费税税率)。其中,关税完税价格和关税为每标准条的关税完税价格及关税税额;消费税定额税率为每标准条(200 支)0.6 元(依据现行消费税定额税率折算而成);消费税税率固定为 30%。

b. 每标准条进口卷烟(200 支)确定消费税适用比例税率的价格≥70 元人民币的,适用比例税率为 56%;每标准条进口卷烟(200 支)确定消费税适用比例税率的价格 < 70 元人民币的,适用比例税率为 36%。

②依据上述确定的消费税适用比例税率,计算进口卷烟消费税组成计税价格和应纳消费税税额。

a. 进口卷烟消费税组成计税价格 = (关税完税价格 + 关税 + 消费税定额税) ÷ (1 - 进口卷烟消费税适用比例税率)

b. 应纳税额的计算与上述一般公式相同, 应纳消费税税额 = 进口卷烟消费税组成计税价格 × 进口卷烟消费税适用比例税率 + 消费税定额税,其中,消费税定额税 = 海关核定的进口卷烟数量 × 消费税定额税率消费税定额税率与国内相同, 每标准箱为(50 000 支)150 元。

【例 3.7】 有进出口经营权的某外贸公司,2009 年 9 月从国外进口卷烟 320 箱(每箱 250 条,每条 200 支),支付买价 2 000 000 元,支付到达我国海关前的运输费用 120 000 元、保险费用 80 000 元。已知进口卷烟的关税税率为 20%。请计算卷烟在进口环节应缴纳的消费税。

①每条进口卷烟消费税适用比例税率的价格 = [(2 000 000 + 120 000 + 80 000) ÷ (320 × 250) × (1 + 20%) + 0.6] ÷ (1 − 36%) = 52.5(元)

单条卷烟价格小于70元,适用消费税税率为36%。

② 320 × 250 = 80 000(条)

③进口卷烟应缴纳的消费税 = 80 000 × 52.36 × 36% + 80 000 × 0.6 = 1 560 000(元)

3.5.4 已纳消费税扣除的计算

为了避免重复征税,现行消费税规定,将外购应税消费品和委托加工收回的应税消费品继续生产应税消费品销售的,可以将外购应税消费品和委托加工收回应税消费品已缴纳的消费税给予扣除。

1)外购应税消费品已纳税款的扣除

由于某些应税消费品是用外购已缴纳消费税的应税消费品连续生产出来的,在对这些连续生产出来的应税消费品计算征税时,税法规定应按当期生产领用数量计算准予扣除外购的应税消费品已纳的消费税税款。扣除范围包括:

①外购已税烟丝生产的卷烟;

②外购已税化妆品原料生产的化妆品;

③外购已税珠宝、玉石原料生产的贵重首饰及珠宝、玉石;

④外购已税鞭炮、焰火原料生产的鞭炮、焰火;

⑤外购已税汽车轮胎(内胎和外胎)原料生产的汽车轮胎;

⑥外购已税摩托车零件生产的摩托车(如用外购两轮摩托车改装三轮摩托车);

⑦外购已税杆头、杆身和握把为原料生产的高尔夫球杆;

⑧外购已税木制一次性筷子原料生产的木制一次性筷子;

⑨外购已税实木地板原料生产的实木地板;

⑩外购已税石脑油为原料生产的应税消费品;

⑪外购已税润滑油原料生产的润滑油。

上述当期准予扣除外购应税消费品已纳消费税税款的计算公式为:

当期准予扣除的外购应税消费品已纳税款 = 当期准予扣除的外购应税消费品买价 × 外购应税消费品适用税率

当期准予扣除的外购应税消费品买价 = 期初库存的外购应税消费品的买价 + 当期购进的应税消费品的买价 − 期末库存的外购应税消费品的买价

【例3.8】 某卷烟生产企业,某月初库存外购应税烟丝金额20万元,当月又外购应税烟丝金额50万元(不含增值税),月末库存烟丝金额10万元,其余被当月生产卷烟领用。请计算卷烟厂当月准许扣除的外购烟丝已缴纳的消费税税额。

①烟丝适用的消费税税率为30%。

②当期准许扣除的外购烟丝买价 = 20 + 50 − 10 = 60(万元)。

③当月准许扣除的外购烟丝已缴纳的消费税税额 = 60 × 30% = 18(万元)。

外购已税消费品的买价是指购货发票上注明的销售额(不包括增值税税款)。

需要说明的是,纳税人用外购的已税珠宝、玉石原料生产的改在零售环节征收消费税的金银首饰(镶嵌首饰),在计税时一律不得扣除外购珠宝、玉石的已纳税款。

对自已不生产应税消费品,而只是购进后再销售应税消费品的工业企业,其销售的化妆品、鞭炮、焰火和珠宝、玉石,凡不能构成最终消费品直接进入消费品市场,而需进一步生产加工的,应当征收消费税,同时允许扣除上述外购应税消费品的已纳税款。

允许扣除已纳税款的应税消费品只限于从工业企业购进的应税消费品和进口环节已缴纳消费税的应税消费品,对从境内商业企业购进应税消费品的已纳税款一律不得扣除。

2)委托加工收回的应税消费品已纳税款的扣除

委托加工的应税消费品因为已由受托方代收代缴消费税,因此,委托方收回货物后用于连续生产应税消费品的,其已纳税款准予按照规定从连续生产的应税消费品应纳消费税税额中抵扣。按照国家税务总局的规定,从 1995 年 6 月 1 日起,下列连续生产的应税消费品准予从应纳消费税税额中按当期生产领用数量计算扣除委托加工收回的应税消费品已纳消费税税款:

①以委托加工收回的已税烟丝为原料生产的卷烟;

②以委托加工收回的已税化妆品原料生产的化妆品;

③以委托加工收回的已税珠宝、玉石原料生产的贵重首饰及珠宝、玉石;

④以委托加工收回的已税鞭炮、焰火原料生产的鞭炮、焰火;

⑤以委托加工收回的已税汽车轮胎原料生产的汽车轮胎;

⑥以委托加工收回的已税摩托车零件生产的摩托车;

⑦以委托加工收回的已税杆头、杆身和握把为原料生产的高尔夫球杆;

⑧以委托加工收回的已税木制一次性筷子原料生产的木制一次性筷子;

⑨以委托加工收回的已税实木地板原料生产的实木地板;

⑩以委托加工收回的已税石脑油为原料生产的应税消费品;

⑪以委托加工收回的已税润滑油原料生产的润滑油。

上述当期准予扣除委托加工收回的应税消费品已纳消费税税款的计算公式是:

当期准予扣除的委托加工应税消费品已纳税款 = 期初库存的委托加工应税消费品已纳税款 + 当期收回的委托加工应税消费品已纳税款 - 期末库存的委托加工应税消费品已纳税款

需要说明的是,纳税人用委托加工收回的已税珠宝、玉石原料生产的改在零售环节征收消费税的金银首饰,在计税时一律不得扣除委托加工收回的珠宝、玉石原料的已纳消费税税款。

3.5.5 税额减征的计算

为保护生态环境,促进替代污染排放汽车的生产和消费,推进汽车工业技术进步,对生产销售达到低污染排放值的小轿车、越野车和小客车减征 30% 的消费税。

计算公式为：

$$减征税额 = 按法定税率计算的消费税额 \times 30\%$$

$$应征税额 = 按法定税率计算的消费税额 - 减征税额$$

低污染排放限值是指相当于欧盟指令94/12/EC、96/69/EC排放标准(简称“欧洲Ⅱ号标准”)。目前,上海通用汽车有限公司生产的别克、赛欧系列小汽车,上海大众汽车有限公司生产的桑塔纳、帕萨特系列小汽车,一汽大众有限公司生产的奥迪、捷达、宝来系列小汽车,沈阳金杯客车制造有限公司生产的金杯系列轻型客车,广州本田汽车有限公司生产的雅阁牌轿车,一汽海南汽车有限公司生产的海马牌轿车等,经国家认定的检验中心和专家审查,达到《轻型汽车污染物排放限值及测量方法(Ⅱ)》规定的排放标准,检验程序符合规定要求。按财税〔2000〕26号文件的规定,对上述小汽车准予按应纳税额减征30%消费税。

【例3.9】 某小轿车生产企业为增值税一般纳税人,6月份生产并销售小轿车300辆,每辆含税销售价格17.55万元,适用消费税税率9%,经审查,该企业生产的小轿车已达到减征消费税的国家标准。请计算该企业6月份应缴纳的消费税。

①销售额 = 17.55 ÷ (1 + 17%) × 300 × 9% = 4 500(万元)。

②应纳税额 = 405 × (1 - 30%) = 283.5(万元)。

3.6 消费税的征收管理

消费税由税务机关征收,进口的应税消费品的消费税由海关代征,个人携带或者邮寄进境的应税消费品的消费税连同关税一并计征。有关消费税的纳税义务发生时间、纳税地点等征收管理内容规定如下：

3.6.1 消费税的纳税义务发生时间

①纳税人销售应税消费品的,按不同的销售结算方式确定其纳税义务发生时间：

a.采取赊销和分期收款结算方式的,为书面合同约定的收款日期的当天,书面合同没有约定收款日期或者无书面合同的,为发出应税消费品的当天。

b.采取预收货款结算方式的,为发出应税消费品的当天。

c.采取托收承付和委托银行收款方式的,为发出应税消费品并办妥托收手续的当天。

d.采取其他结算方式的,为收讫销售款或者取得索取销售款凭据的当天。

e.纳税人零售金银首饰,为收讫销货款或者取得索取销货凭据的当天;用于馈赠、赞助、集资、广告、样品、职工福利、奖励等方面的金银首饰,为移送的当天;带料加工、翻新改制的金银首饰,为受托方交货的当天。

②纳税人自产自用应税消费品的,为移送使用的当天。

③纳税人委托加工应税消费品的,为纳税人提货的当天。

④纳税人进口应税消费品的，为报关进口的当天（含个人携带、邮寄金银首饰入境）。但经营单位进口金银首饰于零售环节征收。

3.6.2 消费税的纳税期限

消费税的纳税期限分别为1日、3日、5日、10日、15日、1个月或者1个季度。纳税人的具体纳税期限，由主管税务机关根据纳税人应纳税额的大小分别核定；不能按照固定期限纳税的，可以按次纳税。

纳税人以1个月或者1个季度为1个纳税期的，自期满之日起15日内申报纳税；以1日、3日、5日、10日或者15日为1个纳税期的，自期满之日起5日内预缴税款，于次月1日起15日内申报纳税并结清上月应纳税款。

纳税人进口应税消费品，应当自海关填发海关进口消费税专用缴款书之日起15日内缴纳税款。

3.6.3 消费税的纳税地点

①纳税人销售的应税消费品，以及自产自用的应税消费品，除国务院财政、税务主管部门另有规定外，应当向纳税人机构所在地或者居住地的主管税务机关申报纳税。

②纳税人到外县（市）销售或者委托外县（市）代销自产应税消费品的，应于应税消费品销售后，向机构所在地或者居住地主管税务机关申报纳税。

但到外县（市）临时零售金银首饰的固定业户，应当向其机构所在地主管税务局申请开具外出经营活动税收管理证明，回其机构所在地向主管税务局申报纳税；如未持有其机构所在地主管税务局核发的外出经营活动税收管理证明的，销售地主管税务局一律按规定征收消费税；其在销售地发生的销售额，回机构所在地后仍应按规定申报纳税，在销售地缴纳的消费税税款不得从已纳税额中扣减。

③纳税人的总机构与分支机构不在同一县（市）的，应当分别向各自机构所在地的主管税务机关申报纳税；经财政部、国家税务总局或者其授权的财政、税务机关批准，也可以由总机构汇总向总机构所在地的主管税务机关申报纳税。

④委托加工的应税消费品，一般由受托方向机构所在地或者居住地的主管税务机关解缴消费税税款；但委托个人加工的应税消费品，应由委托方向其机构所在地或者居住地主管税务机关申报纳税。

⑤进口的应税消费品，由进口人或其代理人向报关地海关申报缴纳消费税。

3.6.4 消费税的减免与退税规定

由于应纳消费税的消费品一般为非生活必需品，故其购买者一般都具有较高的消费水平，也就是说消费税是由具有相应消费能力的消费者负担的一种税。没有相应的负担能力，一般就不会发生应税消费品的消费行为。故对消费税原则上不存在需要减免的问题，不能以减税、免税来满足特殊的消费需求。但是，为鼓励出口，提高本国产品在国际市场上的竞争能力,国际上的通行作法是对出口产品免税,如果出口产品已征消费税,则应退税。另外,对纳税人销售的应税消费品,如因质量等原因由购买者退回时,经纳税人机构所在地或者居住地主管税务机关审核批准后,也可退还已缴纳的消费税税款。

我国借鉴国际惯例,对纳税人出口的应税消费品免征消费税,但国家限制出口的产品除外。按《出口货物退(免)税管理办法》等法规的规定,免税的办法可实行先征后退或者在生产环节免税。具体有如下规定:

①有出口经营权的生产企业自营出口的应税消费品,可以按照实际出口数量免征消费税。

②外贸企业出口和代理出口的应税消费品,可以退还已经征收的消费税。其中,从价定率计征消费税的货物,按照外贸企业从生产企业购进货物时征收消费税的价格计算;从量定额计征消费税的货物,按照外贸企业购进货物和报关出口的数量计算。但出口金银首饰在出口环节不退税。应退消费税的计算公式为:

应退税额 = 出口货物工厂的销售额(出口数量) × 税率(单位税额)

③国家特准可以退还或者免征消费税的消费品主要有:

a. 对外承包工程公司运出境外,用于对外承包项目的消费品;

b. 企业在国内采购之后运出境外,作为境外投资的消费品;

c. 对外承接修理、修配业务的企业用于对外修理、修配业务的消费品;

d. 外轮供应公司、远洋运输供应公司销售给外轮和远洋国轮,并收取外汇的消费品;

e. 经国务院批准设立,享有进出口经营权的中外合作商业企业收购自营出口的国产应税消费品。

④外商投资企业以"来料加工""进料加工"贸易方式进口的应税消费品,可以免征进口环节的消费税,加工的应税消费品出口之后,可以免征加工或委托加工应税消费品及加工缴费的消费税。

⑤出口退还消费税的应税消费品的退税率,按照《消费税税目(税额)表》规定的税率或税额标准执行。

办理出口退、免消费税的企业,应将其适用不同税率或税额标准的应税消费品分别核算、申报。否则,税务机关将从低适用税率或税额计算退、免的消费税税额。

⑥出口的应税消费品办理退税后,发生退关,或者国外退货进口时予以免税的,报关出口者必须及时向其机构所在地或者居住地主管税务机关申报补缴已退的消费税税款。

纳税人直接出口的应税消费品办理免税后,发生退关或者国外退货,进口时已予以免税的,经机构所在地或者居住地主管税务机关批准,可暂不办理补税,待其转为国内销售时,再申报补缴消费税。

本章练习题

一、单项选择题

1. 企业发生的下列行为中,不需要缴纳消费税的是(　　)。

A. 用自产的应税消费品换取生产资料
B. 用自产的应税消费品支付代扣手续费
C. 直接销售委托加工收回的已税的应税消费品
D. 在销售数量之外另付给购货方自产的应税消费品作为奖励

2. 某轮胎厂系增值税一般纳税人,2012 年 11 月销售汽车轮胎,开具的增值税专用发票上注明的价款为 100 万元,销售农用拖拉机专用轮胎,开具普通发票取得收入 50 万元,将成本价为 30 万元的机动车轮胎销售给非独立核算的门市部,当月全部出售,开具普通发票注明价款为 58.5 万元。已知轮胎的消费税率 3%,则该厂本月应纳的消费税为(　　)万元。
A. 3.9　　B. 4.5　　C. 5.18　　D. 5.78

3. 某啤酒厂销售 A 型啤酒 20 吨给副食品公司,开具税控专用发票收取价款 58 000 元,收取包装物押金 3 000 元;销售 B 型啤酒 10 吨给宾馆,开具普通发票收取 32 760 元,收取包装物押金 1 500 元。该啤酒厂应缴纳的消费税是(　　)。
A. 5 000 元　　B. 6 600 元　　C. 7 200 元　　D. 7 500 元

4. 下列各项中,不符合应税消费品销售数量规定的是(　　)。
A. 生产销售应税消费品的,为应税消费品的销售数量
B. 自产自用应税消费品的,为应税消费品的生产数量
C. 委托加工应税消费品的,为纳税人收回的应税消费品数量
D. 进口应税消费品的,为海关核定的应税消费品进口征税数量

5. 某汽车制造厂以自产小汽车 20 辆投资某广告公司取得 20% 股份,双方确认价值 750 万元。该厂生产的同一型号的小汽车售价分别为 40 万元/辆、38 万元/辆、36 万元/辆,则用作投资入股的小汽车应缴纳的消费税为(　　)万元。(消费税税率为 5%,以上售价均为不含税价。)
A. 30　　B. 35　　C. 40　　D. 0

6. 某酒厂 2012 年 11 月份生产一种新的粮食白酒,对外赞助 0.5 吨,已知该种白酒无同类产品出厂价,生产成本每吨 40 000 元,成本利润率为 10%,粮食白酒定额税率为每 500 克 0.5 元,比例税率为 20%。计算该厂当月应缴纳的消费税为(　　)元。
A. 5 675　　B. 5 125　　C. 6 125　　D. 6 360

7. 纳税人委托个体经营者加工应税消费品,消费税应(　　)。
A. 由受托方代收代缴
B. 由委托方在受托方所在地缴纳
C. 由委托方收回后在委托方所在地缴纳
D. 由委托方在受托方或委托方所在地缴纳

8. 下列项目中,属于应征消费税的"小汽车"税目征收范围是(　　)。
A. 电动汽车　　B. 高尔夫车　　C. 中轻型商务客车
D. 企业购进货车改装生产的商务车

9. 实行复合计税征税办法的产品是(   )。

A. 石脑油　　B. 啤酒　　C. 粮食白酒　　D. 黄酒

10. 纳税人将应税消费品与非应税消费品以及适用税率不同的应税消费品组成成套消费品销售的,应按(   )。

A. 应税消费品的平均税率计征

B. 应税消费品的最高税率计征

C. 应税消费品的不同税率,分别计征

D. 应税消费品的最低税率计征

二、多项选择题

1. 根据消费税的有关规定,下列行为应征收消费税的有(   )。

A. 某企业外购大包装润滑油不经加工只贴商标后销售的

B. 某卷烟厂自产烟丝用于生产卷烟的

C. 某化妆品生产企业将外购化妆品大包装加工成小包装后销售的

D. 某企业收回委托加工的已税轮胎直接销售的

E. 某地板厂自设非独立核算门市部销售自产的实木地板

2. 下列单位中不属于消费税纳税人的有(   )。

A. 生产销售应税消费品(金银首饰除外)的单位

B. 委托加工应税消费品的单位

C. 进口应税消费品(金银首饰除外)的单位

D. 受托加工应税消费品的单位

E. 批发粮食白酒的单位

3. 下列消费品移送使用时应缴纳消费税的有(   )。

A. 将自产烟丝移送用于生产卷烟

B. 自产卷烟用于职工福利

C. 自产化妆品用作广告样品

D. 将自产轮胎移送用于生产大卡车

E. 外购烟丝移送用于生产卷烟

4. 下列环节既征消费税又征增值税的有(   )。

A. 卷烟的生产和批发环节

B. 金银首饰的生产和零售环节

C. 金银首饰的零售环节

D. 化妆品的生产环节

E. 将汽车轮胎用于继续生产小汽车的环节

5. 根据消费税现行政策的有关规定,下列说法正确的有(   )。

A. 纳税人通过自设非独立核算门市部销售的自产应税消费品,应当按照门市部对外销售

额或者销售数量计算征收消费税

B. 白酒生产企业销售给销售单位的白酒,生产企业消费税计税价格高于销售单位对外销售价格60%以上的,税务机关暂不核定消费税最低计税价格

C. 计算啤酒出厂价格时,包装物押金中不包括重复使用的塑料周转箱的押金

D. 卷烟在批发环节按照5%税率计征消费税

E. 自2012年1月1日起,卷烟消费税最低计税价格核定范围为卷烟生产企业在生产环节销售的所有牌号、规格的卷烟

三、计算题

1. 某日化企业(地处市区)为增值税一般纳税人,2013年10月发生如下业务:

①与甲企业(地处县城)签订加工合同,为甲企业加工一批化妆品,甲企业提供的原材料成本20万元,加工结束后开具增值税专用发票,注明收取加工费及代垫辅助材料价款共计8万元、增值税1.36万元。

②进口一批化妆品作原材料,关税完税价格为70万元,关税税率为20%;支付海关监管区至公司仓库不含税运费2万元,取得货运增值税专用发票,本月生产领用进口化妆品的80%。

③将护肤品和化妆品组成成套化妆品销售,某大型商场一次购买240套,该日化企业开具增值税专用发票,注明金额48万元,其中包括护肤品18万元,化妆品30万元。

④销售其他化妆品取得不含税销售额150万元。

⑤将成本为1.4万元的新研制的化妆品赠送给消费者使用。(化妆品成本利润率为5%)

本月取得的相关票据均符合税法规定,并在本月认证抵扣。根据上述资料要求计算:

①2013年10月该企业受托加工化妆品应代收代缴消费税;

②2013年10月该企业进口化妆品应纳进口关税;

③2013年10月该企业国内销售环节应纳增值税;

④2013年10月该企业国内销售环节应纳消费税。

2. 某市卷烟厂为增值税一般纳税人,主要生产销售卷烟,2013年10月发生下列经济业务:

①从国外进口卷烟100标准箱(每条200支),支付买价165万元,支付到达我国海关前的运输费用15万元、保险费用12万元;

②将烟叶一批(账面成本为220 000元)发给外地一家烟丝加工厂加工烟丝,加工厂提供辅料一批,加工后直接发给卷烟厂,共收取辅料及加工费82 000元,开具增值税专用发票给卷烟厂(受托方没有同类产品售价);

③购进卷烟纸一批,取得增值税专用发票,注明价款110 000元;支付给运输单位运费,取得货运增值税专用发票,运费发票注明运费7 000元,款项已付,货物已入库;

④卷烟厂外购一批材料,不含税价款200 000元,取得专用发票;其中15%因管理不善被盗;

⑤将上月购进的部分A种烟丝作为福利发给本厂职工一批,已知该批烟丝实际采购成本

为 18 000 元,同种等量烟丝的市场售价为 37 000 元;将试产的 B 种烟丝在某交易会赠送给一烟草企业作推广,账面成本为 20 000 元;

⑥销售 A 牌卷烟 200 箱(每标准箱 5 万支,下同),每箱不含税销售价格 12 500 元,收取包装物押金 8 100 元,并已单独记账;

⑦销售 B 牌卷烟 150 箱,每箱不含税销售价格为 30 000 元;

⑧上月收取的 A 牌卷烟的包装物押金 7 000 元已逾期,包装物未收回,押金不予退还;

⑨将自产 A 牌卷烟 10 箱移送本厂设在本市的非独立核算门市部,出厂销售价每箱 12 500 元,门市部零售价(含税)每箱 15 000 元,门市部本月已售出 5 箱。

(已知适用税率情况为:进口卷烟关税税率 20%;卷烟定额税率为每标准箱 150 元;比例税率为每标准条对外调拨价格在 70 元以上(含 70 元)的,税率 56%,70 元以下的,税率 36%,烟丝税率 30%,烟丝成本利润率为 5%。)

根据上述资料要求计算:

①业务②中受托方代收代缴的消费税;

②本期应纳增值税;

③本期国内销售应纳消费税;

④进口业务应缴纳的税金。

第4章 营业税

【学习要求】

1. 熟悉营业税的基本概念和特点；
2. 掌握营业税的征税范围，掌握营业税的税目和税率；
3. 掌握营业税的计税依据及应纳税额的计算；
4. 熟悉营业税的税收优惠和征收管理。

营业税法是指国家制定的用以调整营业税征收与缴纳之间权利及义务关系的法律规范。现行我国营业税法的基本规范，是2008年11月5日国务院第34次常务会议修订通过的《中华人民共和国营业税暂行条例》（以下简称《营业税暂行条例》）和2008年12月15日财政部、国家税务总局第52号令发布的《中华人民共和国营业税暂行条例实施细则》（以下简称《营业税暂行条例实施细则》）。

4.1 营业税概述

4.1.1 营业税的概念

营业税是以在我国境内提供应税劳务、转让无形资产或销售不动产所取得的营业额为课税对象而征收的一种商品劳务税。

营业税属传统商品劳务税，实行普遍征收，计税依据为营业额全额，税额不受成本、费用高低影响，对于保证财政收入的稳定增长具有十分重要的意义。现行营业税征税范围为增值税征税范围之外的所有经营业务，因而税率设计的总体水平一般较低。但由于各经营业务盈利水平高低不同，因此，实际税负设计中，往往采取按不同行业、不同经营业务设立税目、税率的方法，实行同一行业同税率，不同行业不同税率。

4.1.2 营业税的发展

营业税在我国具有十分悠久的历史。周代对"商贾虞衡"的课税，汉代商人征收的"算缗钱"，明代开征的"市肆门摊税"，清代开征的当税、屠宰税，都具有营业税的性质。民国时期,政府于1928年7月制定《营业税办法大纲》,1931年6月修改制定《营业税法》,并明确营业税为地方收入。

新中国成立后,政务院于1950年公布了《工商业税暂行条例》,将固定工商业户缴纳的营业税和所得税合称为工商业税。规定凡在我国境内的工商业营利事业,无论本国人或外国人经营,一律依法缴纳工商业税。

1958年税制改革时,将当时实行的货物税、商业流通税、印花税以及工商业税中的营业税部分,合并为工商统一税,不再征收营业税。

1973年全国试行工商税,将工商统一税并入其中。为了适应经济发展的要求,充分发挥不同税种的特定作用,1984年第二步利改税将工商税中的商业和服务业等行业划分出来单独征收营业税。

1993年底根据社会主义市场经济体制的要求,进行了大规模的税制改革,以建立规范的税制为基本目标,将商品生产、流通全过程都改征增值税,同时也将加工、修理修配行业改征增值税,重新修订、颁布了《中华人民共和国营业税暂行条例》,将营业税的课税范围限定为提供应税劳务、转让无形资产和销售不动产,而且适用于内、外资企业,建立了统一、规范的营业税制。

4.1.3 营业税的特点

与其他商品劳务税相比,营业税具有以下特点:

1)一般以营业额全额为计税依据

营业税属传统商品劳务税,计税依据为营业额全额,税额不受成本、费用高低影响,对于保证财政收入的稳定增长具有十分重要的作用。

2)按行业设计税目税率

营业税实行普遍征收,现行营业税征税范围为增值税征税范围之外的所有经营业务,税率设计的总体水平一般较低。但由于各种经营业务盈利水平不同,因此,在税率设计中,一般实行同一行业同一税率,不同行业不同税率,以体现公平税负、鼓励平等竞争的政策。

3)计算简便,便于征管

由于营业税一般以营业收入额全额为计税依据,实行比例税率,税款随营业收入额的实现而实现,因此,计征简便,有利于节省征收费用。

4.1.4 营业税的作用

在我国,随着增值税这一新型商品劳务税的兴起,营业税在财政、经济中的地位略有下降,但由于目前增值税的征收范围有限,因此,营业税仍是我国商品劳务税体系中的主体税种之一,也是地方税体系中的主体税种。征收营业税仍然具有重要的财政、经济意义。

1)广泛筹集财政资金

营业税的征收面比较广,不论是城市还是乡村,不论是内资企业还是外资企业,只要发生应税行为,并取得营业额就要纳税,它有利于体现一切有营业收入的单位和个人都要纳税的原则。随着我国第三产业的不断发展,营业税的收入也将逐步增长。1994 年的税制改革,把营业税划为地方税,并作为地方税的主体税种。可以预见,营业税在广泛筹集财政资金,促进地方经济发展等方面将发挥越来越重要的作用。

2)体现国家政策,促进各行业协调发展

营业税按不同行业的经营业务及其盈利水平,确定征免界限,设计差别税率。

对一些有利于社会稳定、发展的福利单位和教育、卫生部门,予以免税;对一些关系国计民生的行业采用低税率,如文化体育等适用 3% 的税率;而对营业收入较高的舞厅、高尔夫球场等适用 20% 的高税率,充分体现了营业税既保证财政收入,又照顾到与人民生活密切相关行业发展的立法精神,以便较好地发挥税收对第三产业发展的调节作用。

3)促进企业改善经营管理

营业税按行业设计税率,由于对同一行业采用相同税率,企业取得的营业额中所含税金的比重是相同的。如果企业加强经营管理,降低成本费用,企业利润就会增加;反之,成本费用上升,企业利润就会下降。因此,经营管理好的企业,名义税负不会提高,有利于激励企业不断开拓进取;经营管理欠佳的企业,名义税负也不会降低,有利于鞭策落后企业改善经营管理。

4.2 纳税义务人与扣缴义务人

4.2.1 纳税义务人

1)纳税义务人的一般规定

在中华人民共和国境内提供应税劳务、转让无形资产或者销售不动产的单位和个人,为营业税的纳税义务人。

①在中华人民共和国境内是指税收行政管辖权的区域。具体情况为:

a. 提供或者接受应税劳务的单位或者个人在境内;

b. 所转让的无形资产(不含土地使用权)的接受单位或者个人在境内;

c. 所转让或者出租土地使用权的土地在境内;

d. 所销售或者出租的不动产在境内。

②上述应税劳务是指属于建筑业、金融保险业、文化体育业、娱乐业、服务业税目征收范围的劳务。加工和修理修配、交通运输业、邮政业、电信业、部分现代服务业的劳务属于增值税的征税范围,因此不属于营业税的应税劳务。单位或个体工商户聘用的员工为本单位或雇主提供的劳务,也不属于营业税的应税劳务。

上述保险劳务有两个含义:一是指境内保险机构为境内标的物提供的保险,不包括境内保险机构为出口货物提供的保险;二是指境外保险机构以在境内的物品为标的物所提供的保险。

③提供应税劳务、转让无形资产或者销售不动产是指有偿提供应税劳务、有偿转让无形资产或者有偿销售不动产的行为。

有偿是指取得货币、货物或者其他经济利益。

单位是指企业、行政单位、事业单位、军事单位、社会团体及其他单位。

个人是指个体工商户以及其他有经营行为的个人。

2)纳税义务人的特殊规定

①单位以承包、承租、挂靠方式经营的,承包人、承租人、挂靠人(以下统称承包人)发生应税行为,承包人以发包人、出租人、被挂靠人(以下统称发包人)名义对外经营并由发包人承担相关法律责任的,以发包人为纳税人;否则以承包人为纳税人。

②建筑安装业务实行分包或转包的,分包或转包者为纳税人。

③金融保险业纳税人包括:

a. 银行,包括人民银行、商业银行、政策性银行。

b. 信用合作社。

c. 证券公司。

d. 金融租赁公司、证券基金管理公司、财务公司、信托投资公司、证券投资基金。

e. 保险公司。

f. 其他经中国人民银行、中国证监会、中国保监会批准成立且经营金融保险业务的机构等。

4.2.2 扣缴义务人

在现实生活中,有些具体情况难以确定纳税人,因此税法规定了扣缴义务人。

营业税的扣缴义务人主要有以下几种:

①委托金融机构发放贷款的,其应纳税款以受托发放贷款的金融机构为扣缴义务人;金融机构接受其他单位或个人的委托,为其办理委托贷款业务时,如果将委托方的资金转给经办机构,由经办机构将资金贷给使用单位或个人,由最终将贷款发放给使用单位或个人并取得贷款利息的经办机构代扣委托方应纳的营业税。

②纳税人提供建筑业应税劳务时应按照下列规定确定营业税扣缴义务人:

a. 建筑业工程实行总承包、分包方式的,以总承包人为扣缴义务人。

b. 纳税人提供建筑业应税劳务,符合以下情形之一的,无论工程是否实行分包,税务机关可以建设单位和个人作为营业税的扣缴义务人:

- 纳税人从事跨地区(包括省、市、县,下同)工程提供建筑业应税劳务的;
- 纳税人在劳务发生地没有办理税务登记或临时税务登记的。

③境外单位或者个人在境内发生应税行为而在境内未设有机构的,其应纳税款以代理人为扣缴义务人;没有代理人的,以受让者或者购买者为扣缴义务人。

④单位或者个人进行演出,由他人售票的,其应纳税款以售票者为扣缴义务人,演出经

纪人为个人的,其办理演出业务的应纳税款也以售票者为扣缴义务人。

⑤分保险业务,其应纳税款以初保人为扣缴义务人。

⑥个人转让专利权、非专利技术、商标权、著作权、商誉的,其应纳税款以受让者为扣缴义务人。

⑦财政部规定的其他扣缴义务人。

4.3 税目和税率

4.3.1 税目

营业税的税目按照行业、类别的不同分别设置,现行营业税共设置了七个税目。

1)建筑业

建筑业是指建筑安装工程作业等,包括建筑、安装、修缮、装饰和其他工程作业等项内容。

①建筑是指新建、改建、扩建。各种建筑物、构筑物的工程作业,包括与建筑物相连的各种设备或支柱、操作平台的安装或装设的工程作业,以及各种窑炉和金属结构工程作业在内。但自建自用建筑物,其自建行为不是建筑业税目的征税范围。出租或投资入股的自建建筑物,也不是建筑业的征税范围。

②安装是指生产设备、动力设备、起重设备、运输设备、传动设备、医疗实验设备及其他各种设备的装配、安置工程作业,包括与设备相连的工作台、梯子、栏杆的装设工程作业和被安装设备的绝缘、防腐、保温、油漆等工程作业。

③修缮是指对建筑物、构筑物进行修补、加固、养护、改善,使之恢复原来的使用价值或延长其使用期限的工程作业。

④装饰是指对建筑物、构筑物进行修饰,使之美观或具有特定用途的工程作业。

⑤其他工程作业是指除建筑、安装、修缮、装饰工程作业以外的各种工程作业,如代办电信工程、水利工程、道路修建、疏浚、钻井(打井)、拆除建筑物、平整土地、搭脚手架、爆破等工程作业。

⑥管道煤气集资费(初装费)业务。管道煤气集资费(初装费),是用于管道煤气工程建设和技术改造,在报装环节一次性向用户收取的费用。

2)金融保险业

金融保险业是指经营金融、保险的业务。

①金融是指经营货币资金融通活动的业务,包括贷款、融资租赁、金融商品转让、金融经纪业务和其他金融业务。

贷款是指将资金有偿贷与他人使用(包括以贴现、押汇方式)的业务。以货币资金投资但收取固定利润或保底利润的行为，也属于这里所称的贷款业务。按资金来源不同，贷款分为外汇转贷业务和一般贷款业务两种。

a. 外汇转贷业务，是指金融企业直接向境外借入外汇资金，然后再贷给国内企业或其他单位、个人。各银行总行向境外借入外汇资金后，通过下属分支机构贷给境内单位或个人使用的，也属于外汇转贷业务。

b. 一般贷款业务，指除外汇转贷以外的各种贷款。

融资租赁，也称金融租赁，是指经中国人民银行或对外贸易经济合作部（现商务部）批准可从事融资租赁业务的单位所从事的具有融资性质和所有权转移特点的设备租赁业务。

金融商品转让，是指转让外汇、有价证券或非货物期货的所有权的行为，包括股票转让、债券转让、外汇转让、其他金融商品转让。

金融经纪业务和其他金融业务，指受托代他人经营金融活动的中间业务，如委托业务、代理业务、咨询业务等。

②保险是指将通过契约形式集中起来的资金，用以补偿被保险人的经济利益的活动。

③对我国境内外资金融机构从事离岸银行业务，属于在我国境内提供应税劳务的，征收营业税。离岸银行业务是指银行吸收非居民的资金，服务于非居民的金融活动，包括外汇存款、外汇贷款、同业外汇拆借、国际结算、发行大额可转让存款证、外汇担保、咨询、鉴证业务以及国家外汇管理局批准的其他业务。

3）文化体育业

文化体育业是指经营文化、体育活动的业务，包括文化业和体育业。

①文化业是指从事文化活动的业务，包括表演和其他文化业。

a. 表演是指进行戏剧、歌舞、时装、健美、杂技、民间艺术、武术、体育等表演活动的业务。

b. 其他文化业是指从事上述活动以外的文化活动的业务，如各种展览、培训活动，文学、艺术、科技讲座及演讲、报告会，图书、杂志、报纸及其他资料的借阅业务等。

②体育业是指举办各种体育比赛和为体育比赛或体育活动提供场所的业务。

4）娱乐业

娱乐业是指为娱乐活动提供场所和服务的业务，包括经营歌厅、舞厅、卡拉 OK 歌舞厅、音乐茶座、台球、高尔夫球、保龄球场、网吧、游艺场等娱乐场所，以及娱乐场所为顾客进行娱乐活动提供服务的业务。娱乐场所为顾客提供的饮食服务及其他各种服务也按照娱乐业征税。

5）服务业

①服务业是指利用设备、工具、场所、信息或技能为社会提供服务的业务，包括代理业、旅店业、饮食业、旅游业、仓储业、租赁业和其他服务业。

②自 2002 年 1 月 1 日起，福利彩票机构发行销售福利彩票取得的收入不征收营业税。对福利彩票机构以外的代销单位销售福利彩票取得的手续费收入应按规定征收营业税。"福利彩票机构"包括福利彩票销售管理机构和与销售管理机构签有电脑福利彩票投注站代理销售协议书，并直接接受福利彩票销售管理机构的监督管理的电脑福利彩票投注站。

③对社保基金投资管理人、社保基金托管人从事社保基金管理活动取得的收入，依照税法的规定征收营业税。

④双方签订承包、租赁合同（协议，下同），将企业或企业部分资产出包、租赁，出包、出租者向承包、承租方收取的承包费、租赁费（承租费，下同）按“服务业”税目征收营业税。出包方收取的承包费凡同时符合以下三个条件的，属于企业内部分配行为，不征收营业税：a. 承包方以出包方名义对外经营，由出包方承担相关的法律责任；b. 承包方的经营收支全部纳入出包方的财务会计核算；c. 出包方与承包方的利益分配是以出包方的利润为基础的。

⑤单位和个人在旅游景点经营索道取得的收入按“服务业”税目“旅游业”项目征收营业税。

⑥交通部门有偿转让高速公路收费权行为，属于营业税征税范围，应按“服务业”税目中的“租赁”项目征收营业税。

⑦无船承运业务应按照“服务业——代理业”税目征收营业税。

无船承运业务是指无船承运业务经营者以承运人身份接受托运人的货载，签发自己的提单或其他运输单证，向托运人收取运费，通过国际船舶运输经营者完成国际海上货物运输，承担承运人责任的国际海上运输经营活动。

⑧酒店产权式经营业主在约定的时间内提供房产使用权与酒店进行合作经营，如房产产权并未归属新的经济实体，业主按照约定取得的固定收入和分红收入均应视为租金收入，根据有关税收法律、行政法规的规定，应按照“服务业——租赁业”征收营业税。

⑨对港口设施经营人收取的港口设施保安费，应按照“服务业”税目全额征收营业税，同时并入其应纳税所得额中计征企业所得税；缴纳港口设施保安费的外贸进出口货物（含集装箱）的托运人（或其代理人）或收货人（或其代理人）等单位不得在其计算缴纳企业所得税时作税前扣除。

⑩单位和个人受托种植植物、饲养动物的行为，应按照营业税“服务业”税目征收营业税，不征收增值税。上述单位和个人受托种植植物、饲养动物的行为是指，委托方向受托方提供其拥有的植物或动物，受托方提供种植或饲养服务并最终将植物或动物归还给委托方的行为。

6）转让无形资产

转让无形资产是指转让无形资产的所有权或使用权的行为，包括转让土地使用权、转让商标权、转让专利权、转让非专利技术、出租电影拷贝、转让著作权和转让商誉。

自 2003 年 1 月 1 日起，以无形资产投资入股，参与接受投资方的利润分配、共同承担投资风险的行为，不征收营业税。在投资后转让其股权的也不征收营业税。

7）销售不动产

销售不动产是指有偿转让不动产所有权的行为，包括销售建筑物或构筑物和销售其他土地附着物。在销售不动产时连同不动产所占土地的使用权一并转让的行为，比照销售不动产征收营业税。

自 2003 年 1 月 1 日起，以不动产投资入股，参与接受投资方利润分配、共同承担投资风险的行为,不征营业税。在投资后转让其股权的也不征收营业税。单位或者个人将不动产或者土地使用权无偿赠送其他单位或者个人,视同发生应税行为按规定征收营业税;单位或者个人自己新建(以下简称自建)建筑物后销售,其所发生的自建行为,视同发生应税行为按规定征收营业税。

个人将购买不足5年的住房对外销售的,全额征收营业税;个人将购买超过5年(含5年)的非普通住房对外销售的,按照其销售收入减去购买房屋的价款后的差额征收营业税;个人将购买超过5年(含5年)的普通住房对外销售的,免征营业税。

4.3.2 税　率

营业税按照行业、类别的不同分别采用不同的比例税率,具体规定为:

a.建筑业、文化体育业,税率为3%。

b.金融保险业、服务业、销售不动产、转让无形资产,税率为5%。

c.娱乐业执行5%~20%的幅度税率,具体适用的税率,由各省、自治区、直辖市人民政府根据当地的实际情况在税法规定的幅度内决定(表4.1)。

表4.1　营业税税目、税率

税　目	税　率
一、建筑业	3%
二、金融保险业	5%
三、文化体育业	3%
四、娱乐业	5%~20%
五、服务业	5%
六、转让无形资产	5%
七、销售不动产	5%

4.4 计税依据

4.4.1 计税依据的一般规定

①营业税的计税依据是营业额,营业额为纳税人提供应税劳务、转让无形资产或者销售不动产向对方收取的全部价款和价外费用。

②价外费用,包括收取的手续费、补贴、基金、集资费、返还利润、奖励费、违约金、滞纳金、延期付款利息、赔偿金、代收款项、代垫款项、罚息及其他各种性质的价外收费。但不包

括同时符合以下条件代为收取的政府性基金或者行政事业性收费：

a. 由国务院或者财政部批准设立的政府性基金，由国务院或者省级人民政府及其财政、价格主管部门批准设立的行政事业性收费；

b. 收取时开具省级以上财政部门印制的财政票据；

c. 所收款项全额上缴财政。

【例 4.1】 某房地产公司 2010 年 9 月销售 5 套商品房，取得售房款 750 万元、手续费 1 万元、违约金 2 万元、赔偿金 5 万元、延期付款利息 3 万元。该公司当月在计算缴纳营业税时应确认为价外费用的有（　　）（2011 年）。

A. 手续费 1 万元

B. 违约金 2 万元

C. 赔偿金 5 万元

D. 延期付款利息 3 万元

【答案】 ABCD

【解析】 营业税的价外费用，包括收取的手续费（选项 A）、补贴、基金、集资费、返还利润、奖励费、违约金（选项 B）、滞纳金、延期付款利息（选项 D）、赔偿金（选项 C）、代收款项、代垫款项、罚息以及其他各种性质的价外收费。

③纳税人发生应税行为，如果将价款与折扣额在同一张发票上注明的，以折扣后的价款为营业额；如果将折扣额另开发票的，不论其在财务上如何处理，均不得从营业额中扣除。

④纳税人因财务会计核算办法改变将已缴纳过营业税的预收性质的价款逐期转为营业收入时，允许从当期营业额中减除。

⑤混合销售行为应当征收营业税的，营业额为应税劳务营业额与货物销售额合计（2013 年新增）。

⑥纳税人提供应税劳务、转让无形资产或者销售不动产的价格明显偏低并无正当理由或者视同发生应税行为而无营业额的，由主管税务机关按下列顺序确定其营业额：

a. 按纳税人最近时期发生同类应税行为的平均价格核定；

b. 按其他纳税人最近时期发生同类应税行为的平均价格核定；

c. 按下列公式核定；

$$营业额 = 营业成本或者工程成本 \times (1 + 成本利润率) \div (1 - 营业税税率)$$

其中，“成本利润率”由省、自治区、直辖市税务局确定。

⑦纳税人计算缴纳营业税后因发生退款减除营业额的，应当退还已缴纳营业税税款或者从纳税人以后的应缴纳营业税税额中减除。

⑧营业税纳税人购置税控收款机，经主管税务机关审核批准后，可凭购进税控收款机取得的增值税专用发票，按照发票上注明的增值税税额，抵免当期应纳营业税税额；或者按照购进税控收款机取得的普通发票上注明的价款，根据下列公式计算可抵免税额：

$$可抵免税额 = 价款 \div (1 + 17\%) \times 17\%$$

【例 4.2】 某运输公司（非营改增试点地区）2013 年 4 月取得运输收入 200 000 元，当月购买一台税控收款机,取得的增值税专用发票上注明的增值税税额为3 744元。已知该公司运输业务适用的营业税税率为3%,该公司当月应缴纳营业税(　　)元。

A. 5 887.68

B. 2 256

C. 5 456

D. 6 000

【答案】 B

【解析】 营业税纳税人购置税控收款机,取得增值税专用发票的,按照增值税专用发票上注明的增值税税额,抵免当期应纳营业税税额。该公司应纳营业税 = 200 000 × 3% - 3 744 = 2 256(元)。

【例4.3】 某运输公司(非营改增试点地区)2013年4月取得运输收入200 000元,当月购买一台税控收款机,支付3 744元并取得普通发票。已知该公司运输业务适用的营业税税率为3%,该公司当月应缴纳营业税(　　)元。

A. 5 887.68

B. 5 251

C. 5 456

D. 6 000

【答案】 C

【解析】 应纳营业税 = 200 000 × 3% - 3 744 ÷ (1 + 17%) × 17% = 5 456(元)。

4.4.2　计税依据的具体规定

1)建筑业

建筑业的营业额为纳税人承包建筑工程、修缮工程、安装工程、装饰工程和其他工程作业所取得的营业收入额,即建筑安装企业向建设单位收取的工程价款及价外费用。

①建筑业的总承包人将工程分包或者转包给他人,以工程的全部承包额减去付给分包人或者转包人的价款后的余额为营业额。

②纳税人提供建筑业劳务(不含装饰劳务)的,其营业额应当包括工程所用原材料、设备及其他物资和动力价款在内,但不包括建设方提供的设备的价款。从事安装工程作业,安装设备价值作为安装工程产值的,营业额包括设备的价款。

③自建行为和单位或个人将不动产无偿赠与他人,由主管税务机关按照相关规定核定营业额。

自建行为是指纳税人自己建造房屋的行为。纳税人自建自用的房屋不纳税;如纳税人(包括个人自建自用住房销售)将自建的房屋对外销售,其自建行为应按建筑业缴纳营业税,再按销售不动产征收营业税。

④纳税人采用清包工形式提供的装饰劳务,按照其向客户实际收取的人工费、管理费和辅助材料费等收入(不含客户自行采购的材料价款和设备价款)确认计税营业额。

清包工形式提供的装饰劳务是指,工程所需的主要原材料和设备由客户自行采购,纳税人只向客户收取人工费、管理费及辅助材料费等费用的装饰劳务。

【例4.4】 某建筑公司承包一项建筑工程,竣工当月取得工程结算款120万元、工程抢工费8万元、提前竣工奖5万元;当月购买水泥、钢材等工程材料支出46万元、支付员工工资28万元。已知建筑业适用的营业税税率为3%。该公司当月应缴纳的营业税税额为( )万元。

A. 120 × 3% = 3.6

B. (120 + 8) × 3% = 3.84

C. (120 + 8 + 5) × 3% = 3.99

D. (120 + 8 + 5 - 46 - 28) × 3% = 1.77

【答案】 C

【解析】 建筑业的营业额为建筑安装企业向建设单位收取的工程价款及价外费用(全额计税)。在本题中,工程抢工费、提前竣工奖应视为价外费用,并入营业额,购买水泥、钢材等工程材料支出、员工工资不属于可以扣除的项目,该公司当月应缴纳的营业税税额 = (120 + 8 + 5) × 3% = 3.99(万元)。

2)金融保险业

①一般贷款业务的营业额为贷款利息收入(包括各种加息、罚息等)。

②外汇转贷业务营业额包括:

a. 中国银行系统从事的外汇转贷业务,如上级行借入外汇资金后转给下级行贷给国内用户的,在下级行以其向借款方收取的全部利息收入全额为营业额(包括基准利率计算的利息和各种加息、罚息等)。在借入外汇的上级行,以贷款利息收入和其他应纳营业税的收入减去支付给境外的借款利息支出后的余额为营业额。

b. 其他银行从事的外汇转贷业务,如上级行借入外汇资金后转给下级行贷给国内用户的,在下级行以其向借款方收取的全部利息收入减去上级行核定的借款利息支出额后的余额为营业额。上级行核定的借款利息支出额与实际支出额不符的,由上级行从其应纳的营业税中抵补。

③经中国人民银行、外经贸部(现商务部)批准经营融资租赁业务的单位,融资租赁以其向承租者收取的全部价款和价外费用(包括残值)减去出租方承担的出租货物的实际成本后的余额,以直线法折算出本期的营业额。

计算方法为:实际成本 = 货物购入原价 + 关税 + 增值税 + 消费税 + 运杂费 + 安装费 + 保险费 + 支付给境外的外汇借款利息支出和人民币借款利息

④外汇、有价证券、期货等金融商品买卖业务,以卖出价减去买入价的余额为营业额。即营业额=卖出价-买入价。

卖出价是指卖出原价,不得扣除卖出过程中支付的各种费用和税金。买入价是指购进原价,不包括购进过程中支付的各种费用和税金,但买入价应依照财务会计制度规定,以股票、债券的购入价减去股票、债券持有期间取得的股票、债券红利收入。

所称外汇、有价证券、期货等金融商品买卖业务，是指纳税人从事的外汇、有价证券、非货物期货和其他金融商品的买卖业务。货物期货不缴纳营业税。

买卖金融商品(包括股票、债券、外汇及其他金融商品，下同)，可在同一会计年度末，将不同纳税期出现的正差和负差按同一会计年度汇总的方式计算并缴纳营业税。如果汇总计算应缴的营业税税额小于本年已缴纳的营业税税额，可以向税务机关申请办理退税，但不得将一个会计年度内汇总后仍为负差的部分结转下一会计年度。

⑤金融经纪业务和其他金融业务(中间业务)营业额为手续费(佣金)类的全部收入。

金融企业从事受托收款业务，如代收电话费、水电煤气费、信息费、学杂费、寻呼费、社保统筹费、交通违章罚款、税款等，以全部收入减去支付给委托方价款后的余额为营业额。

⑥保险业务营业额包括：

a. 办理初保业务。营业额为纳税人经营保险业务向对方收取的全部价款，即向被保险人收取的全部保险费。

b. 储金业务。保险公司如采用收取储金方式取得经济利益的(即以被保险人所交保险资金的利息收入作为保费收入，保险期满后将保险资金本金返还被保险人)，其“储金业务”的营业额，为纳税人在纳税期内的储金平均余额乘以人民银行公布的 1 年期存款的月利率。储金平均余额为纳税期期初储金余额与期末余额之和乘以 50%。

c. 保险企业已征收过营业税的应收未收保费，凡在财务会计制度规定的核算期限内未收回的，允许从营业额中减除。在会计核算期限以后收回的已冲减的应收未收保费，再并入当期营业额中。

d. 保险企业开展无赔偿奖励业务的，以向投保人实际收取的保费为营业额。

e. 中华人民共和国境内的保险人将其承保的以境内标的物为保险标的的保险业务向境外再保险人办理分保的，以全部保费收入减去分保保费后的余额为营业额。境外再保险人应就其分保收入承担营业税纳税义务，并由境内保险人扣缴境外再保险人应缴纳的营业税税款。

⑦金融企业贷款利息征收营业税的具体规定。自 2003 年 1 月 1 日起，对金融企业(包括国有、集体、股份制、合资、外资银行以及其他所有制形式的银行，城市信用社和农村信用社，信托投资公司和财务公司)，按以下规定征收营业税：

a. 金融企业发放贷款(包括自营贷款和委托贷款，下同)后，凡在规定的应收未收利息核算期内发生的应收利息，均应按规定申报缴纳营业税；贷款应收利息自结息之日起，超过应收未收利息核算期限或贷款本金到期(含展期)超过 90 天后尚未收回的，按照实际收到的利息申报缴纳营业税。

b. 对金融企业 2001 年 1 月 1 日以后发生的已缴纳过营业税的应收未收利息(包括自营贷款和委托贷款利息，下同)，若超过应收未收利息核算期限后仍未收回或其贷款本金到期(含展期)后尚未收回的，可从以后的营业额中减除。

c. 金融企业在 2000 年 12 月 31 日以前已缴纳过营业税的应收未收利息，原则上应在 2005 年 12 月 31 日前从营业额中减除完毕。但已移交给中国华融、长城、东方和信达资产管理公司的应收未收利息不得从营业额中减除。

d. 税务机关对金融企业营业税征收管理时,负责核对从营业额中减除的应收未收利息是否已征收过营业税,该项从营业额中减除的应收未收利息是否符合财政部或国家税务总局制定的财务会计制度以及税法规定。

金融企业从营业额中减除的应收未收利息的额度和年限以该金融企业确定的额度和年限确定,各级地方政府及其财政、税务机关不得规定金融企业应收未收利息从营业额中减除的年限和比例。

⑧外币折合成人民币。金融保险业以外汇结算营业额的,应将外币折合成人民币后计算营业税。原则上金融业按其收到的外汇的当天或当季季末中国人民银行公布的基准汇价折合营业额,保险业按其收到的外汇的当天或当月最后一天中国人民银行公布的基准汇价折合营业额,报经省级税务机关批准后,允许按照财务制度规定的其他基准汇价折合营业额。

【例 4.5】 根据营业税法律制度的规定,下列金融业务中,以余额为营业额计征营业税的有(　　)(2012 年)。

A. 一般贷款业务

B. 融资租赁业务

C. 债券买卖业务

D. 外汇买卖业务

【答案】 BCD

【解析】 ①选项 A:贷款业务的营业额为贷款利息收入"全额"(包括各种加息、罚息等);②选项 B:融资租赁业务以其向承租者收取的全部价款和价外费用(包括残值)减去出租方承担的出租货物的实际成本后的"余额"为营业额;③选项 CD:外汇、有价证券、期货(不包括货物期货)等金融商品买卖业务,以卖出价减去买入价后的"余额"为营业额。

3)文化体育业

单位或个人进行演出,以全部票价收入或者包场收入减去付给提供演出场所的单位、演出公司或者经纪人的费用后的余额为营业额。

4)娱乐业

娱乐业的营业额为经营娱乐业收取的全部价款和价外费用,包括门票收费、台位费、点歌费、烟酒、饮料、茶水、鲜花、小吃等收费及经营娱乐业的其他各项收费。

5)服务业

①代理业以纳税人从事代理业务向委托方实际收取的报酬为营业额。

②电脑福利彩票投注点代销福利彩票取得的任何形式的手续费收入,应照章征收营业税。

③对拍卖行向委托方收取的手续费应征收营业税。

④旅游企业组织旅游团到中华人民共和国境外旅游,在境外改由其他旅游企业接团,以全程旅游费减去付给该接团企业的旅游费后的余额为营业额。

⑤纳税人从事旅游业务的，以其取得的全部价款和价外费用扣除替旅游者支付给其他单位或者个人的住宿费、餐费、交通费、旅游景点门票和支付给其他接团旅游企业的旅游费后的余额为营业额。

⑥对单位和个人在旅游景区经营旅游游船、观光电梯、观光电车、景区环保客运车所取得的收入应按“服务业——旅游业”征收营业税。单位和个人在旅游景区兼有不同税目应税行为并采取“一票制”收费方式的，应当分别核算不同税目的营业额；未分别核算或核算不清的，从高适用税率。

⑦对经过国家版权局注册登记，在销售时一并转让著作权、所有权的计算机软件征收营业税。计算机软件产品是指记载有计算机程序及其有关文档的存储介质（包括软盘、硬盘、光盘等）。

⑧境内单位派出本单位的员工赴境外，为境外企业提供劳务服务，不属于在境内提供应税劳务。对境内企业外派本单位员工赴境外从事劳务服务取得的各项收入，不征营业税。

⑨从事物业管理的单位，以与物业管理有关的全部收入减去代业主支付的水、电、燃气以及代承租者支付的水、电、燃气、房屋租金的价款后的余额为营业额。

⑩纳税人从事无船承运业务，以其向委托人收取的全部价款和价外费用扣除其支付的海运费以及报关、港杂、装卸费用后的余额为计税营业额申报缴纳营业税。纳税人从事无船承运业务，应按照其从事无船承运业务取得的全部价款和价外费用向委托人开具发票，同时应凭其取得的开具给本纳税人的发票或其他合法有效凭证作为差额缴纳营业税的扣除凭证。

6）销售不动产或转让土地使用权

①单位和个人销售或转让其购置的不动产或受让的土地使用权，以全部收入减去不动产或土地使用权的购置或受让原价后的余额为营业额。

②单位和个人销售或转让抵债所得的不动产、土地使用权的，以全部收入减去抵债时该项不动产或土地使用权作价后的余额为营业额。

7）纳税人提供劳务、转让无形资产或销售不动产价格明显偏低

对于纳税人提供劳务、转让无形资产或销售不动产价格明显偏低而无正当理由的，或者视同发生应税行为而无营业额的，税务机关可按下列顺序确定其营业额：

①按纳税人最近时期发生同类应税行为的平均价格核定；

②按其他纳税人最近时期发生同类应税行为的平均价格核定；

③按下列公式核定：

营业额 = 营业成本或者工程成本 ×（1 + 成本利润率）÷（1- 营业税税率）

公式中的成本利润率，由省、自治区、直辖市税务局确定。

4.5 特殊经营行为的税务处理

营业税属于流转税的税种，与增值税一样在商品生产、流通过程中发挥作用。

尽管税法已经明确划分了营业税和增值税的征收范围，但是，在实际经营活动中有些行为还是很难分清的。纳税人可以同时从事多项应税活动。例如，宾馆附设餐厅、娱乐厅、健身房等适用不同税率的应税项目，客运站兼营商店等适用不同税种的经济活动。正确处理不同经营活动的税收问题是维护税法严肃性的需要，也是保护纳税人合法利益的客观要求。

4.5.1 兼营不同税目的应税行为

税法规定，纳税人兼营不同税目应税行为的，应当分别核算不同税目的营业额、转让额、销售额，然后按各自的适用税率计算应纳税额；未分别核算的，将从高适用税率计算应纳税额。

营业额是指从事建筑业、金融保险业、文化体育业、娱乐业和服务业取得的营业收入，转让额是指转让无形资产取得的收入，销售额是指销售不动产取得的收入。

4.5.2 混合销售行为

一项销售行为如果既涉及应税劳务又涉及货物的，为混合销售行为。

以上所述的货物是指有形动产，包括电力、热力、气体在内。上述从事货物的生产、批发或零售的企业、企业性单位及个体经营者，包括以从事货物的生产、批发或零售为主，并兼营应税劳务的企业、企业性单位及个体工商户在内。

纳税人的销售行为是否属于混合销售行为，由国家税务总局所属征收机关确定。

4.5.3 兼营应税劳务与货物或非应税劳务行为

纳税人兼营应交增值税项目的，应当将营业税业务与增值税业务分别核算；未分别核算的，由税务机关核定营业额。

纳税人兼营免税、减税项目的，应当单独核算免税、减税项目的营业额；未单独核算营业额的，不得免税、减税。

纳税人兼营不同税目的应税项目时，应当将不同税目的营业额分别核算；未分别核算的，适用从高税率纳税。

4.5.4 营业税与增值税征税范围的划分

纳税人的下列混合销售行为，应当分别核算应税劳务的营业额和货物的销售额，其应税劳务的营业额缴纳营业税，货物销售额不缴纳营业税；未分别核算的，由主管税务机关核定其应税劳务的营业额：

①提供建筑业务的同时销售自产货物的行为；

②财政部、国家税务总局规定的其他情形。

4.6 税收优惠

4.6.1 起征点

对于经营营业税应税项目的个人，营业税规定了起征点。营业额达到或超过起征点即照章全额计算纳税，营业额低于起征点则免予征收营业税。税法规定的起征点如下：

①按期纳税的（除另有规定外）为月营业额 1 000 ~ 5 000 元；

②按次纳税的（除另有规定外）为每次（日）营业额 100 元。

各省、自治区、直辖市人民政府所属地方税务机关可以在规定的幅度内，根据当地实际情况确定本地区适用的起征点，并报财政部、国家税务总局备案。

4.6.2 税收优惠规定

1）根据《营业税暂行条例》规定免征营业税项目

根据《营业税暂行条例》的规定，下列项目免征营业税：

①托儿所、幼儿园、养老院、残疾人福利机构提供的育养服务、婚姻介绍、殡葬服务。

②残疾人员个人为社会提供的劳务。

③学校和其他教育机构提供的教育劳务，学生勤工俭学提供的劳务。学校和其他教育机构是指普通学校以及经地、市级以上人民政府或者同级政府的教育行政部门批准成立、国家承认其学员学历的各类学校。

④农业机耕、排灌、病虫害防治、植保、农牧保险以及相关技术培训业务，家禽、牲畜、水生动物的配种和疾病防治。

⑤纪念馆、博物馆、文化馆、美术馆、展览馆、书画院、图书馆、文物保护单位举办文化活动的门票收入，宗教场所举办文化、宗教活动的门票收入。

2）根据国家其他规定免征营业税项目

根据国家的其他规定，下列项目减征或免征营业税：

①保险公司开展的 1 年期以上返还性人身保险业务的保费收入免征营业税。

返还性人身保险业务是指保期 1 年以上（包括 1 年期），到期返还本利的普通人寿保险、养老金保险、健康保险。对保险公司开办的普通人寿保险、养老金保险、健康保险的具体险种，凡经财政部、国家税务总局审核并列入免税名单的可免征营业税，未列入免税名单的一律征收营业税。

②对单位和个人（包括外商投资企业、外商投资设立的研究开发中心、外国企业和外籍个人）从事技术转让、技术开发业务和与之相关的技术咨询、技术服务业务取得的收入，免征营业税。技术转让是指转让者将其拥有的专利和非专利技术的所有权或使用权有偿转让他人的行为；技术开发是指开发者接受他人委托，就新技术、新产品、新工艺或者新材料及其系统进行研究开发的行为；技术咨询是指就特定技术项目提供可行性论证、技术预测、专题技术调查、分析评价报告等；与技术转让、技术开发相关的技术咨询、技术服务业务是指转让方（或受托方）根据技术转让或开发合同的规定，为帮助受让方（或委托方）掌握所转让（或委托开发）的技术，而提供的技术咨询、技术服务业务。

③个人转让著作权，免征营业税。

④将土地使用权转让给农业生产者用于农业生产，免征营业税。

⑤工会疗养院（所）可视为"其他医疗机构"，免征营业税。

⑥凡经中央及省级财政部门批准纳入预算管理或财政专户管理的行政事业性收费、基金，无论是行政单位收取的，还是由事业单位收取的，均不征收营业税。

⑦立法机关、司法机关、行政机关的收费，同时具备下列条件的，不征收营业税：一是国务院、省级人民政府或其所属财政、物价部门以正式文件允许收费，而且收费标准符合文件规定的；二是所收费用由立法机关、司法机关、行政机关自己直接收取的。

⑧社会团体按财政部门或民政部门规定标准收取的会费，不征收营业税。社会团体是指在中华人民共和国境内经国家社团主管部门批准成立的非营利性的协会、学会、联合会、研究会、基金会、联谊会、促进会、商会等民间群众社会组织。社会团体会费是指社会团体在国家法规、政策许可的范围内，依照社团章程的规定收取的个人会员和团体会员的款额。

各党派、共青团、工会、妇联、中科协、青联、台联、侨联收取的党费、会费，比照上述规定执行。

⑨对从原高校后勤管理部门剥离出来而成立的进行独立核算并有法人资格的高校后勤经济实体（以下简称高校后勤实体），经营学生公寓和教师公寓及为高校教学提供后勤服务而获得的租金和服务性收入，免征营业税；但利用学生公寓或教师公寓等高校后勤服务设施向社会人员提供服务而获得的租金和其他各种服务性收入，应按现行规定计征营业税。

对社会性投资建立的为高校学生提供住宿服务并按高教系统统一收费标准收取租金的学生公寓，其取得的租金收入，免征营业税；但利用学生公寓向社会人员提供住宿服务而取得的租金收入，应按现行规定计征营业税。

对设置在校园内的实行社会化管理和独立核算的食堂：向师生提供餐饮服务获得的收入免征营业税，向社会提供餐饮服务获得的收入应按现行规定计征营业税。

⑩对住房公积金管理中心用住房公积金在指定的委托银行发放个人住房贷款取得的收入，免征营业税。

⑪对按政府规定价格出租的公有住房和廉租住房暂免征收营业税，对个人按市场价格出租的居民住房，暂按3%的税率征收营业税。

⑫保险公司的摊回分保费用不征营业税。

⑬人民银行对金融机构的贷款业务,不征收营业税。人民银行对企业贷款或委托金融机构贷款的业务应当征收营业税。

⑭金融机构往来业务暂不征收营业税。金融机构往来是指金融企业联行、金融企业与人民银行及同业之间的资金往来业务取得的利息收入、不包括相互之间提供的服务。

⑮对金融机构的出纳长款收入,不征收营业税。

⑯企业集团或集团内的核心企业(以下简称企业集团)委托企业集团所属财务公司代理统借统还贷款业务,从财务公司取得的用于归还金融机构的利息不征收营业税;财务公司承担此项统借统还委托贷款业务,从贷款企业收取贷款利息不代扣代缴营业税。

以上所称企业集团委托企业集团所属财务公司代理统借统还业务,是指企业集团从金融机构取得统借统还贷款后,由集团所属财务公司与企业集团或集团内下属企业签订统借统还贷款合同并分拨借款,按支付给金融机构的借款利率向企业集团或集团内下属企业收取用于归还金融机构借款的利息,再转付企业集团,由企业集团统一归还金融机构的业务。

⑰对地方商业银行转贷用于清偿农村合作基金会债务的专项贷款利息收入免征营业税。专项贷款是指由人民银行向地方商业银行提供,并由商业银行转贷给地方政府,专项用于清偿农村合作基金会债务的贷款。

⑱对非营利性医疗机构按照国家规定的价格取得的医疗服务收入,免征营业税。医疗机构具体包括:各级各类医院、门诊部(所)、社区卫生服务中心(站)、急救中心(站)、城乡卫生院、护理院(所)、疗养院、临床检验中心等。医疗服务是指医疗服务机构对患者进行检查、诊断、治疗、康复和提供预防保健、接生、计划生育方面的服务,以及与这些服务有关的提供药品、医用材料器具、救护车、病房住宿和伙食的业务。

对营利性医疗机构取得的收入,按规定征收各项税收。但为了支持营利性医疗机构的发展,对营利性医疗机构取得的收入,直接用于改善医疗卫生条件的,自其取得执业登记之日起,3 年内对其取得的医疗服务收入免征营业税。

对疾病控制机构和妇幼保健机构等卫生机构按照国家规定的价格取得的卫生服务收入,免征营业税。疾病控制、妇幼保健等卫生机构具体包括:各级政府及有关部门举办的卫生防疫站(疾病控制中心)、各种专科疾病防治站(所),各级政府举办的妇幼保健所(站)、母婴保健机构、儿童保健机构等,各级政府举办的血站(血液中心)。

⑲对纳入全国试点范围的非营利性中小企业信用担保、再担保机构,可由地方政府确定,对其从事担保业务的收入,3 年内免征营业税。

⑳根据《中华人民共和国营业税暂行条例》及其实施细则的规定,营业税的征收范围为有偿提供应税劳务,转让无形资产或者销售不动产的行为。转让企业产权是整体转让企业资产、债权、债务及劳动力的行为;其转让价格不仅仅是由资产价值决定的,与企业销售不动产、转让无形资产的行为完全不同。因此,转让企业产权的行为不属于营业税征收范围,不应征收营业税。

㉑对社保基金理事会、社保基金投资管理人运用社保基金买卖证券投资基金、股票、债券的差价收入,暂免征收营业税。

㉒保险企业取得的追偿款不征收营业税。所称追偿款，是指发生保险事故后，保险公司按照保险合同的约定向被保险人支付赔款，并从被保险人处取得对保险标的价款进行追偿的权利而追回的价款。

㉓自 2004 年 8 月 1 日起，对军队空余房产租赁收入暂免征收营业税、房产税；此前已征税款不予退还，未征税款不再补征。

暂免征收营业税、房产税的军队空余房产，在出租时必须悬挂《军队房地产租赁许可证》，以备查验。

㉔住房专项维修基金征免营业税的规定。住房专项维修基金是属全体业主共同所有的一项代管基金，专项用于物业保修期满后物业共用部位、共用设施设备的维修和更新、改造。鉴于住房专项维修基金资金所有权及使用的特殊性，对房地产主管部门或其指定机构、公积金管理中心、开发企业以及物业管理单位代收的住房专项维修基金，不计征营业税。

㉕为了切实做好下岗失业人员再就业有关营业税优惠政策的落实工作，自 2005 年 1 月 1 日起，按以下优惠政策执行：

a. 财税〔2002〕208 号文件规定的对下岗失业人员从事个体经营活动免征营业税，是指其雇工 7 人（含 7 人）以下的个体经营行为。下岗失业人员从事经营活动雇工 8 人（含 8 人）以上，无论其领取的营业执照是否注明为个体工商业户，均按照新办服务型企业有关营业税优惠政策执行。

b. 财税〔2002〕208 号文件中的服务型企业是指从事现行营业税“服务业”税目规定的经营活动的企业。原有的企业合并、分立、改制、改组、扩建、搬迁、转产以及吸收新成员、改变隶属关系、改变企业名称和企业法人代表的，不能视为新办企业。

c. 此前关于下岗失业人员再就业营业税优惠政策与本规定不一致的，以本规定为准。其他有关营业税优惠政策仍按原有规定执行。

㉖对从事个体经营的军队转业干部、城镇退役士兵和随军家属，自领取税务登记证之日起，3 年内免征营业税。个体经营是指雇工 7 人（含 7 人）以下的个体经营行为，军队转业干部、城镇退役士兵、随军家属从事个体经营凡雇工 8 人（含 8 人）以上的，无论其领取的营业执照是否注明为个体工商业户，军队转业干部和随军家属均按照新开办的企业、城镇退役士兵按照新办的服务型企业的规定享受有关营业税优惠政策。

㉗对 QFII 委托境内公司在我国从事证券买卖业务取得的差价收入，免征营业税。

㉘单位和个人提供的垃圾处置劳务不属于营业税应税劳务，对其处置垃圾取得的垃圾处置费，不征收营业税。

㉙个人向他人无偿赠与不动产，包括继承、遗产处分及其他无偿赠与不动产等三种情况可以免征营业税。但在办理营业税免税申请手续时，纳税人应区分不同情况向税务机关提交相关证明材料：

a. 属于继承不动产的，继承人应当提交公证机关出具的“继承权公证书”、房产所有权证和个人无偿赠与不动产登记表。

b. 属于遗嘱人处分不动产的，遗嘱继承人或者受遗赠人须提交公证机关出具的“遗嘱公证书”和“遗嘱继承权公证书”或“接受遗赠公证书”、房产所有权证以及个人无偿赠与不动产登记表。

c. 属于其他情况无偿赠与不动产的，受赠人应当提交房产所有人“赠与公证书”和受赠人“接受赠与公证书”，或持双方共同办理的“赠与合同公证书”，以及房产所有权证和个人无偿赠与不动产登记表。

上述证明材料必须提交原件，税务机关应当认真审核，资料齐全并且填写正确规范的，在提交的个人无偿赠与不动产登记表上签字盖章后退提交人，将有关公证证书复印件留存，同时办理营业税免税手续。

4.7 应纳税额的计算

营业税税款的计算比较简单。纳税人提供应税劳务、转让无形资产或者销售不动产，按照营业额和规定的适用税率计算应纳税额。计算公式为：

$$应纳税额 = 营业额 \times 税率$$

【例4.6】 某卡拉OK歌舞厅某月取得门票收入为60万元，台位费收入30万元，相关的烟酒和饮料费收入20万元，鲜花和小吃收入10万元，适用的税率为20%。请计算该歌舞厅应缴纳的营业税税额。

$$应纳税额 = 营业额 \times 适用税率;(60 + 30 + 20 + 10) \times 20\% = 24(万元)$$

【例4.7】 某综合娱乐服务公司2006年5月发生如下业务：①歌舞厅门票收入5万元，点歌费收入0.3万元，烟酒饮料销售收入1万元；②保龄球馆收入4万元；③开办的网吧收入7万元；④餐厅收入30万元。请计算该公司当月应纳营业税额。

【解析】 按相关税法规定，点歌费不得从营业额中扣除，歌舞厅发生的烟酒等销售收入属于混合销售，按照“主业”应按“娱乐业”征收营业税；保龄球馆收入自2004年7月1日起营业税税率下调为5%；餐厅收入应按“服务业”税目征税；其他均属于“娱乐业”，应按相应税目计征营业税。

$$应纳营业税额 = (5 + 0.3 + 1) \times 20\% + 4 \times 5\% + 7 \times 20\% + 30 \times 5\% = 4.36(万元)$$

【例4.8】 某旅行社本月组织团体旅游，境内组团旅游收入20万元，替旅游者支付给其他单位餐费、住宿费、交通费、门票共计12万元，后为应对其他旅行社的竞争，该旅行社同意给予旅游者5%的折扣，并将价款与折扣额在同一张发票上注明；组团境外旅游收入30万元，付给境外接团企业费用18万元；另外为散客代购火车票、机票、船票取得手续费收入1万元，为游客提供打字、复印、洗相服务收入2万元。请计算该旅行社当月应纳营业税额。

【解析】 按规定，旅游企业组团境内旅游，以收取的全部旅游费减去替旅游者支付给其他单位的餐费、住宿费、交通费、门票或支付给其他接团旅游企业的旅游费后的余额为营业额；旅游企业组团境外旅游，在境外由其他旅游企业接团的，以全程旅游费减去付给接团企业的旅游费的余额为营业额;将价款与折扣额在同一发票上注明的,以折扣后的价款为营业额;其他业务按“服务业——代理业”和“服务业——其他代理业”征收营业税。

$$\begin{aligned}应纳营业税额 &= (20 \times 95\% - 12) \times 5\% + (30 - 18) \times 5\% + (1 + 2) \times 5\% \\ &= 1.1(万元)\end{aligned}$$

【例4.9】 经民政部门批准成立的某非营利性社会团体2013年7月发生如下业务:①按规定标准收取会费共3万元;②出租房屋取得收入15万元;③为某项目提供技术咨询与服务取得收入8万元;④举办科技讲座取得收入1万元;⑤主办的纪念馆取得门票销售收入0.3万元;⑥经营的打字社取得收入2万元,代售福利彩券取得手续费收入0.7万元。请计算该单位应纳营业税额。

【解析】 按税法规定,按规定收取的会费、提供技术咨询与服务收入、纪念馆门票收入免征营业税;出租房屋收入应按“服务业——租赁业”征收营业税;打字收入按“服务业——其他服务”征收营业税;科技讲座按“文化业——其他文化业”征收营业税;代销福利彩券以手续费为营业额,按“服务业——代理业”征收营业税。

$$应纳营业税额 = 15 \times 5\% + 1 \times 3\% + 2 \times 5\% + 0.7 \times 5\% = 0.915(万元)$$

4.8　征收管理

4.8.1　纳税义务发生时间

营业税的纳税义务发生时间为纳税人收讫营业收入款项或者取得索取营业收入款项凭据的当天。为书面合同确定的付款日期的当天;未签订书面合同或者书面合同未确定付款日期的,为应税行为完成的当天。收讫营业收入款项,是指纳税人应税行为发生过程中或者完成后收取的款项。对某些具体项目进一步明确如下:

①转让土地使用权或者销售不动产,采用预收款方式的,其纳税义务发生时间为收到预收款的当天。

纳税人提供建筑业或者租赁业劳务,采取预收款方式的,其纳税义务发生时间为收到预收款的当天。

②单位或者个人自己新建建筑物后销售,其自建行为的纳税义务发生时间,为其销售自建建筑物并收讫营业额或者取得索取营业额凭据的当天。

③纳税人将不动产或者土地使用权无偿赠送其他单位或者个人的,其纳税义务发生时间为不动产所有权、土地使用权转移的当天。

④会员费、席位费和资格保证金纳税义务发生时间为会员组织收讫会员费、席位费、资格保证金和其他类似费用款项或者取得索取这些款项凭据的当天。

⑤扣缴税款义务发生时间为扣缴义务人代纳税人收讫营业收入款项或者取得索取营业

收入款项凭据的当天。

⑥建筑业纳税人及扣缴义务人应按照下列规定确定建筑业营业税的纳税义务发生时间和扣缴义务发生时间：

a. 纳税义务发生时间：

• 纳税人提供建筑业应税劳务，施工单位与发包单位签订书面合同，如合同明确规定付款（包括提供原材料、动力及其他物资，不含预收工程价款）日期的，按合同规定的付款日期为纳税义务发生时间；合同未明确付款（同上）日期的，其纳税义务发生时间为纳税人收讫营业收入款项或者取得索取营业收入款项凭据的当天。

上述预收工程价款是指工程项目尚未开工时收到的款项。对预收工程价款，其纳税义务发生时间为工程开工后，主管税务机关根据工程进度按月确定的纳税义务发生时间。

• 纳税人提供建筑业应税劳务，施工单位与发包单位未签订书面合同的，其纳税义务发生时间为纳税人收讫营业收入款项或者取得索取营业收入款项凭据的当天。

• 纳税人自建建筑物，其建筑业应税劳务的纳税义务发生时间为纳税人销售自建建筑物并收讫营业收入款项或取得索取营业收入款项凭据的当天。

纳税人将自建建筑物对外赠与，其建筑业应税劳务的纳税义务发生时间为该建筑物产权转移的当天。

b. 扣缴义务发生时间：

建设方为扣缴义务人的，其扣缴义务发生时间为扣缴义务人支付工程款的当天；总承包人为扣缴义务人的，其扣缴义务发生时间为扣缴义务人代纳税人收讫营业收入款项或者取得索取营业收入款项凭据的当天。

⑦贷款业务。自2003年1月1日起，金融企业发放的贷款逾期（含展期）90天（含90天）尚未收回的，纳税义务发生时间为纳税人取得利息收入权利的当天。原有的应收未收贷款利息逾期90天以上的，该笔贷款新发生的应收未收利息，其纳税义务发生时间均为实际收到利息的当天。

⑧金融商品转让业务，纳税义务发生时间为金融商品所有权转移之日。

⑨金融经纪业和其他金融业务，纳税义务发生时间为取得营业收入或取得索取营业收入价款凭据的当天。

⑩保险业务，纳税义务发生时间为取得保费收入或取得索取保费收入价款凭据的当天。

⑪金融企业承办委托贷款业务营业税的扣缴义务发生时间，为受托发放贷款的金融机构代委托人收讫贷款利息的当天。

⑫单位和个人提供应税劳务，转让专利权、非专利技术、商标权、著作权和商誉时，向对方收取的预收性质的价款（包括预收款、预付款、预存费用、预收定金等，下同），其营业税纳税义务发生时间以按照财务会计制度的规定，该项预收性质的价款被确认为收入的时间为准。

【例4.10】 2013年3月，甲房地产公司采用预收款方式将一栋自建写字楼出售给乙公司。合同规定销售价格为3 000万元，当月乙公司预付了1 600万元，余款在以后两个月内结清。已知销售不动产的营业税税率为5%。甲公司3月应缴纳的营业税税额为( )万元。

A.150　　B.80　　C.70　　D.0

【答案】 B

【解析】 纳税人销售不动产,采取预收款方式的,营业税的纳税义务发生时间为收到预收款的当天,甲公司应纳营业税 = 1 600 × 5% = 80(万元)。

4.8.2 纳税期限

①营业税的纳税期限,分别为5日、10日、15日、1个月或者1个季度。纳税人的具体纳税期限,由主管税务机关根据纳税人应纳税额的大小分别核定;不能按照固定期限纳税的,可以按次纳税。

纳税人以1个月或1个季度为一期纳税的,自期满之日起15日内申报纳税;以5日、10日或者15日为一期纳税的,自期满之日起5日内预缴税款,于次月1日起15日内申报纳税并结清上月应纳税款。

②扣缴义务人的解缴税款期限,比照上述规定执行。

③银行、财务公司、信托投资公司、信用社、外国企业常驻代表机构的纳税期限为1个季度。自纳税期满之日起15日内申报纳税。

④保险业的纳税期限为1个月。

4.8.3 纳税地点

营业税的纳税地点原则上采取属地征收的方法,就是纳税人在经营行为发生地缴纳应纳税款。具体规定如下:

①纳税人提供应税劳务,应当向应税劳务发生地的主管税务机关申报纳税。纳税人从事运输业务的,应当向其机构所在地主管税务机关申报纳税。

②纳税人转让土地使用权,应当向土地所在地主管税务机关申报纳税。纳税人转让其他无形资产,应当向其机构所在地的主管税务机关申报纳税。

③单位和个人出租土地使用权、不动产的营业税纳税地点为土地、不动产所在地。

④纳税人销售不动产,应当向不动产所在地主管税务机关申报纳税。

⑤纳税人提供的应税劳务发生在外县(市),应向应税劳务发生地的主管税务机关申报纳税;如未向应税劳务发生地申报纳税的,由其机构所在地或者居住地主管税务机关补征税款。

⑥纳税人承包的工程跨省、自治区、直辖市的,向其机构所在地主管税务机关申报纳税。

⑦纳税人在本省、自治区、直辖市范围内发生应税行为,其纳税地点需要调整的,由省、自治区、直辖市人民政府所属税务机关确定。

⑧建筑业纳税人及扣缴义务人应按照下列规定确定建筑业营业税的纳税地点:

a.纳税人提供建筑业应税劳务,其营业税纳税地点为建筑业应税劳务的发生地。

b. 纳税人从事跨省工程的，应向其机构所在地主管地方税务机关申报纳税。

c. 纳税人在本省、自治区、直辖市和计划单列市范围内提供建筑业应税劳务的，其营业税纳税地点需要调整的，由省、自治区、直辖市和计划单列市税务机关确定。

d. 扣缴义务人代扣代缴的建筑业营业税税款的解缴地点为该工程建筑业应税劳务发生地。

e. 扣缴义务人代扣代缴跨省工程的，其建筑业营业税税款的解缴地点为被扣缴纳税人的机构所在地。

f. 纳税人提供建筑业劳务，应按月就其本地和异地提供建筑业应税劳务取得的全部收入向其机构所在地主管税务机关进行纳税申报，就其本地提供建筑业应税劳务取得的收入缴纳营业税；同时，自应申报之月（含当月）起6个月内向机构所在地主管税务机关提供其异地建筑业应税劳务收入的完税凭证，否则，应就其异地提供建筑业应税劳务取得的收入向其机构所在地主管税务机关缴纳营业税。

g. 上述本地提供的建筑业应税劳务是指独立核算纳税人在其机构所在地主管税务机关税收管辖范围内提供的建筑业应税劳务；上述异地提供的建筑业应税劳务是指独立核算纳税人在其机构所在地主管税务机关税收管辖范围以外提供的建筑业应税劳务。

本章练习题

一、单项选择题

1. 根据营业税有关规定，下列说法正确的是（　　）。
   A. 土地租赁按“服务业——租赁业”税目计税
   B. 出租房屋按“服务业”税目征税，营业税税率统一为5%
   C. 转让土地使用权按“销售不动产”税目征税
   D. 无船承运业务按“服务业——租赁业”税目计税
2. 下列关于营业税纳税地点的表述中，不正确的是（　　）。
   A. 异地提供建筑业劳务未纳税的，由机构所在地税务机关补征税款
   B. 纳税人提供建筑业应税劳务，其营业税纳税地点为机构所在地
   C. 纳税人转让土地使用权，应当向土地所在地主管税务机关申报纳税
   D. 纳税人销售、出租不动产应向不动产所在地的主管税务机关纳税
3. 纳税人提供应税劳务、转让无形资产或销售不动产价格明显偏低而无正当理由的，主管税务机关可以按顺序核定组成计税价格，公式为（　　）。
   A. 营业成本或工程成本 ×（1 + 成本利润率）÷（1 + 营业税税率）
   B. 营业成本或工程成本 ×（1 + 成本利润率）÷（1 − 营业税税率）
   C. 营业成本或工程成本 ÷（1 − 营业税税率）
   D. 营业成本或工程成本 ÷（1 + 营业税税率）
4. 某卡拉OK歌舞厅，本月门票收入50万元，台位费收入20万元，相关烟、酒、饮料收入18

万元,零点小食品收入5万元,点歌收入5万,该歌舞厅本月应缴纳的营业税为(　　)万元。(歌舞厅营业税税率为20%)

A. 14.55　　B. 15.15　　C. 18.6　　D. 19.6

5. 某旅游公司组织20人到北京旅游,每人收取旅游费5 000元,旅游中由公司支付每人长城景点费350元,租车费100元,游故宫费用270元,其他住宿、餐饮费用350元,则旅游公司应纳营业税为(　　)元。

A. 2 000　　B. 3 200　　C. 3 600　　D. 3 930

6. 某金融企业从事债券买卖业务,2012年8月购入A债券购入价50万元,B债券购入价80万元,共支付相关费用和税金1.3万元;当月又将债券卖出,A债券售出价65万元,B债券售出价75万元,卖出时共支付相关费用和税金1万元。该金融企业当月应纳营业税为(　　)。

A. 1 185元　　B. 5 000元　　C. 2 500元　　D. 64 000元

7. 下列经营者中,属于营业税纳税人的是(　　)。

A. 从事汽车修配业的个人

B. 单位销售木材的同时负责运输

C. 从事缝纫业务的个体户

D. 将不动产无偿赠送他人的单位

8. 根据营业税的相关规定,下列关于营业税纳税期限的说法中错误的是(　　)。

A. 营业税的纳税期分别为1日、3日、5日、10日、15日或者一个月

B. 纳税人以一个月为一期纳税的,自期满之日起15日内申报纳税

C. 银行、信用社从事金融业的纳税期限为一个季度,自纳税期满之日起15日内申报纳税

D. 保险业的纳税期限为一个月,自纳税期满之日起15日内申报纳税

9. 某房地产开发公司2013年自建统一规格和标准的商品房5栋,工程总成本28 000万元。销售其自建商品房3栋,取得销售收入32 000万元;另将其中的1栋作为公司的办公楼、1栋抵顶建筑材料价款;当地规定的建筑业利润率为10%,上述业务应纳营业税税额(　　)万元。

A. 3 619.24　　B. 2 188.42　　C. 2 861.69　　D. 2 895.40

10. 关于自2011年1月28日起个人销售住房征收营业税的规定,下列叙述错误的是(　　)。

A. 个人将购买不足5年的非普通住房对外销售,全额征收营业税

B. 个人将购买不足5年的普通住房对外销售,按照销售收入减去购买房屋的价款后的差额征收营业税

C. 个人将购买超过5年的非普通住房对外销售,按照销售收入减去购买房屋的价款后的差额征收营业税

D. 个人将购买超过5年的普通住房对外销售,免征营业税

二、多项选择题

1. 根据现行规定,下列关于营业税的说法正确的有(　　)。

A. 因财务会计核算办法改变将已缴纳过营业税的预收性质的价款逐期转为营业收入时，允许从营业额中减除
B. 纳税人提供建筑业劳务应当向机构所在地的主管税务机关申报纳税
C. 营业税纳税人购置税控收款机，可以凭增值税专用发票或者普通发票抵免营业税税额
D. 因受让方违约而从受让方取得的赔偿金收入，应并入营业额中征收营业税
E. 营业税的组成计税价格＝营业成本或工程成本×(1+成本利润率)÷(1+营业税税率)

2. 根据营业税的相关规定，下列经营项目，其营业额确定符合营业税规定的有（　　）。
A. 单位和个人转让其自建的不动产，以全部收入减去不动产的原值后的余额为营业额
B. 娱乐业的营业额应包括门票收费、台位费、点歌费、烟酒和饮料收费及其他各项收费
C. 单位因财务会计核算办法改变将已缴纳过营业税的预收性质的价款逐期转为营业收入时，允许从营业额中减除
D. 服务性单位从事餐饮中介服务的营业额为向委托方和餐饮企业实际收取的中介服务费，包括其代委托方转付的就餐费用
E. 饮食业的营业额为向顾客提供饮食消费服务而收取的餐饮收入

3. 按照现行营业税的有关规定，下列说法正确的有（　　）。
A. 单位和个人将土地使用权无偿赠送他人，视同转让土地使用权征税
B. 对个人（含个体工商户及其他个人）从事外汇、有价证券、非货物期货和其他金融商品买卖业务取得的收入暂免征收营业税
C. 中国网通通信集团公司及其分公司以业务销售附带赠送实物业务，其附带赠送实物，也需要缴纳营业税
D. 银行金银买卖业务应按照金融业缴纳营业税
E. 残疾人员个人提供的劳务免征营业税

4. 下列有关建筑业纳税义务发生时间和纳税地点的表述中，正确的有（　　）。
A. 纳税人提供建筑业劳务，采取预收款方式的，其纳税义务发生时间为收到预收款的当天
B. 纳税人将不动产无偿赠送其他单位或个人的，其自建行为的纳税义务发生时间为不动产所有权转移的当天
C. 纳税人发生自建行为的，其纳税义务发生时间为销售自建建筑物的纳税义务发生时间
D. 纳税人提供建筑业应税劳务，其营业税纳税地点为纳税人机构所在地或居住地
E. 扣缴义务人代扣代缴的建筑业营业税税款的解缴地点为该工程建筑业应税劳务发生地

5. 下列企业的营业行为，属于混合销售，应征营业税的有（　　）。
A. 某歌舞厅在提供娱乐服务的同时销售酒水
B. 某汽修厂提供汽车修理服务同时销售汽车零部件
C. 某商店销售空调并负责为用户安装
D. 建筑安装企业承包工程并负责施工的同时，给建设单位提供外购的建筑材料
E. 娱乐城同时提供台球、电子游戏等娱乐活动

三、计算题

1. 2013 年 10 月，某建筑公司在中国境内发生如下业务：

①承建甲企业办公楼，合同中约定，甲企业提供电梯，价款 800 万元。该办公楼 10 月竣工并一次性结算工程价款 11 500 万元（包括劳动保护费 20 万元、临时设施费 15 万元），另外取得提前竣工奖 20 万元。

②承建乙企业家属宿舍楼，该宿舍楼 10 月竣工并结算工程价款 5 480 万元，其中：工程所耗用的水泥预制板由建筑公司非独立核算的生产车间提供，价款 220 万元，其余建筑材料由建筑公司购进，价款 3 400 万元，建筑工程劳务价款 1 860 万元。

③丙企业长期拖欠建筑公司工程价款 6 000 万元，经双方协商进行债务重组，丙企业将其一栋商品房抵顶工程价款。商品房原价 5 000 万元，已提折旧 1 000 万元，评估价 4 000 万元，丙企业另支付银行存款 2 000 万元。建筑公司对该商品房重新装修后销售，取得销售收入 6 400 万元，发生装修费支出 600 万元。

④承包某宾馆室内装修工程，装饰、装修劳务费 1 300 万元、辅助材料费用 50 万元；宾馆自行采购的材料价款 2 400 万元及中央空调设备价款 120 万元。

⑤销售自建商品房，取得销售收入 5 800 万元，该商品房工程成本 2 600 万元。

其他条件：建筑劳务成本利润率 20%，装饰装修劳务成本利润率 10%。根据上述资料要求计算：

①该建筑公司承建甲企业办公楼应缴纳营业税；

②该建筑公司承建乙企业家属宿舍楼应缴纳营业税；

③该建筑公司销售抵债房产应缴纳营业税；

④该建筑公司当月应缴纳营业税合计。

2. 某房产开发股份有限公司（具有建筑资质），从事多业经营，2012 年 12 月份发生如下业务：

①销售自建商品房一栋，取得销售收入 2 000 万元，其中包括代收城市基础设施配套费、集资兴建锅炉增容费 150 万元；工程成本 460 万元，成本利润率 10%；

②自己的施工队为本公司建成自用办公楼一栋，施工队与房产开发公司结算工程价款为 3 000 万元；

③房地产开发公司所属施工队为其他建设单位建设办公楼一栋，工程价款 120 万元，另外对方提供材料价款 50 万元；

④酒店营业收入 200 万元，其中有餐厅收入 160 万元，KTV 包房娱乐收入共计 40 万元；客房部的客房收入 50 万元，洗浴收入 200 万元；

⑤本年和某公司合作建立一家五星级酒店，自己将一栋旧办公楼转入合资公司，不承担风险，每月约定取得 100 万投资回报，本月已经收到该笔款项；

⑥将一批原自用的商品房销售给本单位职工，该批商品房的工程成本为共收取价款 500 万元，该部分房产市场售价为 750 万元；

⑦本月部分土地被政府依法拆迁，收到政府补偿款3 580万元，该土地原购进价格850万元，建筑成本1 280万元。（KTV营业税税率为20%）根据上述资料要求计算：

①计算业务①应纳营业税税额；

②计算该业务②和业务③中公司施工队应纳建筑业营业税；

③计算业务④应纳营业税税额；

④计算该公司本月应纳营业税总额。

第5章　城市维护建设税与教育费附加

【学习要求】

1. 熟悉城市维护建设税与教育费附加的基本概念和特点；
2. 掌握城市维护建设税与教育费附加的征税范围、税目和税率；
3. 掌握城市维护建设税与教育费附加的计税依据及应纳税额的计算方法；
4. 了解城市维护建设税与教育费附加的征收管理。

5.1　城市维护建设税

城市维护建设税法，是指国家制定的用以调整城市维护建设税征收与缴纳权利及义务关系的法律规范。现行城市维护建设税的基本规范，是1985年2月8日国务院发布并于同年1月1日实施的《中华人民共和国城市维护建设税暂行条例》（以下简称《城市维护建设税暂行条例》）。

5.1.1　城市维护建设税基本原理

1）城市维护建设税的概念

城市维护建设税是对从事工商经营，缴纳增值税、消费税、营业税的单位和个人征收的一种税。

新中国成立以来，我国城市建设和维护在不同时期都取得了较大成绩，但国家在城市建设方面一直资金不足。1979年以前，我国用于城市维护建设的资金来源由当时的工商税附加、城市公用事业附加和国家下拨城市维护费组成。1979年国家开始在部分大中城市试行从上年工商利润中提取5%用于城市维护和建设的办法，但未能从根本上解决问题。1981年国务院在批转财政部关于改革工商税制的设想中提出："根据城市建设的需要，开征城市维护建设税，作为县以上城市和工矿区市政建设的专项资金。"1985年2月8日国务院颁布了《中华人民共和国城市维护建设税暂行条例》并于1985年1月1日在全国范围内施行。

2）城市维护建设税的特点

（1）税款专款专用

一般情况下，税收收入都直接纳入国家预算，由中央和地方政府根据需要，统一安排使用到国家建设和事业发展的各个方面，税法并不规定各个税种收入的具体使用范围和方向。但城市维护建设税不同，其所征税款要求保证用于城市公用事业和公共设施的维护和建设。

(2)属于一种附加税

征税对象是税法规定征税的目的物，是一个税种区别于另一个税种的主要标志。而城市维护建设税是以纳税人实际缴纳的增值税、消费税、营业税税额为计税依据，随“三税”同时征收，其本身没有特定的课税对象，其征管方法也完全比照“三税”的有关规定办理。

(3)根据城镇规模设计不同的比例税率

城市维护建设税的负担水平，不是依据纳税人获取的利润水平或经营特点而定，而是根据纳税人所在城镇的规模及其资金需要设计的。城镇规模大的，税率高一些；反之，就低一些。例如，纳税人所在地在城市市区的，税率为7%；在县城、建制镇的税率为5%。这样规定能够使不同地区获取不同数量的城市维护建设资金，因地制宜地进行城市的维护和建设。

(4)征收范围较广

增值税、消费税、营业税是对商品和劳务的征税，在我国现行税制体系中居主体税种的地位，占全部税收收入总额的70%左右，其征税范围基本上包括了我国境内所有经营行为的单位和个人。城市维护建设税以增值税、消费税、营业税额作为税基，从这个意义上看，城市维护建设税几乎是对所有纳税人的征税，因此，它的征税范围比其他任何税种的征税范围都要广。

3)城市维护建设税的作用

(1)补充城市维护建设资金的不足

城市在国民经济建设中有着重要的作用。随着我国经济体制改革的深入和市场经济的迅速发展，我国城市化进程也在不断加快，城市的中心地位越来越重要。但是，由于城市建设资金不足，使城市的维护建设欠账较多，远远跟不上工农业生产和各项事业发展的需要。在1984年以前，国家用于城市维护建设的资金，除了在基本建设投资中安排及征收城市公用事业附加外，还在部分城市试行从上年利润中提取5%的城市维护费的办法。采用这种办法集中城建资金，不仅面窄、量少，而且极不稳定。1984年国营企业实行利改税后，企业利润减少，又直接影响了城建资金的提取量。1985年开征城市维护建设税之后，由于城市维护建设税以“商品劳务三税”的税额为计税依据，与“三税”同时征收，这样，不但扩大了征收范围，而且还可以保证城建税收入随“三税”的增长而增长，从而使城市维护建设有了一个比较稳定和可靠的资金来源。

(2)限制了对企业乱摊派

在开征城市维护建设税以前，有些地区和部门借口城建资金不足，随意向企业摊派物资和资金，加重了企业的负担，影响了企业正常生产经营和发展。征收城市维护建设税后，国家把地方政府用于城市维护建设的资金来源用法律形式固定下来。所以，《城市维护建设税暂行条例》第八条明确规定：开征城市维护建设税后，任何地区和部门，都不得再向纳税人摊派资金或物资。遇到摊派情况，纳税人有权拒绝执行，这就为限制对企业的乱摊派提供了法律保证。

(3)调动了地方政府进行城市维护和建设的积极性

《城市维护建设税暂行条例》第六条规定:城市维护建设税应当保证用于城市公用事业和公共设施的维护建设,具体安排由地方政府确定。这就明确了城市维护建设税是一个具有专款专用性质的地方税。将城市维护建设税收入与当地城市建设直接挂钩,税收收入越多,城镇建设资金就越充裕,城镇建设发展就越快。

这样,就可以充分调动地方政府的积极性,使其关心城市维护建设税收入,加强城市维护建设税的征收管理。从另一角度看,城市维护建设税作为一个地方税种,也充实和完善了地方税体系,扩大了地方政府的财政收入规模,为整体税制的进一步完善起到了积极的作用。

5.1.2 纳税义务人

城建税的纳税义务人,是指负有缴纳增值税、消费税和营业税"三税"义务的单位和个人,包括国有企业、集体企业、私营企业、股份制企业、其他企业和行政单位、事业单位、军事单位、社会团体、其他单位,以及个体工商户及其他个人。但目前,对外商投资企业和外国企业缴纳的"三税"不征收城建税。

5.1.3 税率

城建税的税率,是指纳税人应缴纳的城建税税额与纳税人实际缴纳的"三税"税额之间的比率。城建税按纳税人所在地的不同,设置了三档地区差别比例税率,即:

①纳税人所在地为市区的,税率为7%;

②纳税人所在地为县城、镇的,税率为5%;

③纳税人所在地不在市区、县城或者镇的,税率为1%。

城建税的适用税率,应当按纳税人所在地的规定税率执行。但是,对下列两种情况,可按缴纳"三税"所在地的规定税率就地缴纳城建税:

第一种情况:由受托方代扣代缴、代收代缴"三税"的单位和个人,其代扣代缴、代收代缴的城建税按受托方所在地适用税率执行。

第二种情况:流动经营等无固定纳税地点的单位和个人,在经营地缴纳"三税"的,其城建税的缴纳按经营地适用税率执行。

5.1.4 计税依据

城建税的计税依据,是指纳税人实际缴纳的"三税"税额。纳税人违反"三税"有关税法而加收的滞纳金和罚款,是税务机关对纳税人违法行为的经济制裁,不作为城建税的计税依据,但纳税人在被查补"三税"和被处以罚款时,应同时对其偷漏的城建税进行补税、征收滞纳金和罚款。

城建税以"三税"税额为计税依据并同时征收,如果要免征或者减征"三税",也就要同时免征或者减征城建税。

自1997年1月1日起，供货企业向出口企业和市县外贸企业销售出口产品时，以增值税当期销项税额抵扣进项税额后的余额，计算缴纳城建税。但对出口产品退还增值税、消费税的，不退还已缴纳的城建税。

自2005年1月1日起，经国家税务总局正式审核批准的当期免抵的增值税税额应纳入城市维护建设税和教育费附加的计征范围，分别按规定的税（费）率征收城市维护建设税和教育费附加。2005年1月1日前，已按免抵的增值税税额征收的城市维护建设税和教育费附加不再退还，未征的不再补征。

5.1.5　应纳税额的计算

城建税纳税人的应纳税额大小是由纳税人实际缴纳的“三税”税额决定的，其计算公式为：

应纳税额 =（纳税人实际缴纳的增值税 + 消费税 + 营业税税额）× 适用税率

【例5.1】　某市区一家企业2009年3月份实际缴纳增值税300 000元，缴纳消费税400 000元，缴纳营业税200 000元。计算该企业应纳的城建税税额。

应纳城建税税额 =（实际缴纳的增值税 + 实际缴纳的消费税 + 实际缴纳的营业税）× 适用税率 =（300 000 + 400 000 + 200 000）× 7% = 900 000 × 7% = 63 000（元）

由于城建税法实行纳税人所在地差别比例税率，所以在计算应纳税额时，应十分注意根据纳税人所在地来确定适用税率。

5.1.6　税收优惠

城建税原则上不单独减免，但因城建税又具附加税性质，当主税发生减免时，城建税相应发生税收减免。城建税的税收减免具体有以下几种情况：

①城建税按减免后实际缴纳的“三税”税额计征，即随“三税”的减免而减免。

②对于因减免税而需进行“三税”退库的，城建税也可同时退库。

③海关对进口产品代征的增值税、消费税，不征收城建税。

④为支持三峡工程建设，对三峡工程建设基金，自2004年1月1日至2009年12月31日期间，免征城市维护建设税和教育费附加。

⑤对“三税”实行先征后返、先征后退、即征即退办法的，除另有规定外；对随“三税”附征的城市维护建设税和教育费附加，一律不予退（返）还。

5.1.7　征收管理

1）纳税环节

城建税的纳税环节，是指《城市维护建设税暂行条例》规定的纳税人应当缴纳城建税的环节。城建税的纳税环节，实际就是纳税人缴纳“三税”的环节。纳税人只要发生“三税”的纳税义务，就要在同样的环节，分别计算缴纳城建税。

2)纳税地点

城建税以纳税人实际缴纳的增值税、消费税、营业税税额为计税依据,分别与“三税”同时缴纳。所以,纳税人缴纳“三税”的地点,就是该纳税人缴纳城建税的地点。但是,属于下列情况的,纳税地点为:

①代扣代缴、代收代缴“三税”的单位和个人,同时也是城市维护建设税的代扣代缴、代收代缴义务人,其城建税的纳税地点在代扣代收地。

②跨省开采的油田,下属生产单位与核算单位不在一个省内的,其生产的原油,在油井所在地缴纳增值税,其应纳税款由核算单位按照各油井的产量和规定税率,计算汇拨各油井缴纳。所以,各油井应纳的城建税,应由核算单位计算,随同增值税一并汇拨油井所在地,由油井在缴纳增值税的同时,一并缴纳城建税。

③对管道局输油部分的收入,由取得收入的各管道局于所在地缴纳营业税。所以,其应纳城建税,也应由取得收入的各管道局于所在地缴纳营业税时一并缴纳。

④对流动经营等无固定纳税地点的单位和个人,应随同“三税”在经营地按适用税率缴纳。

3)纳税期限

由于城建税是由纳税人在缴纳“三税”时同时缴纳的,所以其纳税期限分别与“三税”的纳税期限一致。根据增值税法和消费税法规定,增值税、消费税的纳税期限均分别为1日、3日、5日、10日、15日或者1个月;根据营业税法规定,营业税的纳税期限分别为5日、10日、15日或者1个月。增值税、消费税、营业税的纳税人的具体纳税期限,由主管税务机关根据纳税人应纳税额大小分别核定;不能按照固定期限纳税的,可以按次纳税。

由于《城市维护建设税暂行条例》是在1994年分税制前制定的,1994年后,增值税、消费税由国家税务局征收管理,而城市维护建设税由地方税务局征收管理,因此,在缴税入库的时间上不一定完全一致。

5.2 教育费附加

5.2.1 教育费附加概述

教育费附加是对缴纳增值税、消费税、营业税的单位和个人,就其实际缴纳的税额为计算依据征收的一种附加费。

教育费附加是为加快地方教育事业,扩大地方教育经费的资金而征收的一项专用基金。1984年,国务院颁布了《关于筹措农村学校办学经费的通知》,开征了农村教育事业经费附加。1985年,中共中央做出了《关于教育体制改革的决定》,指出必须在国家增拨教育基本建设投资和教育经费的同时,充分调动企、事业单位和其他各种社会力量办学的积极性,开辟多种渠道筹措经费。为此,国务院于1986年4月28日颁布了《征收教育费附加的暂行规定》,决定从同年7月1日起开始在全国范围内征收教育费附加。

5.2.2 教育费附加的征收范围及计征依据

教育费附加对缴纳增值税、消费税、营业税的单位和个人征收,以其实际缴纳的增值税、消费税和营业税为计征依据,分别与增值税、消费税和营业税同时缴纳。

5.2.3 教育费附加计征比率

教育费附加计征比率曾几经变化。1986年开征时,规定为1%;1990年5月《国务院关于修改〈征收教育费附加的暂行规定〉的决定》中规定为2%;按照1994年2月7日《国务院关于教育费附加征收问题的紧急通知》的规定,现行教育费附加征收比率为3%。

5.2.4 教育费附加的计算

教育费附加的计算公式为:

应纳教育费附加=(实际缴纳的增值税+消费税+营业税)×征收比率

【例5.2】 某市区一家企业5月份实际缴纳增值税200 000元,缴纳消费税300 000元,缴纳营业税100 000元。计算该企业应缴纳的教育费附加。

应纳教育费附加=(实际缴纳的增值税+实际缴纳的消费税+实际缴纳的营业税)×征收比率=(200 000+300 000+100 000)×3%=600 000×3%=18 000(元)

5.2.5 教育费附加的减免规定

①对海关进口的产品征收的增值税、消费税,不征收教育费附加。

②对由于减免增值税、消费税和营业税而发生退税的,可同时退还已征收的教育费附加。但对出口产品退还增值税、消费税的,不退还已征的教育费附加。

本章练习题

一、单项选择题

1. 下列项目属于城市维护建设税计税依据的是( )。
   A. 中外合资企业在华机构缴纳的企业所得税
   B. 个体工商户拖欠营业税加收的滞纳金
   C. 个人独资企业偷税被处的增值税罚款
   D. 外资商场偷逃的增值税税金
2. 根据规定,现行教育费附加的征收率为( )。
   A. 1% B. 2% C. 3% D. 5%

3. 根据现行规定，关于城建税和教育费附加的减免规定，下列表述正确的是(　　)。

A. 对海关进口产品征收的增值税、消费税和营业税，应征收城建税

B. 对“三税”实行先征后返、先征后退、即征即退办法的，除另有规定外，对随同“三税”附征的城市维护建设税，一律不予退(返)还

C. 对出口产品退还增值税、消费税的，可以同时退还已征的城建税

D. 对因减免税而需要进行增值税、消费税退库的，不可以同时退还已征的城建税

4. 以下各个项目中，可以作为计算城市维护建设税及教育费附加的依据的是(　　)。

A. 补缴的消费税税款

B. 因漏缴营业税而缴纳的滞纳金

C. 因漏缴营业税而缴纳的罚款

D. 进口货物缴纳的增值税税款

5. 关于教育费附加的规定，下列表述正确的是(　　)。

A. 对出口产品退还增值税、消费税的，不退还已征的教育费附加

B. 对海关进口的产品征收增值税、消费税，同时征收教育费附加

C. 自 2004 年 1 月 1 日起，对当年安置城镇退役士兵达到职工总数 30% 以上，并与其签订 1 年以上期限劳动合同的新办广告企业，经审核，3 年内免征教育费附加

D. 对下岗人员从事建筑业的，其领取税务登记证之日起，3 年内免征营业税

6. 某企业地处市区，2014 年 5 月被税务机关查补增值税 90 000 元、消费税 50 000 元、所得税 60 000 元；还被加收滞纳金 40 000 元、被处罚款 80 000 元。该企业应补缴城市维护建设税和教育费附加(　　)元。

A. 10 000　　B. 14 000　　C. 16 000　　D. 20 000

二、多项选择题

1. 根据相关规定，下列属于城市维护建设税的特点的有(　　)。

A. 税款专款专用，具有受益税性质

B. 实行从量定额征收

C. 征收范围广

D. 属于一种附加税

E. 根据城建规模设计税率

2. 根据现行规定，下列关于城市维护建设税的说法中正确的有(　　)。

A. 海关对进口产品代征消费税的，不代征城市维护建设税

B. 对于因减免税而需要进行“三税”退库的，城市维护建设税可同时退库

C. 对增值税、消费税、营业税“三税”实行先征后返、先征后退、即征即退办法的，除另有规定外，对随“三税”附征的城市维护建设税和教育费附加，一律不予退(返)还

D. 对下岗失业人员从事个体经营(除建筑业、娱乐业以及广告业、桑拿、按摩、网吧、氧吧外)的，自领取税务登记证之日起，3 年内免征城建税

E. 流动经营无固定纳税地点的单位和个人，不缴纳城市维护建设税

3. 位于县城的某化妆品生产企业（一般纳税人）委托位于市区的一家加工厂（一般纳税人）为其加工化妆品，化妆品生产企业提供的原材料价值为100 000 元，受托方收取加工费50 000 元，以上价格均为不含税价格，则下列说法正确的有（　　）。

A. 受托方应缴纳的城建税为595 元

B. 受托方应缴纳的城建税为4 500 元

C. 受托方应代收代缴的教育费附加为1 928. 57 元

D. 受托方应代收代缴的城建税为4 500 元

E. 受托方代收代缴城建税时应适用5% 的税率

4. 根据现行规定，下列关于教育费附加的说法中正确的有（　　）。

A. 海关对进口产品代征消费税的，不代征教育费附加

B. 对于减免增值税、消费税、营业税而发生退税的，可以同时退还已征收的教育费附加

C. 出口产品退还增值税、消费税的，同时退还已经征收的教育费附加

D. 对自谋职业的城镇退役士兵从事个体经营（除建筑业、娱乐业以及广告业、桑拿、按摩、网吧、氧吧外）的，自领取税务登记证之日起，3 年内免征教育费附加

E. 流动经营无固定纳税地点的单位和个人，不缴纳教育费附加

5. 市区某制药厂为一般纳税人，2014 年10 月经营缴纳增值税130 万元，补缴上月漏缴的增值税55. 8 万元；本月又转让一项药剂生产技术，收取款项50 万元。则下列说法正确的是（　　）。

A. 本月经营应缴纳城建税9. 1 万

B. 本月应缴纳城建税9. 28 万元

C. 本月应补缴城建税3. 91 万元

D. 本月应补缴城建税2. 79 万元

E. 转让药剂生产技术免交营业税

第6章 关 税

【学习要求】

1. 了解关税的基本概念和发展历史；
2. 熟悉进出口关税税率、关税完税价格的确定；
3. 掌握关税应纳税额的计算方法；
4. 熟悉关税的优惠政策。

关税法是指国家制定的调整关税征收与缴纳权利义务关系的法律规范。现行关税法律规范以全国人民代表大会于2000年7月修正颁布的《中华人民共和国海关法》(以下简称《海关法》)为法律依据，以国务院于2003年11月发布的《中华人民共和国进出口关税条例》(以下简称《进出口关税条例》)，以及由国务院关税税则委员会审定并报国务院批准，作为条例组成部分的《中华人民共和国海关进出口税则》和《中华人民共和国海关入境旅客行李物品和个人邮递物品征收进口税办法》为基本法规，由负责关税政策制定和征收管理的主管部门依据基本法规拟定的管理办法和实施细则为主要内容。

6.1 关税概述

6.1.1 关税的概念

关税是海关依法对进出境货物、物品征收的一种税。所谓"境"指关境，又称"海关境域"或"关税领域"，是国家《海关法》全面实施的领域。在通常情况下，一国关境与国境是一致的，包括国家全部的领土、领海、领空。但当某一国家在国境内设立了自由港、自由贸易区等，这些区域就进出口关税而言处在关境之外，这时，该国家的关境小于国境，如我国。根据《中华人民共和国香港特别行政区基本法》和《中华人民共和国澳门特别行政区基本法》，香港和澳门保持自由港地位，为我国单独的关税地区，即单独关境区。单独关境区是不完全适用该国海关法律、法规或实施单独海关管理制度的区域。当几个国家结成关税同盟、组成一个共同的关境、实施统一的关税法令和统一的对外税则时，这些国家彼此之间货物进出国境不征收关税，只对来自或运往其他国家的货物进出共同关境时征收关税，这些国家的关境大于国境,如欧盟。

6.1.2 关税的发展

关税是一个历史悠久的税种。它是伴随国家之间经济联系的需要而产生和发展起来的。在当今国际社会,它不仅是各国政府取得财政收入的一种形式,而且是在国际经济交往中维护国家权益的重要手段。关税的起源很早,随着社会生产力的发展,出现了商品的生产和交换。关税正是随着商品交换和商品流通领域的不断扩大以及国际贸易的不断发展而产生和逐步发展的。

在古代,统治者在其领地内对流通中的商品征税,是取得财政收入的一种最方便的手段。近代国家出现后,关税成为国家税收中的一个单独税种,形成了近代关税。其后,又发展成为现代各国所通行的现代关税。

我国关税历史悠久,西周就有"关市之征"的记载,征税的目的是"关市之赋,以待王之膳服"。随着国际贸易往来的逐渐增多,陆地边境关卡的征税和沿海港口市舶机构的征税,具有国境关税的特征。清初时设立江、浙、闽、粤四处海关,其后在不平等条约下增开对外通商口岸设立海关,征收关税。但国内各地关卡林立,常关税、厘金税、子口税、转口税等国内关税与国境关税同时并存。至1931年以后才逐步撤销了内地关税,只在国境征收进出口关税。新中国成立后,国家组建了海关总署,统一管理全国海关业务。1950年1月政务院颁布了《关于关税政策和海关工作的决定》,同年5月颁布了《中华人民共和国暂行海关法》《中华人民共和国进出口税则》和《中华人民共和国进出口税则暂行实施条例》,统一了新中国的关税政策,建立了完全独立自主的保护关税制度。

在国外,关税也是一种古老的税种,最早发生在欧洲。据《大英百科全书》对 customs 一词的来源解释,古时候在商人进入市场交易时,要向当地领主交纳一种例行的、常规的入市税 customary tolls,后来就把 customs 和 customs duty 作为海关和关税的英文名称。

6.1.3 关税政策和关税分类

1)关税政策

关税政策反映了一国一定时期内的贸易政策、产业政策以及国民经济发展的基本思路,市政府调节经济的重要方式。关税政策的调整一般可分为两种方式,一是自主性调整,二是具有外部约束的调整。自主性的关税政策调整的局限性在于:关税政策调整的过程可能相对较长,没有外部压力的调整方式可能会因为国内各利益集团的影响而延缓政策目标的实现。具有外部约束的关税政策调整则不然,它强调一旦该国接受了某种协议,承诺要实行贸易自由化,那么该国的关税就必须按照所承诺的内容严格执行有关协议。我国入世以前的关税政策调整主要是以自主性为基本特征的,是建立在自身比较优势的基础上。1984—2001年我国的关税水平从43%降到12.7%。加入WTO以后,我国关税政策的调整明显地表现出"非自主性",也就是说,关税政策的制定必须符合WTO各项协议的要求。

2)关税分类

在各国每个阶段不同的关税政策下,各国采取不同的关税征收方法,关税也因此形成了不同的类型。依据不同的分类标准和依据,关税可以划分为不同的种类。

(1)按征收对象划分,有进口税、出口税和过境税

①进口税。它是指海关在外国货物进口时所课征的关税。进口税通常在外国货物进入关境或国境时征收;或在外国货物从保税仓库提出运往国内市场时征收。现今世界各国的关税,主要是征进口税。征收进口税的目的在于保护本国市场和增加财政收入。

②出口税。它是指海关在本国货物出口时所课征的关税。为了降低出口货物的成本,提高本国货物在国际市场上的竞争能力,世界各国一般少征或不征出口税。但为了限制本国某些产品或自然资源的输出,或为了保护本国生产、本国市场供应和增加财政收入以及某些特定的需要,有些国家也征收出口税。

③过境税。又称通过税。它是对外国货物通过本国国境或关境时征收的一种关税。过境税最早主要是为了增加国家财政收入而征收的。后由于各国的交通事业发展,竞争激烈,征收过境税,不仅妨碍国际商品流通,而且还减少港口、运输、仓储等方面的收入,于是便逐步废除了过境税的条款。

(2)按征收目的划分,有财政关税和保护关税

①财政关税。又称收入关税,它以增加国家财政收入为主要目的而课征的关税。财政关税的税率比保护关税低,因为过高的关税会阻碍进出口贸易的发展,达不到增加财政收入的目的。随着世界经济的发展,财政关税的意义逐渐减低,而被保护关税所代替。

②保护关税。它是以保护本国经济发展为主要目的而课征的关税。保护关税主要是进口税,税率较高,有的高达百分之几百。通过征收高额进口税,使进口商品成本增高,从而削弱它在进口国市场的竞争能力,甚至阻碍其进口,以达到保护本国经济发展的目的。保护关税是实现一个国家对外贸易政策的重要措施之一。

(3)按计征方式划分,有从量关税、从价关税、混合关税、选择性关税和滑动关税

①从量关税。以征税对象的数量为计税依据,按每单位数量预先制定的应税额计征。

②从价关税。以征税对象的价格为计税依据,根据一定比例的税率进行计征。

③混合关税。是指对两种进口货物同时制订出从价、从量两种方式,分别计算税额,以两种税额之和作为该货物的应征税额。

④选择性关税。对同一种货物在税则中规定从价、从量两种税率,在征税时选择其中征收税额较多的一种,以免因物价波动影响财政收入。也可以选择税额较少的一种标准计算关税。

⑤滑动关税。又称滑准税。指对某种货物在税则中预先按该商品的价格规定几档税率。同一种货物当价格高时适用较低税率,价格低的时候适用较高税率。目的是使该物品的价格在国内市场上保持相对稳定。

(4)按税率制定划分,有自主关税和协定关税

①自主关税。又称国定关税。一个国家基于其主权,独立自主地制定的、并有权修订的关税包括关税税率及各种法规、条例。国定税率一般高于协定税率,适用于没有签订关税贸

易协定的国家。

②协定关税。两个或两个以上的国家,通过缔结关税贸易协定而制定的关税税率。协定关税有双边协定税率、多边协定税率和片面协定税率。双边协定税率是两个国家达成协议而相互减让的关税税率。多边协定税率,是两个以上的国家之间达成协议而相互减让的关税税率,如关税及贸易总协定中的相互减让税率的协议。片面协定税率是一国对他国输入的货物降低税率,为其输入提供方便,而他国并不以降低税率回报的税率制度。

(5)按差别待遇和特定的实施情况划分,有进口附加税、差价税、特惠税和普遍优惠制

①进口附加税。它是指除了征收一般进口税以外,还根据某种目的再加征额外的关税。它主要有反补贴税和反倾销税。

②差价税。又称差额税。当某种本国生产的产品国内价格高于同类的进口商品价格时,为了削弱进口商品的竞争能力,保护国内生产和国内市场,按国内价格与进口价格之间的差额征收关税,称差价税。

③特惠税。又称优惠税。它是指对某个国家或地区进口的全部商品或部分商品,给予特别优惠的低关税或免税待遇。但它不适用于从非优惠国家或地区进口的商品。特惠税有的是互惠的,有的是非互惠的。

④普遍优惠制。简称普惠制。它是发展中国家在联合国贸易与发展会议上经过长期斗争,在1968年通过建立普惠制决议后取得的。该决议规定,发达国家承诺对从发展中国家或地区输入的商品,特别是制成品和半成品,给予普遍的、非歧视性的和非互惠的优惠关税待遇。

6.1.4 关税的计税方法

关税的计税方法多样,根据进口的货物的类别、原产地以及国家的关税政策,分别采用从价定率征收、从量定额征收和复合关税征税的方法,采用了比例税率、定额税率、复合税率和滑准税率等形式。

6.1.5 关税的作用

关税是贯彻对外经济贸易政策的重要手段。它在调节经济、促进改革开放方面,在正确保护民族企业生产、防止国外的经济侵袭、争取关税互惠、促进对外贸易发展、增加国家财政收入方面,都具有重要作用。

1)维护国家主权和经济利益

对进出口货物征收关税,表面上看似乎只是一个与对外贸易相联系的税收问题,其实一国采取什么样的关税政策直接关系到国与国之间的主权和经济利益。历史发展到今天,关税已成为各国政府维护本国政治、经济权益,乃至进行国际经济斗争的一个重要武器。我国根据平等互利和对等原则,通过关税复式税则的运用等方式,争取国际的关税互惠并反对他国对我国进行关税歧视,促进对外经济技术交往,扩大对外经济合作。

2)保护和促进本国工农业生产的发展

一个国家采取什么样的关税政策,是实行自由贸易,还是采用保护关税政策,是由该国的经济发展水平、产业结构状况、国际贸易收支状况以及参与国际经济竞争的能力等多种因素决定的。国际上许多发展经济学家认为,自由贸易政策不适合发展中国家的情况。相反,这些国家为了顺利地发展民族经济,实现工业化,必须实行保护关税政策。我国作为发展中国家,一直十分重视利用关税保护本国的"幼稚工业",促进进口替代工业发展,关税在保护和促进本国工农业生产的发展方面发挥了重要作用。

3)调节国民经济和对外贸易

关税是国家的重要经济杠杆,通过税率的高低和关税的减免,可以影响进出口规模,调节国民经济活动。如调节出口产品和出口产品生产企业的利润水平,有意识地引导各类产品的生产,调节进出口商品数量和结构,可促进国内市场商品的供需平衡,保护国内市场的物价稳定等。

4)筹集国家财政收入

从世界大多数国家尤其是发达国家的税制结构分析,关税收入在整个财政收入中的比重不大,并呈下降趋势。但是,一些发展中国家,其中主要是那些国内工业不发达、工商税源有限、国民经济主要依赖于某种或某几种初级资源产品出口,以及国内许多消费品主要依赖于进口的国家,征收进出口关税仍然是它们取得财政收入的重要渠道之一。我国关税收入是财政收入的重要组成部分。

6.2 纳税人与征税对象

6.2.1 征税对象

关税的征税对象是准许进出境的货物和物品。货物是指贸易性商品;物品指入境旅客随身携带的行李物品、个人邮递物品、各种运输工具上的服务人员携带进口的自用物品、馈赠物品以及其他方式进境的个人物品。

6.2.2 纳税义务人

进口货物的收货人、出口货物的发货人、进出境物品的所有人,是关税的纳税义务人。进出口货物的收、发货人是依法取得对外贸易经营权,并进口或者出口货物的法人或者其他社会团体。进出境物品的所有人包括该物品的所有人和推定为所有人的人。一般情况下,对于携带进境的物品,推定其携带人为所有人;对分离运输的行李,推定相应的进出境旅客为所有人;对以邮递方式进境的物品,推定其收件人为所有人;以邮递或其他运输方式出境的物品,推定其寄件人或托运人为所有人。

6.3 进出口税则

6.3.1 进出口税则概况

进出口税则是一国政府根据国家关税政策和经济政策,通过一定的立法程序制定公布实施的进出口货物和物品应税的关税税率表。进出口税则以税率表为主体,通常还包括实施税则的法令、使用税则的有关说明和附录等。《中华人民共和国海关进出口税则》是我国海关凭以征收关税的法律依据,也是我国关税政策的具体体现。我国现行税则包括《中华人民共和国进出口关税条例》《税率适用说明》《中华人民共和国海关进口税则》《中华人民共和国海关出口税则》及进口商品从量税、复合税、滑准税税目税率表、进口商品关税配额税目税率表、进口商品税则暂定税率表、出口商品税则暂定税率表、非全税目信息技术产品税率表等附录。

税率表作为税则主体,包括税则商品分类目录和税率栏两大部分。税则商品分类目录是把种类繁多的商品加以综合,按照其不同特点分门别类简化成数量有限的商品类目,分别编号按序排列,称为税则号列,并逐号列出该号中应列入的商品名称。商品分类的原则即归类规则,包括归类总规则和各类、章、目的具体注释。税率栏是按商品分类目录逐项定出的税率栏目。我国现行进口税则为四栏税率,出口税则为一栏税率。按税则商品分类目录体系划分,新中国成立以来,我国分别于1951年、1985年、1992年先后实施了三部进出口税则,进出口商品都采用同一税则目录分类。

6.3.2 税则商品分类目录

1)我国历部税则商品分类

我国1951年5月公布实施的进出口税则,是我国第一部真正独立自主制定的税则,将进出口商品按自然属性、用途、加工程度分成17类、89章、939个税号,其商品目录主要参考了旧中国税则、苏联税则和前万国联盟(League of Nations)编制的《日内瓦统一税则目录》(Geneva Nomenclature)等,结构比较简单,归类较为容易。

1985年3月,我国实施了以《海关合作理事会税则商品目录》(Customs Co. Operation Council Nomenclature,简称CCCN)为基础的进出口税则,将进出口商品划分为21类、99章、1 011个税目。CCCN是在《日内瓦统一税则目录》基础上,由欧洲海关同盟研究组编制的,到1986年有52个签约国,150多个国家和地区采用了这个目录。

从1992年1月至今,我国实施了以《商品名称及编码协调制度》(Harmonized Commodity Description and Coding System)为基础的进出口税则。

2)《商品名称及编码协调制度》

《商品名称及编码协调制度》(以下简称HS)是一部科学、系统的国际贸易商品分类体系,是国际上多个商品分类目录协调的产物,适合于与国际贸易有关的多方面的需要,如海关、统计、贸易、运输、生产等,成为国际贸易商品分类的一种"标准语言"。

HS 是《HS 公约》的附件,由海关合作理事会(Customs Co-operation Council,简称 CCC;1994 年 1 月改名为世界海关组织 World Customs Organization,简称 WCO)组织编制。根据公约规定,缔约国主要权利之一是缔约国不承担关税税率方面的任何义务,即缔约国对关税税率不加任何限制。缔约国的主要义务是发达国家在公约于本国生效之日起,要保证全部采用 HS,发展中国家可先行部分采用,在 3 ~5 年内全部采用。《HS 公约》于 1998 年 1 月 1 日实施。截至 1993 年 3 月,公约的缔约国为 71 个,正式使用 HS 的非缔约国 48 个,其中主要发达国家都采用了该制度。我国于 1992 年 6 月加入《HS 公约》。于 1992 年 1 月 1 日起正式实施 HS。

HS 一般每 4 ~6 年修订一次,最新版本为 2002 年版,前两版分别为 1992 年版和 1996 年版。

3)HS 及我国现行税则的商品分类

(1)总体结构

HS 的总体结构有三部分:一是归类总规则,共六条,规定了分类原则和方法,以保证对 HS 使用和解释的一致性,使某一具体商品能够始终归入一个唯一编码;二是类(Section)、章(Chapter)、目(Heading)和子目(Sub-Heading)注释,严格界定了相应的商品范围,阐述专用术语的定义或区分某些商品的技术标准及界限;三是按顺序编排的目与子目编码及条文,采用六位编码,将所有商品分为 21 类、97 章(其中 77 章是留做备用的空章),章下再分为目和子目。编码前两位数代表"章",前四位数代表"目",五、六位数代表"子目"。

(2)类

HS 中的"类"基本上按社会生产部类分类,将属于同一生产部类的产品归在同一类中,如农业在第一、二类,化学工业在第六类,纺织工业在第十一类,冶金工业在第十五类,机电制造业在第十六类。具体情况分类如下:

第一类:活动物;动物产品。

第二类:植物产品。

第三类:动、植物油、脂及其分解产品;精制的食用油脂;动、植物蜡。

第四类:食品;饮料、酒及醋;烟草及烟草代用品的制品。

第五类:矿产品。

第六类:化学工业及其相关工业的产品。

第七类:塑料及其制品;橡胶及其制品。

第八类:生皮、皮革、毛皮及其制品;鞍具及挽具;旅行用品、手提包及类似容器;动物肠线(蚕胶丝除外)制品。

第九类:木及木制品;木炭;软木及软木制品;稻草、秸秆、针茅或其他编结材料制品;篮筐及柳条编结品。

第十类:木浆及其他纤维状纤维素浆;回收(废碎)纸或纸板;纸、纸板及其制品。

第十一类:纺织原料及其纺织制品。

第十二类:鞋、帽、伞、杖、鞭及其零件;已加工的羽毛及其制品;人造花;人发制品。

第十三类:石料、石膏、水泥、石棉、云母及类似材料的制品;陶瓷产品;玻璃及其制品。

第十四类:天然或养殖珍珠、宝石或半宝石、贵金属、包贵金属及其制品;仿首饰;硬币。

第十五类:贱金属及其制品。

第十六类:机器、机械器具、电气设备及其零件;录音机及放声机、电视图,像、声音的录制和重放设备及其零件、附件。

第十七类:车辆、航空器、船舶及有关运输设备。

第十八类:光学、照相、电影、计量、检验、医疗或外科用仪器及设备、精密仪器及设备;钟表;乐器;上述物品的零件、附件。

第十九类:武器、弹药及零件、附件。

第二十类:杂项制品。

第二十一类:艺术品、收藏品及古物。

(3)章

HS 中"章"的分类有两种情况:一是按商品原材料的属性分类,相同原料的产品一般归入同一章,在章内按产品加工程度从原料到成品顺序排列,如第 52 章棉花,按原棉—已梳棉—棉纱—棉布顺序排列。二是按商品的用途或性能分类。制造业的许多产品很难按其原料分类,尤其是可用多种材料制作的产品或由混合材料制成的产品,如鞋、帽、机电仪器产品等,章内再按原料或加工程度顺序排列。HS 各章都有一个"其他"子目,起"兜底"作用,使任何国际贸易商品都能在这个分类体系找到适当位置。

(4)我国子目

我国现行税则采用八位编码,前六位等效采用 HS 编码,第七、八位为我国根据中国进出口商品的实际情况,在 HS 基础上延伸的两位编码,也称增列税目。增列税目的原则主要是,遵循 HS 分类原则和方法,适应科学技术发展需要,有利于对相关商品实行有区别的关税政策,有利于执行国家重要产业政策,有利于解决商品归类分歧,便于海关统计。一般情况下,增列税目的商品应当单独成类,不应是一个具体品牌或单个的商品;应当具有一定的进口量或进口额,不应为某一个部门或企业的特殊需要单列税目;应当有一定的技术先进性和前瞻性,生命周期较短的商品不宜增列;在海关现场要能够与其他商品鉴别。增列税目应重点考虑代表现代科技发展方向,尤其是能够促进环保和节能方面的新产品;国家产业政策重点支持和发展的产品;进口量或进口额较大,但没有单列税目的商品。到目前为止,我国自主增列税目 2 092 个,使我国 2002 年版进口税则的总税目数为 7 316 个,其中 HS2002 年版有 5 224 个六位税目。我国 2002 年版出口税则税目总数为 36 个。

6.3.3 税则归类

税则归类,就是按照税则的规定,将每项具体进出口商品按其特性在税则中找出其最适合的某一个税号,即"对号入座",以便确定其适用的税率,计算关税税负。税则归类错误会

导致关税的多征或少征,影响关税作用的发挥。因此,税则归类关系到关税政策的正确贯彻。税则归类一般按以下步骤进行:

①了解需要归类的具体进出口商品的构成、材料属性、成分组成、特性、用途和功能。

②查找有关商品在税则中拟归的类、章及税号。对于原材料性质的货品,应首先考虑按其属性归类;对于制成品,应首先考虑按其用途归类。

③将考虑采用的有关类、章及税号进行比较,筛选出最为合适的税号。在比较、筛选时,首先看类、章的注释有无具体描述归类对象或其类似品,已具体描述的,按类、章的规定办理;其次是查阅《HS 注释》,确切地了解有关类、章及税号范围。

④通过以上方法也难以确定的税则归类商品,可运用归类总规则的有关条款来确定其税号。如进口地海关无法解决的税则归类问题,应报海关总署明确。

6.3.4 税率及运用

1)进口关税税率

(1)税率设置与适用

在我国加入世界贸易组织(WTO)之前,我国进口税则设有两栏税率,即普通税率和优惠税率。对原产于与我国未订有关税互惠协议的国家或者地区的进口货物,按照普通税率征税;对原产于与我国订有关税互惠协议的国家或者地区的进口货物,按照优惠税率征税。在我国加入 WTO 之后,为履行我国在加入 WTO 关税减让谈判中承诺的有关义务,享有 WTO 成员应有的权利,自 2002 年 1 月 1 日起,我国进口税则设有最惠国税率、协定税率、特惠税率、普通税率、关税配额税率等税率。对进口货物在一定期限内可以实行暂定税率。最惠国税率适用原产于与我国共同适用最惠国待遇条款的 WTO 成员国或地区的进口货物,或原产于与我国签订有相互给予最惠国待遇条款的双边贸易协定的国家或地区进口的货物,以及原产于我国境内的进口货物;协定税率适用原产于我国参加的含有关税优惠条款的区域性贸易协定有关缔约方的进口货物,目前对原产于韩国、斯里兰卡和孟加拉国 3 个曼谷协定成员的 739 个税目进口商品实行协定税率(即曼谷协定税率);特惠税率适用原产于与我国签订有特殊优惠关税协定的国家或地区的进口货物,目前对原产于孟加拉国的 18 个税目进口商品实行特惠税率(即曼谷协定特惠税率);普通税率适用于原产于上述国家或地区以外的其他国家或地区的进口货物。按照普通税率征税的进口货物,经国务院关税税则委员会特别批准,可以适用最惠国税率。适用最惠国税率、协定税率、特惠税率的国家或者地区名单,由国务院关税税则委员会决定。

(2)税率水平与结构

1992 年我国关税总水平(优惠税率的算术平均水平)约为 42%,普通税率平均为 56%。之后对关税总水平进行了几次较大幅度的调整,1992 年 12 月,降低为 40%;1994 年 1 月,降低至 36%;1996 年 4 月,降低至 23%;1997 年 10 月,降低至 17%。2002 年,我国关税总水平(最惠国税率的算术平均水平)由 15.3% 降低到 12%,平均降幅 21.6%。在 7 316 个税目中,有 5 332 个税目的税率有不同程度的降低,降幅面达 73%。其中,工业品平均税率为

11.6%，农产品(包括水产品)的平均税率为15.6%，比2001年分别降低了23%和17.5%。降税后，农产品(不包括水产品)平均税率为15.8%；水产品为14.3%；原油及成品油为6.1%；木材、纸及其制品为8.9%；纺织品和服装为17.6%；化工产品为7.9%；交通工具为17.4%；机械产品为9.6%；电子产品为10.7%。普通税率总体平均约为57%。今后5年内，我国关税总水平将进一步降低，关税税率结构将进一步完善。进口商品的税率结构主要体现为产品加工程度越深，关税税率越高，即在不可再生性资源、一般资源性产品及原材料、半成品、制成品中，不可再生性资源税率较低，制成品税率较高。

(3)税率计征办法

我国对进口商品基本上都实行从价税，即以进口货物的完税价格作为计税依据，以应征税额占货物完税价格的百分比作为税率。从1997年7月1日起，我国对部分产品实行从量税、复合税和滑准税。

从量税是以进口商品的重量、长度、容量、面积等计量单位为计税依据。从量税是每一种进口商品的单位应税额固定，不受该商品进口价格的影响，因此，这种计税方法的特点是税额计算简便，通关手续快捷，并能起到抑制质次价廉商品或故意低瞒价格商品的进口。目前我国对原油、部分鸡产品、啤酒、胶卷进口分别以重量、容量、面积计征从量税。

复合税是对某种进口商品同时使用从价和从量计征的一种计征关税的方法，如现行进口税则中“广播级录像机”的最惠国税率：当每台价格不高于2 000美元时，执行30%、36%的单一从价税。当每台价格高于2 000美元时，每台征收4 374元的从量税，再加上3%的从价税。复合税既可发挥从量税抑制低价商品进口的特点，又可发挥从价税税负合理、稳定的特点。目前我国对录像机、放像机、摄像机、数字照相机和摄录一体机实行复合税。

滑准税是一种关税税率随进口商品价格由高到低而由低到高设置计征关税的方法，可以使进口商品价格越高，其进口关税税率越低，进口商品的价格越低，其进口关税税率越高。其主要特点是可保持滑准税商品的国内市场价格的相对稳定，尽可能减少国际市场价格波动的影响。目前我国对新闻纸实行滑准税。

(4)暂定税率与关税配额税率

根据经济发展需要，国家对部分进口原材料、零部件、农药原药和中间体、乐器及生产设备实行暂定税率。暂定税率优先适用于优惠税率或最惠国税率，按普通税率征税的进口货物不适用暂定税率。同时，对部分进口农产品和化肥产品实行关税配额，即一定数量内的上述进口商品适用税率较低的配额内税率，超出该数量的进口商品适用税率较高的配额外税率。现行税则对200多个税目进口商品实行了暂定税率，对小麦、豆油等10种农产品和尿素等3种化肥产品实行关税配额管理。

(5)税则附录中“非全税目信息技术产品税率表”

我国对251个税目的信息技术产品基本实行0～7.2%的低税率，有少数产品税率超过10%。其中有15类信息技术产品只占应归入税目商品中的一部分，即非全税目商品。如只对“离心机”税目中的“半导体晶片加工用离心干燥器”实行低税率。这类信息技术产品的税率列在现行进口税则附录“非全税目信息技术产品税率表”中，凡申报进口表列15类产品并要求适用低税率的，须经信息产业部审核并经海关确认后，方可以低税率计征关税。

2）出口关税税率

我国出口税则为一栏税率，即出口税率。国家仅对少数资源性产品及易于竞相杀价、盲目进口、需要规范出口秩序的半制成品征收出口关税。1992 年对 47 种商品计征出口关税，税率为 20% ~40%。现行税则对 36 种商品计征出口关税，主要是鳗鱼苗、部分有色金属矿砂及其精矿、生锑、磷、氟钽酸钾、苯、山羊板皮、部分铁合金、钢铁废碎料、铜和铝原料及其制品、镍锭、锌锭、锑锭。出口商品税则税率一直未予调整。但对上述范围内的 23 种商品实行 0 ~20% 的暂定税率，其中 16 种商品为零关税，6 种商品税率为 10% 及以下。与进口暂定税率一样，出口暂定税率优先适用于出口税则中规定的出口税率。因此，我国真正征收出口关税的商品只有 20 种，税率也较低。

3）特别关税

特别关税包括报复性关税、反倾销税与反补贴税、保障性关税。征收特别关税的货物、适用国别、税率、期限和征收办法，由国务院关税税则委员会决定，海关总署负责实施。

（1）报复性关税

报复性关税是指为报复他国对本国出口货物的关税歧视，而对相关国家的进口货物征收的一种进口附加税。任何国家或者地区对其进口的原产于我国的货物征收歧视性关税或者给予其他歧视性待遇的，我国对原产于该国家或者地区的进口货物征收报复性关税。

（2）反倾销税与反补贴税

反倾销税与反补贴税是指进口国海关对外国的倾销商品，在征收关税的同时附加征收的一种特别关税，其目的在于抵消他国补贴。在激烈的市场竞争中，倾销和补贴行为在国际贸易中时常发生且有愈演愈烈之势，其危害是使用不公平手段抢占市场份额，抑制我国相关产业的发展。为保护我国产业，根据《中华人民共和国反倾销条例》和《中华人民共和国反补贴条例》规定，进口产品经初裁确定倾销或者补贴成立，并由此对国内产业造成损害的，可以采取临时反倾销或反补贴措施，实施期限为自决定公告规定实施之日起，不超过 4 个月。采取临时反补贴措施在特殊情形下，可以延长至 9 个月。经终裁确定倾销或者补贴成立，并由此对国内产业造成损害的，可以征收反倾销税和反补贴税，征收期限一般不超过 5 年，但经复审确定终止征收反倾销税或反补贴税，有可能导致倾销或补贴以及损害的继续或再度发生的，征收期限可以适当延长。反倾销税和反补贴税的纳税人为倾销或补贴产品的进口经营者。采取以上措施的步骤是，国务院关税税则委员会（现商务部，下同）作出决定，再由外经贸部予以公告。采取临时反补贴措施要求提供现金保证金、保函或者其他形式的担保，由外经贸部作出决定并予以公告。海关自公告规定实施之日起执行。

（3）保障性关税

当某类商品进口量剧增，对我国相关产业带来巨大威胁或损害时，按照 WTO 有关规则，可以启动一般保障措施，即在与有实质利益的国家或地区进行磋商后，在一定时期内提高该项商品的进口关税或采取数量限制措施，以保护国内相关产业不受损害。根据《中华人民共和国保障措施条例》规定,有明确证据表明进口产品数量增加,在不采取临时保障措施将对国内产业造成难以补救的损害的紧急情况下,可以作出初裁决定,并采取临时保障措施。临时保障措施采取提高关税的形式。终裁决定确定进口产品数量增加,并由此对国内产业造成损害的,可以采取保障措施。保障措施可以提高关税、数量限制等形式,针对正在进口的产品实施,不区分产品来源国家或地区。采取提高关税形式的步骤是,外经贸部提出建议,国务院关税税则委员会作出决定,再由外经贸部予以公告。

4)税率的运用

我国《进出口关税条例》规定,进出口货物,应当依照税则规定的归类原则归入合适的税号,并按照适用的税率征税。其中:

①进出口货物,应当按照纳税义务人申报进口或者出口之日实施的税率征税。

②进口货物到达前,经海关核准先行申报的,应当按照装载此货物的运输工具申报进境之日实施的税率征税。

③进出口货物的补税和退税,适用该进出口货物原申报进口或者出口之日所实施的税率,但下列情况除外:

a. 按照特定减免税办法批准予以减免税的进口货物,后因情况改变经海关批准转让或出售或移作他用需予补税的,适用海关接受纳税人再次填写报关单申报办理纳税及有关手续之日实施的税率征税。

b. 加工贸易进口料、件等属于保税性质的进口货物,如经批准转为内销,应按向海关申报转为内销之日实施的税率征税;如未经批准擅自转为内销的,则按海关查获日期所施行的税率征税。

c. 暂时进口货物转为正式进口需予补税时,应按其申报正式进口之日实施的税率征税。

d. 分期支付租金的租赁进口货物,分期付税时,适用海关接受纳税人再次填写报关单申报办理纳税及有关手续之日实施的税率征税。

e. 溢卸、误卸货物事后确定需征税时,应按其原运输工具申报进口日期所实施的税率征税。如原进口日期无法查明的,可按确定补税当天实施的税率征税。

f. 对由于税则归类的改变、完税价格的审定或其他工作差错而需补税的,应按原征税日期实施的税率征税。

g. 对经批准缓税进口的货物以后交税时,不论是分期或一次交清税款,都应按货物原进口之日实施的税率征税。

h. 查获的走私进口货物需补税时,应按查获日期实施的税率征税。

6.4 关税完税价格

《海关法》规定,进出口货物的完税价格,由海关以该货物的成交价格为基础审查确定。成交价格不能确定时,完税价格由海关依法估定。自我国加入世界贸易组织后,我国海关已全面实施《世界贸易组织估价协定》,遵循客观、公平、统一的估价原则,并依据2002年1月1日起实施的《中华人民共和国海关审定进出口货物完税价格办法》(以下简称《完税价格办法》),审定进出口货物的完税价格。

6.4.1 一般进口货物的完税价格

1)以成交价格为基础的完税价格

根据《海关法》规定,进口货物的完税价格包括货物的货价、货物运抵我国境内输入地点起卸前的运输及其相关费用、保险费。我国境内输入地为入境海关地,包括内陆河、江口岸,一般为第一口岸。货物的货价以成交价格为基础。进口货物的成交价格是指买方为购买该货物,并按《完税价格办法》有关规定调整后的实付或应付价格。

(1)对进口货物成交价格的要求

进口货物成交价格应当符合下列要求:

①买方对进口货物的处置或使用不受限制,但国内法律、行政法规规定的限制和对货物转售地域的限制,以及对货物价格无实质影响的限制除外;

②货物的价格不得受到使该货物成交价格无法确定的条件或因素的影响;

③卖方不得直接或间接获得因买方转售、处置或使用进口货物而产生的任何收益,除非能够按照《完税价格办法》有关规定作出调整;

④买卖双方之间没有特殊关系,如果有特殊关系;应当符合《完税价格办法》的有关规定。

(2)对实付或应付价格进行调整的有关规定

"实付或应付价格"指买方为购买进口货物直接或间接支付的总额,即作为卖方销售进口货物的条件,由买方向卖方或为履行卖方义务向第三方已经支付或将要支付的全部款项。

①如下列费用或者价值未包括在进口货物的实付或者应付价格中,应当计入完税价格:

a.由买方负担的除购货佣金以外的佣金和经纪费。"购货佣金"指买方为购买进口货物向自己的采购代理人支付的劳务费用。"经纪费"指买方为购买进口货物向代表买卖双方利益的经纪人支付的劳务费用。

b.由买方负担的与该货物视为一体的容器费用。

c.由买方负担的包装材料和包装劳务费用。

d.与该货物的生产和向中华人民共和国境内销售有关的,由买方以免费或者以低于成本的方式提供并可以按适当比例分摊的料件、工具、模具、消耗材料及类似货物的价款，以及在境外开发、设计等相关服务的费用。

e. 与该货物有关并作为卖方向我国销售该货物的一项条件，应当由买方直接或间接支付的特许权使用费。"特许权使用费"指买方为获得与进口货物相关的、受著作权保护的作品、专利、商标、专有技术和其他权利的使用许可而支付的费用；但是在估定完税价格时，进口货物在境内的复制权费不得计入该货物的实付或应付价格之中。

f. 卖方直接或间接从买方对该货物进口后转售、处置或使用所得中获得的收益。

上列所述的费用或价值，应当由进口货物的收货人向海关提供客观量化的数据资料。如果没有客观量化的数据资料，完税价格由海关按《完税价格办法》规定的方法进行估定。

②下列费用，如能与该货物实付或者应付价格区分，不得计入完税价格：

a. 厂房、机械、设备等货物进口后的基建、安装、装配、维修和技术服务的费用。

b. 货物运抵境内输入地点之后的运输费用、保险费和其他相关费用。

c. 进口关税及其他国内税收。

(3) 对买卖双方之间有特殊关系的规定

买卖双方之间有特殊关系的，经海关审定其特殊关系未对成交价格产生影响，或进口货物的收货人能证明其成交价格与同时或大约同时发生的下列任一价格相近，该成交价格海关应当接受：

①向境内无特殊关系的买方出售的相同或类似货物的成交价格。

②按照使用倒扣价格有关规定所确定的相同或类似货物的完税价格。

③按照使用计算价格有关规定所确定的相同或类似货物的完税价格。

海关在使用上述价格作比较时，应当考虑商业水平和进口数量的不同，以及实付或者应付价格的调整规定所列各项目和交易中买卖双方有无特殊关系造成的费用差异。

有下列情形之一的，应当认定买卖双方有特殊关系：买卖双方为同一家族成员；买卖双方互为商业上的高级职员或董事；一方直接或间接地受另一方控制；买卖双方都直接或间接地受第三方控制；买卖双方共同直接或间接地控制第三方；一方直接或间接地拥有、控制或持有对方5%或以上公开发行的有表决权的股票或股份；一方是另一方的雇员、高级职员或董事；买卖双方是：同一合伙的成员。买卖双方在经营上相互有联系，一方是另一方的独家代理、经销或受让人，如果有上述关系的，也应当视为有特殊关系。

2) 进口货物海关估价方法

进口货物的价格不符合成交价格条件或者成交价格不能确定的，海关应当依次以相同货物成交价格方法、类似货物成交价格方法、倒扣价格方法、计算价格方法及其他合理方法确定的价格为基础，估定完税价格。如果进口货物的收货人提出要求，并提供相关资料，经海关同意，可以选择倒扣价格方法和计算价格方法的适用次序。

(1) 相同或类似货物成交价格方法

相同或类似货物成交价格方法，即以与被估的进口货物同时或大约同时（在海关接受申报进口之日的前后各45天以内）进口的相同或类似货物的成交价格为基础，估定完税价格。

以该方法估定完税价格时,应使用与该货物相同商业水平且进口数量基本一致的相同或类似货物的成交价格,但对因运输距离和运输方式不同,在成本和其他费用方面产生的差异应当进行调整。在没有上述的相同或类似货物的成交价格的情况下,可以使用不同商业水平或不同进口数量的相同或类似货物的成交价格,但对因商业水平、进口数量、运输距离和运输方式不同,在价格、成本和其他费用方面产生的差异应当作出调整。

以该方法估定完税价格时,应当首先使用同一生产商生产的相同或类似货物的成交价格,只有在没有这一成交价格的情况下,才可以使用同一生产国或地区生产的相同或类似货物的成交价格。如果有多个相同或类似货物的成交价格,应当以最低的成交价格为基础,估定进口货物的完税价格。

上述"相同货物"指与进口货物在同一国家或地区生产的,在物理性质、质量和信誉等所有方面都相同的货物,但表面的微小差异允许存在;"类似货物"指与进口货物在同一国家或地区生产的,虽然不是在所有方面都相同,但却具有相似的特征、相似的组成材料、同样的功能,并且在商业中可以互换的货物。

(2)倒扣价格方法

倒扣价格方法即以被估的进口货物、相同或类似进口货物在境内销售的价格为基础估定完税价格。按该价格销售的货物应当同时符合五个条件,即在被估货物进口时或大约同时销售;按照进口时的状态销售;在境内第一环节销售;合计的货物销售总量最大;向境内无特殊关系方的销售。

以该方法估定完税价格时,下列各项应当扣除:

①该货物的同等级或同种类货物,在境内销售时的利润和一般费用及通常支付的佣金。

②货物运抵境内输入地点之后的运费、保险费、装卸费及其他相关费用。

③进口关税、进口环节税和其他与进口或销售上述货物有关的国内税。

(3)计算价格方法

计算价格方法即按下列各项的总和计算出的价格估定完税价格。有关项为:

①生产该货物所使用的原材料价值和进行装配或其他加工的费用;

②与向境内出口销售同等级或同种类货物的利润、一般费用相符的利润和一般费用;

③货物运抵境内输入地点起卸前的运输及相关费用、保险费。

(4)其他合理方法

使用其他合理方法时,应当根据《完税价格办法》规定的估价原则,以在境内获得的数据资料为基础估定完税价格。但不得使用以下价格:

①境内生产的货物在境内的销售价格;

②可供选择的价格中较高的价格;

③货物在出口地市场的销售价格;

④以计算价格方法规定的有关各项之外的价值或费用计算的价格;

⑤出口到第三国或地区的货物的销售价格;

⑥最低限价或武断虚构的价格。

6.4.2 特殊进口货物的完税价格

1)加工贸易进口料件及其制成品

加工贸易进口料件及其制成品需征税或内销补税的,海关按照一般进口货物的完税价格规定,审定完税价格。其中:

①进口时需征税的进料加工进口料件,以该料件申报进口时的价格估定。

②内销的进料加工进口料件或其制成品(包括残次品、副产品),以料件原进口时的价格估定。

③内销的来料加工进口料件或其制成品(包括残次品、副产品),以料件申报内销时的价格估定。

④出口加工区内的加工企业内销的制成品(包括残次品、副产品),以制成品申报内销时的价格估定。

⑤保税区内的加工企业内销的进口料件或其制成品(包括残次品、副产品),分别以料件或制成品申报内销时的价格估定。如果内销的制成品中含有从境内采购的料件,则以所含从境外购入的料件原进口时的价格估定。

⑥加工贸易加工过程中产生的边角料,以申报内销时的价格估定。

2)保税区、出口加工区货物

从保税区或出口加工区销往区外、从保税仓库出库内销的进口货物(加工贸易进口料件及其制成品除外),以海关审定的价格估定完税价格。对经审核销售价格不能确定的海关应当按照一般进口货物估价办法的规定,估定完税价格。如销售价格中未包括在保税区、出口加工区或保税仓库中发生的仓储、运输及其他相关费用的,应当按照客观量化的数据资料予以计入。

3)运往境外修理的货物

运往境外修理的机械器具、运输工具或其他货物,出境时已向海关报明,并在海关规定期限内复运进境的,应当以海关审定的境外修理费和料件费为完税价格。

4)运往境外加工的货物

运往境外加工的货物,出境时已向海关报明,并在海关规定期限内复运进境的,应当以海关审定的境外加工费和料件费,以及该货物复运进境的运输及其相关费用、保险费估定完税价格。

5)暂时进境货物

对于经海关批准的暂时进境的货物,应当按照一般进口货物估价办法的规定,估定完税价格。

6)租赁方式进口货物

租赁方式进口的货物中,以租金方式对外支付的租赁货物,在租赁期间以海关审定的租金作为完税价格;留购的租赁货物,以海关审定的留购价格作为完税价格;承租人申请一次性缴纳税款的,经海关同意,按照一般进口货物估价办法的规定估定完税价格。

7)留购的进口货样等

对于境内留购的进口货样、展览品和广告陈列品,以海关审定的留购价格作为完税价格。

8)予以补税的减免税货物

减税或免税进口的货物需予补税时,应当以海关审定的该货物原进口时的价格,扣除折旧部分价值作为完税价格,计算公式为:

完税价格 = 海关审定的该货物原进口时的价格 × [1 - 申请补税时实际已使用的时间(月) ÷ (监管年限 × 12)]

9)以其他方式进口的货物

以易货贸易、寄售、捐赠、赠送等其他方式进口的货物,应当按照一般进口货物估价办法的规定,估定完税价格。

6.4.3 出口货物的完税价格

1)以成交价格为基础的完税价格

出口货物的完税价格,由海关以该货物向境外销售的成交价格为基础审查确定,并应包括货物运至我国境内输出地点装载前的运输及其相关费用、保险费。但其中包含的出口关税税额,应当扣除。

出口货物的成交价格,是指该货物出口销售到我国境外时,买方向卖方实付或应付的价格。出口货物的成交价格中含有支付给境外的佣金的,如果单独列明,应当扣除。

2)出口货物海关估价方法

出口货物的成交价格不能确定时,完税价格由海关依次使用下列方法估定:

①同时或大约同时向同一国家或地区出口的相同货物的成交价格;

②同时或大约同时向同一国家或地区出口的类似货物的成交价格;

③根据境内生产相同或类似货物的成本、利润和一般费用、境内发生的运输及其相关费用、保险费计算所得的价格;

④按照合理方法估定的价格。

6.4.4 进出口货物完税价格中的运输及相关费用、保险费的计算

1)以一般陆运、空运、海运方式进口的货物

在进口货物的运输及相关费用、保险费计算中,海运进口货物,计算至该货物运抵境内的卸货口岸;如果该货物的卸货口岸是内河(江)口岸,则应当计算至内河(江)口岸。陆运进口货物,计算至该货物运抵境内的第一口岸;如果运输及其相关费用、保险费支付至目的地口岸,则计算至目的地口岸。空运进口货物,计算至该货物运抵境内的第一口岸;如果该货物的目的地为境内的第一口岸外的其他口岸,则计算至目的地口岸。

陆运、空运和海运进口货物的运费和保险费,应当按照实际支付的费用计算。如果进口货物的运费无法确定或未实际发生,海关应当按照该货物进口同期运输行业公布的运费率

(额)计算运费;按照“货价加运费”两者总额的3‰计算保险费。

2)以其他方式进口的货物

邮运的进口货物,应当以邮费作为运输及其相关费用、保险费;以境外边境口岸价格条件成交的铁路或公路运输进口货物,海关应当按照货价的1%计算运输及其相关费用、保险费;作为进口货物的自驾进口的运输工具,海关在审定完税价格时,可以不另行计入运费。

3)出口货物

出口货物的销售价格如果包括离境口岸至境外口岸之间的运输、保险费的,该运费、保险费应当扣除。

6.5 应纳税额的计算及税收优惠

6.5.1 应纳税额的计算

①从价税应纳税额的计算公式:

关税税额 = 应税进(出)口货物数量 × 单位完税价格 × 税率

②从量税应纳税额的计算公式:

关税税额 = 应税进(出)口货物数量 × 单位货物税额

③复合税应纳税额的计算公式:

关税税额 = 应税进(出)口货物数量 × 单位货物税额 + 应税进(出)口货物数量 × 单位完税价格 × 税率

④滑准税应纳税额的计算公式:

关税税额 = 应税进(出)口货物数量 × 单位完税价格 × 滑准税税率

6.5.2 税收优惠

关税减免是对某些纳税人和征税对象给予鼓励和照顾的一种特殊调节手段。正是有了这一手段,使关税政策工作兼顾了普遍性和特殊性、原则性和灵活性。因此,关税减免是贯彻国家关税政策的一项重要措施。关税减免分为法定减免税、特定减免税和临时减免税。根据《海关法》规定,除法定减免税外的其他减免税均由国务院决定。减征关税在我国加入世界贸易组织之前以税则规定税率为基准,在我国加入世界贸易组织之后以最惠国税率或者普通税率为基准。

1)法定减免税

法定减免税是税法中明确列出的减税或免税。符合税法规定可予减免税的进出口货物,纳税义务人无须提出申请,海关可按规定直接予以减免税。海关对法定减免税货物一般不进行后续管理。

我国《海关法》和《进出口条例》明确规定,下列货物、物品予以减免关税:

①关税税额在人民币50元以下的一票货物,可免征关税。

②无商业价值的广告品和货样,可免征关税。

③外国政府、国际组织无偿赠送的物资,可免征关税。

④进出境运输工具装载的途中必需的燃料、物料和饮食用品,可予免税。

⑤经海关核准暂时进境或者暂时出境,并在6个月内复运出境或者复运进境的货样、展览品、施工机械、工程车辆、工程船舶、供安装设备时使用的仪器和工具、电视或者电影摄制器械、盛装货物的容器以及剧团服装道具,在货物收发货人向海关缴纳相当于税款的保证金或者提供担保后,可予暂时免税。

⑥为境外厂商加工、装配成品和为制造外销产品而进口的原材料、辅料、零件、部件、配套件和包装物料,海关按照实际加工出口的成品数量免征进口关税;或者对进口料、件先征进口关税,再按照实际加工出口的成品数量予以退税。

⑦因故退还的中国出口货物,经海关审查属实,可予免征进口关税,但已征收的出口关税不予退还。

⑧因故退还的境外进口货物,经海关审查属实,可予免征出口关税,但已征收的进口关税不予退还。

⑨进口货物如有以下情形,经海关查明属实,可酌情减免进口关税:

a. 在境外运输途中或者在起卸时,遭受损坏或者损失的;

b. 起卸后海关放行前,因不可抗力遭受损坏或者损失的;

c. 海关查验时已经破漏、损坏或者腐烂,经证明不是保管不慎造成的。

⑩无代价抵偿货物,即进口货物在征税放行后,发现货物残损、短少或品质不良,而由国外承运人、发货人或保险公司免费补偿或更换的同类货物,可以免税。但有残损或质量问题的原进口货物如未退运国外;其进口的无代价抵偿货物应照章征税。

⑪我国缔结或者参加的国际条约规定减征、免征关税的货物、物品,按照规定予以减免关税。

⑫法律规定减征、免征的其他货物。

2)特定减免税

特定减免税也称政策性减免税。在法定减免税之外,国家按照国际通行规则和我国实际情况,制定发布的有关进出口货物减免关税的政策,称为特定或政策性减免税。特定减免税货物一般有地区、企业和用途的限制,海关需要进行后续管理,也需要进行减免税统计。

(1)科教用品

为有利于我国科研、教育事业发展,国务院制定了《科学研究和教学用品免征进口税收暂行规定》,对科学研究机构和学校,不以营利为目的,在合理数量范围内进口国内不能生产的科学研究和教学用品,直接用于科学研究或者教学的,免征进口关税和进口环节增值税、消费税。该规定对享受该优惠的科研机构和学校资格、类别以及可以免税的物品都作了明确规定。

(2)残疾人专用品

为支持残疾人的康复工作，国务院制定了《残疾人专用品免征进口税收暂行规定》，对规定的残疾人个人专用品，免征进口关税和进口环节增值税、消费税；对康复、福利机构、假肢厂和荣誉军人康复医院进口国内不能生产的残疾人专用品，免征进口关税和进口环节增值税。该规定对可以免税的残疾人专用品种类和品名作了明确规定。

(3)扶贫、慈善性捐赠物资

为促进公益事业的健康发展，经国务院批准，财政部、国家税务总局、海关总署发布了《扶贫、慈善性捐赠物资免征进口税收的暂行办法》。对境外自然人、法人或者其他组织等境外捐赠人，无偿向经国务院主管部门依法批准成立的，以人道救助和发展扶贫、慈善事业为宗旨的社会团体以及国务院有关部门和各省、自治区、直辖市人民政府捐赠的，直接用于扶贫、慈善事业的物资，免征进口关税和进口环节增值税。所称扶贫、慈善事业是指非营利的扶贫济困、慈善救助等社会慈善和福利事业。该办法对可以免税的捐赠物资种类和品名作了明确规定。

(4)加工贸易产品

①加工装配和补偿贸易。加工装配即来料加工、来样加工及来件装配，是指由境外客商提供全部或部分原辅料、零配件和包装物料，必要时提供设备，由我方按客商要求进行加工装配，成品交外商销售，我方收取工缴费。客商提供的作价设备价款，我方用工缴费偿还。补偿贸易是指由境外客商提供或国内单位利用国外出口信贷进口生产技术或设备，由我方生产，以返销产品方式分期偿还对方技术、设备价款或贷款本息的交易方式。因有利于较快地提高出口产品生产技术，改善我国产品质量和品种，扩大出口，增加我国外汇收入，国家给予一定的关税优惠：进境料件不予征税，准许在境内保税加工为成品后返销出口；进口外商的不作价设备和作价设备，分别按照外商投资项目和国内投资项目的免税规定执行；剩余料件或增产的产品，经批准转内销时，价值在进口料件总值2%以内，且总价值在3 000元以下的，可予免税。

②进料加工。经批准有权经营进出口业务的企业使用进料加工专项外汇进口料件，并在1年内加工或装配成品外销出口的业务，称为进料加工业务。对其关税优惠为：对专为加工出口商品而进口的料件，海关按实际加工复出口的数量，免征进口税；加工的成品出口，免征出口税，但内销料件及成品照章征税；对加工过程中产生的副产品、次品、边角料，海关根据其使用价值分析估价征税或者酌情减免税；剩余料件或增产的产品，经批准转内销时，价值在进口料件总值2%以内，且总价值在5 000元以下的，可予免税。

(5)边境贸易进口物资

为了鼓励我国边境地区积极发展与我国毗邻国家间的边境贸易与经济合作，国家制定了有关扶持、鼓励边境贸易和边境地区发展对外经济合作的政策措施。边境贸易有边民互市贸易和边境小额贸易两种形式。边民互市贸易指边境地区边民在边境线20里(1里等于500米)以内、经政府批准的开放点或指定的集市上进行的商品交换活动。边民通过互市贸易进口的商品,每人每日价值在3 000元以下的,免征进口关税和进口环节增值税。边境小额贸易指沿陆地边境线经国家批准对外开放的边境县(旗)、边境城市辖区内经批准有边境小额贸易经营权的企业,通过国家指定的陆地边境口岸,与毗邻国家边境地区的企业或其他贸易机构之间进行的贸易活动。边境小额贸易企业通过指定边境口岸进口原产于毗邻国家的商品,除烟、酒、化妆品以及国家规定必须照章征税的其他商品外,进口关税和进口环节增值税减半征收。

(6)保税区进出口货物

为了创造完善的投资、运营环境,开展为出口贸易服务的加工整理、包装、运输、仓储、商品展出和转口贸易,国家在境内设立了保税区,即与外界隔离的全封闭方式,在海关监控管理下进行存放和加工保税货物的特定区域。保税区的主要关税优惠政策有:进口供保税区使用的机器、设备、基建物资、生产用车辆,为加工出口产品进口的原材料、零部件、元器件、包装物料,供储存的转口货物以及在保税区内加工运输出境的产品免征进口关税和进口环节税;保税区内企业进口专为生产加工出口产品所需的原材料、零部件、包装物料,以及转口货物予以保税;从保税区运往境外的货物,一般免征出口关税等。

(7)出口加工区进出口货物

为加强与完善加工贸易管理,严格控制加工贸易产品内销,保护国内相关产业,并为出口加工企业提供更宽松的经营环境,带动国产原材料、零配件的出口,国家设立了出口加工区。出口加工区的主要关税优惠政策有:从境外进入区内生产性的基础设施建设项目所需的机器、设备和建设生产厂房:仓储设施所需的基建物资,区内企业生产所需的机器、设备、模具及其维修用零配件,区内企业和行政管理机构自用合理数量的办公用品,予以免征进口关税和进口环节税;区内企业为加工出口产品所需的原材料、零部件、元器件、包装物料及消耗性材料,予以保税;对加工区运往区外的货物,海关按照对进口货物的有关规定办理报关手续,并按照制成品征税;对从区外进入加工区的货物视同出口,可按规定办理出口退税。

(8)进口设备

为进一步扩大利用外资,引进国外先进技术和设备,促进产业结构的调整和技术进步,保持国民经济持续、快速、健康发展,国务院决定自1998年1月1日起,对国家鼓励发展的国内投资项目和外商投资项目进口设备,在规定范围内免征进口关税和进口环节增值税。具体为:对符合《外商投资产业指导目录》鼓励类和限制乙类,并转让技术的外商投资项目,在投资总额内进口的自用设备,以及外国政府贷款和国际金融组织贷款项目进口的自用设备、加工贸易外商提供的不作价进口设备,除《外商投资项目不予免税的进口商品目录》所列商品外,免征进口关税和进口环节增值税;对符合《当前国家重点鼓励发展的产业、产品和技术目录》的国内投资项目,在投资总额内进口的自用设备,除《国内投资项目不予免税的进口商品目录》所列商品外,免征进口关税和进口环节增值税;对符合上述规定的项目,按照合同随设备进口的技术及配套件、备件,也免征进口关税和进口环节增值税。

(9)特定行业或用途的减免税政策

为鼓励、支持部分行业或特定产品的发展,国家制定了部分特定行业或用途的减免税政策，这类政策一般对可减免税的商品列有具体清单。如为支持我国海洋和陆上特定地区石油、天然气开采作业，对相关项目进口国内不能生产或性能不能满足要求的，直接用于开采作业的设备、仪器、零附件、专用工具，免征进口关税和进口环节增值税等。

3)临时减免税

临时减免税是指以上法定和特定减免税以外的其他减免税，即由国务院根据《海关法》对某个单位、某类商品、某个项目或某批进出口货物的特殊情况，给予特别照顾，一案一批，专文下达的减免税。一般有单位、品种、期限、金额或数量等限制，不能比照执行。

我国已加入世界贸易组织，为遵循统一、规范、公平、公开的原则，有利于统一税法、公平税负、平等竞争，国家严格控制减免税，一般不办理个案临时性减免税；对特定减免税也在逐步规范、清理，对不符合国际惯例的税收优惠政策将逐步予以废止。

6.6　征收管理

6.6.1　关税缴纳

进口货物自运输工具申报进境之日起 14 日内，出口货物在货物运抵海关监管区后装货的 24 小时以前，应由进出口货物的纳税义务人向货物进(出)境地海关申报，海关根据税则归类和完税价格计算应缴纳的关税和进口环节代征税，并填发税款缴款书。纳税义务人应当自海关填发税款缴款书之日起 15 日内，向指定银行缴纳税款。如关税缴纳期限的最后 1 日是周末或法定节假日，则关税缴纳期限顺延至周末或法定节假日过后的第 1 个工作日。为方便纳税义务人，经申请且海关同意，进(出)口货物的纳税义务人可以在设有海关的指运地(启运地)办理海关申报、纳税手续。

关税纳税义务人因不可抗力或者在国家税收政策调整的情形下，不能按期缴纳税款的，经海关总署批准，可以延期缴纳税款，但最长不得超过 6 个月。

6.6.2　关税的强制执行

纳税义务人未在关税缴纳期限内缴纳税款，即构成关税滞纳。为保证海关征收关税决定的有效执行和国家财政收入的及时入库，《海关法》赋予海关对滞纳关税的纳税义务人强制执行的权利。强制措施主要有两类：

一是征收关税滞纳金。滞纳金自关税缴纳期限届满滞纳之日起，至纳税义务人缴纳关税之日止，按滞纳税款万分之五的比例按日征收，周末或法定节假日不予扣除。具体计算公式为：

$$关税滞纳金金额 = 滞纳关税税额 \times 滞纳金征收比率 \times 滞纳天数$$

二是强制征收。如纳税义务人自海关填发缴款书之日起 3 个月仍未缴纳税款，经海关关长批准,海关可以采取强制扣缴、变价抵缴等强制措施。强制扣缴,即海关从纳税义务人在开户银行或者其他金融机构的存款中直接扣缴税款。变价抵缴,即海关将应税货物依法变卖,以变卖所得抵缴税款。

6.6.3 关税退还

关税退还是关税纳税义务人按海关核定的税额缴纳关税后,因某种原因的出现,海关将实际征收多于应当征收的税额(称为溢征关税)退还给原纳税义务人的一种行政行为。根据《海关法》规定,海关多征的税款,海关发现后应当立即退还。

按规定,有下列情形之一的,进出口货物的纳税义务人可以自缴纳税款之日起1年内,书面声明理由,连同原纳税收据向海关申请退税并加算银行同期活期存款利息,逾期不予受理:

①因海关误征,多纳税款的。

②海关核准免验进口的货物,在完税后,发现有短卸情形,经海关审查认可的。

③已征出口关税的货物,因故未将其运出口,申报退关,经海关查验属实的。

对已征出口关税的出口货物和已征进口关税的进口货物,因货物品种或规格原因(非其他原因)原状复运进境或出境的,经海关查验属实的,也应退还已征关税。海关应当自受理退税申请之日起30日内,做出书面答复并通知退税申请人。本规定强调的是,"因货物品种或规格原因,原状复运进境或出境的"。如果属于其他原因且不能以原状复运进境或出境,不能退税。

6.6.4 关税补征和追征

补征和追征是海关在关税纳税义务人按海关核定的税额缴纳关税后,发现实际征收税额少于应当征收的税额(称为短征关税)时,责令纳税义务人补缴所差税款的一种行政行为。海关法根据短征关税的原因,将海关征收原短征关税的行为分为补征和追征两种。由于纳税人违反海关规定造成短征关税的,称为追征;非因纳税人违反海关规定造成短征关税的,称为补征。区分关税追征和补征的目的是为了区别不同情况适用不同的征收时效,超过时效规定的期限,海关就丧失了追补关税的权力。根据《海关法》规定,进出境货物和物品放行后,海关发现少征或者漏征税款,应当自缴纳税款或者货物、物品放行之日起1年内,向纳税义务人补征;因纳税义务人违反规定而造成的少征或者漏征的税款,自纳税义务人应缴纳税款之日起3年以内可以追征,并从缴纳税款之日起按日加收少征或者漏征税款万分之五的滞纳金。

6.6.5 关税纳税争议

为保护纳税人合法权益,我国《海关法》和《进出口关税条例》都规定了纳税义务人对海关确定的进出口货物的征税、减税、补税或者退税等有异议时,有提出申诉的权利。在纳税义务人同海关发生纳税争议时,可以向海关申请复议,但同时应当在规定期限内按海关核定的税额缴纳关税,逾期则构成滞纳,海关有权按规定采取强制执行措施。

纳税争议的内容一般为进出境货物和物品的纳税义务人对海关在原产地认定、税则归类、税率或汇率适用、完税价格确定、关税减征、免征、追征、补征和退还等征税行为是否合法或适当,是否侵害了纳税义务人的合法权益,而对海关征收关税的行为表示异议。

纳税争议的申诉程序:纳税义务人自海关填发税款缴款书之日起30日内,向原征税海关的上一级海关书面申请复议。逾期申请复议的,海关不予受理。海关应当自收到复议申请之日起60日内作出复议决定,并以复议决定书的形式正式答复纳税义务人;纳税义务人对海关复议决定仍然不服的,可以自收到复议决定书之日起15日内,向人民法院提起诉讼。

本章练习题

一、单项选择题

1. 关于关税特点的说法,正确的是(　　)。
   A. 关税的高低对进口国的生产影响较大,对国际贸易影响不大
   B. 关税是多环节价内税
   C. 关税是单一环节的价外税
   D. 关税不仅对进出境的货物征税,还对进出境的劳务征税
2. 某企业进口一批材料,货物价款150万元,进口运费和保险费50万元,报关进口后发现其中的10%有严重质量问题并将其退货,出口方为补偿该企业,发送价值20万元(含进口运费、保险费0.5万元)的无代价抵偿物,进口关税税率为20%,该企业应缴纳进口关税(　　)万元。
   A. 18.00　　B. 40.00　　C. 30.00　　D. 40.40
3. 某企业2012年6月进口卷烟30箱(标准箱,下同),每箱成交价格1 000美元,支付境外采购代理商买方佣金40美元/箱,起卸前的运费110美元/箱,保险费100美元/箱。该企业进口环节应纳税金(　　)元。(关税税率20%,1美元=6.8人民币。)
   A. 566 700　　B. 302 891.81　　C. 454 412　　D. 450 912
4. 某贸易公司进口小轿车10辆,每辆小轿车货价15万元,运抵我国海关前发生的运输费用、保险费用无法确定,经海关查实其他运输公司相同业务的运输费用占货价的比例为2%。关税税率为60%,消费税税率为20%,应向海关缴纳关税税额和消费税合计为(　　)万元。
   A. 109.21　　B. 110　　C. 111.8　　D. 153.47
5. 某高新技术企业免税进口一台设备,海关审定的进口价格为人民币60万元,海关监管期5年,该企业使用20个月后转售。该企业上述业务应纳关税(　　)万元。(关税税率为20%)
   A. 0　　B. 4　　C. 8　　D. 12

6. 加工贸易进口料件及其制成品需征税的,海关按照一般进口货物的规定审定完税价格。下列各项中,符合审定完税价格规定的是(　　)。

A. 进口时需征税的进料加工进口料件,以该料申报进口时的价格估定

B. 内销的进料加工进口料件或其制成品,以该料件申报内销时的价格估定

C. 内销的来料加工进口料件或其制成品,以该料件申报进口时的价格估定

D. 出口加工区内的加工企业内销的制成品,以该料件申报进口时的价格估定

二、多项选择题

1. 下列各项中,符合关税有关对特殊进口货物完税价格规定的有(　　)。

A. 运往境外修理的机械,应当以海关审定的境外修理费和料件费,以及该货物复运进境的运输及其相关费用、保险费估定完税价格

B. 准予暂时进口的施工机械,按同类货物的到岸价格为完税价格

C. 转让进口的减免税货物,以原入境的到岸价为完税价格

D. 留购的进口货样,以留购价格作为完税价格

E. 运往境外加工的货物,应当以海关审定的境外加工费和料件费,以及该货物复运进境的运输及其相关费用、保险费估定完税价格

2. 在法定减免税之外,国家按照国际通行规则和我国实际情况,制定发布的有关进出口货物减免关税的政策,称为特定或政策性减免税。下列货物属于特定减免税的有(　　)。

A. 边境贸易进口物资

B. 境外捐赠用于扶贫、慈善性捐赠物资

C. 出口加工区进出口货物

D. 无商业价值的广告品和货样

E. 海关放行前损失的货物

3. 关税的强制执行措施有(　　)。

A. 处以应纳关税的1 ~5 倍罚款

B. 征收滞纳金

C. 变价拍卖抵税

D. 强制扣缴

E. 延期缴纳税款

4. 下列关于出口货物的完税价格的陈述,正确的有(　　)。

A. 出口货物的完税价格由海关以该货物的成交价格为基础审查确定

B. 应当包括货物运至中华人民共和国境内输出地点装载前的运输及其相关费用、保险费

C. 出口关税不计入完税价格

D. 在货物价款中单独列明由卖方承担的佣金,计入完税价格中

E. 出口货物成交价格无法确定的,一律采用估定价格

第7章　企业所得税

【学习要求】

1. 了解企业所得税的概念和计税原理；
2. 熟悉居民纳税人和非居民纳税人的区别；
3. 掌握收入的确认和费用扣除标准；
4. 掌握企业所得税的优惠政策及应纳税额的计算；
5. 熟悉企业所得税的征收管理。

企业所得税法是指国家制定的用以调整企业所得税征收与缴纳之间权利及义务关系的法律规范。现行企业所得税法的基本规范，是2007年3月16日第十届全国人民代表大会第五次全体会议通过的《中华人民共和国企业所得税法》（以下简称《企业所得税法》）和2007年11月28日国务院第197次常务会议通过的《中华人民共和国企业所得税实施条例》（以下简称《实施条例》）。

7.1　企业所得税概述

7.1.1　企业所得税的概念

企业所得税是对我国境内的企业和其他取得收入的组织的生产经营所得和其他所得征收的所得税。其中，企业分为居民企业和非居民企业。居民企业是指依法在中国境内成立，或者依照外国（地区）法律成立但实际管理机构在中国境内的企业；非居民企业是指依照外国（地区）法律成立且实际管理机构不在中国境内，但在中国境内设立机构、场所的，或者在中国境内未设立机构、场所，但有来源于中国境内所得的企业。

7.1.2　企业所得税的计税原理

所得税的特点主要是：第一，通常以纯所得为征税对象。第二，通常以经过计算得出的应纳税所得额为计税依据。第三，纳税人和实际负担人通常是一致的，因而可以直接调节纳税人的收入。

所得税的计税依据是应纳税所得,它以利润为主要依据,但不是直接意义上的会计利润,更不是收入总额。因此,在计算所得税时,计税依据的计算涉及纳税人的成本、费用的各个方面,使得所得税计税依据的计算较为复杂。而且企业所得税在征收过程中,为了发挥所得税对经济的调控作用,也会根据调控目的和需要,在税制中采取各种税收激励或限制措施,因而使所得税的计算更为复杂。

7.1.3 各国对企业所得税征税的一般性做法

企业所得税是法人所得税,计税依据是利润,因此,对法人所得税影响较大的几个因素是纳税义务人、税基、税率和税收优惠。我们可以从以上几个税制要素分析各国征收所得税的一般做法。

1)纳税义务人

各国在规定纳税义务人上大致是相同的,政府只对具有独立法人资格的公司等法人组织征收公司所得税,不具有独立法人资格的独资和合伙企业则不以企业名义交纳所得税,而是由业主将其从企业分得的利润连同来自其他方面的所得一起申报交纳个人所得税。

2)税基

各国企业所得税都是以调整后的利润即应纳税所得额为计税依据,其中利润包括生产经营利润也包括资本利得。应纳税所得额确定的关键点在于如何准确核算可以扣除的成本和费用,特别是对折旧和损失的处理方式等。因此,各国企业所得税在确定税基上的差异主要表现在不同折旧及损失等的处理上。

3)税率

各国企业所得税的税率结构分为两类:一是比例税率,如法国、澳大利亚、波兰、新西兰、新加坡等国。二是累进税率。实行累进税率的国家虽然在级距、税率档次的设计上不相一致,但绝大多数国家采用超额累进税率,如瑞士联邦所得税、美国所得税。

4)税收优惠

各国普遍注重对税收优惠政策的应用,不仅采用直接的减免税,更注意应用间接的优惠政策。主要方法有:一是税收抵免:主要有投资抵免和国外税收抵免两种形式。二是税收豁免:分为豁免期和豁免税收项目。三是加速折旧。

另外各国所得优惠的一个共同的特点是淡化区域优惠,突出行业优惠。

7.1.4 我国企业所得税的制度演变

在1949年首届全国税务会议上,通过了统一全国税收政策的基本方案,其中包括对企业所得税和个人所得征税的办法。1950年,国务院发布了《全国税政实施要则》,规定全国设置14种税收,其中涉及对所得征税的有工商业税(所得税部分)、存款利息所得税和薪给报酬所得税3种税收。

改革开放以后,为适应引进国外资金、技术和人才,开展对外经济技术合作的需要,根据党中央统一部署,税制改革工作在“七五”计划期间逐步推开。1980年9月,第五届全国人民代表大会第三次会议通过了《中华人民共和国中外合资经营企业所得税法》并公布施行。企业所得税税率确定为30%，另按应纳所得税额附征10%的地方所得税。1981年12月，第五届全国人民代表大会第四次会议通过了《中华人民共和国外国企业所得税法》，实行20%～40%的5级超额累进税率，另按应纳税的所得额附征10%的地方所得税。

作为企业改革和城市改革的一项重大措施，1983年国务院决定在全国试行国营企业"利改税"，即将新中国成立后实行了30多年的国营企业向国家上缴利润的制度改为缴纳企业所得税的制度。

1991年4月，第七届全国人民代表大会将《中华人民共和国中外合资经营企业所得税法》与《中华人民共和国外国企业所得税法》合并，制定了《中华人民共和国外商投资企业和外国企业所得税法》，并于同年7月1日起施行。

1993年12月13日，国务院将《中华人民共和国国营企业所得税条例（草案）》《国营企业调节税征收办法》《中华人民共和国集体企业所得税暂行条例》和《中华人民共和国私营企业所得税暂行条例》，进行整合制定了《中华人民共和国企业所得税暂行条例》，自1994年1月1日起施行。上述改革标志着中国的所得税制度改革向着法制化、科学化和规范化的方向迈出了重要的步伐。

2007年3月16日，全国人民代表大会通过了《中华人民共和国企业所得税法》，并于2008年1月1日开始施行。从此内外资企业实行统一的企业所得税法。

7.1.5 企业所得税的作用

1）促进企业改善经营管理活动，提升企业的盈利能力

由于企业所得税只对利润征税，往往采用比例税率，因此，对大多数企业来说承担相同的税负水平。相对于累进税率，采用比例税率的企业所得税更有利于促使企业改善经营管理，努力降低成本，提高盈利能力和水平。

2）调节产业结构，促进经济发展

所得税的调节作用在于公平税负、量能负担，虽然世界各国的法人所得税往往采用比例税率的形式，在一定程度上削弱了所得税的调控功能。但在税制设计中，世界各国往往通过各项税收优惠的实施，发挥政府在对纳税人投资、产业结构调整、环境治理等方面的调控作用。

3）为国家建设筹集财政资金

税收的首要职能就是筹集财政收入。随着我国收入向企业和居民分配的倾斜，随着经济的发展和企业盈利水平的提高，企业所得税占全部税收收入的比重越来越高，将成为我国税制的主体税种之一。

7.2 纳税义务人与征税对象

7.2.1 纳税义务人

企业所得税的纳税义务人是指在中华人民共和国境内的企业和其他取得收入的组织。《中华人民共和国企业所得税法》第一条规定,除个人独资企业、合伙企业不适用企业所得税法外,凡在我国境内,企业和其他取得收入的组织(以下统称企业)为企业所得税的纳税人,依照本法规定缴纳企业所得税。

企业所得税的纳税人分为居民企业和非居民企业,这是根据企业纳税义务范围的宽窄进行的分类方法,不同的企业在向中国政府缴纳所得税时,纳税义务不同。把企业分为居民企业和非居民企业,是为了更好地保障我国税收管辖权的有效行使。税收管辖权是一国政府在征税方面的主权,是国家主权的重要组成部分。根据国际上的通行做法,我国选择了地域管辖权和居民管辖权的双重管辖权标准,最大限度地维护我国的税收利益。

1)居民企业

居民企业是指依法在中国境内成立,或者依照外国(地区)法律成立但实际管理机构在中国境内的企业。这里的企业包括国有企业、集体企业、私营企业、联营企业、股份制企业、外商投资企业、外国企业,以及有生产、经营所得和其他所得的其他组织。其中,有生产、经营所得和其他所得的其他组织,是指经国家有关部门批准,依法注册、登记的事业单位、社会团体等组织。由于我国的一些社会团体组织、事业单位在完成国家事业计划的过程中,开展多种经营和有偿服务活动,取得除财政部门各项拨款、财政部和国家价格主管部门批准的各项规费收入以外的经营收入,具有了经营的特点,应当视同企业纳入征税范围。其中,实际管理机构是指对企业的生产经营、人员、账务、财产等实施实质性全面管理和控制的机构。

2)非居民企业

非居民企业是指依照外国(地区)法律成立且实际管理机构不在中国境内,但在中国境内设立机构、场所的,或者在中国境内未设立机构、场所,但有来源于中国境内所得的企业。

上述所称机构、场所是指在中国境内从事生产经营活动的机构、场所,包括:

①管理机构、营业机构、办事机构。

②工厂、农场、开采自然资源的场所。

③提供劳务的场所。

④从事建筑、安装、装配、修理、勘探等工程作业的场所。

⑤其他从事生产经营活动的机构、场所。

非居民企业委托营业代理人在中国境内从事生产经营活动的,包括委托单位或者个人经常代其签订合同,或者储存、交付货物等,该营业代理人视为非居民企业在中国境内设立的机构、场所。

7.2.2 征税对象

企业所得税的征税对象是指企业的生产经营所得、其他所得和清算所得。

1)居民企业的征税对象

居民企业应就来源于中国境内、境外的所得作为征税对象。所得,包括销售货物所得、提供劳务所得、转让财产所得、股息红利等权益性投资所得,以及利息所得、租金所得、特许权使用费所得、接受捐赠所得和其他所得。

2)非居民企业的征税对象

非居民企业在中国境内设立机构、场所的,应当就其所设机构、场所取得的来源于中国境内的所得,以及发生在中国境外但与其所设机构、场所有实际联系的所得,缴纳企业所得税,非居民企业在中国境内未设立机构、场所的,或者虽设立机构、场所但取得的所得与其所设机构、场所没有实际联系的,应当就其来源于中国境内的所得缴纳企业所得税。

上述所称实际联系,是指非居民企业在中国境内设立的机构、场所拥有的据以取得所得的股权、债权,以及拥有、管理、控制据以取得所得的财产。

3)所得来源的确定

①销售货物所得,按照交易活动发生地确定。

②提供劳务所得,按照劳务发生地确定。

③转让财产所得。a. 不动产转让所得按照不动产所在地确定。b. 动产转让所得按照转让动产的企业或者机构、场所所在地确定。c. 权益性投资资产转让所得按照被投资企业所在地确定。

④股息、红利等权益性投资所得,按照分配所得的企业所在地确定。

⑤利息所得、租金所得、特许权使用费所得,按照负担、支付所得的企业或者机构、场所所在地确定,或者按照负担、支付所得的个人的住所地确定。

⑥其他所得,由国务院财政、税务主管部门确定。

7.3 税　率

企业所得税税率是体现国家与企业分配关系的核心要素。税率设计的原则是兼顾国家、企业、职工个人三者利益,既要保证财政收入的稳定增长,又要使企业在发展生产、经营方面有一定的财力保证。既要考虑到企业的实际情况和负担能力,又要维护税率的统一性。

企业所得税实行比例税率。比例税率简便易行,透明度高,不会因征税而改变企业间收入分配比例,有利于促进效率的提高。现行规定是:

①基本税率为25%。适用于居民企业和在中国境内设有机构、场所且所得与机构、场所

有关联的非居民企业。

②低税率为20%。适用于在中国境内未设立机构、场所的,或者虽设立机构、场所但取得的所得与其所设机构、场所没有实际联系的非居民企业。但实际征税时适用10%的税率(在7.6税收优惠中有介绍)。

现行企业所得税基本税率设定为25%,从世界各国比较而言还是偏低的。据有关资料介绍,全世界上近160个实行企业所得税的国家(地区)平均税率为28.6%,我国周边18个国家(地区)的平均税率为26.7%。现行税率的确定,既考虑了我国财政承受能力,又考虑了企业负担水平。

7.4 应纳税所得额的计算

应纳税所得额是企业所得税的计税依据,按照企业所得税法的规定,应纳税所得额为企业每一个纳税年度的收入总额,减除不征税收入、免税收入、各项扣除,以及允许弥补的以前年度亏损后的余额。基本公式为:

应纳税所得额 = 收入总额 - 不征税收入 - 免税收入 - 各项扣除 - 以前年度亏损

企业应纳税所得额的计算以权责发生制为原则,属于当期的收入和费用,不论款项是否收付,均作为当期的收入和费用;不属于当期的收入和费用,即使款项已经在当期收付,均不作为当期的收入和费用。应纳税所得额的正确计算直接关系到国家财政收入和企业的税收负担,并且同成本、费用核算关系密切。因此,企业所得税法对应纳税所得额计算做了明确规定。主要内容包括收入总额、扣除范围和标准、资产的税务处理、亏损弥补等。

7.4.1 收入总额

企业的收入总额包括以货币形式和非货币形式从各种来源取得的收入,具体有销售货物收入、提供劳务收入、转让财产收入、股息、红利等权益性投资收益,以及利息收入、租金收入、特许权使用费收入、接受捐赠收入、其他收入。

企业取得收入的货币形式,包括现金、存款、应收账款、应收票据、准备持有至到期的债券投资以及债务的豁免等;纳税人以非货币形式取得的收入,包括固定资产、生物资产、无形资产、股权投资、存货、不准备持有至到期的债券投资、劳务以及有关权益等,这些非货币资产应当按照公允价值确定收入额,公允价值是指按照市场价格确定的价值。收入的具体构成为:

1)一般收入的确认

①销售货物收入。是指企业销售商品、产品、原材料、包装物、低值易耗品以及其他存货取得的收入。

②劳务收入。是指企业从事建筑安装、修理修配、交通运输、仓储租赁、金融保险、邮电

通信、咨询经纪、文化体育、科学研究、技术服务、教育培训、餐饮住宿、中介代理、卫生保健、社区服务、旅游、娱乐、加工以及其他劳务服务活动取得的收入。

③财产转让收入。是指企业转让固定资产、生物资产、无形资产、股权、债权等财产取得的收入。

④股息、红利等权益性投资收益。是指企业因权益性投资从被投资方取得的收入。股息、红利等权益性投资收益，除国务院财政、税务主管部门另有规定外，按照被投资方作出利润分配决定的日期确认收入的实现。

⑤利息收入。是指企业将资金提供他人使用但不构成权益性投资，或者因他人占用企业资金取得的收入，包括存款利息、贷款利息、债券利息、欠款利息等收入。利息收入，按照合同约定的债务人应付利息的日期确认收入的实现。

⑥租金收入。是指企业提供固定资产、包装物或者其他有形财产的使用权取得的收入。租金收入，按照合同约定的承租人应付租金的日期确认收入的实现。

⑦特许权使用费收入。是指企业提供专利权、非专利技术、商标权、著作权以及其他特许权的使用权而取得的收入。特许权使用费收入，按照合同约定的特许权使用人应付特许权使用费的日期确认收入的实现。

⑧接受捐赠收入。是指企业接受的来自其他企业、组织或者个人无偿给予的货币性资产、非货币性资产。接受捐赠收入，按照实际收到的捐赠资产的日期确认收入的实现。

⑨其他收入。是指企业取得的除以上收入外的其他收入，包括企业资产溢余收入、逾期未退包装物押金收入、确实无法偿付的应付款项、已做坏账损失处理后又收回的应收款项、债务重组收入、补贴收入、违约金收入、汇兑收益等。

2）特殊收入的确认

①以分期收款方式销售货物的，按照合同约定的收款日期确认收入的实现。

②企业受托加工制造大型机械设备、船舶、飞机，以及从事建筑、安装、装配工程业务或者提供其他劳务等，持续时间超过 12 个月的，按照纳税年度内完工进度或者完成的工作量确认收入的实现。

③采取产品分成方式取得收入的，按照企业分得产品的日期确认收入的实现，其收入额按照产品的公允价值确定。

④企业发生非货币性资产交换，以及将货物、财产、劳务用于捐赠、偿债、赞助、集资、广告、样品、职工福利或者利润分配等用途的，应当视同销售货物、转让财产或者提供劳务，但国务院财政、税务主管部门另有规定的除外。

3）相关收入实现的确认

除企业所得税法及实施条例前述收入的规定外，企业销售收入的确认，必须遵循权责发生制原则和实质重于形式原则。

①企业销售商品同时满足下列条件的，应确认收入的实现：a. 商品销售合同已经签订，企业已将商品所有权相关的主要风险和报酬转移给购货方；b. 企业对已售出的商品既没有保留通常与所有权相联系的继续管理权，也没有实施有效控制；c. 收入的金额能够可靠地计

量;d.已发生或将发生的销售方的成本能够可靠地核算。

②符合上款收入确认条件,采取下列商品销售方式的,应按以下规定确认收入实现时间:a.销售商品采用托收承付方式的,在办妥托收手续时确认收入;b.销售商品采取预收款方式的,在发出商品时确认收入;c.销售商品需要安装和检验的,在购买方接受商品以及安装和检验完毕时确认收入。如果安装程序比较简单,可在发出商品时确认收入;d.销售商品采用支付手续费方式委托代销的,在收到代销清单时确认收入。

③采用售后回购方式销售商品的,销售的商品按售价确认收入,回购的商品作为购进商品处理。有证据表明不符合销售收入确认条件的,如以销售商品方式进行融资,收到的款项应确认为负债,回购价格大于原售价的,差额应在回购期间确认为利息费用。

④销售商品以旧换新的,销售商品应当按照销售商品收入确认条件确认收入,回收的商品作为购进商品处理。

⑤企业为促进商品销售而在商品价格上给予的价格扣除属于商业折扣,商品销售涉及商业折扣的,应当按照扣除商业折扣后的金额确定销售商品收入金额。

债权人为鼓励债务人在规定的期限内付款而向债务人提供的债务扣除属于现金折扣,销售商品涉及现金折扣的,应当按扣除现金折扣前的金额确定销售商品收入金额,现金折扣在实际发生时作为财务费用扣除。

企业因售出商品的质量不合格等原因而在售价上给予的减让属于销售折让;企业因售出商品质量、品种不符合要求等原因而发生的退货属于销售退回。企业已经确认销售收入的售出商品发生销售折让和销售退回,应当在发生当期冲减当期销售商品收入。

⑥企业以买一赠一等方式组合销售本企业商品的,不属于捐赠,应将总的销售金额按各项商品的公允价值的比例来分摊确认各项的销售收入。

7.4.2 不征税收入和免税收入

国家为了扶持和鼓励某些特殊的纳税人和特定的项目,或者避免因征税影响企业的正常经营,对企业取得的某些收入予以不征税或免税的特殊政策,以减轻企业的负担,促进经济的协调发展。或准予抵扣应纳税所得额,或者是对专项用途的资金作为非税收入处理,减轻企业的税负,增加企业可用资金。

1)不征税收入

①财政拨款,是指各级人民政府对纳入预算管理的事业单位、社会团体等组织拨付的财政资金,但国务院和国务院财政、税务主管部门另有规定的除外。

②依法收取并纳入财政管理的行政事业性收费、政府性基金,是指依照法律法规等有关规定,按照国务院规定程序批准,在实施社会公共管理,以及在向公民、法人或者其他组织提供特定公共服务过程中,向特定对象收取并纳入财政管理的费用。政府性基金,是指企业依照法律、行政法规等有关规定,代政府收取的具有专项用途的财政资金。具体规定如下:

a.企业按照规定缴纳的、由国务院或财政部批准设立的政府性基金以及由国务院和省、自治区、直辖市人民政府及其财政、价格主管部门批准设立的行政事业性收费,准予在计算应纳税所得额时扣除。

企业缴纳的不符合上述审批管理权限设立的基金、收费,不得在计算应纳税所得额时扣除。

b. 企业收取的各种基金、收费,应计入企业当年收入总额。

c. 对企业依照法律、法规及国务院有关规定收取并上缴财政的政府性基金和行政事业性收费,准予作为不征税收入,于上缴财政的当年在计算应纳税所得额时从收入总额中减除;未上缴财政的部分,不得从收入总额中减除。

③国务院规定的其他不征税收入,是指企业取得的,由国务院财政、税务主管部门规定专项用途并经国务院批准的财政性资金。

财政性资金,是指企业取得的来源于政府及其有关部门的财政补助、补贴、贷款贴息,以及其他各类财政专项资金,包括直接减免的增值税和即征即退、先征后退、先征后返的各种税收。但不包括企业按规定取得的出口退税款。

a. 企业取得的各类财政性资金,除属于国家投资和资金使用后要求归还本金的以外,均应计入企业当年收入总额。国家投资是指国家以投资者身份投入企业、并按有关规定相应增加企业实收资本(股本)的直接投资。

b. 对企业取得的由国务院财政、税务主管部门规定专项用途并经国务院批准的财政性资金,准予作为不征税收入,在计算应纳税所得额时从收入总额中减除。

c. 纳入预算管理的事业单位、社会团体等组织按照核定的预算和经费报领关系收到的由财政部门或上级单位拨入的财政补助收入,准予作为不征税收入,在计算应纳税所得额时从收入总额中减除,但国务院和国务院财政、税务主管部门另有规定的除外。

值得注意的是:企业的不征税收入用于支出所形成的费用,不得在计算应纳税所得额时扣除;企业的不征税收入用于支出所形成的资产,其计算的折旧、摊销不得在计算应纳税所得额时扣除。

2)免税收入

①国债利息收入。为鼓励企业积极购买国债,支援国家建设项目,税法规定,企业因购买国债所得的利息收入,免征企业所得税。

②符合条件的居民企业之间的股息、红利等权益性收益。是指居民企业直接投资于其他居民企业取得的投资收益。

③在中国境内设立机构、场所的非居民企业从居民企业取得与该机构、场所有实际联系的股息、红利等权益性投资收益。该收益不包括连续持有居民企业公开发行并上市流通的股票不足12个月取得的投资收益。

④符合条件的非营利组织的收入。符合条件的非营利组织是指:

a. 依法履行非营利组织登记手续。

b. 从事公益性或者非营利性活动。

c. 取得的收入除用于与该组织有关的、合理的支出外,全部用于登记核定或者章程规定的公益性或者非营利性事业。

d.财产及其孳生息不用于分配。

e.按照登记核定或者章程规定,该组织注销后的剩余财产用于公益性或者非营利性目的,或者由登记管理机关转赠给与该组织性质、宗旨相同的组织,并向社会公告。

f.投入人对投入该组织的财产不保留或者享有任何财产权利。

g.工作人员工资福利开支控制在规定的比例内,不变相分配该组织的财产。

h.国务院财政、税务主管部门规定的其他条件。

企业所得税法第二十六条第4项所称符合条件的非营利组织的收入,不包括非营利组织从事营利性活动取得的收入,但国务院财政、税务主管部门另有规定的除外。

7.4.3 扣除原则和范围

1)税前扣除项目的原则

企业申报的扣除项目和金额要真实、合法。所谓真实是指能提供证明有关支出确属已经实际发生;合法是指符合国家税法的规定,若其他法规规定与税收法规规定不一致,应以税收法规的规定为标准。除税收法规另有规定外,税前扣除一般应遵循以下原则:

①权责发生制原则。是指企业费用应在发生的所属期扣除,而不是在实际支付时确认扣除。

②配比原则。是指企业发生的费用应当与收入配比扣除。除特殊规定外,企业发生的费用不得提前或滞后申报扣除。

③相关性原则。企业可扣除的费用从性质和根源上必须与取得应税收入直接相关。

④确定性原则。即企业可扣除的费用不论何时支付,其金额必须是确定的。

⑤合理性原则。符合生产经营活动常规,应当计入当期损益或者有关资产成本的必要和正常的支出。

2)扣除项目的范围

企业所得税法规定,企业实际发生的与取得收入有关的、合理的支出,包括成本、费用、税金、损失和其他支出,准予在计算应纳税所得额时扣除。在实际中,计算应纳税所得额时还应注意三方面的内容:

①企业发生的支出就当区分收益性支出和资本性支出。收益性支出在发生当期直接扣除;资本性支出应当分期扣除或者计入有关资产成本,不得在发生当期直接扣除。

②企业的不征税收入用于支出所形成的费用或者财产,不得扣除或者计算对应的折旧、摊销扣除。

③除企业所得税法和本条例另有规定外,企业实际发生的成本、费用、税金、损失和其他支出,不得重复扣除。

(1)成本

成本是指企业在生产经营活动中发生的销售成本、销货成本、业务支出,以及其他耗费,即企业销售商品(产品、材料、下脚料、废料、废旧物资等)、提供劳务、转让固定资产、无形资产(包括技术转让)的成本。

企业必须将经营活动中发生的成本合理划分为直接成本和间接成本。直接成本是指可直接计入有关成本计算对象或劳务的经营成本中的直接材料、直接人工等。间接成本是指多个部门为同一成本对象提供服务的共同成本,或者同一种投入可以制造、提供两种或两种以上的产品或劳务的联合成本。

直接成本可根据有关会计凭证、记录直接计入有关成本计算对象或劳务的经营成本中。间接成本必须根据与成本计算对象之间的因果关系、成本计算对象的产量等,以合理的方法分配计入有关成本计算对象中。

(2)费用

费用是指企业每一个纳税年度为生产、经营商品和提供劳务等所发生的销售(经营)费用、管理费用和财务费用。已计入成本的有关费用除外。

销售费用是指应由企业负担的为销售商品而发生的费用,包括广告费、运输费、装卸费、包装费、展览费、保险费、销售佣金(能直接认定的进口佣金调整商品进价成本)、代销手续费、经营性租赁费及销售部门发生的差旅费、工资、福利费等费用。

管理费用是指企业的行政管理部门为管理组织经营活动提供各项支援性服务而发生的费用。

财务费用是指企业筹集经营性资金而发生的费用,包括利息净支出、汇兑净损失、金融机构手续费以及其他非资本化支出。

(3)税金

税金是指企业发生的除企业所得税和允许抵扣的增值税以外的企业缴纳的各项税金及其附加,即企业按规定缴纳的消费税、营业税、城市维护建设税、关税、资源税、土地增值税、房产税、车船税、土地使用税、印花税、教育费附加等产品销售税金及附加。这些已纳税金准予税前扣除。准许扣除的税金有两种方式:一是在发生当期扣除;二是在发生当期计入相关资产的成本,在以后各期分摊扣除。

(4)损失

损失是指企业在生产经营活动中发生的固定资产和存货的盘亏、毁损、报废损失,转让财产损失,呆账损失,坏账损失,自然灾害等不可抗力因素造成的损失以及其他损失。

企业发生的损失减除责任人赔偿和保险赔款后的余额,依照国务院财政、税务主管部门的规定扣除。

企业已经作为损失处理的资产,在以后纳税年度又全部收回或者部分收回时,应当计入当期收入。

(5)扣除的其他支出

扣除的其他支出是指除成本、费用、税金、损失外,企业在生产经营活动中发生的与生产经营活动有关的、合理的支出。

3)扣除项目的标准

在计算应纳税所得额时,下列项目可按照实际发生额或规定的标准扣除。

(1)工资、薪金支出

企业发生的合理的工资、薪金支出准予据实扣除。工资、薪金支出是企业每一纳税年度支付给本企业任职或与其有雇佣关系的员工的所有现金或非现金形式的劳动报酬,包括基本工资、资金、津贴、补贴、年终加薪、加班工资,以及与任职或者是受雇有关的其他支出。

"合理工资、薪金",是指企业按照股东大会、董事会、薪酬委员会或相关管理机构制定的工资薪金制度规定实际发放给员工的工资、薪金。税务机关在对工资、薪金进行合理性确认时,可按以下原则掌握:

①企业制定了较为规范的员工工资、薪金制度。

②企业所制定的工资、薪金制度符合行业及地区水平。

③企业在一定时期所发放的工资、薪金是相对固定的,工资、薪金的调整是有序进行的。

④企业对实际发放的工资、薪金,已依法履行了代扣代缴个人所得税义务。

⑤有关工资、薪金的安排,不以减少或逃避税款为目的。

(2)职工福利费、工会经费、职工教育经费

企业发生的职工福利费、工会经费、职工教育经费按标准扣除,未超过标准的按实际数扣除,超过标准的只能按标准扣除。

①企业发生的职工福利费支出,不超过工资、薪金总额14%的部分准予扣除。

企业职工福利费,包括以下内容:

a. 尚未实行分离办社会职能的企业,其内设福利部门所发生的设备、设施和人员费用,包括职工食堂、职工浴室、理发室、医务所、托儿所、疗养院等集体福利部门的设备、设施及维修保养费用和福利部门工作人员的工资、薪金、社会保险费、住房公积金、劳务费等。

b. 为职工卫生保健、生活、住房、交通等所发放的各项补贴和非货币性福利,包括企业向职工发放的因公外地就医费用、未实行医疗统筹企业职工医疗费用、职工供养直系亲属医疗补贴、供暖费补贴、职工防暑降温费、职工困难补贴、救济费、职工食堂经费补贴、职工交通补贴等。

c. 按照其他规定发生的其他职工福利费,包括丧葬补助费、抚恤费、安家费、探亲假路费等。

值得注意的是:企业发生的职工福利费,应该单独设置账册,进行准确核算。没有单独设置账册准确核算的,税务机关应责令企业在规定的期限内进行改正。逾期仍未改正的,税务机关可对企业发生的职工福利费进行合理的核定。

②企业拨缴的工会经费,不超过工资、薪金总额2%的部分准予扣除。

③除国务院财政、税务主管部门另有规定外,企业发生的职工教育经费支出,不超过工资、薪金总额25%的部分准予扣除,超过部分准予结转以后纳税年度扣除。

上述计算职工福利费、工会经费、职工教育经费的"工资、薪金总额",是指企业按照上述第①条规定实际发放的工资、薪金总和,不包括企业的职工福利费、职工教育经费、工会经费以及养老保险费、医疗保险费、失业保险费、工伤保险费、生育保险费等社会保险费和住房公积金。属于国有性质的企业,其工资、薪金,不得超过政府有关部门给予的限定数额;超过部

分,不得计入企业工资、薪金总额,也不得在计算企业应纳税所得额时扣除。

(3)社会保险费

①企业依照国务院有关主管部门或者省级人民政府规定的范围和标准为职工缴纳的"五险一金",即基本养老保险费、基本医疗保险费、失业保险费、工伤保险费、生育保险费等基本社会保险费和住房公积金,准予扣除。

②企业为投资者或者职工支付的补充养老保险费、补充医疗保险费,在国务院财政、税务主管部门规定的范围和标准内,准予扣除。企业依照国家有关规定为特殊工种职工支付的人身安全保险费和符合国务院财政、税务主管部门规定可以扣除的商业保险费准予扣除。

③企业参加财产保险,按照规定缴纳的保险费,准予扣除。企业为投资者或者职工支付的商业保险费,不得扣除。

(4)利息费用

企业在生产、经营活动中发生的利息费用,按下列规定扣除。

①非金融企业向金融企业借款的利息支出、金融企业的各项存款利息支出和同业拆借利息支出、企业经批准发行债券的利息支出可据实扣除。

②非金融企业向非金融企业借款的利息支出,不超过按照金融企业同期同类贷款利率计算的数额的部分可据实扣除,超过部分不许扣除。

其中,所谓金融机构,是指各类银行、保险公司及经中国人民银行批准从事金融业务的非银行金融机构。包括国家专业银行、区域性银行、股份制银行、外资银行、中外合资银行以及其他综合性银行,还包括全国性保险企业、区域性保险企业、股份制保险企业、中外合资保险企业以及其他专业性保险企业;城市、农村信用社、各类财务公司,以及其他从事信托投资、租赁等业务的专业和综合性非银行金融机构。非金融机构,是指除上述金融机构以外的所有企业、事业单位以及社会团体等企业或组织。

(5)借款费用

①企业在生产经营活动中发生的合理的不需要资本化的借款费用,准予扣除。

②企业为购置、建造固定资产、无形资产和经过12个月以上的建造才能达到预定可销售状态的存货发生的借款的,在有关资产购置、建造期间发生的合理的借款费用,应予以资本化,作为资本性支出计入有关资产的成本;有关资产交付使用后发生的借款利息,可在发生当期扣除。

(6)汇兑损失

企业在货币交易中,以及纳税年度终了时将人民币以外的货币性资产、负债按照期末即期人民币汇率中间价折算为人民币时产生的汇兑损失,除已经计入有关资产成本以及与向所有者进行利润分配相关的部分外,准予扣除。

(7)业务招待费

企业发生的与其生产、经营业务有关的业务招待费支出,按照发生额的60%扣除,但最高不得超过当年销售(营业)收入的5‰。

【例 7.1】 某企业 2013 年实现销售收入 8 000 万元,其中,主营业务收入 7 600 万元,其他业务收入 400 万元。当年实际发生招待费 30 万元。计算企业不得在税前扣除的业务招待费。

【解析】 业务招待费最高扣除额 = 8 000 × 5‰ = 40(万元),

实际发生额的 60% = 30 × 60% = 18(万元) < 40(万元),

故 2013 年准予在税前扣除的业务招待费为 18(万元)。

不得在税前扣除的业务招待费 = 30 − 18 = 12(万元)

【例 7.2】 沿用上例的资料,假如企业 2013 年实际发生业务招待费 70 万元。计算企业不得在税前扣除的业务招待费。

【解析】 业务招待费最高扣除额 = 8 000 × 5‰ = 40(万元),

实际发生额的 60% = 70 × 60% = 42(万元) > 40(万元),

故 2013 年准予在税前扣除的业务招待费为 40(万元),

不得在税前扣除的业务招待费 = 70 − 40 = 30(万元)。

(8)广告费和业务宣传费

企业发生的符合条件的广告费和业务宣传费支出,除国务院财政、税务主管部门另有规定外,不超过当年销售(营业)收入 15% 的部分,准予扣除;超过部分,准予结转以后纳税年度扣除。

企业申报扣除的广告费支出应与赞助支出严格区分。企业申报扣除的广告费支出,必须符合下列条件:广告是通过工商部门批准的专门机构制作的;已实际支付费用,并已取得相应发票;通过一定的媒体传播。

【例 7.3】 A 公司 2012 年销售收入 5 000 万元,其中,主营业务收入 4 800 万元,其他业务收入 200 万元;实际发生广告费和业务宣传费 800 万元。计算税前可以扣除的广告费和业务宣传费。

【解析】 扣除限额 = 5 000 × 15% = 750(万元)

2013 年实际发生额 800 万元超过扣除限额,故准予在税前扣除的金额为 750 万元。超标准的 50 万元可以结转以后年度扣除。

【例 7.4】 接上例,A 公司 2013 年销售收入 6 000 万元,其中,主营业务收入 5 800 万元,其他业务收入 200 万元;实际发生广告费和业务宣传费 780 万元。计算税前可以扣除的广告费和业务宣传费。

【解析】 扣除限额 = 6 000 × 15% = 900(万元)

2013 年实际发生额 780 万元和上年结转金额 50 万元,共计 830 万元,未超过扣除限额 900 万元。故 2013 年准予在税前扣除的金额为 830 万元。

(9)环境保护专项资金

企业依照法律、行政法规有关规定提取的用于环境保护、生态恢复等方面的专项资金,准予扣除。上述专项资金提取后改变用途的,不得扣除。

(10)保险费

企业参加财产保险，按照规定缴纳的保险费，准予扣除。

(11)租赁费

企业根据生产经营需要租入固定资产支付的租赁费，按照以下方法扣除：

a. 以经营租赁方式租入固定资产发生的租赁费支出，按照租赁期限均匀扣除。经营性租赁是指所有权不转移的租赁。

b. 以融资租赁方式租入固定资产发生的租赁费支出，按照规定构成融资租入固定资产价值的部分应当提取折旧费用，分期扣除。融资租赁是指在实质上转移与一项资产所有权有关的全部风险和报酬的一种租赁。

(12)劳动保护费

企业发生的合理的劳动保护支出，准予扣除。

(13)公益性捐赠支出

公益性捐赠，是指企业通过公益性社会团体或者县级以上人民政府及其部门，用于《中华人民共和国公益事业捐赠法》内定的公益事业的捐赠。

企业发生的公益性捐赠支出，不超过年度利润总额12%的部分，准予扣除。年度利润总额，是指企业依照国家统一会计制度的规定计算的年度会计利润。

【例7.5】 某服装厂为增值税一般纳税人，通过民政局向灾区捐赠钱物，其中，现金10万元；自产棉被一批，账面成本80万元，销售金额(不含增值税)100万元；已取得民政局开具的公益性捐赠票据。假定该厂当年实现利润总额1 050万元，计算当年税前可以扣除的捐赠额。

【解析】 视同销售：视同销售收入100万元，应计入收入总额；视同销售成本80万元，计入扣除项目，在税前扣除。

对外捐赠：按税法确认的捐赠额 = 10 + 117 = 127(万元)

捐赠扣除限额 = 1 050 × 12% = 126(万元)

而实际捐赠额为127万元，超过扣除限额。故当年可在税前扣除的捐赠额为126万元。

(14)有关资产的费用

企业转让各类固定资产发生的费用，允许扣除。企业按规定计算的固定资产折旧费、无形资产和递延资产的摊销费，准予扣除。

(15)总机构分摊的费用

非居民企业在中国境内设立的机构、场所，就其中国境外总机构发生的与该机构、场所生产经营有关的费用，能够提供总机构出具的费用汇集范围、定额、分配依据和方法等证明文件，并合理分摊的，准予扣除。

(16)资产损失

企业当期发生的固定资产和流动资产盘亏、毁损净损失，由其提供清查盘存资料经主管理税务机关审核后，准予扣除；企业因存货盘亏、毁损、报废等原因不得从销项税金中抵扣的进项税金，应视同企业财产损失，准予与存货损失一起在所得税前按规定扣除。

(17)依照有关法律、行政法规和国家有关税法规定准予扣除的其他项目

此部分如会员费、合理的会议费、差旅费、违约金、诉讼费等。

7.4.4 不得扣除的项目

在计算应纳税所得额时，下列支出不得扣除：

①向投资者支付的股息、红利等权益性制冷收益款项。

②企业所得税税款。

③税收滞纳金，是指纳税人违反税收法规，被税务机关处以的滞纳金。

④罚金、罚款和被没收财物的损失，是指纳税人违反国家有关法律、法规规定，被有关部门处以的罚款，以及被司法机关处以的罚金和被没收财物。

⑤超过规定标准的捐赠支出。

⑥赞助支出，是指企业发生的与生产经营活动无关的各种非广告性质支出。

⑦未经核定的准备金支出，是指不符合国务院财政、税务主管部门规定的各项资产减值准备、风险准备等准备金支出。

⑧企业之间支付的管理费、企业内营业机构之间支付的租金和特许权使用费，以及非银行企业内营业机构之间支付的利息，不得扣除。

⑨与取得收入无关的其他支出。

7.4.5 亏损弥补

亏损是指企业依照企业所得税法和暂行条例的规定，将每一纳税年度的收入总额减除不征税收入、免税收入和各项扣除后小于零的数额。税法规定，企业某一纳税年度发生的亏损可以用下一年度的所得弥补，下一年度的所得不足以弥补的，可以逐年延续弥补，但最长不得超过5年。而且，企业在汇总计算缴纳企业所得税时，其境外营业机构的亏损不得抵减境内营业机构的盈利。

7.5 应纳税额的计算

7.5.1 居民企业应纳税额的计算

居民企业应纳税额等于应纳税所得额乘以适用税率，基本计算公式为：

居民企业应纳税额 = 应纳税所得额 × 适用税率 - 减免税额 - 抵免税额

根据计算公式可以看出，居民企业应纳税额的多少，取决于应纳税所得额和适用税率两

个因素。在实际过程中,应纳税所得额的计算一般有两种方法。

1)直接计算法

在直接计算法下,居民企业每一纳税年度的收入总额减除不征税收入、免税收入、各项扣除以及允许弥补的以前年度亏损后的余额为应纳税所得额。计算公式与前述相同,即为:

应纳税所得额 = 收入总额 - 不征税收入 - 免税收入 - 各项扣除金额 - 弥补亏损

2)间接计算法

在间接计算法下,是在会计利润总额的基础上加或减按照税法规定调整的项目金额后,即为应纳税所得额。计算公式为:

应纳税所得额 = 会计利润总额 ±纳税调整项目金额

税收调整项目金额包括两方面的内容:一是企业的财务会计处理和税收规定不一致的应予以调整的金额;二是企业按税法规定准予扣除的税收金额。

【例7.6】 假定某企业为居民企业,2013年经营业务如下:

①取得产品销售收入4 000万元。

②发生产品销售成本2 600万元。

③发生销售费用770万元(其中广告费650万元);管理费用480万元(其中业务招待费25万元);财务费用60万元。

④销售税金160万元(含增值税120万元)。

⑤营业外收入80万元,营业外支出50万元(含通过公益性社会团体向贫困山区捐款30万元,支付税收滞纳金6万元)。

⑥计入成本、费用中的实发工资总额200万元、拨缴职工工会经费5万元、支出职工福利费31万元,发生职工教育经费7万元。

要求:计算该企业2013年度实际应纳的企业所得税。

①会计利润总额 = 4 000 + 80 - 2 600 - 770 - 480 - 60 - 40 - 50 = 80(万元)

②广告费和业务宣传费调增所得额 = 650 - 4 000 × 15% = 650 - 600 = 50(万元)

③业务招待费调增所得额 = 25 - 25 × 60% = 25 - 15 = 10(万元)

4 000 × 5% = 20(万元) > 25 × 60% = 15(万元)

④捐赠支出应调增所得额 = 30 - 80 × 12% = 20.4(万元)

⑤工会经费应调增所得额 = 5 - 200 × 2% = 1(万元)

⑥职工福利费应调增所得额 = 31 - 200 × 14% = 3(万元)

⑦职工教育费应调增所得额 = 7 - 200 × 2.5% = 2(万元)

⑧应纳税所得额 = 80 + 50 + 10 + 20.4 + 6 + 1 + 3 + 2 = 172.4(万元)

⑨2013年应缴企业所得税 = 172.4 × 25% = 43.1(万元)

【例7.7】 某工业企业为居民企业,假定2013年经营业务如下:

产品销售收入为5 600万元,产品销售成本4 000万元;其他业务收入800万元,其他业务成本660万元;取得购买国债的利息收入40万元;缴纳非增值税销售税金及附加300万元;发生的管理费用760万元,其中新技术的研究开发费用为60万元、业务招待费用70万元;发生财务费用200万元;取得直接投资其他居民企业的权益性收益34万元(已在投资方所在地按15%的税率缴纳了所得税);取得营业外收入100万元,发生营业外支出250万元(其中含公益性捐赠38万元)。

要求:计算该企业2013年应纳的企业所得税。

①利润总额 = 5 600 + 800 + 40 + 34 + 100 - 4 000 - 660 - 300 - 760 - 200 - 250 = 370(万元)

②国债利息收入免征企业所得税,应调减所得额40(万元)。

③技术开发费调减所得额 = 60 × 50% = 30(万元)

④按实际发生业务招待费的60%计算 = 70 × 60% = 42(万元)

按销售(营业)收入的5‰计算 = (5 600 + 800) × 5‰ = 32(万元)

按照规定税前扣除限额应为32万元,实际应调增应纳税所得额 = 70 - 32 = 38(万元)

⑤取得直接投资其他居民企业的权益性收益属于免税收入,应调减应纳税所得额34万元。

⑥捐赠扣除标准 = 370 × 12% = 44.4(万元)

实际捐赠额38万元小于扣除标准44.4万元,可按实捐数扣除,不做纳税调整。

⑦应纳税所得额 = 370 - 40 - 30 + 38 - 34 = 304(万元)

⑧该企业2013年应缴纳企业所得税 = 304 × 25% = 76(万元)

7.5.2 境外所得抵扣税额的计算

企业取得的下列所得已在境外缴纳的所得税税额,可以从其当期应纳税额中抵免,抵免限额为该项所得依照本法规定计算的应纳税额;超过抵免限额的部分,可以在以后5个年度内,用每年度抵免限额抵免当年应抵税额后的余额进行抵补:

①居民企业来源于中国境外的应税所得。

②非居民企业在中国境内设立机构、场所,取得发生在中国境外但与该机构、场所有实际联系的应税所得。

居民企业从其直接或者间接控制的外国企业分得的来源于中国境外的股息、红利等权益性投资收益,外国企业在境外实际缴纳的所得税税额中属于该项所得负担的部分,可以作为该居民企业的可抵免境外所得税税额,在企业所得税税法规定的抵免限额内抵免。

上述所称直接控制,是指居民企业直接持有外国企业20%以上股份。

上述所称间接控制,是指居民企业以间接持股方式持有外国企业20%以上股份,具体认定办法由国务院财政、税务主管部门另行制定。

已在境外缴纳的所得税税额,是指企业来源于中国境外的所得依照中国境外税收法律以及相关规定应当缴纳并已经实际缴纳的企业所得税性质的税款。企业依照企业所得税法的规定抵免企业所得税税额时,应当提供中国境外税务机关出具的税款所属年度的有关纳税凭证。

抵免限额,是指企业来源于中国境外的所得,依照企业所得税法和本条例的规定计算的

应纳税额。除国务院财政、税务主管部门另有规定外,该抵免限额应当分国(地区)不分项计算,计算公式为:

抵免限额 = 中国境内、境外所得依照企业所得税法和条例规定计算的应纳税总额 × 来源于某国(地区)的应纳税所得额 ÷ 中国境内、境外应纳税所得总额

前述5个年度,是指从企业取得的来源于中国境外的所得,已经在中国境外缴纳的企业所得税性质的税额超过抵免限额的当年的次年起连续5个纳税年度。

【例7.8】 某企业2013年度境内应纳税所得额为100万元,适用25%的企业所得税税率。另外,该企业分别在A、B两国设有分支机构(我国与A、B两国已经缔结避免双重征税协定),在A国分支机构的应纳税所得额为50万元,A国企业所得税税率为20%;在B国的分支机构的应纳税所得额为30万元,B国企业所得税税率为30%。假设该企业在A、B两国所得按我国税法计算的应纳税所得额和按A、B两国税法计算的应纳税所得额一致,两个分支机构在A、B两国分别缴纳了10万元和9万元的企业所得税。

要求:计算该企业汇总时在我国应缴纳的企业所得税税额。

①该企业按我国简洁计算的境内、境外所得的应纳税额。

应纳税额 = (100 + 50 + 30) × 25% = 45(万元)

②A、B两国的扣除限额。

A国扣除限额 = 45 × [50 ÷ (100 + 50 + 30)] = 12.5(万元)

B国扣除限额 = 45 × [30 ÷ (100 + 50 + 30)] = 7.5(万元)

在A国缴纳的所得税为10万元,低于扣除限额12.5万元,可全额扣除。

在B国缴纳的所得税为9万元,高于扣除限额7.5万元,其超过扣除限额的部分1.5万元当年不能扣除。

③汇总时在我国应缴纳的所得税 = 45 − 10 − 7.5 = 27.5(万元)

上述计算过程是根据定义来计算抵免限额的,即根据企业来自国内外的应纳税所得总额,按照我国企业所得税税率计算出应纳税总额。然后再按照来自某一国的应纳税所得额占来自境内外应纳税所得总额的比例来计算可抵扣的限额。从计算结果来看,还可以用来自于某外国的应纳税所得额直接乘以我国企业所得税法规定的税率来计算来自于该国的应纳税所得额可抵扣的限额。这样,本题的计算过程是:

①该企业按我国税法计算的境内、境外所得的应纳税额。

应纳税额 = (100 + 50 + 30) × 25% = 45(万元)

②A、B两国的扣除限额。

A国扣除限额 = 50 × 25% = 12.5(万元)

B国扣除限额 = 30 × 25% = 7.5(万元)

在A国缴纳的所得税为10万元,低于扣除限额12.5万元,可全额扣除。

在B国缴纳的所得税为9万元,高于扣除限额7.5万元,其超过扣除限额的部分1.5万元当年不能扣除。

③汇总时在我国应缴纳的所得税 = 45 − 10 − 7.5 = 27.5(万元)

7.5.3 居民企业核定征收应纳税额的计算

为了加强企业所得税征收管理，规范核定征收企业所得税工作，保障国家税款及时足额入库，维护纳税人合法权益，根据《中华人民共和国企业所得税法》及其实施条例、《中华人民共和国税收征收管理法》及其实施细则的有关规定，核定征收企业所得税的有关规定如下：

1）核定征收企业所得税的范围

适用于居民企业纳税人，纳税人具有下列情形之一的，核定征收企业所得税：

①依照法律、行政法规的规定可以不设置账簿的。

②依照法律、行政法规的规定应当设置但未设置账簿的。

③擅自销毁账簿或者拒不提供纳税资料的。

④虽设置账簿，但账目混乱或者成本资料、收入凭证、费用凭证残缺不全，难以查账的。

⑤发生纳税义务，未按照规定的期限办理纳税申报，经税务机关责令限期申报，逾期仍不申报的。

⑥申报的计税依据明显偏低，又无正当理由的。

特殊行业、特殊类型的纳税人和一定规模以上的纳税人不适用本办法。上述特定纳税人由国家税务总局另行明确。

2）核定征收的办法

税务机关应根据纳税人具体情况，对核定征收企业所得税的纳税人，核定应税所得率或者核定应纳所得税额。

①具有下列情形之一的，核定其应税所得率：

a. 能正确核算（查实）收入总额，但不能正确核算（查实）成本费用总额的。

b. 能正确核算（查实）成本费用总额，但不能正确核算（查实）收入总额的。

c. 通过合理方法，能计算和推定纳税人收入总额或成本费用总额的。

纳税人不属于以上情形的，核定其应纳所得税额。

②税务机关采用下列方法核定征收企业所得税：

a. 参照当地同类行业或者类似行业中经营规模和收入水平相近的纳税人的税负水平核定。

b. 按照应税收入额或成本费用支出额定率核定。

c. 按照耗用的原材料、燃料、动力等推算或测算核定。

d. 按照其他合理方法核定。

采用前款所列一种方法不足以正确核定应纳税所得额或应纳税额的，可以同时采用两种以上的方法核定。采用两种以上方法测算的应纳税额不一致时，可按测算的应纳税额从高核定。

采用应税所得率方式核定征收企业所得税的，应纳所得税额计算公式如下：

$$应纳所得税额 = 应纳税所得额 \times 适用税率$$

应纳税所得额 = 应税收入额 × 应税所得率

或:应纳税所得额 = 成本(费用)支出额 ÷ (1 - 应税所得率) × 应税所得率

实行应税所得率方式核定征收企业所得税的纳税人,经营多业的,无论其经营项目是否单独核算,均由税务机关根据其主营项目确定适用的应税所得率。

主营项目应为纳税人所有经营项目中,收入总额或者成本(费用)支出额或者耗用原材料、燃料、动力数量所占比重最大的项目。

应税所得率按表 7.1 规定的幅度标准确定。

表 7.1 应税所得率幅度标准

行业	应税所得率/%
农、林、牧、渔业	3 ~ 10
制造业	5 ~ 15
批发和零售贸易业	4 ~ 15
交通运输业	7 ~ 15
建筑业	8 ~ 20
饮食业	8 ~ 25
娱乐业	15 ~ 30
其他行业	10 ~ 30

纳税人的生产经营范围、主营业务发生重大变化,或者应纳税所得额或应纳税额增减变化达到 20% 的,应及时向税务机关申报调整已确定的应纳税额或应税所得率。

7.5.4 非居民企业应纳税额的计算

对于在中国境内未设立机构、场所的,或者虽设立机构、场所但取得的所得与其所设机构、场所没有实际联系的非居民企业的所得,按照下列方法计算应纳税所得额:

①股息、红利等权益性投资收益和利息、租金、特许权使用费所得,以收入全额为应纳税所得额。

②转让财产所得,以收入全额减除财产净值后的余额为应纳税所得额。

③其他所得,参照前两项规定的方法计算应纳税所得额。

财产净值是指财产的计税基础减除已经按照规定扣除的折旧、折耗、摊销、准备金等后的余额。

具体征收管理规定如下:

a. 扣缴义务人在每次向非居民企业支付或者到期应支付所得时,应从支付或者到期应支付的款项中扣缴企业所得税。

到期应支付的款项,是指支付人按照权责发生制原则应当计入相关成本、费用的应付款项。

扣缴义务人每次代扣代缴税款时，应当向其主管税务机关报送《中华人民共和国扣缴企业所得税报告表》(以下简称扣缴表)及相关资料，并自代扣之日起7日内缴入国库。

b. 扣缴企业所得税应纳税额计算。

扣缴企业所得税应纳税额 = 应纳税所得额 × 实际征收率

应纳税所得额的计算，按上述①~③项的规定为标准；实际征收率是指企业所得税法及其实施条例等相关法律法规规定的税率，或者税收协定规定的更低的税率。

c. 扣缴义务人对外支付或者到期应支付的款项为人民币以外货币的，在申报扣缴企业所得税时，应当按照扣缴当日国家公布的人民币汇率中间价，折合成人民币计算应纳税所得额。

d. 扣缴义务人与非居民企业签订应税所得有关的业务合同时，凡合同中约定由扣缴义务人负担应纳税款的，应将非居民企业取得的不含税所得换算为含税所得后计算征税。

e. 按照企业所得税法及其实施条例和相关税收法规规定，给予非居民企业减免税优惠的，应按相关税收减免管理办法和行政审批程序的规定办理。对未经审批或者减免税申请未得到批准之前，扣缴义务人发生支付款项的，应按规定代扣代缴企业所得税。

f. 非居民企业可以适用的税收协定与国内相关法规有不同规定的，可申请执行税收协定规定；非居民企业未提出执行税收协定规定申请的，按国内税收法律法规的有关规定执行。

g. 非居民企业已按国内税收法律法规的有关规定征税后，提出享受减免税或税收协定待遇申请的，主管税务机关经审核确认应享受减免税或税收协定待遇的，对多缴纳的税款应依据税收征管法及其实施细则的有关规定予以退税。

h. 因非居民企业拒绝代扣税款的，扣缴义务人应当暂停支付相当于非居民企业应纳税款的款项，并在1日之内向其主管税务机关报告，并报送书面情况说明。

i. 扣缴义务人未依法扣缴或者无法履行扣缴义务的，非居民企业应于扣缴义务人支付或者到期应支付之日起7日内，到所得发生地主管税务机关申报缴纳企业所得税。

股权转让交易双方为非居民企业且在境外交易的，由取得所得的非居民企业自行或委托代理人向被转让股权的境内企业所在地主管税务机关申报纳税。被转让股权的境内企业应协助税务机关向非居民企业征缴税款。

扣缴义务人所在地与所得发生地不在一地的，扣缴义务人所在地主管税务机关应自确定扣缴义务人未依法扣缴或者无法履行扣缴义务之日起5个工作日内，向所得发生地主管税务机关发送《非居民企业税务事项联络函》，告知非居民企业的申报纳税事项。

j. 非居民企业依照有关规定申报缴纳企业所得税，但在中国境内存在多处所得发生地，并选定其中之一申报缴纳企业所得税的，应向申报纳税所在地主管税务机关如实报告有关情况。申报纳税所在地主管税务机关在受理申报纳税后，应将非居民企业申报缴纳所得税情况书面通知扣缴义务人所在地和其他所得发生地主管税务机关。

k. 非居民企业未依照有关规定申报缴纳企业所得税，由申报纳税所在地主管税务机关责令限期缴纳，逾期仍未缴纳的，申报纳税所在地主管税务机关可以收集、查实该非居民企业在中国境内其他收入项目及其支付人(以下简称其他支付人)的相关信息,并向其他支付人发出《税务事项通知书》,从其他支付人应付的款项中,追缴该非居民企业的应纳税款和滞纳金。

其他支付人所在地与申报纳税所在地不在一地的,其他支付人所在地主管税务机关应给予配合和协助。

l. 对多次付款的合同项目,扣缴义务人应当在履行合同最后一次付款前 15 日内,向主管税务机关报送合同全部付款明细、前期扣缴表和完税凭证等资料,办理扣缴税款清算手续。

7.6 税收优惠

税收优惠,是指国家运用税收政策在税收法律、行政法规中规定对某一部分特定企业和课税对象给予减轻或免除税收负担的一种措施。税法规定的企业所得税的税收优惠方式包括免税、减税、加计扣除、加速折旧、减计收入、税额抵免等。

7.6.1 免征与减征优惠

企业的下列所得,可以免征、减征企业所得税。企业如果从事国家限制和禁止发展的项目,不得享受企业所得税优惠。

1)从事农、林、牧、渔业项目的所得

企业从事农、林、牧、渔业项目的所得,包括免征和减征两部分。

①企业从事下列项目的所得,免征企业所得税。

a. 蔬菜、谷物、薯类、油料、豆类、棉花、麻类、糖料、水果、坚果的种植。

b. 农作物新品种的选育。

c. 中药材的种植。

d. 林木的培育和种植。

e. 牲畜、家禽的饲养。

f. 林产品的采集。

g. 灌溉、农产品初加工、兽医、农技推广、农机作业和维修等农、林、牧、渔服务业项目。

h. 远洋捕捞。

②企业从事下列项目的所得,减半征收企业所得税。

a. 花卉、茶以及其他饮料作物和香料作物的种植。

b. 海水养殖、内陆养殖。

2)从事国家重点扶持的公共基础设施项目投资经营的所得

企业所得税法所称国家重点扶持的公共基础设施项目,是指《公共基础设施项目企业所得税优惠目录》规定的港口码头、机场、铁路、公路、电力、水利等项目。

企业从事国家重点扶持的公共基础设施项目的投资经营的所得,自项目取得第一笔生产经营收入所属纳税年度起,第 1 年至第 3 年免征企业所得税,第 4 年至第 6 年减半征收企业所得税。

企业承包经营、承包建设和内部自建自用本条规定的项目,不得享受本条规定的企业所得税优惠。

3)从事符合条件的环境保护、节能节水项目的所得

环境保护、节能节水项目的所得,自项目取得第一笔生产经营收入所属纳税年度起,第 1 年至第 3 年免征企业所得税,第 4 年至第 6 年减半征收企业所得税。

符合条件的环境保护、节能节水项目,包括公共污水处理、公共垃圾处理、沼气综合开发利用、节能减排技术改造、海水淡化等。项目的具体条件和范围由国务财政、税务主管部门同国务院有关部门制定,报国务院批准后公布施行。

但是以上规定享受减免税优惠的项目,在减免税期限内转让的,受让方自受让之日起,可以在剩余期限内享受规定的减免税优惠;减免税期限届满后转让的,受让方不得就该项目重复享受减免税优惠。

4)符合条件的技术转让所得

企业所得税法所称符合条件的技术转让所得免征、减征企业所得税,是指一个纳税年度内,居民企业转让技术所有权所得不超过 500 万元的部分,免征企业所得税;超过 500 万元的部分,减半征收企业所得税。

7.6.2 高新技术企业优惠

国家需要重点扶持的高新技术企业减按 15% 的所得税税率征收企业所得税。

国家需要重点扶持的高新技术企业,是指拥有核心自主知识产权,并同时符合下列六方面条件的企业:

①拥有核心自主知识产权,是指在中国境内(不含港、澳、台地区)注册的企业,近 3 年内通过自主研发、受让、受赠、并购等方式,或通过 5 年以上的独占许可方式,对其主要产品(服务)的核心技术拥有自主知识产权。

②产品(服务)属于《国家重点支持的高新技术领域》规定的范围。

③研究开发费用占销售收入的比例不低于规定比例。是指企业为获得科学技术(不包括人文、社会科学)新知识,创造性运用科学技术新知识,或实质性改进技术、产品(服务)而持续进行了研究开发活动,且近 3 个会计年度的研究开发费用总额占销售收入总额的比例符合如下要求:

a.最近一年销售收入小于 5 000 万元的企业,比例不低于 6%。

b.最近一年销售收入在 5 000 万元至 2 亿元的企业,比例不低于 4%。

c.最近一年销售收入在 2 亿元以上的企业,比例不低于 3%。

其中,企业在中国境内发生的研究开发费用总额占全部研究开发费用总额的比例不低

于60%。企业注册成立时间不足3年的,按实际经营年限计算。

④高新技术产品(服务)收入占企业总收入的比例不低于规定比例。是指高新技术产品(服务)收入占企业当年总收入的60%以上。

⑤科技人员占企业职工总数的比例不低于规定比例。是指具有大学专科以上学历的科技人员占企业当年职工总数的30%以上,其中研发人员占企业当年职工总数的10%以上。

⑥高新技术企业认定管理办法规定的其他条件。《国家重点支持的高新技术领域》和高新技术企业认定管理办法由国务院科技、财政、税务主管部门商国务院有关部门制定,报国务院批准后公布施行。

7.6.3 小型微利企业优惠

小型微利企业减按20%的所得税税率征收企业所得税。小型微利企业的条件如下:

①工业企业,年度应纳税所得额不超过30万元,从业人数不超过100人,资产总额不超过3 000万元。

②其他企业,年度应纳税所得额不超过30万元,从业人数不超过80人,资产总额不超过1 000万元。

上述"从业人数"按企业全年平均从业人数计算,"资产总额"按企业年初和年末的资产总额平均计算。

小型微利企业,是指企业的全部生产经营活动产生的所得均负有我国企业所得税纳税义务的企业。仅就来源于我国所得负有我国纳税义务的非居民企业,不适用上述规定。

7.6.4 加计扣除优惠

加计扣除优惠包括以下两项内容:

1)研究开发费

研究开发费,是指企业为开发新技术、新产品、新工艺发生的研究开发费用,未形成无形资产计入当期损益的,在按照规定据实扣除的基础上,按照研究开发费用50%加计扣除;形成无形资产的,按照无形资产成本的150%摊销。

从2008年1月1日起,可以加计扣除的研究开发费按下列相关规定执行。

2)企业安置残疾人员所支付的工资

企业安置残疾人员所支付工资费用的加计扣除,是指企业安置残疾人员的,在按照支付给残疾职工工资据实扣除的基础上,按照支付给残疾职工工资的100%加计扣除。残疾人员的范围适用《中华人民共和国残疾人保障法》的有关规定。企业安置国家鼓励安置的其他就业人员所支付的工资的加计扣除办法,由国务院另行规定。

7.6.5 创投企业优惠

创投企业从事国家需要重点扶持和鼓励的创业投资,可以按投资额的一定比例抵扣应纳税所得额。

创投企业优惠，是指创业投资企业采取股权投资方式投资于未上市的中小高新技术企业2年以上的，可以按照其投资额的70%在股权持有满2年的当年抵扣该创业投资企业的应纳税所得额，当然不足抵扣的，可以在以后纳税年度结转抵扣。

例如：甲企业2008年1月1日向乙企业（未上市的中小高新技术企业）投资100万元、股权持有到2009年12月31日。甲企业2009年度可抵扣的应纳税所得额为70万元。

7.6.6 加速折旧优惠

企业的固定资产由于技术进步等原因，确需加速折旧的，可以缩短折旧年限或者采取加速折旧的方法。可采用以上折旧方法的固定资产是指：

①由于技术进步，产品更新换代较快的固定资产。

②常年处于强震动、高腐蚀状态的固定资产。

采取缩短折旧年限方法的，最低折旧年限不得低于规定折旧年限的60%；采取加速折旧方法的，可以采取双倍余额递减法或者年数总和法。

7.6.7 减计收入优惠

减计收入优惠，是企业综合利用资源，生产符合国家产业政策规定的产品所取得的收入，可以在计算应纳税所得额时减计收入。

综合利用资源，是指企业以《资源综合利用企业所得税优惠目录》规定的资源作为主要原材料，生产国家非限制和禁止并符合国家和行业相关标准的产品取得的收入，减按90%计入收入总额。

上述所称原材料占生产产品材料的比例不得低于《资源综合利用企业所得税优惠目录》规定的标准。

7.6.8 税额抵免优惠

税额抵免，是指企业购置并实际使用《环境保护专用设备企业所得税优惠目录》《节能节水专用设备企业所得税优惠目录》和《安全生产专用设备企业所得税优惠目录》规定的环境保护、节能节水、安全生产等专用设备的，该专用设备的投资额的10%可以从企业当年的应纳税额中抵免；当年不足抵免的，可以在以后5个纳税年度结转抵免。

享受前款规定的企业所得税优惠的企业，应当实际购置并自身实际投入使用前款规定的专用设备；企业购置上述专用设备在5年内转让、出租的，应当停止享受企业所得税优惠，并补缴已经抵免的企业所得税税款。

企业所得税优惠目录，由国务院财政、税务主管部门同国务院有关部门制定，报国务院批准后公布施行。

企业同时从事适用不同企业所得税待遇的项目的，其优惠项目应当单独计算所得，并合理分摊企业的期间费用；没有单独计算的，不得享受企业所得税优惠。

自2008年1月1日起，停止执行企业购买国产设备投资抵免企业所得税的政策。

7.6.9　民族自治地方的优惠

民族自治地方的自治机关对本民族自治地方的企业应缴纳的企业所得税中属于地方分享的部分,可以决定减征或者免征。自治州、自治县决定减征或者免征的,须报省、自治区、直辖市人民政府批准。

企业所得税法所称民族自治地方,是指依照《中华人民共和国民族区域自治法》的规定,实行民族区域自治的自治区、自治州、自治县。

对民族自治地方内国家限制和禁止行业的企业,不得减征或者免征企业所得税。

民族自治地方在新税法实施前已经按照《财政部国家税务总局海关总署关于西部大开发税收优惠政策问题的通知》(财税〔2001〕202 号)第二条第 2 款有关减免税规定批准享受减免企业所得税(包括减免中央分享企业所得税的部分)的,自 2008 年 1 月 1 日起计算,对减免税期限在 5 年以内(含 5 年)的,继续执行至期满后停止;对减免税期限超过 5 年的,从第 6 年起按新税法第二十九条规定执行。

7.6.10　非居民企业优惠

非居民企业减按 10% 的所得税税率征收企业所得税。这里的非居民企业,是指在中国境内未设立机构、场所的,或者虽设立机构、场所但取得的所得与其所设机构、场所没有实际联系的企业。该类非居民企业取得下列所得免征企业所得税。

①外国政府向中国政府提供贷款取得的利息所得。

②国际金融组织向中国政府和居民企业提供优惠贷款取得的利息所得。

③经国务院批准的其他所得。

7.6.11　其他有关行业的优惠

1)关于鼓励软件产业和集成电路产业发展的优惠政策

①软件生产企业实行增值税即征即退政策所退还的税款,由企业用于研究开发软件产品和扩大再生产,不作为企业所得税应税收入,不予征收企业所得税。

②我国境内新办软件生产企业经认定后,自获利年度起,第一年和第二年免征企业所得税,第三年至第五年减半征收企业所得税。

③国家规划布局内的重点软件生产企业,如当年未享受免税优惠的,减按 10% 的税率征收企业所得税。

④软件生产企业的职工培训费用,可按实际发生额在计算应纳税所得额时扣除。

⑤企事业单位购进软件,凡符合固定资产或无形资产确认条件的,可以按照固定资产或无形资产进行核算,经主管税务机关核准,其折旧或摊销年限可以适当缩短,最短可为 2 年。

⑥集成电路设计企业视同软件企业,享受上述软件企业的有关企业所得税政策。

⑦集成电路生产企业的生产性设备,经主管税务机关核准,其折旧年限可以适当缩短,最短可为 3 年。

⑧投资额超过 80 亿元人民币或集成电路线宽小于 0.25 微米的集成电路生产企业，可以减按 15% 的税率缴纳企业所得税，其中，经营期在 15 年以上的，从开始获利的年度起，第 1 年至第 5 年免征企业所得税，第 6 年至第 10 年减半征收企业所得税。

⑨对生产线宽小于 0.8 微米(含)集成电路产品的生产企业，经认定后，自获利年度起，第 1 年和第 2 年免征企业所得税，第 3 年至第 5 年减半征收企业所得税。

已经享受自获利年度起企业所得税"两免三减半"政策的企业，不再重复执行本条规定。

⑩自 2008 年 1 月 1 日起至 2010 年底，对集成电路生产企业、封装企业的投资者，以其取得的缴纳企业所得税后的利润，直接投资于本企业增加注册资本，或作为资本投资开办其他集成电路生产企业、封装企业，经营期不少于 5 年的，按 40% 的比例退还其再投资部分已缴纳的企业所得税税款。再投资不满 5 年撤出该项投资的，追缴已退的企业所得税税款。

自 2008 年 1 月 1 日起至 2010 年底，对国内外经济组织作为投资者，以其在境内取得的缴纳企业所得税后的利润，作为资本投资于西部地区开办集成电路生产企业、封装企业或软件产品生产企业，经营期不少于 5 年的，按 80% 的比例退还其再投资部分已缴纳的企业所得税税款。再投资不满 5 年撤出该项投资的，追缴已退的企业所得税税款。

2)关于鼓励证券投资基金发展的优惠政策

①对证券投资基金从证券市场中取得的收入，包括买卖股票、债券的差价收入，股权的股息、红利收入，债券的利息收入及其他收入，暂不征收企业所得税。

②对投资者从证券投资基金分配中取得的收入，暂不征收企业所得税。

③对证券投资基金管理人运用基金买卖股票、债券的差价收入，暂不征收企业所得税。

7.7 源泉扣缴

7.7.1 扣缴义务人

①对非居民企业在中国境内未设立机构、场所的，或者虽设立机构、场所但取得的所得与其所设机构、场所没有实际联系的所得应缴纳的所得税实行源泉扣缴，以支付人为扣缴义务人。税款由扣缴义务人在每次支付或者到期应支付时，从支付或者到期应支付的款项中扣缴。

上述所称支付人，是指依照有关法律规定或者合同约定对非居民企业直接负有支付相关款项义务的单位或者个人。

上述所称支付，包括现金支付、汇拨支付、转账支付和权益兑价支付等货币支付和非货币支付。

上述所称到期应支付的款项，是指支付人按照权责发生制原则应当计入相关成本、费用的应付款项。

②对非居民企业在中国境内取得工程作业和劳务所得应缴纳的所得税，税务机关可以指定工程价款或者劳务费的支付人为扣缴义务人。

7.7.2　扣缴方法

①扣缴义务人扣缴税款时，按前述7.5.4非居民企业计算方法计算税款。

②应当扣缴的所得税，扣缴义务人未依法扣缴或者无法履行扣缴义务的，由企业在所得发生地缴纳。企业未依法缴纳的，税务机关可以从该企业在中国境内其他收入项目的支付人应付的款项中，追缴该企业的应纳税款。

上述所称所得发生地，是指依照《实施条例》第七条规定的原则确定的所得发生地。在中国境内存在多处所得发生地的，由企业选择其中之一申报缴纳企业所得税。

上述所称该企业在中国境内其他收入，是指该企业在中国境内取得的其他各种来源的收入。

③税务机关在追缴该企业应纳税款时，应当将追缴理由、追缴数额、缴纳期限和缴纳方式等告知该企业。

④扣缴义务人每次代扣的税款，应当自代扣之日起7日内缴入国库，并向所在地的税务机关报送扣缴企业所得税报告表。

7.8　特别纳税调整

7.8.1　调整范围

特别纳税调整的范围，是指企业与其关联方之间的业务往来，不符合独立交易原则而减少企业或者其关联方应纳税收入或者所得额的，税务机关有权按照合理方法调整。企业与其关联方共同开发、受让无形资产，或者共同提供、接受劳务发生的成本，在计算应纳税所得额时应当按照独立交易原则进行分摊。

上述所称独立交易原则，是指没有关联关系的交易各方，按照公平成交价格和营业常规进行业务往来遵循的原则。

1）关联方

关联方是指与企业有下列关联关系之一的企业、其他组织或者个人，具体指：

①在资金、经营、购销等方面存在直接或者间接的控制关系。

②直接或者间接地同为第三者控制。

③在利益上具有相关联的其他关系。

2）关联企业之间关联业务的税务处理

①企业与其关联方共同开发、受让无形资产，或者共同提供、接受劳务发生的成本，在计

算应纳税所得额时应当按照独立交易原则进行分摊。

②企业与其关联方分摊成本时,应当按照成本与预期收益相配比的原则进行分摊,并在税务机关规定的期限内,按照税务机关的要求报送有关资料。

③企业与其关联方分摊成本时违反以上①、②规定的,其自行分摊的成本不得在计算应纳税所得额时扣除。

④企业可以向税务机关提出与其关联方之间业务往来的定价原则和计算方法,税务机关与企业协商、确认后,达成预约定价安排。

预约定价安排,是指企业就其未来年度关联交易的定价原则和计算方法,向税务机关提出申请,与税务机关按照独立交易原则协商、确认后达成的协议。

⑤企业向税务机关报送年度企业所得税纳税申报表时,应当就其与关联方之间的业务往来,附送年度关联业务往来报告表。

税务机关在进行关联业务调查时,企业及其关联方,以及与关联业务调查有关的其他企业,应当按照规定提供相关资料。相关资料是指:

a. 与关联业务往来有关的价格、费用的制定标准、计算方法和说明等同期资料。

b. 关联业务往来所涉及的财产、财产使用权、劳务等的再销售(转让)价格或者最终销售(转让)价格的相关资料。

c. 与关联业务调查有关的其他企业应当提供的与被调查企业可比的产品价格、定价方式以及利润水平等资料。

d. 其他与关联业务往来有关的资料。

⑥由居民企业,或者由居民企业和中国居民控制的设立在实际税负明显低于25%的税率水平的国家(地区)的企业,并非由于合理的经营需要而对利润不做分配或者减少分配的,上述利润中应归属于该居民企业的部分,应当计入该居民企业的当期收入。所指控制包括:

a. 居民企业或者中国居民直接或者间接单一持有外国企业10%以上有表决权股份,且由其共同持有该外国企业50%以上股份。

b. 居民企业,或者居民企业和中国居民持股比例没有达到第a. 项规定的标准,但在股份、资金、经营、购销等方面对该外国企业构成实质控制。

c. 上述所指的实际税负明显偏低是指实际税负明显低于企业所得税法规定的25%所得税税率的50%。

⑦企业从其关联方接受的债权性投资与权益性投资的比例超过规定标准而发生的利息支出,不得在计算应纳税所得额时扣除。企业间接从关联方获得的债权性投资,包括:

a. 关联方通过无关联第三方提供的债权性投资。

b. 无关联第三方提供的、由关联方担保且负有连带责任的债权性投资。

c. 其他间接从关联方获得的具有负债实质的债权性投资。

前述所称权益性投资,是指企业接受的不需要偿还本金和支付利息,投资人对企业净资产拥有所有权的投资。

⑧母子公司间提供服务支付费用有关企业所得税处理:

a. 母公司为其子公司(以下简称子公司)提供各种服务而发生的费用,应按照独立企业之间公平交易原则确定服务的价格,作为企业正常的劳务费用进行税务处理。

母子公司未按照独立企业之间的业务往来收取价款的,税务机关有权予以调整。

b. 母公司向其子公司提供各项服务,双方应签订服务合同或协议,明确规定提供服务的内容、收费标准及金额等,凡按上述合同或协议规定所发生的服务费,母公司应作为营业收入申报纳税;子公司作为成本费用在税前扣除。

c. 母公司向其多个子公司提供同类项服务,其收取的服务费可以采取分项签订合同或协议收取;也可以采取服务分摊协议的方式,即由母公司与各子公司签订服务费用分摊合同或协议,以母公司为其子公司提供服务所发生的实际费用并附加一定比例利润作为向子公司收取的总服务费,在各服务受益子公司(包括盈利企业、亏损企业和享受减免税企业)之间按《中华人民共和国企业所得税法》第四十一条第二款规定合理分摊。

d. 母公司以管理费形式向子公司提取费用,子公司因此支付给母公司的管理费,不得在税前扣除。

e. 子公司申报税前扣除向母公司支付的服务费用,应向主管税务机关提供与母公司签订的服务合同或者协议等与税前扣除该项费用相关的材料。不能提供相关材料的,支付的服务费用不得税前扣除。

7.8.2 调整方法

税法规定对关联企业所得不实的,调整方法如下:

①可比非受控价格法,是指按照没有关联关系的交易各方进行相同或者类似业务往来的价格进行定价的方法。

②再销售价格法,是指按照从关联方购进商品再销售给没有关联关系的交易方的价格,减除相同或者类似业务的销售毛利进行定价的方法。

③成本加成法,是指按照成本加合理的费用和利润进行定价的方法。

④交易净利润法,是指按照没有关联关系的交易各方进行相同或者类似业务往来取得的净利润水平确定利润的方法。

⑤利润分割法,是指将企业与其关联方的合并利润或者亏损在各方之间采用合理标准进行分配的方法。

⑥其他符合独立交易原则的方法。

7.8.3 核定征收

企业不提供与其关联方之间业务往来资料,或者提供虚假、不完整资料,未能真实反映其关联业务往来情况的,税务机关有权依法核定其应纳税所得额。核定方法有:

①参照同类或者类似企业的利润率水平核定。

②按照企业成本加合理的费用和利润的方法核定。

③按照关联企业集团整体利润的合理比例核定。

④按照其他合理方法核定。

企业对税务机关按照前款规定的方法核定的应纳税所得额有异议的，应当提供相关证据，经税务机关认定后，调整核定的应纳税所得额。

7.8.4 加收利息

企业实施其他不具有合理商业目的的安排而减少其应纳税收入或者所得额的，税务机关有权按照合理方法调整。不具有合理商业目的，是指以减少、免除或者推迟缴纳税款为主要目的。

税务机关依照规定进行特别纳税调整后，除了应当补征税款外，并按照国务院规定加收利息。

应当对补征的税款，自税款所属纳税年度的次年6月1日起至补缴税款之日止的期间，按日加收利息。加收的利息不得在计算应纳税所得额时扣除。

利息，应当按照税款所属纳税年度中国人民银行公布的与补税期间同期的人民币贷款基准利率加5个百分点计算。

企业依照企业所得税法规定，在报送年度企业所得税纳税申报表时，附送了年度关联业务往来报告表的，可以只按规定的人民币贷款基准利率计算利息。

企业与其关联方之间的业务往来，不符合独立交易原则，或者企业实施其他不具有合理商业目的安排的，税务机关有权在该业务发生的纳税年度起10年内，进行纳税调整。

7.9 征收管理

7.9.1 纳税地点

①除税收法律、行政法规另有规定外，居民企业以企业登记注册地为纳税地点；但登记注册地在境外的，以实际管理机构所在地为纳税地点。企业注册登记地，是指企业依照国家有关规定登记注册的住所地。

②居民企业在中国境内设立不具有法人资格的营业机构的，应当汇总计算并缴纳企业所得税。企业汇总计算并缴纳企业所得税时，应当统一核算应纳税所得额，具体办法由国务院财政、税务主管部门另行制定。

③非居民企业在中国境内设立机构、场所的，应当就其所设机构、场所取得的来源于中国境内的所得，以及发生在中国境外但与其所设机构、场所有实际联系的所得，以机构、场所所在地为纳税地点。非居民企业在中国境内设立两个或者两个以上机构、场所的，经税务机关审核批准，可以选择由其主要机构、场所汇总缴纳企业所得税。非居民企业经批准汇总缴纳企业所得税后，需要增设、合并、迁移、关闭机构、场所或者停止机构、场所业务的，应当事

先由负责汇总申报缴纳企业所得税的主要机构、场所向其所在地税务机关报告；需要变更汇总缴纳企业所得税的主要机构、场所的，依照前款规定办理。

④非居民企业在中国境内未设立机构、场所的，或者虽设立机构、场所但取得的所得与其所设机构、场所没有实际联系的所得，以扣缴义务人所在地为纳税地点。

⑤除国务院另有规定外，企业之间不得合并缴纳企业所得税。

7.9.2 纳税期限

企业所得税按年计征，分月或者分季预缴，年终汇算清缴，多退少补。

企业所得税的纳税年度，自公历每年 1 月 1 日起至 12 月 31 日止。企业在一个纳税年度的中间开业，或者由于合并、关闭等原因终止经营活动，使该纳税年度的实际经营期不足 12 个月的，应当以其实际经营期为一个纳税年度。企业清算时，应当以清算期间作为一个纳税年度。

自年度终了之日起 5 个月内，向税务机关报送年度企业所得税纳税申报表，并汇算清缴，结清应缴应退税款。

企业在年度中间终止经营活动的，应当自实际经营终止之日起 60 日内，向税务机关办理当期企业所得税汇算清缴。

7.9.3 纳税申报

按月或按季预缴的，应当自月份或者季度终了之日起 15 日内，向税务机关报送预缴企业所得税纳税申报表，预缴税款。

企业在报送企业所得税纳税申报表时，应当按照规定附送财务会计报告和其他有关资料。

企业应当在办理注销登记前，就期清算所得向税务机关申报并依法缴纳企业所得税。

依照企业所得税法缴纳的企业所得税，以人民币计算。所得以人民币以外的货币计算的，应当折合成人民币计算并缴纳税款。

企业在纳税年度内无论盈利或者亏损，都应当依照企业所得税法第五十四条规定的期限，向税务机关报送预缴企业所得税纳税申报表、年度企业所得税纳税申报表、财务会计报告和税务机关规定应当报送的其他有关资料。

本章练习题

一、单项选择题

1. 2014 年某居民企业购买安全生产专用设备用于生产经营，取得的增值税专用发票，注明设备价款 10 万元。已知该企业 2012 年亏损 40 万元，2013 年盈利 20 万元。2014 年度经审核的应纳税所得额 60 万元。2014 年度该企业实际应缴纳企业所得税（　　）万元。

   A. 6.83　　B. 8.83　　C. 9　　D. 10

2. 2014 年某居民企业实现商品销售收入 2 000 万元,发生现金折扣 100 万元,接受捐赠收入 100 万元,转让无形资产所有权收入 20 万元。该企业当年实际发生业务招待费 30 万元,广告费 240 万元,业务宣传费 80 万元。2014 年度该企业可税前扣除的业务招待费、广告费、业务宣传费合计(　　)万元。

A. 294.5　　B. 310　　C. 325.5　　D. 330

3. 根据企业所得税法的规定,下列收入中属于免税收入的是(　　)。

A. 企业购买金融债券取得的利息收入

B. 企业提供中介代理收入

C. 企业购买国债取得的利息收入

D. 企业提供非专利技术收入

4. 某国家重点扶持的高新技术企业,2012 年亏损 15 万元,2013 年度亏损 10 万元,2014 年度盈利 125 万元,根据企业所得税法的规定,企业 2014 年应纳企业所得税税额为(　　)万元。

A. 18.75　　B. 17.25　　C. 15　　D. 25

5. 某公司 2014 年度"财务费用"账户中列支有两笔利息费用:向银行借入生产用资金 200 万元,借用期限 6 个月,支付借款利息 7 万元;经过批准自 5 月 1 日起向本企业职工借入资金 60 万元,用于建造厂房,其中在 10 月 31 日进行竣工结算,借用期限 8 个月,支付借款利息 4.8 万元。该公司 2014 年度的可扣除的财务费用为(　　)万元。

A. 7.7　　B. 12.3　　C. 8.75　　D. 9.1

6. 某居民企业 2014 年生产经营应纳税所得额为 500 万元,适用 15% 的企业所得税税率。该企业在 A 国设有甲分支机构,甲分支机构的应纳税所得额为 50 万元,甲分支机构适用 20% 的企业所得税税率,甲分支机构按规定在 A 国缴纳了企业所得税,该企业在我国应汇总缴纳的企业所得税为(　　)万元。

A. 75　　B. 77.5　　C. 127.5　　D. 172.5

7. 某居民企业 2014 年实际支出的工资、薪金总额为 150 万元(其中包括临时工工资 5 万元,实习生工资 15 万元),计提的三项经费 35.50 万元,其中福利费本期发生 30 万元,拨缴的工会经费 3 万元,已经取得工会拨缴收据,实际发生职工教育经费 2.50 万元,该企业在计算 2012 年应纳税所得额时,应调整的应纳税所得额为(　　)万元。

A. 0　　B. 7.75　　C. 9　　D. 35.50

8. 某外国企业常驻代表机构因会计账簿不健全,不能正确核算收入总额和成本费用,但经费支出总额 150 万元核算是正确的,税务机关决定按照核定的方法对其征收企业所得税,税务机关核定的利润率为 20%,营业税税率为 5%,计算该非居民企业应缴纳的企业所得税额为(　　)万元。

A. 2.5　　B. 10　　C. 5　　D. 20

9. 某内资企业全年产品销售收入 6 700 万元,出租包装物租金收入 400 万元,接受捐赠收入 50 万元,投资收益 40 万元。该企业当年业务招待费实际发生额为 80 万元,准予在税前扣除的业务招待费数额是( )万元。

A. 35.5　　B. 44.5　　C. 48　　D. 80

10. 根据企业所得税法的规定,下列收入不属于企业其他收入的是( )。

A. 转让生物资产的收入

B. 已做坏账损失处理后又收回的应收款项

C. 经营过程中的违约金收入

D. 汇兑收益

二、多项选择题

1. 根据企业所得税法的规定,以下所得中可以免征或减征企业所得税的有( )。

A. 林场销售原木的所得

B. 从事国家重点扶持的公共基础设施项目投资经营的所得

C. 从事符合条件的环境保护、节能节水项目的所得

D. 销售水产品的渔场

E. 销售安全生产设备的所得

2. 依据企业所得税相关规定,在计算应纳税所得额时不得扣除的有( )。

A. 向投资者支付的股息

B. 无形资产转让费用

C. 违约后支付的违约金

D. 赞助支出

E. 超出规定标准的捐赠支出

3. 根据企业所得税相关规定,关于企业亏损弥补的说法,正确的有( )。

A. 境外营业机构的亏损可以用境内营业机构的盈利弥补

B. 一般性税务处理下被合并企业的亏损不得由分立企业弥补

C. 一般性税务处理下被分立企业的亏损不得由分立企业弥补

D. 亏损弥补的年限最长不得超过5年

E. 境内营业机构的亏损可以用境外营业机构的盈利弥补

4. 根据企业所得税法的规定,企业的下列各项支出,在计算应纳税所得额时,准予从收入总额中直接扣除的有( )。

A. 发生的合理的劳动保护支出

B. 转让固定资产发生的费用

C. 非居民企业向总机构支付的合理费用

D. 企业计提的坏账准备

E. 企业营业机构之间支付的租金

5. 根据企业所得税法的规定,关于企业所得税的征税对象表述正确的有( )。

A. 居民企业应就来源于中国境内、境外的所得作为征税对象

B. 非居民企业在中国境内未设立机构、场所,取得的所得与其所设机构场所没有实际联系的所得,全部应中国缴纳企业所得税

C. 企业所得税的征税对象包括生产经营所得、其他所得和清算所得

D. 实际管理机构是指非居民企业在中国境内设立的机构场所拥有的据以取得所得的股权、债权,以及拥有、管理、控制据以取得的财产

E. 非居民企业在中国境内设立机构、场所的,应当就其所设立机构场所取得的来源于中国境内的所得,以及发生在中国境外但与其机构场所有实际联系的所得缴纳企业所得税

三、计算题

1. 假定某企业为工业企业,2014 年资产总额是 2 800 万元,在职职工人数 80 人,全年经营业务如下:

①取得销售收入 2 500 万元。

②销售成本 1 343 万元。

③发生销售费用 670 万元(其中广告费 450 万元);管理费用 400 万元(其中业务招待费 15 万元);财务费用 60 万元。

④销售税金 160 万元(含增值税 120 万元)。

⑤营业外收入 70 万元,营业外支出 50 万元(含通过公益性社会团体向贫困山区捐款 10 万元,支付税收滞纳金 6 万元)。

⑥计入成本、费用中的实发工资总额 150 万元、拨缴职工工会经费 3 万元、支出职工福利费和职工教育经费 29 万元,经核定职工福利费和教育经费均超过扣除限额。

要求根据资料计算:

①企业销售费用和管理费用应调增的应纳税所得额;

②企业营业外支出需要调增的所得额;

③企业"三项经费"应调增所得额;

④企业应纳企业所得税。

2. 某工业企业,系增值税一般纳税人,2014 年取得产品销售收入 6 000 万元,产品销售成本 2 000 万元,营业税金及附加 100 万元,发生销售费用 1 500 万元,管理费用 900 万元,财务费用 150 万元,营业外收入 90 万元,投资收益 60 万元,营业外支出 110 万元。2014 年年末,企业聘请注册税务师对纳税事项进行审核,发现以下涉税事项未作纳税调整:

①管理费用中含业务招待费 100 万元,新产品研发费用 50 万元,支付给其他企业管理费用 50 万元。

②销售费用中含广告费 800 万元,业务宣传费 200 万元。

③财务费用中含 2014 年 1 月 1 日向非关联的某工业企业借入资金 300 万元用于建造车间,支付的 2014 年利息 22 万元;已知该车间于 2013 年 1 月 1 日开始施工,2014 年 9 月 30 日竣工结算并交付使用,银行同期同类贷款利率为 6.5%。(不考虑厂房的折旧问题。)

④营业外支出中含通过政府部门向贫困地区捐款 70 万元,企业直接向灾区捐赠 20 万元;因逾期还贷向银行支付罚息 10 万元;缴纳税收滞纳金 10 万元。

⑤投资收益中含从境内居民企业(适用 20% 的税率)分回股息 25 万元;从境外 A 国分回股息 15 万元,A 国的所得税税率为 20%;另外还有 20 万元为国债利息收入。

⑥已计入成本费用中实际支付的合理的工资总额为 310 万元,上缴工会经费 7 万元,实际发生的职工福利费 50 万元,实际发生职工教育经费 7.5 万元。

⑦接受北京市某公司捐赠的原材料一批,取得增值税专用发票,注明价款 30 万元、增值税税额 5.1 万元,企业未入账,但是进项税额已经申请抵扣。

要求根据上述资料计算:

①企业"管理费用"纳税调整金额;

②企业"财务费用"纳税调整金额;

③工资与"三项经费"纳税调整金额;

④企业"销售费用"纳税调整金额;

⑤企业"营业外支出"纳税调整金额;

⑥该企业应缴纳企业所得税额。

第8章 个人所得税

【学习要求】

1. 了解个人所得税的概念和特点；
2. 熟悉个人所得税居民纳税人和非居民纳税人的含义；
3. 掌握个人所得税的各类征税对象和税率；
4. 掌握个人所得税费用扣除标准；
5. 掌握个人所得税应纳税额的计算；
6. 熟悉个人所得税优惠政策。

个人所得税法，是指国家制定的用以调整个人所得税征收与缴纳之间权利及义务关系的法律规范。现行个人所得税的基本规范是1980年9月10日第五届全国人民代表大会第三次会议制定、根据1993年10月31日第八届全国人民代表大会常务委员会第四次会议决定修改的《中华人民共和国个人所得税法》(以下简称《个人所得税法》)，以及2011年6月30日第十一届全国人民大表大会常务委员会第二十一次会议通过了《关于修改〈中华人民共和国个人所得税法〉的决定》，对《个人所得税法》进行第六次修正，从2011年9月1日起施行。国务院也相应地对《个人所得税法实施条例》进行了修订。

8.1 个人所得税概述

8.1.1 个人所得税的概念

个人所得税是以自然人取得的各类应税所得为征税对象而征收的一种所得税，是政府利用税收对个人收入进行调节的一种手段。个人所得税的征税对象不仅包括个人还包括具有自然人性质的企业。

个人所得税是世界各国普遍开征的一个税种，最早产生于18世纪的英国。很多国家个人所得税在全部税收收入中所占比重超过了其他税种，成为政府重要的财政收入。

8.1.2 个人所得税的发展

个人所得税最早诞生于英国。18世纪末，由于英国与法国交战，致使财政吃紧，而作为当时主要税收收入来源的消费税和关税都无法解决这个问题，于是有人提议向高收入者征收所得税。1799 年英国开始开征个人所得税。然而战争一结束，认为个人所得税侵犯隐私和个人权利的言论就占据了上风，个人所得税被停征。直到 1842 年，英国财政部门才又一次让议会和民众信服个人所得税的必要性，重新恢复征收个人所得税。随着现代国家的发展，公共财政的建立，国家机构日益膨胀，国家担负起越来越多的公共职能，相应地对于财政收入的需求也就越来越增加。个人所得税在 20 世纪被世界上大多数国家所采纳，已经成为许多发达国家税收收入的最主要来源。个人所得税在调节收入分配、缓解贫富悬殊、促进社会稳定、增加财政收入等方面的作用也得到了公认。它也被称为经济调节的“内在稳定器”。

为了适应改革开放形势下对外经济往来、对外经济技术文化交流和合作的需要，为了维护国家的税收权益和保障外籍人员的合法权益，1980 年 9 月 10 日第五届全国人民代表大会第三次会议审议通过了《个人所得税法》，并同时公布实施。同年 12 月 14 日，经国务院批准，财政部公布了个人所得税法实施细则。该税法主要是针对来华工作的外籍人员设计的。

1986 年和 1987 年，国务院根据经济改革与发展，以及调节个人收入分配的需要，分别发布了《城乡个体工商业户所得税暂行条例》和《个人收入调节税暂行条例》。这样，我国对个人所得的课税制度即形成了个人所得税、城乡个体工商业户所得税和个人收入调节税等三税并存的格局，在当时的经济条件下，对促进经济的发展，调节个人收入等方面起到了积极的作用。但是，随着社会政治、经济形势的发展，这些税收法律、法规逐渐暴露出一些矛盾和问题。

为了规范和完善对个人所得的课税制度，适应建立社会主义市场经济体制的需要，1993 年 10 月 31 日第八届全国人民代表大会常务委员会第四次会议通过了《关于修改〈中华人民共和国个人所得税法〉的决定》，同时公布了修改后的《个人所得税法》，并于 1994 年 1 月 1 日起施行。1994 年 1 月 28 日国务院第 142 号令发布《中华人民共和国个人所得税法实施条例》（以下简称《个人所得税法实施条例》）。1999 年 8 月 30 日第九届全国人民代表大会常务委员会第十一次会议通过了第二次修正的《中华人民共和国个人所得税法》。

2000 年 9 月，财政部、国家税务总局根据《国务院关于个人独资企业和合伙企业征收所得税问题的通知》有关“对个人独资企业和合伙企业停征企业所得税，只对其投资者的经营所得征收个人所得税”的规定，制定了《关于个人独资企业和合伙企业投资者征收个人所得税的规定》（以下简称《规定》）。《规定》明确从 2000 年 1 月 1 日起，个人独资企业和合伙企业投资者将依法缴纳个人所得税。

2011 年 6 月 30 日第十一届全国人民大表大会常务委员会第二十一次会议通过了《关于修改〈中华人民共和国个人所得税法〉的决定》，对《个人所得税法》进行第六次修正。

8.1.3 个人所得税的计税原理

个人所得税以个人的纯所得为计税依据。因此，计税时以纳税人的收入或报酬扣除有关费用以后的余额为计税依据。有关费用一方面是指与获取收入和报酬有关的经营费用；另一方面是指维持纳税人自身及家庭生活需要的费用。具体分为三类：第一，与应税收入相配比的经营成本和费用;第二,与个人总体能力相匹配的免税扣除和家庭生计扣除;第三,为了体现特定社会目标而鼓励的支出,称为"特别费用扣除",如慈善捐赠等。

8.1.4 个人所得税的征收模式

一般说来,个人所得税的征收模式有三种:分类征收制、综合征收制和混合征收制。分类征收制,就是将纳税人不同来源、性质的所得项目,分别规定不同的税率征税;综合征收制,是对纳税人全年的各项所得加以汇总,就其总额进行征税;混合征收制,是对纳税人不同来源、性质的所得先分别按照不同的税率征税,然后将全年的各项所得进行汇总征税。三种不同的征收模式各有其优缺点。就第一种征收模式而言,其优点是对纳税人全部所得区分性质进行区别征税,能够体现国家的政治、经济与社会政策。缺点是对纳税人整体所得把握得不一定全面,容易导致实际税负的不公平。就第二种方式而言,可以对纳税人的全部所得征税,从收入的角度体现税收公平的原则,但它不利于针对不同收入进行调节,不利于体现国家的有关社会、经济政策。就第三种方式而言,集中了前面两种的优点,既可实现税收的政策性调节功能,也可体现税收的公平原则。

目前,我国个人所得税的征收采用的是第一种模式,即分类征收制。在我国开征个人所得税之初,居民个人的收入水平比较低,收入来源比较单一,政府征税的目的主要在于对一部分居民畸高的收入进行调节。20 多年后的今天,我国居民个人的收入水平有了很大提高,而且收入的来源种类呈日益多样化趋势。在这样的情况下,仅仅按照居民收入的类型进行个人所得税的征收就不能达到调节收入分配的目的了。因为,存现行税制下,不同收入种类所得的税率是不完全相同的,这样就会出现两种情况:一是纳税人有意把自己的收入在不同类型收入之间进行转换,以达到不缴税或少缴税的目的。二是纳税人就其单个来源的收入可能不用纳税或者纳税不多,但如果把其全年收入加总起来考虑,则是一笔不小的收入。从结果上看,就不可能完全达到对收入进行公平调节的目的。因而对我国现行个人所得税制模式进行改革是一个方向,我国也初步确定把个人所得税制由分类征收制向分类与综合相结合的模式转变。

8.1.5 个人所得税的作用

税收的基本功能具体为组织财政收入功能、收入分配功能、资源配置与宏观调控功能。个人所得税作为一个重要的税种,其基本功能同样为组织财政收入功能、收入分配功能、经济调节功能(或资源配置与宏观调控功能)。而其具体作用在不同国家或一个国家的不同时期有不同的表现或侧重点。

1)个人所得税的基本功能

(1)组织财政收入功能

个人所得税以个人所获取的各项所得为课税对象,只要有所得就可以课税,税基广阔,因此,个人所得税便成为政府税收收入的重要组成部分,是财政收入的主要来源。在许多发达国家个人所得税收入占其税收总额的比重非常高。

(2)收入分配功能

市场经济是有效的资源配置方式,但由于在分配上是按照要素的质量和多少进行分配,往往会造成收入分配的巨大差距,从而影响社会协调和稳定,进而损害效率。个人所得税是调节收入分配,促进公平的重要工具。个人所得税调节收入分配主要是通过累进税率进行的,在累进税率下随着个人收入的增加,个人所得税适用的边际税率不断提高,从而低收入者适用较低的税率征税,而对高收入者则按较高的税率征税。这有利于改变个人收入分配结构,缩小高收入者和低收入者之间的收入差距。

(3)调节经济功能

微观上,个人所得税对个人的劳动与闲暇、储蓄与投资、消费等的选择都会产生影响。宏观上,个人所得税具有稳定经济的作用:其一,自动稳定功能或“内在稳定器”功能,指个人所得税可以不经过税率的调整,即可与经济运行自行配合,并借这种作用对经济发生调节作用;其二,相机选择调节,在经济萧条或高涨时,采取与经济风向相逆的税收政策,对个人所得税的税率、扣除、优惠等进行调整,实行减税或增税的政策,从而使经济走出萧条或平抑经济的过度繁荣,保持经济的稳定。

2)我国现行个人所得税的作用

(1)调节收入分配,体现社会公平

随着经济的发展,我国人民的生活水平不断提高,一部分人已经达到较高的收入水平。因此,有必要对个人收入进行适当的税收调节。在保证人们基本生活费用支出不受影响的前提下,高收入者多纳税,中等收入者少纳税,低收入者不纳税,以此缓解社会分配不公的矛盾,在不损害分配效率的前提下体现社会公平。

(2)扩大聚财渠道,增加财政收入

目前,我国个人所得税收入占全部税收收入的比重不断提高,成为国家筹集财政收入的渠道之一。随着经济的发展,居民的收入水平还将继续提高,个人所得税占全部税收收入的比重还将继续提高,最终将成为我国的主体税种之一。

(3)增强纳税意识,树立义务观念

长期以来,我国公民的纳税意识普遍较为单薄,义务观念也比较缺乏。通过个人所得税税法宣传,税收的管理和税款的缴纳,源泉扣缴和自行申报制度实施,使公民在纳税过程中逐步树立公民必须依法履行纳税义务的观念。

8.2 纳税义务人

个人所得税的纳税义务人,包括中国公民、个体工商业户以及在中国有所得的外籍人员(包括无国籍人员,下同)和香港、澳门、台湾同胞。上述纳税义务人依据住所和居住时间两个标准,区分为居民和非居民,分别承担不同的纳税义务。

8.2.1 居民纳税义务人

居民纳税义务人负有无限纳税义务。其所取得的应纳税所得,无论是来源于中国境内还是中国境外任何地方,都要在中国缴纳个人所得税。根据《个人所得税法》规定,居民纳税义务人是指在中国境内有住所,或者无住所而在中国境内居住满1年的个人。

所谓在中国境内有住所的个人,是指因户籍、家庭、经济利益关系,而在中国境内习惯性居住的个人。这里所说的习惯性居住,是判定纳税义务人属于居民还是非居民的一个重要依据。它是指个人因学习、工作、探亲等原因消除之后,没有理由在其他地方继续居留时,所要回到的地方。而不是指实际居住或在某一个特定时期内的居住地。一个纳税人因学习、工作、探亲、旅游等原因,原来是在中国境外居住,但是在这些原因消除之后,如果必须回到中国境内居住的,则中国为该人的习惯性居住地。尽管该纳税义务人在一个纳税年度内,甚至连续几个纳税年度,都未在中国境内居住过1天,他仍然是中国居民纳税义务人,应就其来自全球的应纳税所得,向中国缴纳个人所得税。

所谓在境内居住满1年,是指在一个纳税年度(即公历1月1日起至12月31日止,下同)内,在中国境内居住满365日。在计算居住天数时,对临时离境应视同在华居住,不扣减其不在华居住的天数。这里所说的临时离境,是指在一个纳税年度内,一次不超过30日或者多次累计不超过90日的离境。综上可知个人所得税的居民纳税义务人包括有以下两类:

①在中国境内定居的中国公民和外国侨民。但不包括虽具有中国国籍,却并没有在中国内地定居,而是侨居海外的华侨和居住在香港、澳门、台湾的同胞。

②从公历1月1日起至12月31日止,居住在中国境内的外国人、海外侨胞和香港、澳门、台湾同胞。这些人如果在一个纳税年度内,一次离境不超过30日,或者多次离境累计不超过90日的,仍应被视为全年在中国境内居住,从而判定为居民纳税义务人。例如,一个外籍人员从2012年10月起到中国境内的公司任职,在2 013纳税年度内,曾于3月7—12日离境回国,向其总公司述职,12月23日又离境回国欢度圣诞节和元旦。这两次离境时间相加,没有超过90日的标准,应视作临时离境,不扣减其在华居住天数。因此,该纳税义务人应为居民纳税人。

现行税法中关于“中国境内”的概念。是指中国大陆地区,目前还不包括香港、澳门和台湾地区。

8.2.2 非居民纳税义务人

非居民纳税义务人,是指不符合居民纳税义务人判定标准(条件)的纳税义务人,非居民纳税义务人承担有限纳税义务,即仅就其来源于中国境内的所得,向中国缴纳个人所得税。《个人所得税法》规定,非居民纳税义务人是“在中国境内无住所又不居住或者无住所而在境内居住不满1年的个人”。也就是说,非居民纳税义务人,是指习惯性居住地不在中国境内,而且不在中国居住,或者在一个纳税年度内。在中国境内居住不满1年的个人。在现实生活中，习惯性居住地不在中国境内的个人，只有外籍人员、华侨或香港、澳门和台湾同胞。因此，非居民纳税义务人。实际上只能是在一个纳税年度中，没有在中国境内居住，或者在中国境内居住不满1年的外籍人员、华侨或香港、澳门、台湾同胞。

自2004年7月1日起，对境内居住的天数和境内实际工作期间按以下规定为准：

1）判定纳税义务及计算在中国境内居住的天数

对在中国境内无住所的个人，需要计算确定其在中国境内居住天数，以便依照税法和协定或安排的规定判定其在华负有何种纳税义务时，均应以该个人实际在华逗留天数计算。上述个人入境、离境、往返或多次往返境内外的当日，均按1天计算其在华实际逗留天数。

2）对个人入、离境当日及计算在中国境内实际工作期间

对在中国境内、境外机构同时担任职务或仅在境外机构任职的境内无住所个人，在按《国家税务总局关于在中国境内无住所的个人计算缴纳个人所得税若干具体问题的通知》（国税函发〔1995〕125号）第一条的规定计算其境内工作期间时，对其入境、离境、往返或多次往返境内外的当日，均按半天计算为在华实际工作天数。

纳税义务人及其纳税义务示意图见图8.1。

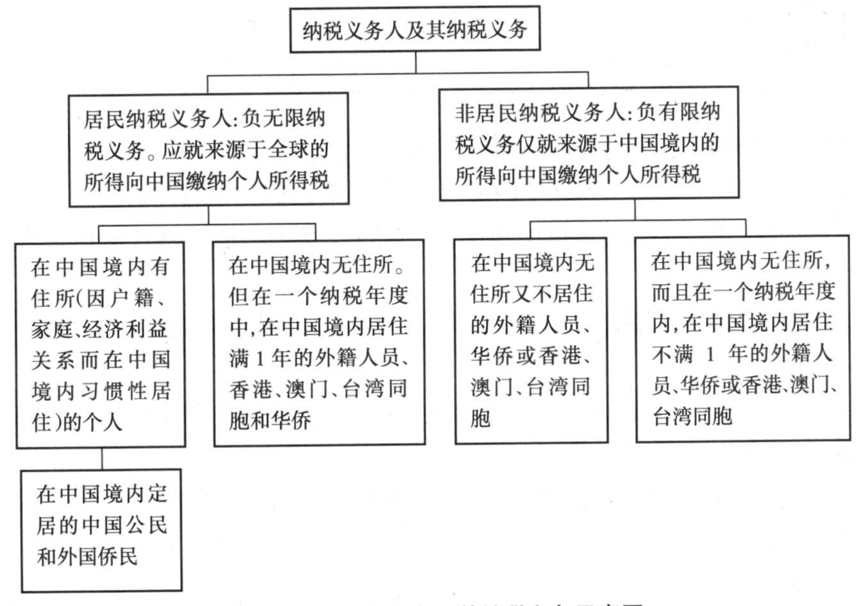

图8.1　纳税义务人及其纳税义务示意图

自2000年1月1日起，个人独资企业和合伙企业投资者也为个人所得税的纳税义务人。

8.2.3　所得来源的确定

判断所得来源地，是确定该项所得是否应该征收个人所得税的重要依据。对于居民纳税义务人，因为要承担无限纳税义务，因此。有关判断其所得来源地的问题，相对来说不那么重要。但是，对于非居民纳税义务人，由于只就其来源于中国境内的所得征税，因此，判断

其所得来源地,就显得十分重要。中国的个人所得税,依据所得来源地的判断应反映经济活动的实质,要遵循方便税务机关实行有效征管的原则,具体规定如下:

①工资、薪金所得,以纳税人任职、受雇的公司、企业、事业单位、机关、团体、部队、学校等单位的所在地,作为所得来源地。

②生产、经营所得,以生产、经营活动实现地,作为所得来源地。

③劳务报酬所得,以纳税人实际提供劳务的地点,作为所得来源地。

④不动产转让所得,以不动产坐落地为所得来源地;动产转让所得,以实现转让的地点为所得来源地。

⑤财产租赁所得,以被租赁财产的使用地,作为所得来源地。

⑥利息、股息、红利所得,以支付利息、股息、红利的企业、机构、组织的所在地,作为所得来源地。

⑦特许权使用费所得,以特许权的使用地,作为所得来源地。

所得的来源地与所得的支付地并不是同一概念,有时两者是一致的,有时却是不相同的。根据上述原则和方法,来源于中国境内的所得有:

①在中国境内的公司、企业、事业单位、机关、社会团体、部队、学校等单位或经济组织中任职、受雇而取得的工资、薪金所得。

②在中国境内提供各种劳务而取得的劳务报酬所得。

③在中国境内从事生产、经营活动而取得的所得。

④个人出租的财产,被承租人在中国境内使用而取得的财产租赁所得。

⑤转让中国境内的房屋、建筑物、土地使用权,以及在中国境内转让其他财产而取得的财产转让所得。

⑥提供在中国境内使用的专利权、专有技术、商标权、著作权,以及其他各种特许权利而取得的特许权使用费所得。

⑦因持有中国的各种债券、股票、股权而从中国境内的公司、企业或其他经济组织以及个人取得的利息、股息、红利所得。

⑧在中国境内参加各种竞赛活动取得名次的奖金所得;参加中国境内有关部门和单位组织的有奖活动而取得的中奖所得;购买中国境内有关部门和单位发行的彩票取得的中彩所得。

⑨在中国境内以图书、报刊方式出版、发表作品取得的稿酬所得。

8.3 征税对象

个人所得税的征税对象是个人取得的应税所得。《个人所得税法》列举征税的个人所得共有 11 项。《个人所得税法实施条例》及相关法规具体确定了各项个人所得的征税范围。

个人所得的形式，包括现金、实务、有价证券和其他形式的经济利益。所得为实物的，应当按照取得的凭证上所注明的价格计算应纳税所得额；无凭证的实物或凭证式所注明的价格明显偏低的参照市场价格核定应纳税所得额。所得为有价证券的，根据票面价格和市场价格核定应纳税所得额。所得为其他形式的经济利益的，参照市场价格核定应纳税所得额。

8.3.1 工资、薪金所得

工资、薪金所得，是指个人因任职或者受雇而取得的工资、薪金、奖金、年终加薪、劳动分红、津贴、补贴以及与任职或者受雇有关的其他所得。

一般来说，工资、薪金所得属于非独立个人劳动所得。所谓非独立个人劳动，是指个人所从事的是由他人指定、安排并接受管理的劳动、工作，或服务于公司、工厂、行政、事业单位（私营企业主除外）。非独立劳动者从上述单位取得的劳动报酬，是以工资、薪金的形式体现的，在这类报酬中工资和薪金的收入主体略有差异。通常情况下，把直接从事生产、经营或服务的劳动者（工人）的收入称为工资，即所谓"蓝领阶层"所得。而将从事社会公职或管理活动的劳动者（公职人员）的收入称为薪金，即所谓"白领阶层"所得。但实际立法过程中，各国都从简便易行的角度考虑，将工资、薪金合并为一个项目计征个人所得税。

除工资、薪金以外，奖金、年终加薪、劳动分红、津贴、补贴也被确定为工资、薪金范畴。其中，年终加薪、劳动分红不分种类和取得情况，一律按工资、薪金所得课税；津贴、补贴等则有例外。根据我国目前个人收入的构成情况，规定对于一些不属于工资、薪金性质的补贴、津贴或者不属于纳税人本人工资、薪金所得项目的收入，不予征税。这些项目包括：

①独生子女补贴；

②执行公务员工资制度未纳入基本工资总额的补贴、津贴差额和家属成员的副食品补贴；

③托儿补助费；

④差旅费津贴、误餐补助。其中，误餐补助是指按照财政部规定，个人因公在城区、郊区工作，不能在工作单位或返回就餐的，根据实际误餐顿数，按规定的标准领取误餐费。单位以误餐补助名义发给职工的补助、津贴不包括在内。

奖金是指所有具有工资性质的奖金，免税奖金的范围在税法中另有规定。

关于企业减员增效和行政、事业单位、社会团体在机构改革过程中实行内部退养办法人员取得收入的征税问题：

实行内部退养的个人在其办理内部退养手续后至法定离退休年龄之间从原任职单位取得的工资、薪金，不属于离退休工资，应按"工资、薪金所得"项目计征个人所得税。

个人在办理内部退养手续后从原任职单位取得的一次性收入，应按办理内部退养手续后至法定离退休年龄之间的所属月份进行平均，并与领取当月的"工资、薪金"所得合并后减除当月费用扣除标准，以余额为基数确定适用税率，再将当月工资、薪金加上取得的一次性收入，减去费用扣除标准，按适用税率计征个人所得税。

个人在班里内部退养手续后至法定离退休年龄之间重新就业取得的"工资、薪金所得"

应与其从原任职单位取得的同一月份的“工资、薪金所得”合并，并依法自行向主管税务机关申报缴纳个人所得税。

退休人员再任职取得的收入，在减除按税法规定的费用扣除标准后，按“工资、薪金所得”应税项目缴纳个人所得税。

参照国税函〔2001〕832 号批复的规定，公司职工取得的用于购买企业国有股权的劳动分红，按“工资、薪金所得”项目计征个人所得税。

出租汽车经营单位对出租车驾驶员采取单车承包或承租方式运营，出租车驾驶员从事客货营运取得的收入，按工资、薪金所得征税。

自 2004 年 1 月 20 日起，对商品营销活动中，企业和单位对营销业绩突出的雇员以培训班、研讨会、工作考察等名义组织旅游活动，通过免收差旅费、旅游费对个人实行的营销业绩奖励（包括实物、有价证券等），应根据所发生费用的全额并入营销人员当期的工资、薪金所得，按照“工资、薪金所得”项目征收个人所得税，并有提供上述费用的企业和单位代扣代缴。

8.3.2 个体工商户的生产、经营所得

个体工商户的生产、经营所得，是指：

①个体工商户从事工业、手工业、建筑业、交通运输业、商业、饮食业、服务业、修理业以及其他行业生产、经营取得的所得。

②个人经政府有关部门批准，取得执照，从事办学、医疗、咨询以及其他有偿服务活动取得的所得。

③上述个体工商户和个人取得的与生产、经营有关的各项应税所得。

④其他个人从事个体工商业生产、经营取得的所得。

个体工商户或个人专营种植业、养殖业、饲养业、捕捞业，其经营项目属于农业税（包括农业特产税，下同）、牧业税征税范围并已征收了农业税、牧业税的，不再征收个人所得税；不属于农业税、牧业税征税范围的，应对其所得计征个人所得税。兼营上述四业并且四业的所得单独核算的，比照上述原则办理。对属于征收个人所得税的，应与其他行业的生产、经营所得合并计征个人所得税；对于“四业”的所得不能单独核算的，应就其全部所得计征个人所得税。（注：我国现已取消农业税，上述政策待调整。）

从事个体出租车运营的出租车驾驶员取得的收入，按个体工商户的生产、经营所得项目缴纳个人所得税。个人因从事彩票彩票代销业务而取得的所得，应按照“个体工商户的生产、经营所得”项目计征个人所得税。

出租车属个人所有，但挂靠出租汽车经营单位或企事业单位，驾驶员向挂靠单位缴纳管理费的，或出租汽车经营单位将出租车所有权转移给驾驶员的，出租车驾驶员从事客货运营取得的收入比照个体工商户的生产、经营所得项目征税。

个体工商户和从事生产、经营的个人，取得与生产、经营活动无关的其他各项应税所得，应分别按照有关规定，计算征收个人所得税。如取得银行存款的利息所得、对外投资取得的股息所得，应按“利息、股息、红利所得”税目的规定单独计征个人所得税。

8.3.3 对企事业单位的承包经营、承租经营所得

对企事业单位的承包经营、承租经营所得，是指个人承包经营、承租经营以及转包、转租取得的所得，还包括个人按月或者按次取得的工资、薪金性质的所得。个人对企事业单位的承包经营、承租经营形式较多，分配方式也不尽相同，大体上可以分为两类：

①个人对企事业单位承包、承租经营后工商登记改变为个体工商户的，这类承包、承租经营所得，实际上属于个体工商户的生产、经营所得，应按个体工商户的生产、经营所得项目征收个人所得税，不再征收企业所得税。

②个人对企事业单位承包、承租经营后，工商登记仍为企业的，不论其分配方式如何，均应先按照企业所得税的有关规定缴纳企业所得税，然后根据承包、承租经营者按合同（协议）规定取得的所得，依照《个人所得税法》的有关规定缴纳个人所得税。具体为：

a. 承包、承租人对企业经营成果不拥有所有权，仅按合同（协议）规定取得一定所得的，应按"工资薪金所得"项目计征个人所得税。

b. 承包、承租人按合同（协议）规定只向发包方、出租人缴纳一定的费用，缴纳承包、承租费后的企业经营成果归承包、承租人所有的，其取得的所得，按对企事业单位承包、承租经营所得项目征收个人所得税。

外商投资企业采取发包、出租经营且经营人为个人的，对经营人从外商投资企业分享的收益或取得的所得，亦按照个人对企事业单位的承包、承租经营所得征收个人所得税。

8.3.4 劳务报酬所得

劳务报酬所得，是指个人从事设计、装潢、安装、制图、化验、测试、医疗、法律、会计、咨询、讲学、新闻、广播、翻译、审稿、书画、雕刻、影视、录音、录像、演出、表演、广告、展览、技术服务、介绍服务、经纪服务、代办服务以及其他劳务报酬的所得。

个人担任董事职务所取得的董事费收入，属于劳务报酬性质，按劳务报酬所得项目征税。

上述各项所得一般属于个人独立从事自由职业取得的所得或属于独立个人劳动所得。

是否存在雇佣与被雇佣关系，是判断一种收入是属于劳务报酬所得，还是属于工资、薪金所得的重要标准。劳务报酬所得是个人独立从事某种技艺，独立提供某种劳务而取得的所得；工资薪金所得则是个人从事非独立劳动，从所在单位领取的报酬。后者存在雇佣与被雇佣的关系，而前者则不存在这种关系。如果从事某项劳务活动取得的报酬是以工资、薪金形式体现的，如演员从剧团领取工资，教师从学校领取工资，就属于工资、薪金所得项目，而不属于劳务报酬所得范围。如果从事某项劳务活动取得的报酬不是来自聘用、雇佣或工作的单位，如演员自己"走穴"或与他人组合"走穴"演出取得的报酬，教师自行举办学习班、培训班取得的办班收入或课酬收入，就属于劳务报酬所得的范围。

在校学生因参与勤工俭学活动（包括参与学校组织的勤工俭学活动）而取得属于《个人所得税法》规定的应税所得项目的所得应依法缴纳个人所得税。

自2004年1月20日起，对商品营销活动中，企业和单位对营销业绩突出的非雇员以培训班、研讨会、工作考察等名义组织旅游活动，通过免收差旅费、旅游费对个人实行的营销业绩奖励（包括实物、有价证券等），应根据所发生费用的全额并入营销人员当期的劳务收入，按照“劳务报酬所得”项目征收个人所得税，并有提供上述费用的企业和单位代扣代缴。

个人兼职取得的收入，应按照“劳务报酬所得”项目缴纳个人所得税。

8.3.5 稿酬所得

稿酬所得，是指个人因其作品以图书、报刊形式出版、发表而取得的所得。这里所说的作品，包括文学作品、书画作品、摄影作品，以及其他作品。作者去世后财产继承人取得的遗作稿酬，也应征收个人所得税。

稿酬所得具有特许权使用费、劳务报酬等的性质。在原个人所得税和个人收入调节税中，曾把稿酬所得列入特许权使用费所得或投稿、翻译所得。修订后的《个人所得税法》将稿酬所得单列为一个独立征税项目，不仅因为稿酬所得有着不完全等同于特许权使用费所得和一般劳务报酬所得的特点，而且，对稿酬所得单列征税，有利于单独制定征税办法，体现国家的优惠、照顾政策。

根据国税函〔2002〕146号文件，对报纸、杂志、出版等单位的职员在本单位的刊物上发表作品、出版图书取得所得征税的问题明确如下：

①任职、受雇于报纸、杂志等单位的记者、编辑等专业人员，因在本单位的报纸、杂志上发表作品取得的所得，属于“工资薪金所得”项目，应与当月工资收入合并纳税。

除上述人员外，其他人员在本单位的报纸、杂志上发表作品取得的所得，应按“稿酬所得”项目征收个人所得税。

②出版社的专业作者撰写、编写或翻译的作品，有本社以图书形式出版而取得的稿费收入，应按“稿酬所得”相聚计算缴纳个人所得税。

8.3.6 特许权使用费所得

特许权使用费所得，是指个人提供专利权、商标权、著作权、非专利技术以及其他特许权的使用权取得的所得。特许权主要涉及以下四种权利：

1）专利权

专利权是指由国家专利主管机关依法授予专利申请人在一定时期内对某项发明创造享有的专有利用的权利，它是工业产权的一部分，具有专业性（独占性）、地域性、时间性。

2）商标权

商标权是指商标注册人依法律规定而取得的对其注册商标在核定商品上使用的独占使用权。商标权也是一种工业产权，可以依法取得、转让、许可使用、继承、丧失、请求排除侵害。

3）著作权

著作权即版权，是指作者对其创作的文字、科学和艺术作品依法享有的某些特殊权利。

著作权是公民的一项民事权利，既具有民法中的人身权性质，也具有民法中的财产权性质。主要包括发表权、署名权、修改权、保护权、使用权和获得报酬权。

4）非专利技术

非专利技术即专利技术以外的专有技术。这类技术大多尚处于保密状态，仅为特定人知晓并占有。

上述四种权利及其他权利由个人提供或转让给他人使用时，会取得相应的收入。这类收入不同于一般所得，所以单独列为一类征税项目。对特许权使用费所得的征税办法，各国不尽一致。如有的国家对转让专利权所得征收资本利得税，而我国是将提供和转让合在一起，一并列入个人所得税的征税范围。

根据税法规定，提供著作权的使用权取得的所得，不包括稿酬的所得，对于自己将自己的文字作品手稿原件或复印件公开拍卖取得的所得，属于提供著作权额适用所得，故应按特许权使用费所得项目计征个人所得税。

个人取得特许权的经济赔偿收入，应按"特许权使用费所得"应税项目缴纳个人所得税，税款由支付赔款的单位或个人代理扣代缴。

从 2002 年 5 月 1 日起，编剧从电视剧的制作单位取得的剧本使用费，不再区分剧本的使用方是否为其任职单位，统一按特许权使用费所得项目计征个人所得税。

8.3.7　利息、股息、红利所得

利息、股息、红利所得，是指个人拥有债权、股权而取得的利息、股息、红利所得。其中：利息一般是指存款、贷款和债券的利息。股息、红利是指个人拥有股权取得的公司、企业分红，按照一定的比率派发的每股息金，称为股息；根据公司、企业应分配的、超过股息部分的利润，按股派发的红股，称为红利。有关具体规定如下：

1）除国家规定外的其他专户存款

个人从银行及其他储蓄机构开设的用于支付电话、水、电、煤气等有关费用，或者用于购买股票等方面的投资、生产经营业务往来结算以及其他用途，取得的利息收入，属于储蓄存款利息所得性质，应依法缴纳个人所得税，税款由结付利息的储蓄机构代扣代缴。

2）职工个人取得的量化资产

根据国家有关规定允许集体所有制企业在改制为股份合作制企业时，可以将有关资产量化给职工个人。为了支持企业改组改制的顺利进行，对于企业在改革过程中个人取得量化资产的征税问题按以下规定处理：

①对职工个人以股份形式取得的仅作为分红依据，不拥有所有权的企业量化资产，不征收个人所得税。

②对职工个人以股份形式取得的企业量化资产参与企业分配而获得的股息、红利，应按"利息、股息、红利所得"项目征收个人所得税。

3）个人银行结算账户利息

个人在个人银行结算账户的存款自 2003 年 9 月 1 日起孳生的利息，应按"利息、股息、

红利所得”项目计征个人所得税，自 2008 年 10 月 9 日起暂免征收储蓄存款利息的个人所得税。

8.3.8 财产租赁所得

财产租赁所得，是指个人出租建筑物、土地使用权、机器设备、车船以及其他财产取得的所得。

个人取得的财产转租收入，属于“财产租赁所得”的征税范围。在确定纳税义务人时，应以产权凭证为依据，对无产权凭证的，由主管税务机关根据实际情况确定。产权所有人死亡，在未办理产权继承手续期间，该财产出租而有租金收入的，以领取租金的个人为纳税义务人。

房地产开发企业与商店购买者个人签订协议，以优惠价格出售其开发的商店给购买者个人，购买者个人在一定期限内必须将购买的商店无偿提供给房地产开发企业对外出租使用。该行为实质上是购买者个人以所购商店交由房地产开发企业出租而取得的房屋租赁收入支付了部分购房价款。根据《个人所得税法》的有关规定，对购买者个人少支出的购房价款，应视同个人财产租赁所得，按照“财产租赁所得”项目征收个人所得税。每次财产租赁所得的收入额按照少支出的购房价款和协议规定的租赁月份数平均计算确定。

8.3.9 财产转让所得

财产转让所得，是指个人转让有价证券、股权、建筑物、土地使用权、机器设备、车船以及其他财产取得的所得。

在现实生活中，个人进行的财产转让主要是个人财产所有权的转让。财产转让实际上。是一种买卖行为，当事人双方通过签订、履行财产转让合同，形成财产买卖的法律关系，使出让财产的个人从对方取得价款（收入）或其他经济利益。财产转让所得因其性质的特殊性，需要单独列举项目征税。对个人取得的各项财产转让所得，除股票转让所得外，都要征收个人所得税。具体规定为：

1）股票转让所得

根据《个人所得税法实施条例》的规定，对股票转让所得征收个人所得税的办法，由财政部另行制定，报国务院批准施行。鉴于我国证券市场发育还不成熟，股份制还处于试点阶段，对股票转让所得的计算、征税办法和纳税期限的确认等都需要作深入的调查研究，因此，经国务院批准，对股票转让所得暂不征收个人所得税。

2）量化资产股份转让

集体所有制企业在改制为股份合作制企业时，对职工个人以股份形式取得的拥有所有权的企业量化资产，暂缓征收个人所得税；待个人将股份转让时，就其转让收入额，减除个人取得该股份时实际支付的费用支出和合理转让费用后的余额按“财产转让所得”项目计征个人所得税。

8.3.10 偶然所得

偶然所得,是指个人得奖、中奖、中彩以及其他偶然性质的所得。其中,得奖是指参加各种有奖竞赛活动,取得名次获得的奖金;中奖、中彩,是指参加各种有奖活动,如有奖销售、有奖储蓄或购买彩票,经过规定程序,抽中、摇中号码而取得的奖金。

个人因参加企业的有奖销售活动而取得的赠品所得,应按“偶然所得”项目计征个人所得税。赠品所得为实物的,应以《个人所得税法实施条例》第十条规定的方法确定应纳税所得额,计算缴纳个人所得税。税款由举办有奖销售活动的企业(单位)代扣代缴。

实际上,税法列举的偶然性所得是个人在非正常情况下得到的不确定性收入。我国过去对个人所得的征税都没有明确规定对个人偶然所得征税。自1988年9月起,才有关于对中奖收入征收个人收入调节税的规定。偶然所得的不确定性、不可预见性、偶然性和多样性,会对确定征税范围带来困难。因此,除了《个人所得税法实施条例》规定的得奖、中奖、中彩等所得外,其他偶然性所得的征税问题,还需要由税务机关依法具体认定。

8.3.11 其他所得

上述10项个人应税所得是根据所得的不同性质划分的。除此以外,对于今后可能出现的需要征税的新项目,以及个人取得的难以界定应税项目的个人所得,由国务院财政部门确定征收个人所得税。例如,银行和其他金融机构以超过中国人民银行规定的存款利率和保值贴补率计算的利息额支付给储户的部分,不管是以利息、奖金,还是以其他名义支付,均不属于税法规定的免税利息所得,必须依法缴纳个人所得税。根据财政部、国家税务总局的规定,对这种超过国家利率支付给储户的揽储奖金,应按“其他所得”项目征税。

根据《财政部、国家税务总局关于企业为个人购买房屋或其他财产征收个人所得税问题的批复》(财税〔2008〕83号)的有关规定,符合以下情形的房屋或其他财产,不论所有权人是否将财产无偿或有偿交付企业使用,其实质均为企业对个人进行了实物性质的分配,应依法计征个人所得税:

①企业出资购买房屋及其他财产,将所有权登记为投资者个人、投资者家庭成员或企业其他人员的。

②企业投资者个人、投资者家庭成员或企业其他人员向企业借款用于购买房屋及其他财产,将所有权登记为投资者、投资者家庭成员或企业其他人员,且借款年度终了后未归还借款的。

具体征税办法:

①对个人独资企业、合伙企业的个人投资者或其家庭成员取得的上述所得,视为企业对个人投资者的利润分配,按照“个体工商户的生产、经营所得”项目计征个人所得税。

②对除个人独资企业、合伙企业以外其他企业的个人投资者或其家庭成员取得的上述所得,视为企业对个人投资者的红利分配,按照“利息、股息、红利所得”项目计征个人所得税。

③对企业其他人员取得的上述所得，按照“工资、薪金所得”项目计征个人所得税。

8.4 税 率

个人所得税的税率按所得项目不同分别确定为：

8.4.1 工资、薪金所得

工资、薪金所得，适用七级超额累进税率，税率为3%～45%（表8.1）。

表8.1 工资、薪金所得个人所得税税率表

级数	全月应纳税所得额		税率/%
	含税级距	不含税级距	
1	不超过1 500元的	不超过1 455元的	3
2	超过1 500～4 500元的部分	超过1 455～4 155元的部分	10
3	超过4 500～9 000元的部分	超过4 155～7 755元的部分	20
4	超过9 000～35 000元的部分	超过7 755～27 255元的部分	25
5	超过35 000～55 000元的部分	超过27 255～41 255元的部分	30
6	超过55 000～80 000元的部分	超过41 255～57 505元的部分	35
7	超过80 000元的部分	超过57 505元的部分	45

注：(1)本表所列含税级距与不含税级距，均为按照税法规定减除有关费用后的所得额；

(2)含税级距适用于由纳税人负担税款的工资、薪金所得；不含税级距适用于由他人（单位）代付税款的工资、薪金所得。

8.4.2 个体工商户的生产、经营所得和对企事业单位的承包经营、承租经营所得

个体工商户的生产、经营所得和对企事业单位的承包经营、承租经营所得，适用5%～35%的超额累进税率（表8.2）。

表8.2 个体工商户的生产、经营所得和对企事业单位的承包经营、承租经营所得个人所得税税率表

级数	全年应纳税所得额		税率/%
	含税级距	不含税级距	
1	不超过15 000元的	不超过14 250元的	5

续表

级数	全年应纳税所得额		税率/%
	含税级距	不含税级距	
2	超过 15 000 ~ 30 000 元的部分	超过 14 250 ~ 27 750 元的部分	10
3	超过 30 000 ~ 60 000 元的部分	超过 27 750 ~ 51 750 元的部分	20
4	超过 60 000 ~ 100 000 元的部分	超过 51 750 ~ 79 750 元的部分	30
5	超过 100 000 元的部分	超过 79 750 元的部分	35

注:(1)本表所列含税级距与不含税级距,均为按照税法规定减除有关成本、费用及损失后的所得额;

(2)含税级距适用于个体工商户的生产、经营所得和由纳税人负担税款的对企事业单位的承包经营、承租经营所得;不含税级距适用于有他人(单位)代付税款的对企事业单位的承包经营、承租经营所得。

实行查账征税办法的个人独资企业和合伙企业的生产经营所得,也适用5% ~35%的五级超额累进税率。

8.4.3 稿酬所得

稿酬所得,适用比例税率,税率为 20%,并按应纳税额减征 30%。故其实际税率为 14%。

8.4.4 劳务报酬所得

劳务报酬所得,适用比例税率,税率为 20%。对劳务报酬所得一次收入畸高的,可以实行加成征收,具体办法由国务院规定。

根据《个人所得税法实施条例》规定。"劳务报酬所得一次收入畸高",是指个人一次取得劳务报酬,其应纳税所得额超过 20 000 元。对应纳税所得额超过 20 000 ~ 50 000 元的部分,依照税法规定计算应纳税额后再按照应纳税额加征五成;超过 50 000 元的部分,加征十成。因此,劳务报酬所得实际上适用 20%、30%、40%的三级超额累进税率(表 8.3)。

表 8.3 劳务报酬所得个人所得税税率表

级数	每次应纳税所得额	税率/%
1	不超过 20 000 元的部分	20
2	超过 20 000 ~ 50 000 元的部分	30
3	超过 50 000 元的部分	40

注:本表所称每次应纳税所得额。是指每次收入额减除费用 800 元(每次收入额不超过 4 000 元时)或者减除 20% 的费用(每次收入额超过 4 000 元时)后的余额。

8.4.5 特许权使用费所得，利息、股息、红利所得，财产租赁所得，财产转让所得，偶然所得和其他所得

特许权使用费所得，利息、股息、红利所得，财产租赁所得，财产转让所得，偶然所得和其他所得，适用比例税率，税率为20%。从2007年8月15日起，居民储蓄利息税率调为5%。自2008年10月9日起暂免征收储蓄存款利息的个人所得税。对个人出租住房所得减按10%的税率征收个人所得税。

这里值得一提的是，由于目前实行承包(租)经营的形式较多，分配方式也不相同，因此，承包、承租人按照承包、承租经营合同(协议)规定取得所得的适用税率也不一致。根据国家税务总局1994年8月1日发出的《关于个人对企事业单位实行承包经营、承租经营取得所得征税问题的通知》规定，其适用税率分为以下两种情况：

①承包、承租人对企业经营成果不拥有所有权，仅是按合同(协议)规定取得一定所得的，其所得按"工资、薪金"所得项目征税，适用5%～45%的九级超额累进税率。

②承包、承租人按合同(协议)的规定只向发包、出租方交纳一定费用后，企业经营成果归其所有的，承包、承租人取得的所得，按对企事业单位的承包经营、承租经营所得项目，适用5%～35%的五级超额累进税率征税。

8.5 应纳税所得额的规定

由于个人所得税的应税项目不同，并且取得某项所得所需费用也不相同，因此，计算个人应纳税所得额，需按不同应税项目分项计算。以某项应税项目的收入额减去税法规定的该项费用减除标准后的余额，为该项应纳税所得额。

8.5.1 费用减除标准

按税法规定：

①工资、薪金所得，以每月收入额减除费用3 500元后的余额，为应纳税所得额。

②个体工商户的生产、经营所得，以每一纳税年度的收入总额，减除成本、费用以及损失后的余额，为应纳税所得额。成本、费用，是指纳税义务人从事生产、经营所发生的各项直接支出和分配计入成本的间接费用以及销售费用、管理费用、财务费用；所说的损失，是指纳税义务人在生产、经营过程中发生的各项营业外支出。

从事生产、经营的纳税义务人未提供完整、准确的纳税资料，不能正确计算应纳税所得额的，由主管税务机关核定其应纳税所得额。

个人独资企业的投资者以全部生产经营所得为应纳税所得额；合伙企业的投资者按照合伙企业的全部生产经营所得和合伙协议约定的分配比例，确定应纳税所得额，合伙协议没

有约定分配比例的,以全部生产经营所得和合伙人数量平均计算每个投资者的应纳税所得额。

上述所称生产经营所得,包括企业分配给投资者个人的所得和企业当年留存的所得(利润)。

③对企事业单位的承包经营、承租经营所得,以每一纳税年度的收入总额,减除必要费用后的余额,为应纳税所得额。每一纳税年度的收入总额,是指纳税义务人按照承包经营、承租经营合同规定分得的经营利润和工资、薪金性质的所得;所说的减除必要费用,是指按月减除3 500元。

④劳务报酬所得、稿酬所得、特许权使用费所得、财产租赁所得,每次收入不超过4 000元的,减除费用800元;4 000元以上的,减除20%的费用,其余额为应纳税所得额。

⑤财产转让所得,以转让财产的收入额减除财产原值和合理费用后的余额,为应纳税所得额。

财产原值,是指:

a. 有价证券,为买入价以及买入时按照规定交纳的有关费用。

b. 建筑物,为建造费或者购进价格以及其他有关费用。

c. 土地使用权,为取得土地使用权所支付的金额,开发土地的费用以及其他有关费用。

d. 机器设备、车船,为购进价格、运输费、安装费以及其他有关费用。

e. 其他财产,参照以上方法确定。

纳税义务人未提供完整、准确的财产原值凭证,不能正确计算财产原值的,由主管税务机关核定其财产原值。

合理费用,是指卖出财产时按照规定支付的有关费用。

⑥利息、股息、红利所得,偶然所得和其他所得,以每次收入额为应纳税所得额。

自2005年6月13日起,个人从上市公司取得的股息、红利所得按以下规定处理:

a. 对个人投资者从上市公司取得的股息、红利所得,自2005年6月13日起暂减按50%计入个人应纳税所得额,依照现行税法规定计征个人所得税。

b. 对证券投资基金从上市公司分配取得的股息、红利所得,按照财税〔2005〕102号文件规定,扣缴义务人在代扣代缴个人所得税时,减按50%计算应纳税所得额。

8.5.2 附加减除费用适用的范围和标准

上面讲到的计算个人应纳税所得额的费用减除标准,对所有纳税人都是普遍适用的。但是,考虑到外籍人员和在境外工作的中国公民的生活水平比国内公民要高,而且,我国汇率的变化情况对他们的工资、薪金所得也有一定的影响。为了不因征收个人所得税而加重他们的负担,现行税法对外籍人员和在境外工作的中国公民的工资、薪金所得增加了附加减除费用的照顾。

按照税法的规定,对在中国境内无住所而在中国境内取得工资、薪金所得的纳税义务人和在中国境内有住所而在中国境外取得工资、薪金所得的纳税义务人,可以根据其平均收入水平、生活水平以及汇率变化情况确定附加减除费用,附加减除费用适用的范围和标准由国务院规定。

国务院在发布的《个人所得税法实施条例》中,对附加减除费用适用的范围和标准作了具体规定:

①附加减除费用适用的范围,包括:

a. 在中国境内的外商投资企业和外国企业中工作取得工资、薪金所得的外籍人员。

b. 应聘在中国境内的企业、事业单位、社会团体、国家机关中工作取得工资、薪金所得的外籍专家。

c. 在中国境内有住所而在中国境外任职或者受雇取得工资、薪金所得的个人。

d. 财政部确定的取得工资、薪金所得的其他人员。

②附加减除费用标准。

上述适用范围内的人员每月工资、薪金所得在减除 3 500 元费用的基础上,再减除 1 300 元。

③华侨和香港、澳门、台湾同胞参照上述附加减除费用标准执行。

8.5.3　每次收入的确定

《个人所得税法》对纳税义务人取得的劳务报酬所得,稿酬所得,特许权使用费所得,利息、股息、红利所得,财产租赁所得,偶然所得和其他所得等七项所得,都是明确应该按次计算征税的。由于扣除费用依据每次应纳税所得额的大小,分别规定了定额和定率两种标准。因此,无论是从正确贯彻税法的立法精神,维护纳税义务人的合法权益方面来看,还是从避免税收漏洞,防止税款流失,保证国家税收收入方面来看,如何准确划分"次",都是十分重要的。劳务报酬所得等七个项目的"次"《个人所得税法实施条例》中作出了明确规定。具体是:

①劳务报酬所得,根据不同劳务项目的特点,分别规定为:

a. 只有一次性收入的,以取得该项收入为一次。例如,从事设计、安装、装潢、制图、化验、测试等劳务,往往是接受客户的委托,按照客户的要求,完成一次劳务后取得收入。因此,是属于只有一次性的收入,应以每次提供劳务取得的收入为一次。

b. 属于同一事项连续取得收入的,以 1 个月内取得的收入为一次。例如,某歌手与一卡拉 OK 厅签约,在 2013 年 1 月内每天到卡拉 OK 厅演唱一次,每次演出后付酬 50 元。在计算其劳务报酬所得时,应视为同一事项的连续性收入,以其 1 个月内取得的收入为一次计征个人所得税,而不能以每天取得的收入为一次。

②稿酬所得,以每次出版、发表取得的收入为一次。具体又可细分为:

a. 同一作品再版取得的所得,应视作另一次稿酬所得计征个人所得税。

b. 同一作品先在报刊上连载,然后再出版,或先出版,再在报刊上连载的,应视为两次稿酬所得征税。即连载作为一次,出版作为另一次。

c. 同一作品在报刊上连载取得收入的,以连载完成后取得的所有收入合并为一次,计征个人所得税。

d. 同一作品在出版和发表时，以预付稿酬或分次支付稿酬等形式取得的稿酬收入，应合并计算为一次。

e. 同一作品出版、发表后，因添加印数而追加稿酬的，应与以前出版、发表时取得的稿酬合并计算为一次，计征个人所得税。

③特许权使用费所得，以某项使用权的一次转让所取得的收入为一次。一个纳税义务人，可能不仅拥有一项特许权，每项特许权的使用权也可能不止一次地向他人提供。因此，对特许权使用费所得的“次”的界定，明确为每一项使用权的每次转让所取得的收入为一次。如果该次转让取得的收入是分笔支付的，则应将各笔收入相加为一次的收入，计征个人所得税。

④财产租赁所得，以1个月内取得的收入为一次。

⑤利息、股息、红利所得，以支付利息、股息、红利时取得的收入为一次。

⑥偶然所得，以每次收入为一次。

⑦其他所得，以每次收入为一次。

8.5.4 应纳税所得额的其他规定

①个人将其所得通过中国境内的社会团体、国家机关向教育和其他社会公益事业以及遭受严重自然灾害地区、贫困地区捐赠，捐赠额未超过纳税义务人申报的应纳税所得额30%的部分，可以从其应纳税所得额中扣除。

纳税人通过中国人口福利基金会、光华科技基金会的公益、救济性捐赠，可在应纳税所得额的30%内扣除。

按现行规定为支持社会公益事业发展，个人通过中国金融教育发展基金会、中国国际民间组织合作促进会、中国社会工作协会孤残儿童救助基金管理委员会、中国发展研究基金会、陈嘉庚科学奖基金会、中国友好和平发展基金会、中华文学基金会、中华农业科教基金会、中国少年儿童文化艺术基金会和中国公安英烈基金会用于公益救济性捐赠，企业在年度应纳税所得额12%以内的部分，个人在申报应纳税所得额30%以内的部分，准予在计算缴纳企业所得税和个人所得税前扣除。

个人通过非营利的社会团体和国家机关向农村义务教育的捐赠，准予在缴纳个人所得税前的所得额中全额扣除。农村义务教育的范围，是政府和社会力量举办的农村乡镇（不含县和县级市政府所在地的镇）、村的小学和初中以及属于这一阶段的特殊教育学校。纳税人对农村义务教育与高中在一起的学校的捐赠，也享受此项所得税前扣除。

②个人的所得（不含偶然所得和经国务院财政部门确定征税的其他所得）用于资助非关联的科研机构和高等学校研究开发新产品、新技术、新工艺所发生的研究开发经费，经主管税务机关确定，可以全额在下月（工资、薪金所得）或下次（按次计征的所得）或当年（按年计征的所得）计征个人所得税时，从应纳税所得额中扣除，不足抵扣的，不得结转抵扣。

③个人取得的应纳税所得，包括现金、实物和有价证券。所得为实物的，应当按照取得

的凭证上所注明的价格计算应纳税所得额;无凭证的实物或者凭证上所注明的价格明显偏低的,由主管税务机关参照当地的市场价格核定应纳税所得额。所得为有价证券的,由主管税务机关根据票面价格和市场价格核定应纳税所得额。

8.6 应纳税额的计算

依照税法规定的适用税率和费用扣除标准,各项所得的应纳税额,应分别计算如下:

8.6.1 工资、薪金所得应纳税额的计算

工资、薪金所得应纳税额的计算公式为:

应纳税额 = 应纳税所得额 × 适用税率 − 速算扣除数

= (每月收入额 − 3 500 元或 4 800 元) × 适用税率 − 速算扣除数

这里需要说明的是,由于工资、薪金所得在计算应纳个人所得税额时,适用的是超额累进税率,所以,计算比较烦琐。运用速算扣除数计算法,可以简化计算过程。速算扣除数是指在采用超额累进税率征税的情况下,根据超额累进税率表中划分的应纳税所得额级距和税率,先用全额累进方法计算出税额,再减去用超额累进方法计算的应征税额以后的差额。当超额累进税率表中的级距和税率确定以后,各级速算扣除数也固定不变,成为计算应纳税额时的常数。(表 8.4)

表 8.4 工资、薪金所得适用的速算扣除数

级数	全月应纳税所得额		税率/%	速算扣除数
	含税级距	不含税级距		
1	不超过 1 500 元的	不超过 1 455 元的	3	0
2	超过 1 500 ~ 4 500 元的部分	超过 1 455 ~ 4 155 元的部分	10	105
3	超过 4 500 ~ 9 000 元的部分	超过 4 155 ~ 7 755 元的部分	20	555
4	超过 9 000 ~ 35 000 元的部分	超过 7 755 ~ 27 255 元的部分	25	1 005
5	超过 35 000 ~ 55 000 元的部分	超过 27 255 ~ 41 255 元的部分	30	2 755
6	超过 55 000 ~ 80 000 元的部分	超过 41 255 ~ 57 505 元的部分	35	5 505
7	超过 80 000 元的部分	超过 57 505 元的部分	45	13 505

【例 8.1】 张先生(中国公民)系某单位职工,2013 年 10 月份应税工资收入为 4 400 元。计算其应纳个人所得税。

【解析】 应纳税所得额 = 4 400 − 3 500 = 900(元),应纳税额 = 900 × 3% = 27(元)。

【例 8.2】 杰克先生(外籍人员)在境内某外商投资企业工作。2013 年 10 月份应税工资收入为 10 000 元。计算其应纳个人所得税。

【解析】 应纳税所得额 = 10 000 - 3 500 - 1 300 = 5 200(元),应纳税额 = 5 200 × 20% - 555 = 485(元)。

8.6.2 个体工商户的生产、经营所得应纳税额的计算

个体工商户的生产、经营所得应纳税额的计算公式为:

应纳税额 = 应纳税所得额 × 适用税率 - 速算扣除数

或　　　　= (全年收入总额 - 成本、费用以及损失) × 适用税率 - 速算扣除数

这里需要指出的是:

1)对个体工商户个人所得税计算征收的有关规定

①自 2008 年 3 月 1 日起,个体工商户业主的费用扣除标准统一确定为 42 000 元/年,即 3 500 元/月。

②个体工商户向其从业人员实际支付的合理的工资、薪金支出,允许在税前据实扣除。

③个体工商户拨缴的工会经费、发生的职工福利费、职工教育经费支出分别在工资薪金总额 2%、14%、2.5% 的标准内据实扣除。

④个体工商户每一纳税年度发生的广告费和业务宣传费用不超过当年销售(营业)收入 15% 的部分,可据实扣除;超过部分,准予在以后纳税年度结转扣除。

⑤个体工商户每一纳税年度发生的与其生产经营业务直接相关的业务招待费支出,按照发生额的 60% 扣除,但最高不得超过当年销售(营业)收入的 5‰。

上述第②、③、④、⑤条规定,从 2008 年 1 月 1 日起执行。

⑥个体工商户在生产、经营期间借款利息支出,凡有合法证明的,不高于按金融机构同类、同期贷款利率计算的数额的部分,准予扣除。

⑦个体工商户或个人专营种植业、养殖业、饲养业、捕捞业,应对其所得计征个人所得税。兼营上述四业并且四业的所得单独核算的,对属于征收个人所得税的,应与其他行业的生产、经营所得合并计征个人所得税;对于上述四业的所得不能单独核算的,应就其全部所得计征个人所得税。

⑧个体工商户和从事生产、经营的个人,取得与生产、经营活动无关的各项应税所得,应分别适用各应税项目的规定计算征收个人所得税。

2)个体工商户的生产、经营所得适用的速算扣除数

个体工商户的生产、经营所得适用的速算扣除数见表 8.5。

表 8.5 个体工商户、承包户的生产、经营所得适用的速算扣除数表

级数	全年应纳税所得额		税率/%	速算扣除数
	含税级距	不含税级距		
1	不超过 15 000 元的	不超过 14 250 元的	5	0

续表

级数	全年应纳税所得额		税率/%	速算扣除数
	含税级距	不含税级距		
2	超过 15 000 ~ 30 000 元的部分	超过 14 250 ~ 27 750 元的部分	10	750
3	超过 30 000 ~ 60 000 元的部分	超过 27 750 ~ 51 750 元的部分	20	3 750
4	超过 60 000 ~ 100 000 元的部分	超过 51 750 ~ 79 750 元的部分	30	9 750
5	超过 100 000 元的部分	超过 79 750 元的部分	35	14 750

【例 8.3】 某个体工商户，2013 年取得主营业务收入及其他业务收入共计 300 000 元，营业税金及附加 15 000 元，产品销售成本为 120 000 元，其他费用和税务机关认可的损失合计 20 000 元。另该个体工商户的业主张先生从上市公司取得红利 50 000 元。计算张先生当年应缴纳的个人所得税。

【解析】 应纳税所得额 = 300 000 − 15 000 − 120 000 − (3 500 × 12) = 103 000(元)，

生产经营所得应纳个人所得税 = 103 000 × 35% − 14 750 = 21 300(元)。

从上市公司收取的红利应按“利息、股息、红利所得”单独计算缴纳个人所得税：

应纳个人所得税 = 50 000 × 50% × 20% = 5 000(元)，

全年应缴纳个人所得税 = 21 300 + 5 000 = 26 300(元)。

3)个人独资企业和合伙企业应纳个人所得税的计算

对个人独资企业和合伙企业生产经营所得，其个人所得税应纳税额的计算有以下两种办法：

第一种：查账征税。

①自 2008 年 3 月 1 日起，个人独资企业和合伙企业投资者的生产经营所得依法计征个人所得税时，个人独资企业和合伙企业投资者本人的费用扣除标准统一确定为 42 000 元/年，即 3 500 元/月。投资者的工资不得在税前扣除。

②企业从业人员的工资支出按标准在税前扣除，具体标准由各省、自治区、直辖市地方税务局参照企业所得税计税工资标准确定。

③投资者及其家庭发生的生活费用不允许在税前扣除。投资者及其家庭发生的生活费用与企业生产经营费用混合在一起，并且难以划分的，全部视为投资者个人及其家庭发生的生活费用，不允许在税前扣除。

④企业生产经营和投资者及其家庭生活共用的固定资产，难以划分的，由主管税务机关根据企业的生产经营类型、规模等具体情况，核定准予在税前扣除的折旧费用的数额或比例。

⑤企业实际发生的工会经费、职工福利费、职工教育经费分别在其计税工资总额的 2%、14%、2.5% 的标准内据实扣除。

⑥企业每一纳税年度发生的广告和业务宣传费用不超过当年销售(营业)收入 15% 的

部分,可据实扣除;超过部分允许在以后纳税年度结转扣除。

⑦企业每一纳税年度发生的与其生产经营业务直接相关的业务招待费,按发生额的60%扣除:但最高不得超过全年销售(营业)收入的5‰。

上述第④、⑤、⑥、⑦条规定,从2008年1月1日起执行。

⑧企业计提的各种准备金不得扣除。

⑨投资者兴办的两个或两个以上企业,并且企业性质全部是独资的,年度终了后,汇算清缴时,应纳税款的计算按以下方法进行:汇总其投资兴办的所有企业的经营所得作为应纳税所得额以此确定适用税率,计算出全年经营所得的应纳税额,再根据每个企业的经营所得占所有企业经营所得的比例,分别计算出每个企业的应纳税额和应补缴税额。计算公式如下:

a. 应纳税所得额 = $\sum$ 各个企业的经营所得;

b. 应纳税额 = 应纳税所得额 × 税率 − 速算扣除数;

c. 本企业应纳税额 = 应纳税额 × 本企业的经营所得 ÷ $\sum$ 各企业的经营所得;

d. 本企业应补缴的税额 = 本企业应纳税额 − 本企业预缴的税额。

第二种:核定征收。

核定征收方式,包括定额征收、核定应税所得率征收以及其他合理的征收方式。

实行核定应税所得率征收方式的,应纳所得税额的计算公式如下:

应纳所得税额 = 应纳税所得额 × 适用税率

应纳税所得额 = 收入总额 × 应税所得率

或 = 成本费用支出额 ÷ (1 − 应税所得率) × 应税所得率

应税所得率应按表8.6规定的标准执行。

表8.6 个人所得税应税所得率表

行　业	应税所得率/%
工业、交通运输业、商业	5 ~ 20
建筑业、房地产开发业	7 ~ 20
饮食服务业	7 ~ 25
娱乐业	20 ~ 40
其他行业	10 ~ 30

企业经营多业的,无论其经营项目是否单独核算,均应根据其主营项目确定其适用的应税所得率。

实行核定征税的投资者,不能享受个人所得税的优惠政策。

实行查账征税方式的个人独资企业和合伙企业改为核定征税方式后,在查账征税方式下认定的年度经营亏损未弥补完的部分,不得再继续弥补。

8.6.3 对企事业单位的承包经营、承租经营所得应纳税额的计算

对企事业单位的承包经营、承租经营所得,其个人所得税应纳税额的计算公式为:

应纳税额 = 应纳税所得额 × 适用税率 - 速算扣除数

或 = (纳税年度收入总额 - 必要费用) × 适用税率 - 速算扣除数

这里需要说明的是:

①对企事业单位的承包经营、承租经营所得,以每一纳税年度的收入总额,减除必要费用后的余额为应纳税所得额。

在一个纳税年度中,承包经营或者承租经营期限不足 1 年的,以其实际经营期为纳税年度。

②对企事业单位的承包经营、承租经营所得适用的速算扣除数,同个体工商户的生产、经营所得适用的速算扣除数。

【例 8.4】 假定 2013 年 3 月 1 日,某个人与事业单位签订承包合同经营招待所,承包期为 3 年。2008 年招待所实现承包经营利润 150 000 元,按合同规定承包人每年应从承包经营利润中上缴承包费 30 000 元。计算承包人 2008 年应纳个人所得税税额。

【解析】 ①年应纳税所得额 = 承包经营利润 - 上缴费用 - 每月必要费用扣减合计

= 150 000 - 30 000 - (3 500 × 10) = 85 000(元)

②应纳税额 = 年应纳税所得额 × 适用税率 - 速算扣除数

= 85 000 × 35% - 6 750 = 23 000(元)

8.6.4 劳务报酬所得应纳税额的计算

对劳务报酬所得,其个人所得税应纳税额的计算公式为:

1) 每次收入不足 4 000 元的:

应纳税额 = 应纳税所得额 × 适用税率

或 = (每次收入额 - 800) × 20%

2) 每次收入在 4 000 元以上的:

应纳税额 = 应纳税所得额 × 适用税率

= 每次收入额 × (1 - 20%) × 20%

3) 每次收入的应纳税所得额超过 20 000 元的:

应纳税额 = 应纳税所得额 × 适用税率 - 速算扣除数

或 = 每次收入额 × (1 - 20%) × 适用税率 - 速算扣除数

劳务报酬所得适用的速算扣除数见表 8.7。

表 8.7 劳务报酬所得适用的速算扣除数表

级 数	每次应纳税所得额	税率/%	速算扣除数/元
1	不超过 20 000 元的部分	20	0
2	超过 20 000 ~ 50 000 元的部分	30	2 000
3	超过 50 000 元的部分	40	7 000

【例 8.5】 歌星刘某一次取得表演收入 40 000 元,扣除 20% 的费用后,应纳税所得额为 32 000 元。请计算其应纳个人所得税税额。

【解析】 应纳税额 = 每次收入额 ×(1 - 20%)× 适用税率 - 速算扣除数

= 40 000 ×(1 - 20%)× 30% - 2 000 = 7 600(元)

4)为纳税人代付税款的计算方法

如果单位或个人为纳税人代付税款的,应当将单位或个人支付给纳税人的不含税支付额(或称纳税人取得的不含税收入额)换算为应纳税所得额,然后按规定计算应代付的个人所得税款。计算公式为:

(1)不含税收入额不超过 3 360 元的

①应纳税所得额 =(不含税收入额 - 800)÷(1 - 税率)

②应纳税额 = 应纳税所得额 × 适用税率

(2)不含税收入额超过 3 360 元的

①应纳税所得额 = [(不含税收入额 - 速算扣除数)×(1 - 20%)] ÷ [1 - 税率 ×(1 - 20%)]

或 = [(不含税收入额 - 速算扣除数)×(1 - 20%)] ÷ 当级换算系数

②应纳税额 = 应纳税所得额 × 适用税率 - 速算扣除数

上述(1)中的公式①和(2)中的公式①中的税率,是指不含税劳务报酬收入所对应的税率(表 8.8);(1)中的公式②和(2)中的公式②中的税率,是指应纳税所得额按含税级距所对应的税率(表 8.8)。

表 8.8 不含税劳务报酬收入适用税率表

级数	不含税劳务报酬收入额	税率/%	速算扣除数/元	换算系数/%
1	未超过 3 360 元的部分	20	0	无
2	超过 3 360 ~ 21 000 元的部分	20	0	84
3	超过 21 000 ~ 49 500 元的部分	30	2 000	76
4	超过 49 500 元的部分	40	7 000	68

【例 8.6】 高级工程师赵某为泰华公司进行一项工程设计,按照合同规定,公司应支付

赵某的劳务报酬48 000元,与其报酬相关的个人所得税由公司代付。不考虑其他税收的情况下,计算公司应代付的个人所得税税额。

【解析】 ①代付个人所得税的应纳税所得额 = [(48 000 - 2 000) × (1 - 20%)] ÷ 76%
= 48 421.05(元)

②应代付个人所得税 = 48 421.05 × 30% - 2 000 = 12 526.32(元)

8.6.5 稿酬所得应纳税额的计算

稿酬所得应纳税额的计算公式为:

1)每次收入不足4 000元的

应纳税额= 应纳税所得额 × 适用税率 × (1 - 30%)
= (每次收入额 - 800) × 20% × (1 - 30%)

2)每次收入在4 000元以上的

应纳税额= 应纳税所得额 × 适用税率 × (1 - 30%)
= 每次收入额 × (1 - 20%) × 20% × (1 - 30%)

【例8.7】 某作家取得一次未扣除个人所得税的稿酬收入20 000元。请计算其应缴纳的个人所得税税额。

【解析】 应纳税额 = 应纳税所得额 × 适用税率 × (1 - 30%)
= 20 000 × (1 - 20%) × 20% × (1 - 30%) = 2 240(元)

8.6.6 特许权使用费所得应纳税额的计算

特许权使用费所得应纳税额的计算公式为:

1)每次收入不足4 000元的

应纳税额 = 应纳税所得额 × 适用税率 = (每次收入额 - 800) × 20%

2)每次收入在4 000元以上的

应纳税额 = 应纳税所得额 × 适用税率 = 每次收入额 × (1 - 20%) × 20%

8.6.7 利息、股息、红利所得应纳税额的计算

利息、股息、红利所得应纳税额的计算公式为:

应纳税额 = 应纳税所得额 × 适用税率 = 每次收入额 × 20%(或5%)

为促进资本市场发展,对个人投资者从上市公司取得的股息红利所得,对证券投资基金从上市公司分配取得的股息红利所得,按50%计征应纳所得税。

适用税率,2007年8月15日前为20%,8月15日起为5%。

【例8.8】 万先生(中国公民)持有境内某上市公司的股票,取得股息(税前)10 000元。另外,取得一项本单位集资款额利息收入5 000元。请计算其应纳个人所得税。

【解析】 应缴纳个人所得税 = 10 000 × 50% × 20% + 5 000 × 20% = 2 000(元)

8.6.8　财产租赁所得应纳税额的计算

1)应纳税所得额

财产租赁所得一般以个人每次取得的收入，定额或定率减除规定费用后的余额为应纳税所得额。每次收入不超过4 000元，定额减除费用800元；每次收入在4 000元以上，定率减除20%的费用。财产租赁所得以1个月内取得的收入为一次。

在确定财产租赁的应纳税所得额时，纳税人在出租财产过程中缴纳的税金和教育费附加，可持完税(缴款)凭证，从其财产租赁收入中扣除。准予扣除的项目除了规定费用和有关税、费外，还准予扣除能够提供有效、准确凭证，证明由纳税人负担的该出租财产实际开支的修缮费用。允许扣除的修缮费用，以每次800元为限。一次扣除不完的，准予在下一次继续扣除，直到扣完为止。

个人出租财产取得的财产租赁收入，在计算缴纳个人所得税时，应依次扣除以下费用：

①财产租赁过程中缴纳的税费；

②由纳税人负担的该出租财产实际开支的修缮费用；

③税法规定的费用扣除标准。

应纳税所得额的计算公式为：

a. 每次(月)收入不超过4 000元的：

应纳税所得额 = 每次(月)收入额 - 准予扣除项目 - 修缮费用(800元为限) - 800元

b. 每次(月)收入超过4 000元的：

应纳税所得额 = [每次(月)收入额 - 准予扣除项目 - 修缮费用(800元为限)] × (1 - 20%)

2)应纳税额的计算方法

财产租赁所得适用20%的比例税率。但对个人按市场价格出租的居民住房取得的所得，自2001年1月1日起暂减按10%的税率征收个人所得税。其应纳税额的计算公式为：

应纳税额 = 应纳税所得额 × 适用税率

【例8.9】 刘某于2012年1月将其自有的4间面积为150平方米的房屋出租给张某作经营场所，租期1年。刘某每月取得的租金收入2 500元，全年租金收入30 000元。计算刘某全年租金收入应缴纳的个人所得税。

【解析】 财产租赁收入以每月内取得的收入为一次，因此，刘某每月及全年应纳税额为：

①每月应纳税额 = (2 500 - 800) × 20% = 340(元)；

②全年应纳税额 = 340 × 12 = 4 080(元)。

本例在计算个人所得税时未考虑其他税、费。如果对租金收入计征营业税、城市维护建设税、房产税和教育费附加等，还应将其从税前的收入中先扣除后才计算应缴纳的个人所得税。

假定上例中，当年2月份因下水道堵塞找人修理，发生修理费用500元，有维修部门的正式收据，则2月份和全年的应纳税额为：

①2月份应纳税额 = (2 500 − 500 − 800) × 20% = 240(元)；

②全年应纳税额 = 340 × 11 + 240 = 3 980(元)。

在实际征税过程中，有时会出现财产租赁所得的纳税人不明确的情况。对此，在确定财产租赁所得纳税人时，应以产权凭证为依据。无产权凭证的，由主管税务机关根据实际情况确定纳税人。如果产权所有人死亡，在未办理产权继承手续期间，该财产出租且有租金收入的，以领取租金收入的个人为纳税人。

8.6.9 财产转让所得应纳税额的计算

财产转让所得应纳税额的计算公式为：

应纳税额 = 应纳税所得额 × 适用税率

= (收入总额 − 财产原值 − 合理税费) × 20%

【例8.10】 某人建房一幢，造价36 000元，支付费用2 000元。该人转让房屋，售价60 000元，在卖房过程中按规定支付交易费等有关费用2 500元，其应纳个人所得税税额的计算过程为：

【解析】 ①应纳税所得额 = 财产转让收入 − 财产原值 − 合理费用

= 60 000 − (36 000 + 2 000) − 2 500 = 19 500(元)

②应纳税额 = 19 500 × 20% = 3 900(元)

8.6.10 偶然所得应纳税额的计算

偶然所得应纳税额的计算公式为：

应纳税额 = 应纳税所得额 × 适用税率 = 每次收入额 × 20%

【例8.11】 陈某在参加商场的有奖销售过程中，中奖所得共计价值20 000元。陈某领奖时告知商场，从中奖收入中拿出4 000元通过教育部门向某希望小学捐赠。请按照规定计算商场代扣代缴个人所得税后，陈某实际可得中奖金额。

【解析】 ①根据税法有关规定，陈某的捐赠额可以全部从应纳税所得额中扣除(因为4 000 ÷ 20 000 = 20%，小于捐赠扣除比例30%)。

②应纳税所得额 = 偶然所得 − 捐赠额 = 20 000 − 4 000 = 16 000(元)

③应纳税额(即商场代扣税款) = 应纳税所得额 × 适用税率 = 16 000 × 20% = 3 200(元)

④陈某实际可得金额 = 20 000 − 4 000 − 3 200 = 12 800(元)

8.6.11 其他所得应纳税额的计算

其他所得应纳税额的计算公式为：

应纳税额 = 应纳税所得额 × 适用税率 = 每次收入额 × 20%

8.6.12　应纳税额计算中的特殊问题

1)对个人取得全年一次性奖金等计算征收个人所得税的方法

全年一次性奖金是指行政机关、企事业单位等扣缴义务人根据其全年经济效益和对雇员全年工作业绩的综合考核情况,向雇员发放的一次性奖金。一次性奖金也包括年终加薪、实行年薪制和绩效工资办法的单位根据考核情况兑现的年薪和绩效工资。

纳税人取得全年一次性奖金,单独作为1个月工资、薪金所得计算纳税,自2005年1月1日起按以下计税办法,由扣缴义务人发放时代扣代缴:

①先将雇员当月内取得的全年一次性奖金,除以12个月,按其商数确定适用税率和速算扣除数。

如果在发放年终一次性奖金的当月,雇员当月工资薪金所得低于税法规定的费用扣除额,应将全年一次性奖金减除“雇员当月工资薪金所得与费用扣除额的差额”后的余额,按上述办法确定全年一次性奖金的适用税率和速算扣除数。

②将雇员个人当月内取得的全年一次性奖金,按上述第①条确定的适用税率和速算扣除数计算征税,计算公式如下:

a.如果雇员当月工资薪金所得高于(或等于)税法规定的费用扣除额的。适用公式为:

应纳税额 = 雇员当月取得全年一次性奖金 × 适用税率 - 速算扣除数

b.如果雇员当月工资薪金所得低于税法规定的费用扣除额的,适用公式为:

应纳税额 = (雇员当月取得全年一次性奖金 - 雇员当月工资薪金所得与费用扣除额的差额) × 适用税率 - 速算扣除数

③在一个纳税年度内,对每一个纳税人,该计税办法只允许采用一次。

④实行年薪制和绩效工资的单位。个人取得年终兑现的年薪和绩效工资按上述第2条、第③条规定执行。

⑤雇员取得除全年一次性奖金以外的其他各种名目奖金,如半年奖、季度奖、加班奖、先进奖、考勤奖等,一律与当月工资、薪金收入合并,按税法规定缴纳个人所得税。

⑥对无住所个人取得上述第⑤条所述的各种名目奖金,如果该个人当月在我国境内没有纳税义务,或者该个人由于出入境原因导致当月在我国工作时间不满1个月的,仍按照《国家税务总局关于在我国境内无住所的个人取得奖金征税问题的通知》(国税发〔1996〕183号)计算纳税。

【例8.12】　张先生(中国公民)系某单位职工,2013年12月份应税工资收入为5 400元,全年一次性奖金36 000元。计算其应纳个人所得税。

【解析】　①12月份工资收入应纳税额 = (5 400 - 3 500) × 10% - 105 = 85(元)

②计算全年一次性奖金应纳税额:

月应纳税所得额 = 36 000 ÷ 12 = 3 000(元)

故税率为10%,速算扣除数为105。

应纳税额 = 36 000 × 10% - 105 = 3 495(元)

③张先生12月份应纳税额 = 85 + 3 495 = 3 580(元)

【例8.13】 李先生(中国公民)系某单位职工,2013年12月份应税工资收入为3 300元,全年一次性奖金29 000元。计算其应纳个人所得税。

【解析】 ①12月份工资收入应纳税所得额 = 3 300 - 3 500 = - 200(元),故不纳税。

②计算全年一次性奖金应纳税额:

月应纳税所得额 = [29 000 - (3 500 - 3 300)] ÷ 12 = 2 400(元)

故税率为10%,速算扣除数为105。

应纳税额 = [29 000 - (3 500 - 3 300)] × 10% - 105 = 2 775(元)

③张先生12月份应纳税额 = 2 775(元)

2)取得不含税全年一次性奖金收入个人所得税的计算方法

①按照不含税的全年一次性奖金收入除以12的商数,查找相应适用税率A和速算扣除数A。

②含税的全年一次性奖金收入 = (不含税的全年一次性奖金收入 - 速算扣除数A) ÷ (1 - 适用税率A)。

③按含税的全年一次性奖金收入除以12的商数,重新查找适用税率B和速算扣除数B。

④应纳税额 = 含税的全年一次性奖金收入 × 适用税率B - 速算扣除数B。

如果纳税人取得不含税全年一次性奖金收入的当月工资薪金所得,低于税法规定的费用扣除额,应先将不含税全年一次性奖金减去当月工资薪金所得低于税法规定费用扣除额的差额部分后,再按照上述第1条规定处理。

根据企业所得税和个人所得税的现行规定,企业所得税的纳税人、个人独资和合伙企业、个体工商户为个人支付的个人所得税款,不得在所得税前扣除。

3)对在中国境内无住所的个人一次取得数月奖金或年终加薪、劳动分红(以下简称奖金,不包括应按月支付的奖金)的计税方法

对上述个人取得的奖金,可单独作为1个月的工资、薪金所得计算纳税。由于对每月的工资、薪金所得计税时已按月扣除了费用,因此,对上述奖金不再减除费用,全额作为应纳税所得额直接按适用税率计算应纳税款,并且不再按居住天数进行划分计算。上述个人应在取得奖金月份的次月7日内申报纳税。但有一种特殊情况,即:在中国境内无住所的个人在担任境外企业职务的同时,兼任该外国企业在华机构的职务,但并不实际或不经常到华履行该在华机构职务,对其一次取得的数月奖金中属于全月未在华的月份奖金,依照劳务发生地原则,可不作为来源于中国境内的奖金收入计算纳税。

4)特定行业职工取得的工资、薪金所得的计税方法

为了照顾采掘业、远洋运输业、远洋捕捞业因季节、产量等因素的影响,职工的工资、薪金收入呈现较大幅度波动的实际情况,对这三个特定行业的职工取得的工资、薪金所得,可按月预缴,年度终了后30日内,合计其全年工资、薪金所得,再按12个月平均并计算实际应纳的税款,多退少补。用公式表示为:

应纳所得税额 = [(全年工资、薪金收入 ÷ 12 - 费用扣除标准) × 税率 - 速算扣除数] × 12

5)关于个人取得公务交通、通信补贴收入征税问题

个人因公务用车和通信制度改革而取得的公务用车、通信补贴收入，扣除一定标准的公务费用后，按照"工资、薪金"所得项目计征个人所得税。按月发放的，并入当月"工资、薪金"所得计征个人所得税；不按月发放的，分解到所属月份并与该月份"工资、薪金"所得合并后计征个人所得税。

公务费用扣除标准，由省级地方税务局根据纳税人公务交通、通讯费用实际发生情况调查测算，报经省级人民政府批准后确定，并报国家税务总局备案。

6)关于失业保险费(金)征税问题

城镇企业事业单位及其职工个人按照《失业保险条例》规定的比例，实际缴付的失业保险费，均不计入职工个人当期工资、薪金收入，免予征收个人所得税；超过《失业保险条例》规定的比例缴付失业保险费的，应将其超过规定比例缴付的部分计入职工个人当期的工资、薪金收入，依法计征个人所得税。

具备《失业保险条例》规定条件的失业人员，领取的失业保险金，免予征收个人所得税。

7)关于支付各种免税之外的保险金的征税方法

企业为员工支付各项免税之外的保险金，应在企业向保险公司缴付时(即该保险落到被保险人的保险账户)并入员工当期的工资收入，按"工资、薪金所得"项目计征个人所得税，税款由企业负责代扣代缴。

8)关于企业改组改制过程中个人取得的量化资产征税问题

对职工个人以股份形式取得的量化资产仅作为分红依据，不拥有所有权的企业量化资产，不征收个人所得税。

对职工个人以股份形式取得的拥有所有权的企业量化资产，暂缓征收个人所得税；待个人将股份转让时，就其转让收入额，减除个人取得该股份时实际支付的费用支出和合理转让费用后的余额，按"财产转让所得"项目计征个人所得税。

对职工个人以股份形式取得的企业量化资产参与企业分配而获得的股息、红利，应按"利息、股息、红利"项目征收个人所得税。

9)在外商投资企业、外国企业和外国驻华机构工作的中方人员取得的工资、薪金所得的征税问题

①在外商投资企业、外国企业和外国驻华机构工作的中方人员取得的工资、薪金收入，凡是由雇佣单位和派遣单位分别支付的，支付单位应按税法规定代扣代缴个人所得税。同时，按税法规定，纳税义务人应以每月全部工资、薪金收入减除规定费用后的余额为应纳税所得额。为了有利于征管，对雇佣单位和派遣单位分别支付工资、薪金的，采取由支付者中的一方减除费用的方法，即只由雇佣单位在支付工资、薪金时，按税法规定减除费用，计算扣缴个人所得税；派遣单位支付的工资、薪金不再减除费用，以支付金额直接确定适用税率，计算扣缴个人所得税。

上述纳税义务人,应持两处支付单位提供的原始明细工资、薪金单(书)和完税凭证原件,选择并固定到一地税务机关申报每月工资、薪金收入,汇算清缴其工资、薪金收入的个人所得税,多退少补。具体申报期限,由各省、自治区、直辖市税务机关确定。

【例8.14】 杨先生(国内某单位职工)被派到某外资企业工作。2013 年 10 月份他的有关收入情况是:外资企业应付杨先生工资额为 8 200 元;原单位支付应付工资额为 1 000 元。计算其个人申报应补个人所得税。

【解析】 ①外资企业代扣税款 = (8 200 - 3 500) × 20% - 555 = 385(元)

②原单位代扣税额 = 1 000 × 3% = 30(元)

③杨先生个人申报应纳税额 = (8 200 + 1 000 - 3 500) × 20% - 555 = 585(元)

④应补税额 = 585 - 385 - 30 = 170(元)

②对外商投资企业、外国企业和外国驻华机构发放给中方工作人员的工资、薪金所得,应全额征税。但对可以提供有效合同或有关凭证,能够证明其工资、薪金所得的一部分按照有关规定上缴派遣(介绍)单位的,可扣除其实际上缴的部分按其余额计征个人所得税。

【例8.15】 接上例,原单位停发杨先生工资外资企业每月应付给杨先生工资额 8 200 元,其中 1 500 元由外资企业划给杨先生原单位,实际应付杨先生工资 6 700 元。计算其个人申报应补税额。

【解析】 外资企业代扣税款 = (6 700 - 3 500) × 10% - 105 = 215(元)

个人申报纳税,无需补税。

10)在中国境内无住所的个人取得工资薪金所得的征税问题

依照《个人所得税法》及其实施条例和我国对外签订的避免双重征税协定(以下简称税收协定)的有关规定,对在中国境内无住所的个人由于在中国境内公司、企业、经济组织(以下简称中国境内企业)或外国企业在中国境内设立的机构、场所以及税收协定所说常设机构(以下简称中国境内机构)担任职务,或者由于受雇或履行合同而在中国境内从事工作,取得的工资、薪金所得应分别不同情况确定:

①关于工资、薪金所得来源地的确定。

根据规定,属于来源于中国境内的工资薪金所得应为个人实际在中国境内工作期间取得的工资、薪金,即:个人实际在中国境内工作期间取得的工资、薪金,不论是由中国境内还是境外企业或个人雇主支付,均属来源于中国境内的所得;个人实际在中国境外工作期间取得的工资薪金,不论是由中国境内还是境外企业或个人雇主支付,均属于来源于中国境外的所得。

②关于在中国境内无住所而在一个纳税年度中在中国境内连续或累计居住不超过 90 日或在税收协定规定的期间中在中国境内连续或累计居住不超过 183 日的个人纳税义务的确定。

根据有关规定,在中国境内无住所而在一个纳税年度中在中国境内连续或累计工作不超过 90 日或在税收协定规定的期间中在中国境内连续或累计居住不超过 183 日的个人,由中国境外雇主支付并且不是由该雇主的中国境内机构负担的工资薪金,免予申报缴纳个人所得税。对前述个人应仅就其实际在中国境内工作期间由中国境内企业或个人雇主支付或者由中国境内机构负担的工资薪金所得申报纳税。凡是该中国境内企业、机构属于采取核定利润方法计征企业所得税或没有营业收入而不征收企业所得税的，在该中国境内企业、机构任职、受雇的个人实际在中国境内工作期间取得的工资薪金，不论是否在该中国境内企业、机构会计账簿中有记载，均应视为该中国境内企业支付或由该中国境内机构负担的工资、薪金。

自 2004 年 7 月 1 日起，在中国境内无住所而在一个纳税年度中在中国境内连续或累计居住不超过 90 日或在税收协定规定的期间在中国境内连续或累计居住不超过 183 日的个人。负有纳税义务的，应适用下述公式：

应纳税额 = 当月境内外工资、薪金应纳税所得额 × 适用税率 - 速算扣除数）× 当月境外支付工资 / 当月境内外支付工资总额 × 当月境外工作天数 / 当月天数

上述个人每月应纳的税款应按税法规定的期限申报缴纳。

③关于在中国境内无住所而在一个纳税年度中在中国境内连续或累计居住超过 90 日或在税收协定规定的期间中在中国境内连续或累计居住超过 183 日但不满 1 年的个人纳税义务的确定。

根据有关规定，在中国境内无住所而在一个纳税年度中在中国境内连续或累计工作超过 90 日或在税收协定规定的期间中在中国境内连续或累计居住超过 183 日但不满 1 年的个人，其实际在中国境内工作期间取得的由中国境内企业或个人雇主支付和由境外企业或个人雇主支付的工资薪金所得，均应申报缴纳个人所得税；其在中国境外工作期间取得的工资薪金所得，除中国境内企业或高层管理人员，不予征收个人所得税。

自 2004 年 7 月 1 日起，在中国境内无住所而在一个纳税年度中在中国境内连续或累计居住超过 90 日或在税收协定规定的期间在中国境内连续或累计居住超过 183 日但不满 1 年的个人，负有纳税义务的，应适用下述公式：

应纳税额 = 当月境内外工资、薪金应纳税所得额 × 适用税率 - 速算扣除数）× 当月境内工作天数 / 当月天数

上述个人每月应纳的税款应按规定的期限申报缴纳。其中，取得的工资薪金所得是由境外雇主支付并且不是由中国境内机构负担的个人，事先可预定在一个纳税年度中连续或累计居住超过 90 日或在税收协定规定的期间中连续或累计居住超过 183 日的，其每月应纳的税款应按规定期限申报纳税；对事先不能预定在一个纳税年度或税收协定规定的有关期间中连续或累计居住超过 90 日或 183 日的，可以待达到 90 日或 183 日后的次月 7 日内，就其以前月份应纳的税款一并申报缴纳。

自 2004 年 7 月 1 日起，在中国境内无住所但在境内居住满 1 年而不超过 5 年的个人，其在中国境内工作期间取得的由中国境内企业或个人雇主支付和由中国境外企业或个人雇主支付的工资、薪金。均应申报缴纳个人所得税；其在《实施条例》第三条所说临时离境工作期间的工资薪金所得，仅就由中国境内企业或个人雇主支付的部分申报纳税，凡是中国境内企业、机构属于采取核定利润方法计征企业所得税或没有营业收入而不征收企业所得税的，在

中国境内企业、机构任职、受雇的个人取得的工资、薪金，不论是否在中国境内企业、机构会计账簿中有记载，均应视为由其任职的中国境内企业、机构支付。

支付的董事费或工资薪金，不适用前述②、③项的规定，而应自其担任该中国境内企业董事或高层管理职务起，至其解除上述职务止的期间，不论其是否在中国境外履行职务，均应申报缴纳个人所得税；其取得的由中国境外企业支付的工资薪金，应依照前述规定确定纳税义务。

上述个人，在1个月既有在中国境内工作期间的工资、薪金所得，也有在临时离境期间由境内企业或个人雇主支付的工资、薪金所得的，应合并计算当月应纳税款，并按税法规定的期限申报缴纳。在中国境内无住所但在境内居住满1年而不超过5年的个人，负有纳税义务的应适用下述公式：

应纳税额=（当月境内外工资、薪金应纳税所得额×适用税率－速算扣除数）×（1－当月境外支付工资/当月境内外支付工资总额×当月境外工作天数/当月天数）

如果上款所述各类个人取得的是日工资、薪金或者不满1个月工资、薪金，仍应以日工资、薪金乘以当月天数换算成月工资、薪金后，按照上述公式计算其应纳税额。

④中国境内企业董事、高层管理人员纳税义务的确定

担任中国境内企业董事或高层管理职务的个人[注：指公司正、副（总）经理、各职能技师、总监及其他类似公司管理层的职务]，其取得的由该中国境内企业支付的董事费或工资薪金，不适用前述②、③项的规定，而应自其担任该中国境内企业董事或高层管理职务起，至其解除上述职务止的期间，不论其是否在中国境外履行职务，均应申报缴纳个人所得税；其取得的由中国境外支付的工资、薪金，应依照前述规定确定纳税义务。

⑤不满1个月的工资、薪金所得应纳税款的计算。

属于前述情况中的个人，凡应仅就不满1个月期间的工资、薪金所得申报纳税的，均应按全月工资、薪金所得计算实际应纳税额。其计算公式如下：

应纳税额=（当月工资、薪金应纳税所得额×适用税率－速算）×当月实际在中国天数/当月天数

如果属于上述情况的个人取得的是日工资、薪金，应以日工资、薪金乘以当月天数换算成月工资、薪金后，按上述公式计算应纳税额。

下面，我们举例说明在中国境内无住所的个人取得的工资、薪金所得的征税问题：

【例8.16】 某外籍个人在2007年1月1日起担任中国境内某外商投资企业的副总经理，由该企业每月支付其工资20 000元，同时，该企业外方的境外总机构每月也支付其工资4 000美元。其大部分时间是在境外履行职务，2007年来华工作时间累计为180天。根据规定，其2005年度在我国的纳税义务确定为：

①由于其属于企业的高层管理人员，因此，根据规定，该人员于2007年1月1日起至12月31日在华任职期间，由该企业支付的每月20 000元工资、薪金所得，应按月依照税法规定的期限申报缴纳个人所得税。

②由于其2007年来华工作时间未超过183天，根据税收协定的规定，其境外雇主支付

的工资、薪金所得，在我国可免予申报纳税（如果该个人属于与我国未签订税收协定国家的居民或港、澳、台居民，则其由境外雇主按每月4 000美元标准支付的工资、薪金，凡属于在中国境内180天工作期间取得的部分，应与中国境内企业每月支付的20 000元工资合并计算缴纳个人所得税。

11）两个以上的纳税人共同取得同一项所得的计税问题

两个或两个以上的纳税义务人共同取得同一项所得的（如共同写作一部著作而取得稿酬所得），可以对每个人分得的收入分别减除费用，并计算各自应纳税款。

在个人所得税应纳税额的计算时，还有一个问题需要解决，即企业和个人的外币收入如何折合成人民币计算纳税的问题。根据国家税务总局1995年9月12日通知规定，企业和个人取得的收入和所得为美、日元、港币的，仍统一使用中国人民银行公布的人民币对上述三种货币的基准汇价，折合成人民币计算缴纳税款；企业和个人取得的收入和所得为上述三种货币以外的其他货币的，应根据美元对人民币的基准汇价和国家外汇管理局提供的纽约外汇市场美元对主要外币的汇价进行套算，按套算后的汇价作为折合汇率计算缴纳税款。套算公式为：

某种货币对人民币的汇价 = 美元对人民币的基准汇价 / 纽约外汇市场美元对该种货币的汇价

12）关于个人取得退职费收入征免个人所得税问题

①《个人所得税法》第四条第七款所说的可以免征个人所得税的"退职费"，是指个人符合《国务院关于工人退休、退职的暂行办法》（国发〔1978〕104号）规定的退职条件并按该办法规定的退职费标准所领取的退职费。

②个人取得的不符合上述办法规定的退职条件和退职费标准的退职费收入，应属于与其任职、受雇活动有关的工资、薪金性质的所得，应在取得的当月按工资、薪金所得计算缴纳个人所得税。但考虑到作为雇主给予退职人员经济补偿的退职费，通常为一次性发给，且数额较大，以及退职人员有可能在一段时间内没有固定收入等实际情况，依照《个人所得税法》有关工资、薪金所得计算征税的规定，对退职人员一次取得较高退职费收入的，可视为其一次取得数月的工资、薪金收入，并以原每月工资、薪金收入总额为标准，划分为若干月份的工资、薪金收入后，计算个人所得税的应纳税所得额及税额。但按上述方法划分超过了6个月工资、薪金收入的，应按6个月平均划分计算。个人取得全部退职费收入的应纳税款，应由其原雇主在支付退职费时负责代扣并于次月7日内缴入国库。个人退职后6个月内又再次任职、受雇的，对个人已缴纳个人所得税的退职费收入，不再与再次任职、受雇取得的工资、薪金所得合并计算补缴个人所得税。

13）对个人因解除劳动合同取得经济补偿金的征税方法

根据《财政部国家税务总局关于个人与用人单位解除劳动关系取得的一次性补偿收入征免个人所得税问题的通知》和《国家税务总局关于国有企业职工因解除劳动合同取得一次性补偿收入征免个人所得税问题的通知》精神，自2001年10月1日起，按以下规定处理：

①企业依照国家有关法律规定宣告破产，企业职工从该破产企业取得的一次性安置费

收入,免征个人所得税。

②个人因与用人单位解除劳动关系而取得的一次性补偿收入(包括用人单位发放的经济补偿金、生活补助费和其他补助费用),其收入在当地上年职工平均工资 3 倍数额以内的部分,免征个人所得税;超过 3 倍数额部分的一次性补偿收入,可视为一次取得数月的工资、薪金收入,允许在一定期限内平均计算。方法为:以超过 3 倍数额部分的一次性补偿收入,除以个人在本企业的工作年限数(超过 12 年的按 12 年计算),以其商数作为个人的月工资、薪金收入,按照税法规定计算缴纳个人所得税。个人在解除劳动合同后又再次任职、受雇的,已纳税的一次性补偿收入不再与再次任职、受雇的工资薪金所得合并计算补缴个人所得税。

③个人领取一次性补偿收入时按照国家和地方政府规定的比例实际缴纳的住房公积金、医疗保险费、基本养老保险费、失业保险费,可以在计征其一次性补偿收入的个人所得税时予以扣除。

14)个人取得有奖发票资金征免个人所得税

个人取得单张有奖发票奖金所得不超过 800 元(含 800 元)的,暂免征收个人所得税;个人取得单张有奖发票奖金所得超过 800 元的,应全额按照《个人所得税法》规定的“偶然所得”项目征收个人所得税。税务机关或其指定的有奖发票兑奖机构,是有奖发票奖金所得个人所得税的扣缴义务人,应依法认真做好个人所得税代扣代缴工作。

8.7 税收优惠

《个人所得税法》及其实施条例以及财政部、国家税务总局的若干规定等,都对个人所得项目给予了减税免税的优惠,主要有:

8.7.1 免征个人所得税的优惠

①省级人民政府、国务院部委和中国人民解放军军以上单位,以及外国组织颁发的科学、教育、技术、文化、卫生、体育、环境保护等方面的奖金。

②国债和国家发行的金融债券利息。这里所说的国债利息,是指个人持有中华人民共和国财政部发行的债券而取得的利息所得;所说的国家发行的金融债券利息,是指个人持有经国务院批准发行的金融债券而取得的利息所得。

③按照国家统一规定发给的补贴、津贴。这里所说的按照国家统一规定发给的补贴、津贴,是指按照国务院规定发给的政府特殊津贴和国务院规定免纳个人所得税的补贴、津贴。

发给中国科学院资深院士和中国工程院资深院士每人每年 1 万元的资深院士津贴免予征收个人所得税。

④福利费、抚恤金、救济金。这里所说的福利费,是指根据国家有关规定,从企业、事业

单位、国家机关、社会团体提留的福利费或者工会经费中支付给个人的生活补助费;所说的救济金,是指国家民政部门支付给个人的生活困难补助费。

⑤保险赔款。

⑥军人的转业费、复员费。

⑦按照国家统一规定发给干部、职工的安家费、退职费、退休工资、离休工资、离休生活补助费。

⑧依照我国有关法律规定应予免税的各国驻华使馆、领事馆的外交代表、领事官员和其他人员的所得。

上述"所得",是指依照《中华人民共和国外交特权与豁免条例》和《中华人民共和国领事特权与豁免条例》规定免税的所得。

⑨中国政府参加的国际公约以及签订的协议中规定免税的所得。

⑩关于发给见义勇为者的奖金问题。对乡、镇(含乡、镇)以上人民政府或经县(含县)以上人民政府主管部门批准成立的有机构、有章程的见义勇为基金或者类似性质组织,奖励见义勇为者的奖金或奖品,经主管税务机关核准,免征个人所得税。

⑪企业和个人按照省级以上人民政府规定的比例提取并缴付的住房公积金、医疗保险金、基本养老保险金、失业保险金,不计入个人当期的工资、薪金收入,免予征收个人所得税。超过规定的比例缴付的部分计征个人所得税。

个人领取原提存的住房公积金、医疗保险金、基本养老保险金时,免予征收个人所得税。

⑫对个人取得的教育储蓄存款利息所得以及国务院财政部门确定的其他专项储蓄存款或者储蓄性专项基金存款的利息所得,免征个人所得税。

⑬储蓄机构内从事代扣代缴工作的办税人员取得的扣缴利息税手续费所得,免征个人所得税。

⑭生育妇女按照县级以下人民政府根据国家有关规定制定的生育保险办法,取得的生育津贴、生育医疗费或其他属于生育保险性质的津贴、补贴,免征个人所得税。

⑮对延长离休退休年龄的高级专家从其劳动人事关系所在单位取得的,单位按国家有关规定向职工统一发放的工资、薪金、奖金、津贴、补贴等收入,视同离休、退休工资,免征个人所得税。

从其劳动人事关系所存单位之外的其他地方取得的培训费、讲课费、顾问费、稿酬等各种收入,依法计征个人所得税。

延长离休退休年龄的高级专家是指:

a. 享受国家发放的政府特殊津贴的专家、学者。

b. 中国科学院、中国工程院院士。

⑯个人通过扣缴单位统一向灾区的捐赠,扣缴单位凭政府机关或非营利组织开具的汇总捐赠凭据、扣缴单位记载的个人捐赠明细表等,由扣缴单位在代扣代缴税款时,依法据实扣除。

个人直接通过政府机关、非营利组织向灾区的捐赠,采取扣缴方式纳税的,捐赠人应及时向扣缴单位出示政府机关、非营利组织开具的捐赠凭据，由扣缴单位在代扣代缴税款时，依法据实扣除；个人自行申报纳税的，税务机关凭政府机关、非营利组织开具的接受捐赠凭据，依法据实扣除。

扣缴单位在向税务机关进行个人所得税全员全额扣缴申报时，应一并报送由政府机关或非营利组织开具的汇总接受捐赠凭据（复印件）、所在单位每个纳税人的捐赠总额和当期扣除的捐赠额。

⑰经国务院财政部门批准免税的所得。

8.7.2 减征个人所得税的优惠

①残疾、孤老人员和烈属的所得。

②因严重自然灾害造成重大损失的。

③其他经国务院财政部门批准减税的。

8.7.3 暂免征收个人所得税的优惠

①外籍个人以非现金形式或实报实销形式取得的住房补贴、伙食补贴、搬迁费、洗衣费。

②外籍个人按合理标准取得的境内、外出差补贴。

③外籍个人取得的探亲费、语言训练费、子女教育费等，经当地税务机关审核批准为合理的部分。可以享受免征个人所得税优惠的探亲费，仅限于外籍个人在我国的受雇地与其家庭所在地（包括配偶或父母居住地）之间搭乘交通工具，且每年不超过两次的费用。

④个人举报、协查各种违法、犯罪行为而获得的奖金。

⑤个人办理代扣代缴税款手续，按规定取得的扣缴手续费。

⑥个人转让自用达5年以上并且是唯一的家庭居住用房取得的所得。

⑦对按《国务院关于高级专家离休退休若干问题的暂行规定》和《国务院办公厅关于杰出高级专家暂缓离休审批问题的通知》精神，达到离休、退休年龄，但确因工作需要，适当延长离休、退休年龄的高级专家（指享受国家发放的政府特殊津贴的专家、学者），其在延长离休、退休期间的工资、薪金所得，视同退休工资、离休工资免征个人所得税。

⑧外籍个人从外商投资企业取得的股息、红利所得。

⑨凡符合下列条件之一的外籍专家取得的工资、薪金所得可免征个人所得税：

a. 根据世界银行专项贷款协议由世界银行直接派往我国工作的外国专家。

b. 联合国组织直接派往我国工作的专家。

c. 为联合国援助项目来华工作的专家。

d. 援助国派往我国专为该国无偿援助项目工作的专家。

e. 根据两国政府签订文化交流项目来华工作2年以内的文教专家，其工资、薪金所得由该国负担的。

f. 根据我国大专院校国际交流项目来华工作2年以内的文教专家，其工资、薪金所得由该国负担的。

g. 通过民间科研协定来华工作的专家,其工资、薪金所得由该国政府机构负担的。

⑩股权分置改革中非流通股股东通过对价方式向流通股股东支付的股份、现金等收入,暂免征收流通股股东应缴纳的个人所得税。

⑪对被拆迁人按照国家有关城镇房屋拆迁管理办法规定的标准取得的拆迁补偿款,免征个人所得税。

⑫个人取得单张有奖发票奖金所得不超过800元(含800元)的,暂免征收个人所得税;个人取得单张有奖发票奖金所得超过800元的,应全额按照个人所得税法规定的"偶然所得"项目征收个人所得税。

⑬自2006年6月1日起,对保险营销员佣金中的展业成本,免征个人所得税;对佣金中的劳务报酬部分,扣除实际缴纳的营业税及附加后,依照税法有关规定计算征收个人所得税。保险营销员的佣金由展业成本和劳务报酬构成,所谓"展业成本"即营销费。根据目前保险营销员展业的实际情况,佣金中展业成本的比例暂定为40%。

8.7.4 对在中国境内无住所,但在境内居住1年以上不到5年的纳税人的减免税优惠

《个人所得税法实施条例》规定:"在中国境内无住所,但是居住1年以上5年以下的个人,其来源于中国境外的所得,经主管税务机关批准,可以只就由中国境内公司、企业以及其他经济组织或者个人支付的部分缴纳个人所得税;居住超过5年的个人,从第6年起,应当就其来源于中国境内外的全部所得缴纳个人所得税。"

1995年9月16日,财政部、国家税务总局又发出通知,对执行上述规定时5年期限的计算问题作了明确规定:

1)关于5年期限的具体计算

个人在中国境内居住满5年,是指个人在中国境内连续居住满5年,即在连续5年中的每一纳税年度内均居住满1年。

2)关于个人在华居住满5年以后纳税义务的确定

个人在中国境内居住满5年后,从第6年起的以后年度中,凡在境内居住满1年的应当就其来源于境内、境外的所得申报纳税;凡在境内居住不满1年的,则仅就该年内来源于境内的所得申报纳税。如该个人在第6年起以后的某一纳税年度内在境内居住不足90天,可以按《个人所得税法实施条例》第七条[详见本节5]的规定确定纳税义务,并从再次居住满1年的年度起重新计算5年期限。

3)关于计算5年期限的起始日期

个人在境内是否居住满5年,自1994年1月1日起开始计算。

8.7.5 对在中国境内无住所,但在一个纳税年度中在中国境内居住不超过90日的纳税人的减免税优惠

《个人所得税法实施条例》规定:在中国境内无住所,但是在一个纳税年度中,在中国境

内连续或者累计居住不超过90日的个人,其来源于中国境内的所得,由境外雇主支付并且不由该雇主在中国境内的机构、场所负担的部分,免予缴纳个人所得税。

8.8 境外所得的税额扣除

在对纳税人的境外所得征税时,会存在其境外所得已在来源国家或者地区缴税的实际情况。基于国家之间对同一所得应避免双重征税的原则,我国在对纳税人的境外所得行使税收管辖权时,对该所得在境外已纳税额采取了分不同情况从应征税额中予以扣除的做法。

税法规定,纳税义务人从中国境外取得的所得,准予其在应纳税额中扣除已在境外缴纳的个人所得税税额。但扣除额不得超过该纳税义务人境外所得依照我国税法规定计算的应纳税额。

对这条规定需要解释的是:

①税法所说的已在境外缴纳的个人所得税税额,是指纳税义务人从中国境外取得的所得,依照该所得来源国家或者地区的法律应当缴纳并且实际已经缴纳的税额。

②税法所说的依照本法规定计算的应纳税额,是指纳税义务人从中国境外取得的所得。区别不同国家或者地区和不同应税项目,依照我国税法规定的费用减除标准和适用税率计算的应纳税额;同一国家或者地区内不同应税项目,依照我国税法计算的应纳税额之和,为该国家或者地区的扣除限额。

纳税义务人在中国境外一个国家或者地区实际已经缴纳的个人所得税税额,低于依照上述规定计算出的该国家或者地区扣除限额的,应当在中国缴纳差额部分的税款;超过该国家或者地区扣除限额的,其超过部分不得在本纳税年度的应纳税额中扣除,但是可以在以后纳税年度的该国家或者地区扣除限额的余额中补扣,补扣期限最长不得超过5年。

【例8.17】 某纳税人在2013纳税年度,从A、B两国取得应税收入。其中:在A国一公司任职,取得工资、薪金收入69 600元(平均每月5 800元),因提供一项专利技术使用权,一次取得特许权使用费收入30 000元,该两项收入在A国缴纳个人所得税4 200元;因在B国出版著作,获得稿酬收入(版税)15 000元,并在B国缴纳该项收入的个人所得税1 720元。其抵扣计算方法如下:

【解析】

①A国所纳个人所得税的抵减。

按照我国税法规定的费用减除标准和税率,计算该纳税义务人从A国取得的应税所得应纳税额,该应纳税额即为抵减限额。

a.工资、薪金所得。该纳税义务人从A国取得的工资、薪金收入,应每月减除费用4 800元,其余额按九级超额累进税率表的适用税率计算应纳税额。

每月应纳税额为:

(5 800 - 4 800) × 3%(税率) - 0(速算扣除数) = 30(元)

全年应纳税额为:30 × 12(月份数) = 360(元)

b. 特许权使用费所得。该纳税义务人从 A 国取得的特许权使用费收入,应减除 20% 的费用,其余额按 20% 的比例税率计算应纳税额,应为:

应纳税额:30 000 × (1 - 20%) × 20%(税率) = 4 800(元)

根据计算结果,该纳税义务人从 A 国取得应税所得在 A 国缴纳的个人所得税额的抵减限额为 5 160 元(360 + 4 800)。其在 A 国实际缴纳个人所得税 4 200 元,低于抵减限额,可以全额抵扣,并需在中国补缴差额部分的税款,计 960 元(5 160 - 4 200)。

②B 国所纳个人所得税的抵减。

按照我国税法的规定,该纳税义务人从 B 国取得的稿酬收入,应减除 20% 的费用,就其余额按 20% 的税率计算应纳税额并减征 30%。计算结果为:

[15 000 × (1 - 20%) × 20%(税率)] × (1 - 30%) = 1 680(元)

即其抵扣限额为 1 680 元。该纳税义务人的稿酬所得在 B 国实际缴纳个人所得税 1 720 元,超出抵减限额 40 元,不能在本年度扣除,但可在以后 5 个纳税年度的该国减除限额的余额中补减。

综合上述计算结果,该纳税义务人在本纳税年度中的境外所得,应在中国补缴个人所得税 960 元。其在 B 国缴纳的个人所得税未抵减完的 40 元,可按我国税法规定的前提条件下补减。

③纳税义务人依照税法的规定申请扣除已在境外缴纳的个人所得税税额时,应当提供境外税务机关填发的完税凭证原件。

④为了保证正确计算扣除限额及合理扣除境外已纳税额,税法要求:在中国境内有住所,或者无住所而在境内居住满 1 年的个人,从中国境内和境外取得的所得,应当分别计算应纳税额。

8.9 征收管理

个人所得税的纳税办法,有自行申报纳税和代扣代缴两种。

8.9.1 自行申报纳税

自行申报纳税,是由纳税人自行在税法规定的纳税期限内,向税务机关申报取得的应税所得项目和数额,如实填写个人所得税纳税申报表,并按照税法规定计算应纳税额,据此缴纳个人所得税的一种方法。

1)自行申报纳税的纳税义务人

①自 2006 年 1 月 1 日起,年所得 12 万元以上的;

②从中国境内两处或者两处以上取得工资、薪金所得的；

③从中国境外取得所得的；

④取得应税所得，没有扣缴义务人的；

⑤国务院规定的其他情形。

其中，年所得12万元以上的纳税人，无论取得的各项所得是否已足额缴纳了个人所得税，均应当按照本办法的规定，于纳税年度终了后向主管税务机关办理纳税申报；其他情形的纳税人，均应当按照自行申报纳税管理办法的规定，于取得所得后向主管税务机关办理纳税申报。同时需注意的是，年所得12万元以上的纳税人，不包括在中国境内无住所，且在一个纳税年度中在中国境内居住不满1年的个人；从中国境外取得所得的纳税人，是指在中国境内有住所，或者无住所而在一个纳税年度中在中国境内居住满1年的个人。

2）自行申报纳税的内容

年所得12万元以上的纳税人，在纳税年度终了后，应当填写《个人所得税纳税申报表（适用于年所得12万元以上的纳税人中报）》，并在办理纳税申报时报送主管税务机关，同时报送个人有效身份证件复印件，以及主管税务机关要求报送的其他有关资料。

（1）构成12万元的所得

工资、薪金所得；个体工商户的生产、经营所得；对企事业单位的承包经营、承租经营所得；劳务报酬所得；稿酬所得；特许权使用费所得；利息、股息、红利所得；财产租赁所得；财产转让所得；偶然所得；经国务院财政部门确定征税的其他所得。

（2）不包含在12万元中的所得

①免税所得。即省级人民政府、国务院部委、中国人民解放军军以上单位，以及外国组织、国际组织颁发的科学、教育、技术、文化、卫生、体育、环境保护等方面的奖金；国债和国家发行的金融债券利息；按照国家统一规定发给的补贴、津贴，即《个人所得税法实施条例》第十三条规定的按照国务院规定发放的政府特殊津贴、院士津贴、资深院士津贴，以及国务院规定免征个人所得税的其他补贴、津贴；福利费、抚恤金、救济金；保险赔款；军人的转业费、复员费；按照国家统一规定发给干部、职工的安家费、退职费、退休工资、离休工资、离休生活补助费。

②暂免征税所得，即依照我国有关法律规定应予免税的各国驻华使馆、领事馆的外交代表、领事官员和其他人员的所得；中国政府参加的国际公约、签订的协议中规定免税的所得。

③可以免税的来源于中国境外的所得，如按照国家规定单位为个人缴付和个人缴付的基本养老保险费、基本医疗保险费、失业保险费、住房公积金。

（3）各项所得的年所得的计算方法

①工资、薪金所得。按照未减除费用及附加减除费用的收入额计算。

②劳务报酬所得、特许权使用费所得。不得减除纳税人在提供劳务或让渡特许权使用权过程中缴纳的有关税费。

③财产租赁所得。不得减除纳税人在出租财产过程中缴纳的有关税费；对于纳税人一

次取得跨年度财产租赁所得的，全部视为实际取得所得年度的所得。

④个人转让房屋所得。采取核定征收个人所得税的，按照实际征收率（1%、2%、3%）分别换算为应税所得率（5%、10%、15%），据此计算年所得。

⑤个人储蓄存款利息所得、企业债券利息所得。全部视为纳税人实际取得所得年度的所得。

⑥对个体工商户、个人独资企业投资者。按照征收率核定个人所得税的，将征收率换算为应税所得率，据此计算应纳税所得额。合伙企业投资者按照上述方法确定应纳税所得额后，合伙人应根据合伙协议规定的分配比例确定其应纳税所得额，合伙协议未规定分配比例的，按合伙人数平均分配确定其应纳税所得额。对于同时参与两个以上企业投资的，合伙人应将其投资所有企业的应纳税所得额相加后的总额作为年所得。

⑦股票转让所得。以1个纳税年度内，个人股票转让所得与损失盈亏相抵后的正数为申报所得数额，盈亏相抵为负数的，此项所得按“零”填写。

3）自行申报纳税的申报期限

①年所得12万元以上的纳税人，在纳税年度终了后3个月内向主管税务机关办理纳税申报。

②个体工商户和个人独资、合伙企业投资者取得的生产、经营所得应纳的税款，分月预缴的，纳税人在每月终了后7日内办理纳税申报；分季预缴的，纳税人在每个季度终了后7日内办理纳税申报；纳税年度终了后，纳税人在3个月内进行汇算清缴。

③纳税人年终一次性取得对企事业单位的承包经营、承租经营所得的，自取得所得之日起30日内办理纳税申报；在1个纳税年度内分次取得承包经营、承租经营所得的，在每次取得所得后的次月7日内申报预缴；纳税年度终了后3个月内汇算清缴。

④从中国境外取得所得的纳税人，在纳税年度终了后30日内向中国境内主管税务机关办理纳税申报。

⑤除以上规定的情形外，纳税人取得其他各项所得须申报纳税的，在取得所得的次月7日内向主管税务机关办理纳税申报。

⑥纳税人不能按照规定的期限办理纳税申报，需要延期的，按照《税收征管法》第二十七条和《税收征管法实施细则》第三十七条的规定办理。

4）自行申报纳税的申报方式

纳税人可以采取数据电文、邮寄等方式申报，也可以直接到主管税务机关申报，或者采取符合主管税务机关规定的其他方式申报。纳税人采取邮寄方式申报的，以邮政部门挂号信函收据作为申报凭据，以寄出的邮戳日期为实际申报日期。

纳税人也可以委托有税务代理资质的中介机构或者他人代为办理纳税申报。

5）自行申报纳税的申报地点

①在中国境内有任职、受雇单位的，向任职、受雇单位所在地主管税务机关申报。

②在中国境内有两处或者两处以上任职、受雇单位的，选择并固定向其中一处单位所在地主管税务机关申报。

③在中国境内无任职、受雇单位,年所得项目中有个体工商户的生产、经营所得或者对企事业单位的承包经营、承租经营所得(以下统称生产、经营所得)的,向其中一处实际经营所在地主管税务机关申报。

④在中国境内无任职、受雇单位,年所得项目中无生产、经营所得的,向户籍所在地主管税务机关申报。在中国境内有户籍,但户籍所在地与中国境内经常居住地不一致的,选择并固定向其中一地主管税务机关申报。在中国境内没有户籍的,向中国境内经常居住地主管税务机关申报。

⑤其他所得的纳税人,纳税申报地点分别为:

a.从两处或者两处以上取得工资、薪金所得的,选择并固定向其中一处单位所在地主管税务机关申报。

b.从中国境外取得所得的,向中国境内户籍所在地主管税务机关申报。在中国境内有户籍,但户籍所在地与中国境内经常居住地不一致的,选择并固定向其中一地主管税务机关申报。在中国境内没有户籍的,向中国境内经常居住地主管税务机关申报。

c.个体工商户向实际经营所在地主管税务机关申报。

d.个人独资、合伙企业投资者兴办两个或两个以上企业的,区分不同情形确定纳税申报地点:

兴办的企业全部是个人独资性质的,分别向各企业的实际经营管理所在地主管税务机关申报;兴办的企业中含有合伙性质的,向经常居住地主管税务机关申报;兴办的企业中含有合伙性质,个人投资者经常居住地与其兴办企业的经营管理所在地不一致的,选择并固定向其参与兴办的某一合伙企业的经营管理所在地主管税务机关申报;除以上情形外,纳税人应当向取得所得所在地主管税务机关申报。

纳税人不得随意变更纳税申报地点,因特殊情况变更纳税申报地点的,须报原主管税务机关备案。

8.9.2 代扣代缴纳税

代扣代缴,是指按照税法规定负有扣缴税款义务的单位或者个人,在向个人支付应纳税所得时,应计算应纳税额,从其所得中扣出并缴入国库,同时向税务机关报送扣缴个人所得税报告表。这种方法,有利于控制税源、防止漏税和逃税。

根据《个人所得税法》及其实施条例以及《征管法》及其实施细则的有关规定,国家税务总局制定下发了《个人所得税代扣代缴暂行办法》(以下简称《暂行办法》)。自1995年4月1日起执行的《暂行办法》,对扣缴义务人和代扣代缴的范围、扣缴义务人的义务及应承担的责任、代扣代缴期限等作了明确规定。

1)扣缴义务人和代扣代缴的范围

①扣缴义务人。凡支付个人应纳税所得的企业(公司)、事业单位、机关、社团组织、军队、驻华机构、个体户等单位或者个人,为个人所得税的扣缴义务人。

这里所说的驻华机构,不包括外国驻华使领馆和联合国及其他依法享有外交特权和豁免的国际组织驻华机构。

②代扣代缴的范围。扣缴义务人向个人支付下列所得,应代扣代缴个人所得税:

a. 工资、薪金所得。

b. 对企事业单位的承包经营、承租经营所得。

c. 劳务报酬所得。

d. 稿酬所得。

e. 特许权使用费所得。

f. 利息、股息、红利所得。

g. 财产租赁所得。

h. 财产转让所得。

i. 偶然所得。

j. 经国务院财政部门确定征税的其他所得。

扣缴义务人向个人支付应纳税所得(包括现金、实物和有价证券)时,不论纳税人是否属于本单位人员,均应代扣代缴其应纳的个人所得税税款。

这里所说支付,包括现金支付、汇拨支付、转账支付和以有价证券、实物以及其他形式的支付。

2)代扣代缴期限

扣缴义务人每月所扣的税款,应当在次月 7 日内缴入国库,并向主管税务机关报送《扣缴个人所得税报告表》(略)、代扣代收税款凭证和包括每一纳税人姓名、单位、职务、收入、税款等内容的支付个人收入明细表以及税务机关要求报送的其他有关资料。

扣缴义务人违反上述规定不报送或者报送虚假纳税资料的,一经查实,其未在支付个人收入明细表中反映的向个人支付的款项,在计算扣缴义务人应纳税所得额时不得作为成本费用扣除。

扣缴义务人因有特殊困难不能按期报送《扣缴个人所得税报告表》及其他有关资料的,经县级税务机关批准,可以延期申报。

8.9.3 核定征收

核定征收是指按照征管法的有关规定对无法查账征收的纳税人所采用的一种征收形式。为了加强个人所得税的管理,有关规定如下:

①增值税、营业税起征点提高后,对采取核定征税办法的纳税人(包括按综合征收率或按应缴纳流转税的一定比例附征个人所得税等方法的纳税人),可依据《中华人民共和国税收征收管理法》和《中华人民共和国个人所得税法》的有关规定,结合增值税和营业税起征点提高后纳税人所得相应增加的实际情况,本着科学、合理、公开的原则,重新核定纳税人的个人所得税定额。

②任何地区均不得对律师事务所实行全行业核定征税办法。要按照税收征管法和国发〔1997〕12 号文件的规定精神,对具备查账征收条件的律师事务所,实行查账征收个人所

得税。

对按照《税收征管法》第三十五条的规定确实无法实行查账征收的律师事务所，经地市级地方税务局批准，应根据《财政部国家税务总局关于印发〈关于个人独资企业和合伙企业投资者征收个人所得税的规定〉的通知》（财税〔2000〕91 号）中确定的应税所得率来核定其应纳税额。各地要根据其雇员人数、营业规模等情况核定其营业额，并根据当地同行业的盈利水平从高核定其应税所得率，应税所得率不得低于 25%。对实行核定征税的律师事务所，应督促其建账建制，符合查账征税条件后，应尽快转为查账征税。

各地要严格贯彻执行《国家税务总局关于律师事务所从业人员取得收入征收个人所得税有关业务问题的通知》（国税发〔2000〕149 号），对律师事务所的个人所得税加强征收管理。对作为律师事务所雇员的律师，其办案费用或其他个人费用在律师事务所报销的，在计算其收入时不得再扣除国税发〔2000〕149 号第 5 条第 2 款规定的其收入 30% 以内的办理案件支出费用。

③会计师事务所、税务师事务所、审计师事务所以及其他中介机构的个人所得税征收管理，也应按照上述律师事务所的有关原则进行处理。

本章练习题

一、单项选择题

1. 根据个人所得税相关规定，下列收入中，按“劳务报酬所得”纳税的是（　　）。

A. 来源于非任职公司的董事费收入

B. 退休人员再任职取得的收入

C. 在任职公司取得的年终奖金

D. 在任职公司担任监事的监事费收入

2. 杰特为外籍个人，在中国境内无住所，同时在中国境内、境外机构担任职务，2012 年 3 月 6 日来华，12 月 25 日离开。其间杰特因工作原因，曾于 6 月 8 日离境，6 月 14 日返回。在计算个人所得税时，杰特在中国境内实际工作天数为（　　）天。

A. 282　　B. 288　　C. 284　　D. 294

3. 计算个体工商户生产经营所得的应纳税所得额时，不允许扣除的项目是（　　）。

A. 以经营租赁方式租入固定资产的费用

B. 按规定缴纳的工商管理费

C. 毁损净损失

D. 非广告性赞助支出

4. 王先生有一商铺，2013 年 1 月将商铺出租，扣除有关税费后（不含以下修理费用），全年取得租金净收入 36 000 元。2013 年 7 月，王先生对出租商铺维修花费了 4 800 元。王先生 2013 年度的租赁所得应缴纳个人所得税（　　）元。

A. 2 160　　B. 4 320　　C. 4 520　　D. 2 760

5. 李某 2013 年 12 月从中国境内取得年终不含税奖金 36 000 元,当月工资薪金所得 3 700 元。李某 2013 年的全年一次性奖金应申报缴纳的个人所得税是(　　)元。

A. 3 883. 33　　B. 3 905. 88　　C. 3 663. 25　　D. 3 275. 94

6. 2013 年某作家出版一部长篇小说,1 月份取得预付稿酬 2 万元,4 月份小说正式出版,取得稿酬 2 万元,10 月份将该小说手稿公开拍卖获得收入 10 万元,同年该小说在一家晚报连载 100 次,每次稿酬 420 元。该作家应缴纳个人所得税(　　)元。

A. 20 384　　B. 20 480　　C. 25 184　　D. 26 680

7. 2013 年我国某作家出版一部长篇小说,2 月份收到预付稿酬 20 000 元,4 月份小说正式出版又取得稿酬 20 000 元;10 月份将小说手稿在境外某国公开拍卖,取得收入 100 000 元,并按该国的有关规定缴纳了个人所得税 10 000 元。该作家以上收入在中国境内应缴纳个人所得税(　　)元。

A. 4 480　　B. 10 480　　C. 14 480　　D. 18 800

8. 个人所得税的纳税义务人不包括(　　)。

A. 一人有限公司

B. 个体工商户

C. 合伙企业的合伙人

D. 个人独资企业投资者

9. 非居民纳税人的下列收入中,应在中国按规定计算缴纳个人所得税的是(　　)。

A. 在中国境内任职取得的工资、薪金收入

B. 出租境外房屋而取得的收入

C. 从我国境内的外商投资企业取得的红利收入

D. 因履行合约而在中国境外提供各种劳务取得的报酬

10. 某高级工程师 2013 年 7 月从 A 国取得特许权使用费收入 20 000 元,该收入在 A 国已纳个人所得税 3 000 元;同时从 A 国取得担保收入 1 400 元,该收入在 A 国已纳个人所得税 300 元。该月从 B 国取得发表论文的所得 3 000 元,已纳个人所得税 280 元。该工程师当月应在我国补缴个人所得税(　　)元。

A. 0　　B. 208　　C. 180　　D. 280

二、多项选择题

1. 下列所得中,按"工资、薪金所得"缴纳个人所得税的有(　　)。

A. 编剧从任职单位取得的剧本使用费

B. 雇主为员工购买的商业性补充养老保险

C. 个人从任职的上市公司取得的股票增值权所得

D. 出版社的专业作者撰写、编写或翻译的作品,由本社以图书形式出版而取得的所得

E. 任职、受雇于报社、杂志社等单位的记者、编辑等专业人员,在本单位的报刊、杂志上发表作品取得的所得

2. 对企事业单位的承包、承租经营所得的税务处理办法正确的有(　　)。
A. 对企事业单位的承包、承租经营所得适用五级超额累计税率
B. 承包人对被承包企业经营成果拥有所有权的,在计算个人所得税时,承包者上缴的承包费用可作为费用扣除
C. 纳税人的承包期在一个纳税年度内,经营期不足 12 个月的,应将收入换算为 12 个月计算缴纳个人所得税
D. 承包人对被承包企业经营成果不拥有所有权,仅是按合同规定取得一定所得,其所得按"工资、薪金"项目征税
E. 个人承租外商投资企业而从外商投资企业分享的收益,应按企事业单位的承包、承租经营所得征税

3. 下列有关个体工商户计算缴纳个人所得税的表述,正确的有(　　)。
A. 将其所得通过中国境内的社会团体向教育和其他社会公益事业的捐赠,捐赠额不超过其利润总额 12% 的部分允许税前扣除
B. 每一纳税年度发生的与其生产经营业务直接相关的业务招待费支出,按照发生额的 50% 扣除
C. 每一纳税年度发生的广告费和业务宣传费不超过当年销售(营业)收入 15% 的部分,可据实扣除,超过部分,准予在以后纳税年度结转扣除
D. 研究开发新产品、新技术、新工艺发生的开发费用,以及研究开发新产品、新技术而购置单台价值在 5 万元以下的测试仪器和实验性装置的购置费,准予扣除
E. 向其从业人员实际支付的合理的工资、薪金支出,允许税前据实扣除

4. 中国公民钱某任职于甲公司,并在乙公司兼职,2012 年 12 月钱某工资收入 4 000 元,兼职收入 3 000 元,另外从甲公司领取全年一次性奖金 15 000 元。下列关于钱某 2011 年 12 月份个人所得税的处理,表述正确的有(　　)。
A. 兼职收入应并入当月工资申报纳税
B. 兼职收入应按劳务报酬所得缴纳个人所得税
C. 全年一次性奖金应和 12 月份工资合并纳税
D. 全年一次性奖金应当单独作为一个月的工资纳税
E. 钱某 12 月份共应缴纳个人所得税 905 元

5. 下列收入中,应按照"稿酬所得"项目缴纳个人所得税的有(　　)。
A. 出版社专业作者翻译作品后,由本社以图书形式出版而取得的收入
B. 某作家的文字作品手稿复印件公开拍卖取得的收入
C. 报社记者在本单位的报刊上发表作品取得的收入
D. 出版社的专业作者编写的作品,在本社以图书形式出版而取得的收入
E. 专业杂志记者在本单位的期刊上发表作品取得的收入

三、计算题

1. 中国公民郑某是某科技有限公司的高管人员,2014 年取得以下各项收入:

①每月取得工资8 000 元,6 月份取得上半年奖金10 000 元,12 月份取得下半年奖金15 000 元,12 月份公司为其家庭财产购买商业保险4 000 元,其所在公司选择将下半年奖金按照一次性奖金办法代扣代缴个人所得税。

②郑某还担任某有限责任公司董事,2014 年12 月份从该公司取得董事费收入12 万元,按照合同约定,该公司代付郑某的个税;

③郑某从4 月1 日开始按市场价格出租一套居住房屋,每月收取租金10 000 元(仅考虑房产税,不考虑其他税费);

④郑某通过拍卖行将一幅珍藏多年的名人书画拍卖,取得收入500 000 元,经主管税务机关核定郑某收藏该书画发生的费用为100 000 元,拍卖时支付相关税费50 000 元。

要求根据所给资料计算:

①2014 年郑某取得的工资、奖金以及公司为其购买的商业保险应缴纳的个人所得税合计。

②郑某取得的董事费收入应缴纳个人所得税。

③郑某2 014 年出租房屋应缴纳的个人所得税。

④郑某拍卖字画所得应缴纳个人所得税。

2. 公民李山为一企业法定代表人,2014 年取得以下收入:

①该企业实行年薪制,公民李山每月取得工资5 000 元,12 月取得年终效益工资64 000 元;

②公民李山根据自己的创业心得,编写的长篇小说出版,按合同约定,出版社向公民李山预付稿酬10 000 元,作品出版后再付稿酬50 000 元;当年公民李山还授权某晚报连载该小说,历时2 个月,每天支付稿酬180 元,共获得稿酬10 800 元;

③当年一月份将闲置的一套住房对外出租,租期一年,取得年租金收入96 000 元,当期未发生修缮费用(仅考虑房产税,不考虑其他税费);

④通过拍卖行将一幅珍藏多年的名人字画拍卖,取得收入80 000 元,不能提供财产原值凭证;

⑤从A 国取得股息所得(税前)折合人民币8 000 元,已在A 国缴纳个人所得税400 元;从B 国取得翻译所得(税前)人民币60 000 元,已在B 国缴纳个人所得税18 000 元。

要求根据所给资料计算:

①稿酬所得应缴纳的个人所得税;

②财产租赁所得应纳的个人所得税;

③全年工资薪金所得应缴纳的个人所得税;

④转让名人字画应缴纳的个人所得税;

⑤从A 国、B 国取得的所得应当补缴的个人所得税合计。

第 9 章 资源税与土地增值税

【学习要求】

1. 熟悉资源税与土地增值税的概念和特点；
2. 掌握资源税与土地增值税的征税范围，掌握消费税的税目和税率；
3. 掌握资源税与土地增值税的计税依据、税目和税率；
4. 掌握资源税与土地增值税应纳税额的计算方法；
5. 了解资源税与土地增值税的征收管理。

9.1 资源税

资源税法是指国家制定的用以调整资源税征收与缴纳之间权利及义务关系的法律规范。现行资源税法的基本规范，是 1993 年 12 月 25 日国务院颁布的《中华人民共和国资源税暂行条例》（以下简称《资源税暂行条例》）。

9.1.1 资源税基本原理

1）资源税的概念

资源税是对在我国境内从事应税矿产品开采和生产盐的单位和个人课征的一种税，属于对自然资源占用课税的范畴。

对资源占用行为课税不仅为当今许多国家广泛采用，而且具有十分悠久的历史。我国对资源占用课税的历史至少可以追溯到周代，当时的"山泽之赋"就是对伐木、采矿、狩猎、捕鱼、煮盐等开发、利用自然资源的生产活动课征的赋税。此后，我国历代政府一直延续了对矿冶资源、盐业资源等自然资源开发利用课税的制度。

2）资源税征收的理论依据

1984 年我国开征资源税时，普遍认为征收资源税主要依据的是受益原则、公平原则和效率原则三方面。从受益方面考虑，资源属国家所有，开采者因开采国有资源而得益，有责任向所有者支付其地租；从公平角度来看，条件公平是有效竞争的前提，资源级差收入的存在影响资源开采者利润的真实性，或偏袒竞争中的劣者，或拔高竞争中的优胜者，故级差收入以归政府支配为好；从效率角度分析，稀缺资源应由社会净效率高的企业来开采，对资源开采中出现的掠夺和浪费行为，国家有权采取经济手段促其转变。这些解释从一个侧面说明了开征资源税的意义和必要性。

征收资源税的最重要理论依据是地租理论。由于矿产等资源具有不可再生性的特征，以及国家凭对自然资源的所有权垄断，使资源产生地租。矿产资源的地租表现为矿产资源的租金。矿产资源的租金体现了矿产资源的价值。这种价值不是矿产企业在开采矿产资源过程中的"劳动凝结"，而是矿产资源无以复加的使用价值的"国家所有权垄断"的体现。任何单位和个人未经国家允许，都不可能实施矿产资源的开采经营权，也不可能基于法律的规定取得矿产资源的所有权。因此，任何单位和个人取得的是矿产资源开采权，实际上是国家对矿产资源所有权的部分让渡。

在当今经济社会条件下，政府对资源占用行为课税的动机除基于财政原因之外，主要是为了运用税收经济杠杆调节纳税人的收入，为企业间开展公平竞争创造外部条件，并诱导纳税人节约、合理地开发利用自然资源，以促进经济社会可持续发展。

3）各国资源税的一般规定

在历史上，土地曾被广泛地当作资源税的征收对象，因为土地是一种比较确定和恒久的资源。当代有些国家仍然征收"地税"，而地税的内容已不仅限于土地，还包括渔业、矿产、森林等。也有一些国家把土地作为财产税的课征对象，而把矿产、森林等单列税目作为资源税的课征对象。第二次世界大战后，石油成为各国经济发展的重要物资，同时石油的级差收益又比较大，因此，不少国家都对石油开采业征收多种形式的资源税。各国对矿产、石油等资源征税的形式，大致可分为三种：①按采矿区面积征收；②按产量或销售收入征收；③按资源丰瘠情况征收。现代资源税按征收目的不同，可分为一般资源税与级差资源税两类。一般资源税是对占用、开发国有自然资源者普遍征收的一种资源税。其特点是对占用、开发自然资源的单位或个人，不论其所占用的资源质量优劣、取得的收入多寡，一律平等对待，无差别地普遍征收。级差资源税是对占用、开发国有自然资源者因资源条件差异而获得的级差收入征收的一种资源税。其特点是对占用、开发自然资源的单位或个人，视其资源质量优劣及取得的收入多寡，确定差别税收负担。对占用优等资源、收入丰厚者确定较高的税负；反之，确定较低的税负；而对占用、开发劣等资源者则免予征税。就课税目的而言，课征一般资源税的目的主要在于体现国有资源有偿占用原则；课征级差资源税的目的则侧重于调节因资源条件差异而给纳税人带来的收入——资源级差收入，以利于企业之间平等竞争。而筹集财政资金和促进自然资源合理开发利用则是两种不同类型资源税的共同征收目的。实际上，在税收实践中，资源税往往是既对占用、开发国有自然资源者普遍征收，又根据资源条件差异对不同纳税人采用差别税收负担，兼具一般资源税和级差资源税的性质。

4）资源税计税方法

由于资源税的课税对象主要为计量单位标准的矿产资源，因此在对资源征税时，往往采用从量定额的征收方法，不仅计算简单，而且便于管理。但是采取定额征收的方法，对于资源开采中的级差收入的征税政策不能体现出来，尤其当资源价格波动比较大时，不能做到随价格提高而相应提高资源税额，不利于资源的合理开采和利用。因此，我国现行资源税的计税方法有进一步调整的空间。

5)资源税的作用

我国的现行资源税开征于1984年,是以调节资源级差收入、促进企业平等竞争和保护自然资源为主要目的而设置的一个税种。资源税的开征,为构建我国的资源占用课税体系奠定了基础,对于完善我国的税制结构,拓宽税收的调节领域,全面发挥税收的职能作用具有重要意义。资源税开征以来,经过不断改进,其课征范围逐渐扩大,计征方法日趋完善,已经成为我国现行税制体系中的一个重要税种。

在社会主义市场经济条件下,资源税的作用主要体现在以下几个方面:

(1)促进企业之间开展平等竞争

我国的资源税属于比较典型的级差资源税,它根据应税产品的品种、质量、存在形式、开采方式以及企业所处地理位置和交通运输条件等客观因素的差异确定差别税率,从而使条件优越者税负较高、反之则税负较低。这种税率设计使资源税能够比较有效地调节由于自然资源条件差异等客观因素给企业带来的级差收入,减少或排除资源条件差异对企业盈利水平的影响,为企业之间开展平等竞争创造有利的外部条件。

(2)促进对自然资源的合理开发利用

通过对开发、利用应税资源的行为课征资源税,体现了国有自然资源有偿占用的原则,从而可以促使纳税人节约、合理地开发和利用自然资源,有利于我国经济可持续发展。

(3)为国家筹集财政资金

资源税虽然以促进平等竞争和保护自然资源为主要课征目的,但就其课征结果而言,仍不失为财政收入的一项重要来源。随着其课征范围的逐渐扩展,资源税的收入规模及其在税收收入总额中所占的比重都相应增加,其财政意义也日渐明显,在为国家筹集财政资金方面发挥着不可忽视的作用。

9.1.2 纳税义务人

资源税的纳税义务人是指在中华人民共和国境内开采应税资源的矿产品或者生产盐的单位和个人。

单位是指国有企业、集体企业、私营企业、股份制企业、其他企业和行政单位、事业单位、军事单位、社会团体及其他单位;个人是指个体经营者和其他个人;其他单位和其他个人包括外商投资企业、外国企业及外籍人员。

中外合作开采石油、天然气,按照现行规定只征收矿区使用费,暂不征收资源税。因此,中外合作开采石油、天然气的企业不是资源税的纳税义务人。

《资源税暂行条例》还规定,收购未税矿产品的单位为资源税的扣缴义务人。

规定资源税的扣缴义务人,主要是针对零星、分散、不定期开采的情况,为了加强管理,避免漏税,由扣缴义务人在收购矿产品时代扣代缴资源税。

收购未税矿产品的单位是指独立矿山、联合企业和其他单位。独立矿山是指只有采矿或只有采矿和选矿、独立核算、自负盈亏的单位,其生产的原矿和精矿主要用于对外销售。联合企业是指采矿、选矿、冶炼(或加工)连续生产的企业或采矿、冶炼(或加工)连续生产的企业,其采矿单位一般是该企业的二级或二级以下核算单位。其他单位也包括收购未税矿产品的个体户在内。

9.1.3 税目、单位税额

资源税采取从量定额的办法征收,实施"普遍征收、级差调节"的原则。

普遍征收是指对在我国境内开发的一切应税资源产品征收资源税;级差调节是指运用资源税对因资源贮存状况、开采条件、资源优劣、地理位置等客观存在的差别而产生的资源级差收入,通过实施差别税额标准进行调节。资源条件好的,税额高一些;资源条件差的,税额低一些。

1)税目、税额

资源税税目、税额包括七大类,在七个税目下面又设有若干个子目。现行资源税的税目及子目主要是根据资源税应税产品和纳税人开采资源的行业特点设置的。

①原油。开采的天然原油征税;人造石油不征税。税额为8~30元/吨。

②天然气。专门开采的天然气和与原油同时开采的天然气征税;煤矿生产的天然气暂不征税。税额为2~15元/千立方米。

③煤炭。原煤征税;洗煤、选煤和其他煤炭制品不征税。税额为0.3~8元/吨。

④其他非金属矿原矿。是指原油、天然气、煤炭和井矿盐以外的非金属矿原矿,包括宝石、金刚石、玉石、膨润土、石墨、石英砂、萤石、重晶石、毒重石、蛭石、长石、氟石、滑石、白云石、硅灰石、凹凸棒石黏土、高岭石土、耐火黏土、云母、大理石、花岗石、石灰石、菱镁矿、天然碱、石膏、硅线石、工业用金刚石、石棉、硫铁矿、自然硫、磷铁矿等。税额为0.5~20元/吨、克拉或者立方米。

⑤黑色金属矿原矿。是指纳税人开采后自用、销售的,用于直接入炉冶炼或作为主产品先入选精矿、制造人工矿,再最终入炉冶炼的黑色金属矿石原矿,包括铁矿石、锰矿石和铬矿石。税额为2~30元/吨。

⑥有色金属矿原矿。包括铜矿石、铅锌矿石、铝土矿石、钨矿石、锡矿石、锑矿石、钼矿石、镍矿石、黄金矿石、钒矿石(含石煤钒)等。税额为0.4~30元/吨或立方米挖出量。

⑦盐。一是固体盐,包括海盐原盐、湖盐原盐和井矿盐,税率为10~60元/吨;二是液体盐(卤水),是指氯化钠含量达到一定浓度的溶液,是用于生产碱和其他产品的原料,税额为2~10元/吨。

纳税人在开采主矿产品的过程中伴采的其他应税矿产品,凡未单独规定适用税额的,一律按主矿产品或视同主矿产品税目征收资源税。

未列举名称的其他非金属矿原矿和其他有色金属矿原矿,由省、自治区、直辖市人民政府决定征收或暂缓征收资源税,并报财政部和国家税务总局备案。

2)扣缴义务人适用的税额

①独立矿山、联合企业收购未税矿产品的单位,按照本单位应税产品税额标准,依据收

购的数量代扣代缴资源税。

②其他收购单位收购的未税矿产品，按税务机关核定的应税产品税额标准，依据收购的数量代扣代缴资源税。

对于划分资源等级的应税产品，如果在几个主要品种的矿山资源等级表中未列举适用的税额，由省、自治区、直辖市人民政府根据纳税人的资源状况，参照资源税税目税额明细表和几个主要品种的矿山资源等级表中确定的邻近矿山的税额标准，在浮动30%的幅度内核定，并报财政部和国家税务总局备案。

9.1.4 课税数量

1）确定资源税课税数量的基本办法

①纳税人开采或者生产应税产品销售的，以销售数量为课税数量。

②纳税人开采或者生产应税产品自用的，以自用（非生产用）数量为课税数量。

2）特殊情况课税数量的确定方法

实际生产经营活动中，有些情况是比较特殊的，因此，有些具体情况的课税数量采取如下办法：

①纳税人不能准确提供应税产品销售数量或移送使用数量的，以应税产品的产量或主管税务机关确定的折算比，换算成的数量为课税数量。

②原油中的稠油、高凝油与稀油划分不清或不易划分的，一律按原油的数量课税。

③对于连续加工前无法正确计算原煤移送使用量的煤炭，可按加工产品的综合回收率，将加工产品实际销量和自用量折算成原煤数量，以此作为课税数量。

④金属和非金属矿产品原矿，因无法准确掌握纳税人移送使用原矿数量的，可将其精矿按选矿比折算成原矿数量，以此作为课税数量，其计算公式为：

$$选矿比 = 精矿数量 \div 耗用原矿数量$$

⑤纳税人以自产的液体盐加工固体盐，按固体盐税额征税，以加工的固体盐数量为课税数量。纳税人以外购的液体盐加工成固体盐；其加工固体盐所耗用液体盐的已纳税额准予抵扣。

对于纳税人开采或者生产不同税目应税产品的，应当分别核算；不能准确提供不同税目应税产品的课税数量的，从高适用税额。

9.1.5 应纳税额的计算

根据应税产品的课税数量和规定的单位税额可以计算应纳税额，具体计算公式为：

$$应纳税额 = 课税数量 \times 单位税额$$

代扣代缴应纳税额 = 收购未税矿产品的数量 × 适用的单位税额

由公式可以看出，应纳税额的计算关键要确定课税数量和适用的单位税额。现举例说明如下：

【例9.1】 华北某油田8月份销售原油20万吨，按《资源税税目税额明细表》的规定，其适用的单位税额为8元/吨。计算该油田本月应纳资源税税额。

【解析】 应纳税额 = 课税数量 × 单位税额

= 200 000 吨 × 8 元/吨 = 1 600 000(元)

【例9.2】 某铜矿山12月销售铜矿石原矿30 000吨,移送入选精矿4 000吨,选矿比为20%,该矿山铜矿属于5等,按规定适用1.2元/吨单位税额。计算该矿山本月应纳资源税税额。

【解析】 ①外销铜矿石原矿的应纳税额:

应纳税额 = 课税数量 × 单位税额 = 30 000 吨 × 1.2 元/吨

= 36 000(元)

②因无法准确掌握入选精矿石的原矿数量,按选矿比计算的应纳税额:

应纳税额 = 入选精矿 ÷ 选矿比 × 单位税额

= 4 000 吨 ÷ 20% × 1.2 元/吨 = 24 000(元)

③合计应纳税额:

应纳税额 = 原矿应纳税额 + 精矿应纳税额

= 36 000 + 24 000

= 60 000(元)

【例9.3】 一家开采铁矿石的矿山2月份共生产销售铁矿石原矿2万吨。在开采铁矿石的过程中还开采销售了伴生矿锰矿石2 000吨,铬矿石1 000吨。同时假设这座矿山在另一采矿点还开采并销售了瓷土3 000吨。这家矿山开采的矿石全部用于对外销售,已知该矿山铁矿石原矿的每吨税额为16元,锰矿石、铬矿石和瓷土原矿的单位税额分别是2元/吨、3元/吨和3元/吨。计算该矿山在分别核算或未分别核算情况下应纳的资源税额。

【解析】 ①该矿山正常情况下2月份应纳的资源税额为:

20 000 吨 × 16 元/吨 + 2 000 吨 × 2 元/吨 + 1 000 吨 × 3 元/吨 + 3 000 吨 × 3 元/吨 = 336 000(元)

②假设该矿山未按要求分别核算铁矿石及其两种伴生矿的课税数量,只知道它们的总量为2.3万吨,另知其瓷土矿的销量为0.3万吨,按照资源税从高适用税额的规定,那么该矿山2月份应纳的资源税额为:

23 000 吨 × 16 元/吨 + 3 000 吨 × 3 元/吨 = 377 000(元)

9.1.6 税收优惠

1)减税、免税项目

资源税贯彻普遍征收、级差调节的原则思想,因此规定的减免税项目比较少。

①开采原油过程中用于加热、修井的原油,免税。

②纳税人开采或者生产应税产品过程中,因意外事故或者自然灾害等原因遭受重大损失的,由省、自治区、直辖市人民政府酌情决定减税或者免税。

③自2007年2月1日起,北方海盐资源税暂减按每吨15元征收,南方海盐、湖盐、井矿

盐资源税暂减按每吨10元征收,液体盐资源税暂减按每吨2元征收。

④国务院规定的其他减税、免税项目。

纳税人的减税、免税项目,应当单独核算课税数量;未单独核算或者不能准确提供课税数量的,不予减税或者免税。

⑤从2007年1月1日起,对地面抽采煤层气暂不征收资源税。煤层气是指附存于煤层及其围岩中与煤炭资源伴生的非常规天然气,也称煤矿瓦斯。

2)出口应税产品不退(免)资源税的规定

资源税规定仅对在中国境内开采或生产应税产品的单位和个人征收,进口的矿产品和盐不征收资源税。由于对进口应税产品不征收资源税,相应的,对出口应税产品也不免征或退还已纳资源税。

9.1.7 征收管理

1)纳税义务发生时间

①纳税人销售应税产品,其纳税义务发生时间为:

a.纳税人采取分期收款结算方式的,其纳税义务发生时间,为销售合同规定的收款日期的当天。

b.纳税人采取预收货款结算方式的,其纳税义务发生时间,为发出应税产品的当天。

c.纳税人采取其他结算方式的,其纳税义务发生时间,为收讫销售款或者取得索取销售款凭据的当天。

②纳税人自产自用应税产品的纳税义务发生时间,为移送使用应税产品的当天。

③扣缴义务人代扣代缴税款的纳税义务发生时间,为支付首笔货款或者开具应支付货款凭据的当天。

2)纳税期限

纳税期限是纳税人发生纳税义务后缴纳税款的期限。资源税的纳税期限为1日、3日、5日、10日、15日或者1个月,纳税人的纳税期限由主管税务机关根据实际情况具体核定。不能按固定期限计算纳税的,可以按次计算纳税。

纳税人以1个月为一期纳税的,自期满之日起10日内申报纳税;以1日、3日、5日、10日或者15日为一期纳税的,自期满之日起5日内预缴税款,于次月1日起10日内申报纳税并结清上月税款。

3)纳税地点

①凡是缴纳资源税的纳税人,都应当向应税产品的开采或者生产所在地主管税务机关缴纳税款。

②如果纳税人在本省、自治区、直辖市范围内开采或者生产应税产品,其纳税地点需要调整的,由所在地省、自治区、直辖市税务机关决定。

③如果纳税人应纳的资源税属于跨省开采,其下属生产单位与核算单位不在同一省、自治区、直辖市的,对其开采的矿产品一律在开采地纳税,其应纳税款由独立核算、自负盈亏的

单位,按照开采地的实际销售量(或者自用量)及适用的单位税额计算划拨。

④扣缴义务人代扣代缴的资源税,也应当向收购地主管税务机关缴纳。

9.2　土地增值税

土地增值税法是指国家制定的用以调整土地增值税征收与缴纳之间权利及义务关系的法律规范。现行土地增值税的基本规范,是1993年12月13日国务院颁布的《中华人民共和国土地增值税暂行条例》(以下简称《土地增值税暂行条例》)。

9.2.1　土地增值税基本原理

1)土地增值税概念

土地增值税是对有偿转让国有土地使用权及地上建筑物和其他附着物产权,取得增值收入的单位和个人征收的一种税。

土地属于不动产,对土地课税是一种古老的税收形式,也是当代各国普遍征收的一种财产税。有些国家和地区将土地单列出来征收,如土地税、地价税、农地税、未开发土地税、荒地税、城市土地税、土地登记税、土地转让税、土地增值税、土地租金税、土地发展税,等等。有些国家和地区鉴于土地与地面的房屋、建筑物及其他附着物的密不可分性,对土地征税往往未予单独列名,而统称为房地产税、不动产税、财产税等。

对土地征税,不论是单列税种,还是未单列税种,也不论其冠以何种名称,依据征税的税基不同,大致可以分为两大类:一类是财产性质的土地税,以土地的数量或价值为税基,或实行从量计税,或采取从价计税,前者如我国封建社会时期的田赋、地亩税等,后者如地价税等。这种土地税的历史悠久,属于原始的直接税或财产税。另一类是收益性质的土地税,它实质上是对土地收益或地租的征税。

1949年中华人民共和国成立以来,我国对土地、房屋等不动产的征税制度比较薄弱,先后开征过的税种如契税、城市房地产税、房产税、城镇土地使用税等,但这些税种都不属于对土地增值额或土地收益额的征税。1993年12月13日国务院发布了《中华人民共和国土地增值税暂行条例》,从1994年1月1日起开征土地增值税。1995年1月27日财政部又颁布《土地增值税暂行条例实施细则》(以下简称《实施细则》),进一步细化了土地增值税征收管理办法。

2)我国土地增值税的特点

(1)以转让房地产的增值额为计税依据

增值额为纳税人转让房地产的收入,减除税法规定准予扣除的项目金额后的余额。土地增值税的增值额与增值税的增值额有所不同,土地增值税的增值额以征税对象的全部销售收入额扣除与其相关的成本、费用、税金及其他项目金额后的余额,与会计核算中计算会计利润的方法基本相似。增值税的增值额只扣除与其销售额直接相关的进货成本价格。

(2)征税面比较广

凡在我国境内转让房地产并取得收入的单位和个人,除税法规定免税以外的,均应依照土地增值税条例规定缴纳土地增值税。换言之,凡发生应税行为的单位和个人,不论其经济性质,也不分内、外资企业或中、外籍人员,无论专营或兼营房地产业务,均有缴纳土地增值税的义务。

(3)实行超率累进税率

土地增值税的税率是以转让房地产增值率的高低为依据来确认,按照累进原则设计,实行分级计税。增值率是以收入总额扣除相关项目金额后的余额再除以扣除项目合计金额,增值率高的,税率高、多纳税;增值率低的,税率低、少纳税。

(4)实行按次征收

土地增值税在房地产发生转让的环节,实行按次征收,每发生一次转让行为,就应根据每次取得的增值额征一次税。

3)土地增值税的作用

(1)增强国家对房地产开发和房地产交易市场的调控

改革开放前,我国土地管理制度一直采取行政划拨方式,不允许进行土地买卖,既没有地产交易行为,也不存在地产交易市场。实践证明,这种土地管理制度不利于提高土地资源的使用效益。改革开放后,对土地使用管理制度逐步实行了改革,打破了无偿使用,不准买卖的老规定,确立了有偿使用,允许转让使用权的政策和制度。新的土地使用政策和管理制度的实施,从根本上促进了我国房地产开发和房地产交易市场的发展。这对于合理配置土地资源,提高土地使用效益,增加政府财政收入,改善城市基础设施和人民生活居住条件,以及带动国民经济相关产业的发展,都产生了积极作用。

但是,由于有关土地管理的各项制度还有待完善,对土地及房地产市场的管理也有待改进,我国在房地产业发展中也出现了一些问题。主要是:搞房地产开发过热,一度炒买炒卖房地产的投机行为盛行,房地产价格上涨过猛,投入房地产的资金规模过大,国家土地资源浪费较严重,国有土地资源收益流失过多,也影响和危害了国民经济的健康协调发展,而且也造成了社会分配不公。

在这种情况下,我国决定借鉴世界上一些国家和地区的有益做法,开征土地增值税,利用税收杠杆对房地产业的开发、经营和房地产市场进行适当调控,以保护房地产业和房地产市场的健康发展,控制投资规模,促进土地资源的合理利用,调节部分单位和个人通过炒买炒卖房地产取得的高额收入。

(2)有利于国家抑制炒买炒卖土地获取暴利的行为

土地收益主要来源于土地的增值。一是自然增值,即由于土地资源是有限的,而随着经济建设的发展,生产和生活建设用地扩大,土地资源相对发生紧缺,导致土地价格上升。这是土地增值的主要因素。二是投资增值,即投入资金开发建造,把“生地”变为“熟地”,建成适用于各种生产、生活、商业用设施,形成土地增值。土地资源属国家所有,国家为土地的完整而不受侵犯投入了巨额资金,国家应参与土地增值收益分配,并取得较大份额。同时对房地产开发者投资、开发房地产应取得的合理收益,应当予以保护,使其能够得到一定的回报,以促进房地产业的正常发展。然而有些地区盲目开发并竞相压低国家土地批租价格,给炒买炒卖者留下了空间,致使国家土地增值收益流失严重,极大地损害了国家利益。统一对土地增值收益征税,有利于堵住这方面的漏洞,减少国家土地资源增值收益的流失,遏制投机者牟取暴利的行为,保护房地产正当开发者的合法权益,维护国家整体利益。

(3)增加国家财政收入为经济建设积累资金

1993 年年底以前,我国涉及房地产交易市场的税费,主要有营业税、企业所得税、个人所得税、契税、土地增值费等。1994 年 1 月 1 日起对土地增值收益征收土地增值税,增加了国家财政收入的新财源。分税制财政体制实施后,土地增值税收入属于地方政府的财政收入,为地方政府积累经济建设资金起到了积极的作用。

9.2.2 纳税义务人

土地增值税的纳税义务人为转让国有土地使用权、地上的建筑及其附着物(以下简称转让房地产)并取得收入的单位和个人。单位包括各类企业、事业单位、国家机关和社会团体及其他组织。个人包括个体经营者。

概括起来:《土地增值税暂行条例》对纳税人的规定主要有以下四个特点:

第一,不论法人与自然人。即不论是企业、事业单位、国家机关、社会团体及其他组织,还是个人,只要有偿转让房地产,都是土地增值税的纳税人。

第二,不论经济性质。即不论是全民所有制企业、集体企业、私营企业、个体经营者,还是联营企业、合资企业、合作企业、外商独资企业等,只要有偿转让房地产,都是土地增值税的纳税人。

第三,不论内资与外资企业、中国公民与外籍个人。根据 1993 年 12 月 29 日第八届全国人大第五次常务委员会通过的《全国人大常委会关于外商投资企业和外国企业适用增值税、消费税、营业税等税收暂行条例的决定》和《国务院关于外商投资企业和外国企业适用增值税、消费税、营业税等税收暂行条例的有关问题的通知》,以及国税发〔1994〕123 号《国家税务总局关于外商投资企业和外国企业及外籍个人适用税种问题的通知》等的规定,土地增值税适用于涉外企业和个人。因此,不论是内资企业还是外商投资企业、外国驻华机构,也不论是中国公民、港澳台同胞、海外华侨,还是外国公民,只要有偿转让房地产,都是土地增值税的纳税人。

第四,不论部门。即不论是工业、农业、商业、学校、医院、机关等,只要有偿转让房地产,都是土地增值税的纳税人。

9.2.3 征税范围

1)征税范围

根据《土地增值税暂行条例》及其实施细则的规定,土地增值税的征税范围包括:

(1)转让国有土地使用权

这里所说的“国有土地”,是指按国家法律规定属于国家所有的土地。

(2)地上的建筑物及其附着物连同国有土地使用权一并转让

这里所说的“地上的建筑物”,是指建于土地上的一切建筑物,包括地上地下的各种附属设施。这里所说的“附着物”,是指附着于土地上的不能移动或一经移动即遭损坏的物品。

2)征税范围的界定

准确界定土地增值税的征税范围十分重要。在实际工作中,我们可以通过以下几条标准来判定:

(1)土地增值税是对转让国有土地使用权及其地上建筑物和附着物的行为征税

这里,转让的土地,其使用权是否为国家所有,是判定是否属于土地增值税征税范围的标准之一。

根据《中华人民共和国宪法》和《中华人民共和国土地管理法》(以下简称《土地管理法》)的规定,城市的土地属于国家所有。农村和城市郊区的土地除由法律规定属于国家所有的以外,属于集体所有。国家为了公共利益,可以依照法律规定对集体土地实行征用,依法被征用后的土地属于国家所有。对于上述法律规定属于国家所有的土地,其土地使用权在转让时,按照《土地增值税暂行条例》规定,属于土地增值税的征税范围。而农村集体所有的土地,根据《土地管理法》《城市房地产管理法》及国家其他有关规定,是不得自行转让的,只有根据有关法律规定,由国家征用以后变为国家所有时,才能进行转让。故集体土地的自行转让是一种违法行为,应由有关部门来处理。对于目前违法将集体土地转让给其他单位和个人的情况,应在有关部门处理、补办土地征用或出让手续变为国家所有之后,再纳入土地增值税的征税范围。

(2)土地增值税是对国有土地使用权及其地上的建筑物和附着物的转让行为征税

这里,土地使用权、地上的建筑物及其附着物的产权是否发生转让是判定是否属于土地增值税征税范围的标准之二。这条标准有两层含义:

①土地增值税的征税范围不包括国有土地使用权出让所取得的收入。国有土地使用权出让,是指国家以土地所有者的身份将土地使用权在一定年限内让与土地使用者,并由土地使用者向国家支付土地使用权出让金的行为,属于土地买卖的一级市场。土地使用权出让的出让方是国家,国家凭借土地的所有权向土地使用者收取土地的租金。出让的目的是实行国有土地的有偿使用制度,合理开发、利用、经营土地,因此,土地使用权的出让不属于土地增值税的征税范围。而国有土地使用权的转让是指土地使用者通过出让等形式取得土地使用权后,将土地使用权再转让的行为,包括出售、交换和赠与,它属于土地买卖的二级市场。土地使用权转让,其地上的建筑物、其他附着物的所有权随之转让。土地使用权的转让,属于土地增值税的征税范围。

②土地增值税的征税范围不包括未转让土地使用权、房产产权的行为。是否发生房地产权属(指土地使用权和房产产权)的变更,是确定是否纳入征税范围的一个标准,凡土地使

用权、房产产权未转让的(如房地产的出租),不征收土地增值税。

(3)土地增值税是对转让房地产并取得收入的行为征税

这里,是否取得收入是判定是否属于土地增值税征税范围的标准之三。

土地增值税的征税范围不包括房地产的权属虽转让但未取得收入的行为。如房地产的继承,尽管房地产的权属发生了变更,但权属人并没有取得收入,因此也不征收土地增值税。需要强调的是,无论是单独转让国有土地使用权,还是房屋产权与国有土地使用权一并转让的,只要取得收入,均属于土地增值税的征税范围,应对之征收土地增值税。

3)若干具体情况的判定

根据以上三条判定标准,我们就可对以下若干具体情况是否属于土地增值税的征税范围进行判定:

(1)以出售方式转让国有土地使用权、地上的建筑物及附着物的

这种情况因其同时符合上述三个标准,所以属于土地增值税的征税范围。这里又分为三种情况:

①出售国有土地使用权的。这种情况是指土地使用者通过出让方式,向政府缴纳了土地出让金,有偿受让土地使用权后,仅对土地进行通水、通电、通路和平整地面等土地开发,不进行房产开发,即所谓“将生地变熟地”,然后直接将空地出售出去。这属于国有土地使用权的有偿转让,应纳入土地增值税的征税范围。

②取得国有土地使用权后进行房屋开发建造然后出售的。这种情况即是一般所说的房地产开发。虽然这种行为通常被称为卖房,但按照国家有关房地产法律和法规的规定,卖房的同时,土地使用权也随之发生转让。由于这种情况既发生了产权的转让又取得了收入,所以应纳入土地增值税的征税范围。

③存量房地产的买卖。这种情况是指已经建成并已投入使用的房地产,其房屋所有人将房屋产权和土地使用权一并转让给其他单位和个人。这种行为按照国家有关的房地产法律和法规的规定,应当到有关部门办理房产产权和土地使用权的转移变更手续;原土地使用权属于无偿划拨的,还应到土地管理部门补交土地出让金。这种情况既发生了产权的转让又取得了收入,应纳入土地增值税的征税范围。

(2)以继承、赠与方式转让房地产的

这种情况因其只发生房地产产权的转让,没有取得相应的收入,属于无偿转让房地产的行为,所以不能将其纳入土地增值税的征税范围。这里又可分为两种情况:

①房地产的继承。房地产的继承是指房产的原产权所有人、依照法律规定取得土地使用权的土地使用人死亡以后,由其继承人依法承受死者房产产权和土地使用权的民事法律行为。这种行为虽然发生了房地产的权属变更,但作为房产产权、土地使用权的原所有人(即被继承人)并没有因为权属的转让而取得任何收入。因此,这种房地产的继承不属于土地增值税的征税范围。

②房地产的赠与。房地产的赠与是指房产所有人、土地使用权所有人将自己所拥有的

房地产无偿地交给其他人的民事法律行为。但这里的“赠与”仅指以下情况：

a. 房产所有人、土地使用权所有人将房屋产权、土地使用权赠与直系亲属或承担直接赡养义务人的。

b. 房产所有人、土地使用权所有人通过中国境内非营利的社会团体、国家机关将房屋产权、土地使用权赠与教育、民政和其他社会福利、公益事业的。

上述社会团体是指中国青少年发展基金会、希望工程基金会、宋庆龄基金会、减灾委员会、中国红十字会、中国残疾人联合会、全国老年基金会、老区促进会以及经民政部门批准成立的其他非营利的公益性组织。

房地产的赠与虽发生了房地产的权属变更，但作为房产所有人、土地使用权的所有人并没有因为权属的转让而取得任何收入。因此，房地产的赠与不属于土地增值税的征税范围。

(3)房地产的出租

房地产的出租是指房产的产权所有人、依照法律规定取得土地使用权的土地使用人，将房产、土地使用权租赁给承租人使用，由承租人向出租人支付租金的行为。房地产的出租，出租人虽取得了收入，但没有发生房产产权、土地使用权的转让。因此，不属于土地增值税的征税范围。

(4)房地产的抵押

房地产的抵押是指房地产的产权所有人、依法取得土地使用权的土地使用人作为债务人或第三人向债权人提供不动产作为清偿债务的担保而不转移权属的法律行为。这种情况由于房产的产权、土地使用权在抵押期间产权并没有发生权属的变更，房产的产权所有人、土地使用权人仍能对房地产行使占有、使用、收益等权利，房产的产权所有人、土地使用权人虽然在抵押期间取得了一定的抵押贷款，但实际上这些贷款在抵押期满后是要连本带利偿还给债权人的。因此，对房地产的抵押，在抵押期间不征收土地增值税。待抵押期满后，视该房地产是否转移占有而确定是否征收土地增值税。对于以房地产抵债而发生房地产权属转让的，应列入土地增值税的征税范围。

(5)房地产的交换

这种情况是指一方以房地产与另一方的房地产进行交换的行为。由于这种行为既发生了房产产权、土地使用权的转移，交换双方又取得了实物形态的收入，按《土地增值税暂行条例》规定，它属于土地增值税的征税范围。但对个人之间互换自有居住用房地产的，经当地税务机关核实，可以免征土地增值税。

(6)以房地产进行投资、联营

对于以房地产进行投资、联营的，投资、联营的一方以土地(房地产)作价入股进行投资或作为联营条件，将房地产转让到所投资、联营的企业中时，暂免征收土地增值税。对投资、联营企业将上述房地产再转让的，应征收土地增值税。

(7)合作建房

对于一方出地，一方出资金，双方合作建房，建成后按比例分房自用的，暂免征收土地增值税;建成后转让的,应征收土地增值税。

(8)企业兼并转让房地产

在企业兼并中,对被兼并企业将房地产转让到兼并企业中的,暂免征收土地增值税。

(9)房地产的代建房行为

这种情况是指房地产开发公司代客户进行房地产的开发,开发完成后向客户收取代建收入的行为。对于房地产开发公司而言,虽然取得了收入,但没有发生房地产权属的转移,其收入属于劳务收入性质,故不属于土地增值税的征税范围。

(10)房地产的重新评估

这主要是指国有企业在清产核资时对房地产进行重新评估而使其升值的情况。

这种情况下,房地产虽然有增值,但其既没有发生房地产权属的转移,房产产权、土地使用权人也未取得收入,所以不属于土地增值税的征税范围。

9.2.4 税率

土地增值税实行四级超率累进税率:

①增值额未超过扣除项目金额50%的部分,税率为30%。

②增值额超过扣除项目金额50%、未超过扣除项目金额100%的部分,税率为40%。

③增值额超过扣除项目金额100%、未超过扣除项目金额200%的部分,税率为50%。

④增值额超过扣除项目金额200%的部分,税率为60%。

上述所列四级超率累进税率,每级"增值额未超过扣除项目金额"的比例,均包括本比例数。超率累进税率见表9.1。

表9.1 土地增值税四级超率累进税率

级　数	增值额与扣除项目金额的比率	税率/%	速算扣除系数/%
1	不超过50%的部分	30	0
2	超过50%至100%的部分	40	5
3	超过100%至200%的部分	50	15
4	超过200%的部分	60	35

9.2.5 应税收入与扣除项目

1)应税收入的确定

根据《土地增值税暂行条例》及其实施细则的规定,纳税人转让房地产取得的应税收入,应包括转让房地产的全部价款及有关的经济收益。从收入的形式来看,包括货币收入、实物收入和其他收入。

(1)货币收入

货币收入是指纳税人转让房地产而取得的现金、银行存款、支票、银行本票、汇票等各种信用票据和国库券、金融债券、企业债券、股票等有价证券。这些类型的收入其实质都是转让方因转让土地使用权、房屋产权而向取得方收取的价款。货币收入一般比较容易确定。

(2)实物收入

实物收入是指纳税人转让房地产而取得的各种实物形态的收入,如钢材、水泥等建材,房屋、土地等不动产等。实物收入的价值不太容易确定,一般要对这些实物形态的财产进行估价。

(3)其他收入

其他收入是指纳税人转让房地产而取得的无形资产收入或具有财产价值的权利,如专利权、商标权、著作权、专有技术使用权、土地使用权、商誉权等。这种类型的收入比较少见,其价值需要进行专门的评估。

2)扣除项目的确定

计算土地增值税应纳税额,并不是直接对转让房地产所取得的收入征税,而是要对收入额减除国家规定的各项扣除项目金额后的余额计算征税(这个余额就是纳税人在转让房地产中获取的增值额)。因此,要计算增值额,首先必须确定扣除项目。税法准予纳税人从转让收入额中减除的扣除项目包括如下几项:

(1)取得土地使用权所支付的金额

取得土地使用权所支付的金额包括两方面的内容:

①纳税人为取得土地使用权所支付的地价款。如果是以协议、招标、拍卖等出让方式取得土地使用权的,地价款为纳税人所支付的土地出让金;如果是以行政划拨方式取得土地使用权的,地价款为按照国家有关规定补交的土地出让金;如果是以转让方式取得土地使用权的,地价款为向原土地使用权人实际支付的地价款。

②纳税人在取得土地使用权时按国家统一规定缴纳的有关费用。这是指纳税人在取得土地使用权过程中为办理有关手续,按国家统一规定缴纳的有关登记、过户手续费。

(2)房地产开发成本

房地产开发成本是指纳税人房地产开发项目实际发生的成本,包括土地的征用及拆迁补偿费、前期工程费、建筑安装工程费、基础设施费、公共配套设施费、开发间接费用等。

①土地征用及拆迁补偿费。包括土地征用费、耕地占用税、劳动力安置费及有关地上、地下附着物拆迁补偿的净支出、安置动迁用房支出等。

②前期工程费。包括规划、设计、项目可行性研究和水文、地质、勘察、测绘、“三通一平”等支出。

③建筑安装工程费。指以出包方式支付给承包单位的建筑安装工程费,以自营方式发生的建筑安装工程费。

④基础设施费。包括开发小区内道路、供水、供电、供气、排污、排洪、通信、照明、环卫、绿化等工程发生的支出。

⑤公共配套设施费。包括不能有偿转让的开发小区内公共配套设施发生的支出。

⑥开发间接费用。指直接组织、管理开发项目发生的费用,包括工资、职工福利费、折旧费、修理费、办公费、水电费、劳动保护费、周转房摊销等。

(3)房地产开发费用

房地产开发费用是指与房地产开发项目有关的销售费用、管理费用和财务费用。根据现行财务会计制度的规定,这三项费用作为期间费用,直接计入当期损益。不按成本核算对象进行分摊。故作为土地增值税扣除项目的房地产开发费用,不按纳税人房地产开发项目实际发生的费用进行扣除,而按《实施细则》的标准进行扣除。

《实施细则》规定,财务费用中的利息支出,凡能够按转让房地产项目计算分摊并提供金融机构证明的,允许据实扣除,但最高不能超过按商业银行同类同期贷款利率计算的金额。其他房地产开发费用,按《实施细则》第七条(一)、(二)项规定(即取得土地使用权所支付的金额和房地产开发成本,下同)计算的金额之和的5%以内计算扣除。凡不能按转让房地产项目计算分摊利息支出或不能提供金融机构证明的,房地产开发费用按《实施细则》第七条(一)、(二)项规定计算的金额之和的10%以内计算扣除。计算扣除的具体比例,由各省、自治区、直辖市人民政府规定。

上述规定的具体含义是:

①纳税人能够按转让房地产项目计算分摊利息支出,并能提供金融机构的贷款证明的,其允许扣除的房地产开发费用为:利息 +(取得土地使用权所支付的金额 + 房地产开发成本)× 5% 以内(注:利息最高不能超过按商业银行同类同期贷款利率计算的金额)。

②纳税人不能按转让房地产项目计算分摊利息支出或不能提供金融机构贷款证明的,其允许扣除的房地产开发费用为:(取得土地使用权所支付的金额 + 房地产开发成本)× 10% 以内。

此外,财政部、国家税务总局还对扣除项目金额中利息支出的计算问题做了两点专门规定:一是利息的上浮幅度按国家的有关规定执行,超过上浮幅度的部分不允许扣除;二是对于超过贷款期限的利息部分和加罚的利息不允许扣除。

(4)与转让房地产有关的税金

与转让房地产有关的税金是指在转让房地产时缴纳的营业税、城市维护建设税、印花税。因转让房地产缴纳的教育费附加,也可视同税金予以扣除。

需要明确的是,房地产开发企业按照《施工、房地产开发企业财务制度》有关规定,其在转让时缴纳的印花税因列入管理费用中,故在此不允许单独再扣除。其他纳税人缴纳的印花税按产权转移书据所载金额的5‰(贴花)允许在此扣除。

(5)其他扣除项目

对从事房地产开发的纳税人可按《实施细则》第七条(一)、(二)项规定计算的金额之和,加计20%的扣除。在此,应特别指出的是:此条优惠只适用于从事房地产开发的纳税人,除此之外的其他纳税人不适用。这样规定,目的是为了抑制炒买炒卖房地产的投机行为,保护正常开发投资者的积极性。

(6)旧房及建筑物的评估价格

旧房及建筑物的评估价格是指在转让已使用的房屋及建筑物时,由政府批准设立的房地产评估机构评定的重置成本价乘以成新度折扣率后的价格。评估价格须经当地税务机关确认。

重置成本价的含义是:对旧房及建筑物,按转让时的建材价格及人工费用计算,建造同样面积、同样层次、同样结构、同样建设标准的新房及建筑物所需花费的成本费用。成新度折扣率的含义是:按旧房的新旧程度作一定比例的折扣。例如,一幢房屋已使用近10年,建造时的造价为1 000万元,按转让时的建材及人工费用计算,建同样的新房需花费4 000万元,该房有六成新,则该房的评估价格为:4 000 × 60% = 2 400(万元)。

此外,转让旧房的,应按房屋及建筑物的评估价格、取得土地使用权所支付的地价款和按国家统一规定缴纳的有关费用及在转让环节缴纳的税金作为扣除项目金额计征土地增值税。对取得土地使用权时未支付地价款或不能提供已支付的地价款凭据的,在计征土地增值税时不允许扣除。

9.2.6 应纳税额的计算

1)增值额的确定

土地增值税纳税人转让房地产所取得的收入减除规定的扣除项目金额后的余额,为增值额。

增值额是土地增值税的本质所在。由于计算土地增值税是以增值额与扣除项目金额的比率大小按相适用的税率累进计算征收的,增值额与扣除项目金额的比率越大,适用的税率越高,缴纳的税款越多,因此,准确核算增值额是很重要的。当然,准确核算增值额,还需要有准确的房地产转让收入额和扣除项目的金额。在实际房地产交易活动中,有些纳税人由于不能准确提供房地产转让价格或扣除项目金额,致使增值额不准确,直接影响应纳税额的计算和缴纳,因此,纳税人有下列情形之一的,按照房地产评估价格计算征收:

①隐瞒、虚报房地产成交价格的;

②提供扣除项目金额不实的;

③转让房地产的成交价格低于房地产评估价格,又无正当理由的。

这里所说的“房地产评估价格”,是指由政府批准设立的房地产评估机构根据相同地段、同类房地产进行综合评定的价格。

这里所说的“隐瞒、虚报房地产成交价格”,是指纳税人不报或有意低报转让土地使用权、地上建筑物及其附着物价款的行为。

这里所说的“提供扣除项目金额不实的”,是指纳税人在纳税申报时,不据实提供扣除项目金额的行为。

这里所说的“转让房地产的成交价格低于房地产评估价格,又无正当理由的”,是指纳税人申报的转让房地产的实际成交价低于房地产评估机构评定的交易价,纳税人又不能提供凭据或无正当理由的行为。

隐瞒、虚报房地产成交价格,应由评估机构参照同类房地产的市场交易价格进行评估。税务机关根据评估价格确定转让房地产的收入。

提供扣除项目金额不实的,应由评估机构按照房屋重置成本价乘以成新度折扣率计算的房屋成本价和取得土地使用权时的基准地价进行评估。税务机关根据评估价格确定扣除项目金额。

转让房地产的成交价格低于房地产评估价格,又无正当理由的,由税务机关参照房地产评估价格确定转让房地产的收入。

2)应纳税额的计算方法

土地增值税按照纳税人转让房地产所取得的增值额和规定的税率计算征收。土地增值税的计算公式是:

$$应纳税额 = \sum(每级距的土地增值额 \times 适用税率)$$

但在实际工作中,分步计算比较繁琐,一般可以采用速算扣除法计算。即:计算土地增值税税额,可按增值额乘以适用的税率减去扣除项目金额乘以速算扣除系数的简便方法计算,具体公式如下:

①增值额未超过扣除项目金额50%

$$土地增值税税额 = 增值额 \times 30\%$$

②增值额超过扣除项目金额50%,未超过100%

$$土地增值税税额 = 增值额 \times 40\% - 扣除项目金额 \times 5\%$$

③增值额超过扣除项目金额100%,未超过200%

$$土地增值税税额 = 增值额 \times 50\% - 扣除项目金额 \times 15\%$$

④增值额超过扣除项目金额200%

$$土地增值税税额 = 增值额 \times 60\% - 扣除项目金额 \times 35\%$$

公式中的5%、15%、35%分别为二、三、四级的速算扣除系数。

下面,我们举一个简单例子并用两种计算方法来具体说明:

【例9.4】 某纳税人转让房地产所取得的收入为400万元,其扣除项目金额为100万元,请计算其应纳土地增值税的税额。

【解析】 第一种方法(按《土地增值税暂行条例》规定的方法计算):

第一步,先计算增值额。

增值额为:400 - 100 = 300(万元)

第二步,再计算增值额与扣除项目金额之比。

增值额与扣除项目金额之比为:300 ÷ 100 = 300%

由此可见,增值额超过扣除项目金额200%,分别适用30%、40%、50%和60%四档税率。

第三步,分别计算各级次土地增值税税额。

①增值额未超过扣除项目金额50%的部分,适用30%的税率。

这部分增值额为:100 × 50%;50(万元) 这部分增值额应纳的土地增值税税额为:

50 × 30% = 15(万元)

②增值额超过扣除项目金额 50%,未超过扣除项目金额 100% 的部分,适用 40% 的税率。

这部分增值额为:100 × (100% - 50%) = 50(万元)

这部分增值额应纳的土地增值税税额为:50 × 40% = 20(万元)

③增值额超过扣除项目金额 100%,未超过扣除项目金额 200% 的部分,适用 50% 的税率。

这部分的增值额为:100 × (200% - 100%) = 100(万元)

这部分增值额应纳的土地增值税税额为:100 × 50% = 50(万元)

④增值额超过扣除项目金额 200% 的部分,适用 60% 的税率。

这部分的增值额为:300 - (100 × 200%) = 100(万元)

这部分增值额应纳的土地增值税税额为:100 × 60% = 60(万元)

第四步,将各级的税额相加,得出总税额。

土地增值税税额为:15 + 20 + 50 + 60 = 145(万元)

第二种方法(按《实施细则》规定的速算扣除法计算):

第一步,先计算增值额。

增值额为:400 - 100 = 300(万元)

第二步,再计算增值额与扣除项目金额之比。

增值额与扣除项目金额之比为:300 ÷ 100 = 300%

由此可见,增值额超过扣除项目金额 200%,其适用的简便计算公式为:

土地增值税税额 = 增值额 × 60% - 扣除项目金额 × 35%

第三步,计算土地增值税税额。

土地增值税税额为:300 × 60% - 100 × 35% = 145(万元)

不难看出,两种计算方法所得出的结果是一样的。

9.2.7 税收优惠

1)建造普通标准住宅的税收优惠

纳税人建造普通标准住宅出售,增值额未超过扣除项目金额 20% 的,免征土地增值税。

这里所说的“普通标准住宅”,是指按所在地一般民用住宅标准建造的居住用住宅。高级公寓、别墅、度假村等不属于普通标准住宅。普通标准住宅与其他住宅的具体划分界限,2005 年 5 月 31 日以前由各省、自治区、直辖市人民政府规定。

2005 年 6 月 1 日起,普通标准住宅应同时满足:住宅小区建筑容积率在 1.0 以上;单套建筑面积在 120 平方米以下;实际成交价格低于同级别土地上住房平均交易价格 1.2 倍以下。各省、自治区、直辖市要根据实际情况,制定本地区享受优惠政策普通住房的具体标准。允许单套建筑面积和价格标准适当浮动,但向上浮动的比例不得超过上述标准的 20%。纳税人建造普通标准住宅出售,增值额未超过扣除项目金额 20% 的,免征土地增值税;增值额超过扣除项目金额20%的,应就其全部增值额按规定计税。

对于纳税人既建普通标准住宅又搞其他房地产开发的,应分别核算增值额。不分别核算增值额或不能准确核算增值额的,其建造的普通标准住宅不能适用这一免税规定。

2)国家征用收回的房地产的税收优惠

因国家建设需要依法征用、收回的房地产,免征土地增值税。

这里所说的"因国家建设需要依法征用、收回的房地产",是指因城市实施规划、国家建设的需要而被政府批准征用的房产或收回的土地使用权。因城市实施规划、国家建设的需要而搬迁,由纳税人自行转让原房地产的,比照有关规定免征土地增值税。

3)个人转让房地产的税收优惠

个人因工作调动或改善居住条件而转让原自用住房,经向税务机关申报核准,凡居住满5年或5年以上的,免予征收土地增值税;居住满3年未满5年的,减半征收土地增值税。居住未满3年的,按规定计征土地增值税。

9.2.8 征收管理

1)纳税地点

土地增值税的纳税人应向房地产所在地主管税务机关办理纳税申报,并在税务机关核定的期限内缴纳土地增值税。

这里所说的"房地产所在地",是指房地产的坐落地。纳税人转让的房地产坐落在两个或两个以上地区的,应按房地产所在地分别申报纳税。

在实际工作中,纳税地点的确定又可分为以下两种情况:

①纳税人是法人的。当转让的房地产坐落地与其机构所在地或经营所在地一致时,则在办理税务登记的原管辖税务机关申报纳税即可;如果转让的房地产坐落地与其机构所在地或经营所在地不一致时,则应在房地产坐落地所管辖的税务机关申报纳税。

②纳税人是自然人的。当转让的房地产坐落地与其居住所在地一致时,则在住所所在地税务机关申报纳税;当转让的房地产坐落地与其居住所在地不一致时,在办理过户手续所在地的税务机关申报纳税。

2)纳税申报

土地增值税的纳税人应在转让房地产合同签订后的7日内,到房地产所在地主管税务机关办理纳税申报,并向税务机关提交房屋及建筑物产权、土地使用权证书,土地转让、房产买卖合同,房地产评估报告及其他与转让房地产有关的资料。纳税人因经常发生房地产转让而难以在每次转让后申报的,经税务机关审核同意后,可以定期进行纳税申报,具体期限由税务机关根据情况确定。

此外,根据《中华人民共和国土地增值税暂行条例实施细则》关于"纳税人在项目全部竣工结算前转让房地产取得的收入……可以预征土地增值税……具体办法由各省、自治区、直辖市地方税务局根据当地情况制定"的规定,对于纳税人预售房地产所取得的收入,凡当地税务机关规定预征土地增值税的,纳税人应当到主管税务机关办理纳税申报,并按规定比例预交，待办理决算后，多退少补；凡当地税务机关规定不预征土地增值税的，也应在取得收入时先到税务机关登记或备案。

本章练习题

一、单项选择题

1. 某纳税人本期以自产液体盐 60 000 吨和外购液体盐 10 000 吨（每吨已缴纳资源税 2 元）加工固体盐 12 000 吨对外销售，取得销售收入 600 万元。已知固体盐税额为每吨 10 元，该纳税人本期应缴纳资源税（　　）万元。

A. 10　　B. 12　　C. 16　　D. 20

2. 资源税代扣代缴义务人代扣代缴的税款，其纳税义务发生时间是（　　）。

A. 支付货款的当天

B. 收到货物的当天

C. 出售所购货物的当天

D. 主管税务机关确定的时间

3. 在资源税中，下列应税资源产品可以采用代扣代缴方式征收的是（　　）。

A. 原油　　B. 铜矿石　　C. 天然气　　D. 煤炭

4. 下列各项中，征收资源税的是（　　）。

A. 人造石油　　B. 洗煤

C. 与原油同时开采的天然气　　D. 地面抽采煤层气

5. 某油田 2013 年 12 月生产原油 20 万吨，加热、修井用 0.5 万吨，当月销售 19.5 万吨，取得不含税收入 1 800 万元；开采天然气 1 000 万立方米，当月销售 900 万立方米，取得含税销售额 187.2 万元。按照当地规定，原油资源税税率为 6%，天然气资源税税率为 5%，则该油田本月应纳资源税为（　　）万元。

A. 116.28　　B. 116　　C. 213.5　　D. 215

6. 某煤矿 2013 年 3 月开采原煤 600 万吨，销售 240 万吨，另将一部分原煤移送加工生产选煤 48 万吨，销售选煤 30 万吨，选煤综合回收率 30%，资源税单位税额 5 元/吨。该煤矿 2012 年 3 月应纳资源税（　　）万元。

A. 1 700　　B. 1 850　　C. 2 000　　D. 2 150

7. 某采矿企业 2012 年 6 月开采锡矿石 50 000 吨，销售锡矿原矿 40 000 吨、锡矿精矿 100 吨（无法确定移送使用的锡矿原矿数量），锡矿精矿的选矿比为 1 : 12，锡矿资源税适用税额每吨 0.8 元。该企业 6 月应纳资源税（　　）元。

A. 32 490　　B. 37 430　　C. 32 406　　D. 32 960

8. 下列行为中，不属于土地增值税的征税范围的是（　　）。

A. 房地产的继承

B. 个人之间互换自有居住用房地产

C. 房地产的出租

D. 房地产抵押期满,转让的

9. 根据土地增值税的有关规定,关于房地产转让的说法,正确的是(　　)。

A. 以分期收款方式转让房产的,根据实际的收款日期确定纳税期限

B. 以一次交割、付清价款方式转让房产的,在办理过户和登记手续后一次性缴纳土地增值税

C. 因国家建设需要而搬迁,由纳税人自行转让其房产的,应从签订房地产转让合同之日起7日内到房地产所在地主管税务机关备案

D. 纳税人因国家建设需要被依法征用房地产并得到经济补偿的,应从签订房地产转让合同之日起15日内到房地产所在地主管税务机关备案

10. 某市外资工业企业2014年转让一幢新建办公楼取得收入6 000万元,签订了产权转移书据,已知该单位为取得土地使用权而支付的地价款和有关费用为1 000万元,投入的房地产建造成本3 000万元,其利息支出不能取得金融机构的合法证明,其转让办公楼相关的税金已经全部付清,已知该企业所在地政府规定的房地产开发费用的计算扣除比例为10%。该单位的转让行为应缴纳土地增值税额(　　)万元。

A. 380.1　　B. 381　　C. 389.1　　D. 470.1

11. 2014年3月某房地产开发公司转让5年前购入的一块土地,取得转让收入2 800万元,该土地购进价1 200万元,取得土地使用权时缴纳相关税费60万元,转让该土地时缴纳相关税费156万元。该房地产开发公司转让土地应缴纳土地增值税(　　)万元。

A. 173.5　　B. 250　　C. 257.5　　D. 482.8

12. 某市国有企业2010年5月在市区购置一栋办公楼,支付价款8 000万元。2014年5月,该企业将办公楼转让,取得收入10 000万元,签订产权转移书据。办公楼经税务机关认定的重置成本价为12 000万元,成新率70%。该企业在缴纳土地增值税时计算的增值额为(　　)万元。

A. 400　　B. 1 485　　C. 1 490　　D. 200

13. 2014年8月某房地产开发公司转让新建普通标准住宅一幢,取得转让收入4 000万元,转让环节缴纳税款以及有关费用合计220万元(不含印花税)。已知该公司为取得土地使用权而支付的地价款和有关费用为1 600万元,房地产开发成本为900万元,利息支出210万元(能够按房地产项目计算分摊并提供金融机构证明,但其中有30万元属于超过贷款期限的利息)。该单位所在地政府规定的其他房地产开发费用的计算扣除比例为5%。该公司应缴纳土地增值税(　　)万元。

A. 0　　B. 133.5　　C. 142.5　　D. 292.5

14. 计算土地增值税时,下列费用不准予从收入总额中扣除的是(　　)。

A. 建房贷款超期支付的利息

B. 开发小区的供电、供水支出

C. 出售旧房过程中的评估费用

D. 开发间接费用

15. 某公司销售一幢已经使用过的办公楼，取得收入 500 万元，办公楼原价 480 万元，已提折旧 300 万元。经房地产评估机构评估，该楼重置成本价为 800 万元，成新度折扣率为五成，销售时缴纳相关税费 30 万元。该公司销售该办公楼应缴纳土地增值税(　　)万元。

A. 21　　B. 30　　C. 51　　D. 60

16. 某房地产开发公司转让 5 年前购入的一块土地，取得转让收入 1 800 万元，该土地购进价 1 200 万元，取得土地使用权时缴纳相关税费 40 万元，转让该土地时缴纳相关税费 35 万元。该房地产开发公司转让土地应缴纳土地增值税(　　)万元。

A. 73.5　　B. 150　　C. 157.5　　D. 300

17. 某房地产开发企业开发一个房地产项目并销售，取得土地使用权所支付的金额 1 000 万元；房地产开发成本 6 000 万元；向金融机构借入资金利息支出 400 万元，能提供贷款证明，其中超过国家规定上浮幅度的金额为 100 万元；该省规定能提供贷款证明的其他房地产开发费用扣除比例为 5%；计算土地增值税时该企业允许扣除的房地产开发费用为(　　)万元。

A. 400　　B. 350　　C. 650　　D. 750

二、多项选择题

1. 下列原则属于资源税立法原则的有(　　)。

A. 普遍征收原则　　B. 个别征收原则

C. 效率优先原则　　D. 平等互利原则

E. 级差调节原则

2. 根据相关规定，下列关于资源税的纳税地点，表述正确的有(　　)。

A. 资源税纳税人应向开采或生产所在地主管税务机关纳税

B. 跨省开采的，在开采所在地纳税

C. 扣缴义务人应向收购地税务机关缴纳

D. 省内开采的，在机构所在地主管税务机关缴纳

E. 纳税人在本省、自治区、直辖市范围内开采或者生产应税产品，应一律向开采所在地主管税务机关纳税

3. 关于资源税的课税数量的下列陈述，正确的有(　　)。

A. 纳税人开采或者生产应税产品销售的，以销售数量为课税数量

B. 纳税人开采或者生产应税产品自用的，以自用数量为课税数量

C. 对于连续加工前无法正确计算原煤移送使用数量的煤炭，可按加工产品的综合回收率，将加工产品实际销量和自用量折算成原煤数量，以此作为课税数量

D. 金属和非金属矿产品原矿，因无法准确掌握纳税人移送使用原矿数量的，可按生产矿产品数量作为课税数量

E. 金属冶炼厂以收购的铁矿铸成铁工艺品，按收购的铁矿石数量代扣代缴资源税

4. 下列关于资源税计税依据的说法,正确的有(　　)。
   A. 纳税人自产天然气用于福利,以自用数量为计税依据
   B. 纳税人对外销售原煤,以销售数量为计税依据
   C. 纳税人以自产原盐加工精盐后销售,以销售数量为计税依据
   D. 纳税人自产自用铁矿石加工精矿石后销售,以实际移送使用数量为计税依据
   E. 纳税人开采黑色金属矿原矿并销售,以销售数量为计税依据
5. 下列各项中,符合土地增值税核定征收条件的有(　　)。
   A. 符合土地增值税清算条件的
   B. 擅自销毁账簿或者拒不提供纳税资料的
   C. 按照法律、法规的规定应当设置但未设置账簿的
   D. 虽然设置账簿但账目混乱应税收入难以确定的
   E. 虽然设置账簿但账目混乱成本,费用难以确定的
6. 下列各项中,不征或免征土地增值税的有(　　)。
   A. 以房地产使用权抵债而尚未发生房地产权属转让的
   B. 以房地产对外出租的
   C. 被兼并企业的房地产在企业兼并中转让到兼并方的
   D. 以出地、出资双方合作建房,建成后又转让给其中一方的
   E. 企业与个人之间交换的房地产
7. 计算缴纳土地增值税时,判定普通住宅的标准有(　　)。
   A. 建筑容积率在 1.0 以上
   B. 实际成交价低于同级别土地上住房平均交易价格 1.2 倍以下
   C. 建筑覆盖率在 1.0 以上
   D. 增值额未超过扣除项目金额之和的 20%
   E. 单套建筑面积在 120 平方米以下
8. 计算土地增值税扣除项目金额时不得扣除的项目有(　　)。
   A. 取得土地使用权所支付的金额
   B. 土地征用及拆迁补偿费
   C. 超过国家的有关规定上浮幅度的部分
   D. 超过贷款期限的利息部分
   E. 加罚的利息
9. 下列各项中,不属于土地增值税纳税人的有(　　)。
   A. 与国有企业换房的外资企业
   B. 合作建房后出售房产的企业
   C. 转让国有土地使用权的企业
   D. 将办公楼用于抵押的企业,处于抵押期间
   E. 出租办公楼的企业

第10章 房产税、城镇土地使用税、契税和耕地占用税

【学习要求】

1. 熟悉房产税、城镇土地使用税、契税和耕地占用税的基本概念和特点；
2. 掌握房产税、城镇土地使用税、契税和耕地占用税的纳税人和征税范围；
3. 掌握房产税、城镇土地使用税、契税和耕地占用税的税率和应纳税额的计算；
4. 了解房产税、城镇土地使用税、契税和耕地占用税的征收管理。

10.1 房产税

房产税法是指国家制定的调整房产税征收与缴纳之间权利义务关系的法律规范。现行房产税法的基本规范，是1986年9月15日国务院颁布的《中华人民共和国房产税暂行条例》。

10.1.1 房产税基本原理

1)房产税的特点

房产税是以房屋为征税对象，按照房屋的计税余值或租金收入，向产权所有人征收的一种财产税。房产税具有以下特点：

(1)房产税属于财产税中的个别财产税

财产税按征收方式分类，可分为一般财产税与个别财产税。一般财产税也称综合财产税，是对纳税人拥有的财产综合课征的税收。个别财产税，也称特种财产税，是对纳税人所有的土地、房屋、资本或其他财产分别课征的税收。我国现行房产税属于个别财产税。

(2)征税范围限于城镇的经营性房屋

房产税的征税范围是在城市、县城、建制镇和工矿区，不涉及农村。农村的房屋，大部分是农民居住用房，为了不增加农民负担，对农村的房屋没有纳入征税范围。另外，对某些拥有房屋但自身没有纳税能力的单位，如国家拨付行政经费、事业经费和国防经费的单位自用

的房产，税法也通过免税的方式将这类房屋排除在征税范围之外。因为这些单位本身没有经营收入，若对其征税，就要相应增加财政拨款，征税也就失去意义。

(3)区别房屋的经营使用方式规定征税办法

拥有房屋的单位和个人，既可以自己使用房屋，又可以把房屋用于出租、出典。房产税根据纳税人经营形式不同，确定对房屋征税可以按房产计税余值征收，又可以按租金收入征收，使其符合纳税人的经营特点，便于平衡税收负担和征收管理。

2)房产税的作用

(1)筹集地方财政收入

房产税属于地方税，征收房产税可以为地方财政筹集一部分市政建设资金，解决地方财力不足。而且，房产税以房屋为征税对象，税源比较稳定，随着地方经济的发展，城市基础设施改善和工商各业的兴旺，房产税收将成为地方财政收入的一个主要来源。

(2)有利于加强房产管理

税收是调节生产和分配的一个重要经济杠杆。对房屋拥有者征收房产税，可以调节纳税人的收入水平，有利于加强对房屋的管理，提高房屋的使用效益，控制固定资产的投资规模。另一方面，房产税规定对个人拥有的非营业用房屋，不征房产税，可以鼓励个人建房、购房和改善住房条件，配合和推动城市住房制度改革。

10.1.2 纳税义务人与征税对象

1)纳税义务人

房产税以在征税范围内的房屋产权所有人为纳税人。其中：

①产权属国家所有的，由经营管理单位纳税；产权属集体和个人所有的，由集体单位和个人纳税。

所称单位，包括国有企业、集体企业、私营企业、股份制企业、外商投资企业、外国企业以及其他企业和事业单位、社会团体、国家机关、军队以及其他单位；所称个人，包括个体工商户以及其他个人。

②产权出典的，由承典人依照房产余值缴纳房产税。所谓产权出典，是指产权所有人将房屋、生产资料等的产权，在一定期限内典当给他人使用，而取得资金的一种融资业务。这种业务大多发生于出典人急需用款，但又想保留产权回赎权的情况。承典人向出典人交付一定的典价之后，在质典期内即获抵押物品的支配权，并可转典。产权的典价一般要低于卖价。出典人在规定期间内须归还典价的本金和利息，方可赎回出典房屋等的产权。由于在房屋出典期间，产权所有人已无权支配房屋，因此，税法规定由对房屋具有支配权的承典人为纳税人。

③产权所有人、承典人不在房屋所在地的，由房产代管人或者使用人纳税。

④产权未确定及租典纠纷未解决的，亦由房产代管人或者使用人纳税。所谓租典纠纷，是指产权所有人在房产出典和租赁关系上，与承典人、租赁人发生各种争议，特别是权利和

义务的争议悬而未决的。此外还有一些产权归属不清的问题，也都属于租典纠纷。对租典纠纷尚未解决的房产，规定由代管人或使用人为纳税人，主要目的在于加强征收管理，保证房产税及时入库。

⑤无租使用其他单位房产的问题。无租使用其他单位房产的应税单位和个人，依照房产余值代缴纳房产税。

自2009年1月1日起，外商投资企业、外国企业和组织以及外籍个人，依照《中华人民共和国房产税暂行条例》缴纳房产税。

2）征税对象

房产税的征税对象是房产。所谓房产，是指有屋面和围护结构（有墙或两边有柱），能够遮风避雨，可供人们在其中生产、学习、工作、娱乐、居住或储藏物资的场所。

房地产开发企业建造的商品房，在出售前，不征收房产税；但对出售前房地产开发企业已使用或出租、出借的商品房应按规定征收房产税。

10.1.3 征税范围

房产税的征税范围为：城市、县城、建制镇和工矿区。

①城市是指国务院批准设立的市。

②县城是指县人民政府所在地的地区。

③建制镇是指经省、自治区、直辖市人民政府批准设立的建制镇。

④工矿区是指工商业比较发达、人口比较集中、符合国务院规定的建制镇标准但尚未设立建制镇的大中型工矿企业所在地。开征房产税的工矿区须经省、自治区、直辖市人民政府批准。

房产税的征税范围不包括农村，这主要是为了减轻农民的负担。因为农村的房屋，除农副业生产用房外，大部分是农民居住用房。对农村房屋不纳入房产税征税范围，有利于农业发展，繁荣农村经济，有利于社会稳定。

10.1.4 计税依据与税率

1）计税依据

房产税的计税依据是房产的计税价值或房产的租金收入。按照房产计税价值征税的，称为从价计征；按照房产租金收入计征的，称为从租计征。

（1）从价计征

《房产税暂行条例》规定，房产税依照房产原值一次减除10% ~30%后的余值计算缴纳。各地扣除比例由当地省、自治区、直辖市人民政府确定。

①房产原值是指纳税人按照会计制度规定，在账簿“固定资产”科目中记载的房屋原价。因此，凡按会计制度规定在账簿中记载有房屋原价的，应以房屋原价按规定减除一定比例后作为房产余值计征房产税；没有记载房屋原价的，按照上述原则，并参照同类房屋确定房产原值，按规定计征房产税。

值得注意的是：自2009年1月1日起，对依照房产原值计税的房产，不论是否记载在会计账簿固定资产科目中，均应按照房屋原价计算缴纳房产税。房屋原价应根据国家有关会计制度规定进行核算。对纳税人未按国家会计制度规定核算并记载的，应按规定予以调整或重新评估。

②房产原值应包括与房屋不可分割的各种附属设备或一般不单独计算价值的配套设施。主要有：暖气、卫生、通风、照明、煤气等设备；各种管线，如蒸汽、压缩空气、石油、给水排水等管道及电力、电信、电缆导线；电梯、升降机、过道、晒台等。属于房屋附属设备的水管、下水道、暖气管、煤气管等应从最近的探视井或三通管起，计算原值；电灯网、照明线从进线盒连接管起，计算原值。

③纳税人对原有房屋进行改建、扩建的，要相应增加房屋的原值。

房产余值是房产的原值减除规定比例后的剩余价值。

此外，还应注意以下三个问题：

a. 对投资联营的房产，在计征房产税时应予以区别对待。对于以房产投资联营，投资者参与投资利润分红，共担风险的，按房产余值作为计税依据计征房产税；对以房产投资，收取固定收入，不承担联营风险的，实际是以联营名义取得房产租金，应根据《房产税暂行条例》的有关规定由出租方按租金收入计缴房产税。

b. 自2009年12月1日起，融资租赁的房产，由承租人自融资租赁合同约定开始日的次月起依照房产余值缴纳房产税。合同未约定开始日的，由承租人自合同签订的次月起依照房产余值缴纳房产税。

④房屋附属设备和配套设施的计税规定。

从2006年1月1日起，房屋附属设备和配套设施计征房产税按以下规定执行：

a. 凡以房屋为载体，不可随意移动的附属设备和配套设施，如给排水、采暖、消防、中央空调、电气及智能化楼宇设备等，无论在会计核算中是否单独记账与核算，都应计入房产原值，计征房产税。

b. 对于更换房屋附属设备和配套设施的，在将其价值计入房产原值时，可扣减原来相应设备和设施的价值；对附属设备和配套设施中易损坏、需要经常更换的零配件，更新后不再计入房产原值。

⑤居民住宅区内业主共有的经营性房产缴纳房产税。

从2007年1月1日起，对居民住宅区内业主共有的经营性房产，由实际经营（包括自营和出租）的代管人或使用人缴纳房产税。其中自营的，依照房产原值减除10%～30%后的余值计征，没有房产原值或不能将业主共有房产与其他房产的原值准确划分开的，由房产所在地地方税务机关参照同类房产核定房产原值；出租的，依照租金收入计征。

（2）从租计征

《房产税暂行条例》规定，房产出租的，以房产租金收入为房产税的计税依据。

所谓房产的租金收入，是房屋产权所有人出租房产使用权所得的报酬，包括货币收入和实物收入。

如果是以劳务或者其他形式为报酬抵付房租收入的，应根据当地同类房产的租金水平，确定一个标准租金额从租计征。

纳税人对个人出租房屋的租金收入申报不实或申报数与同一地段同类房屋的租金收入相比明显不合理的，税务部门可以按照《中华人民共和国税收征收管理法》的有关规定，采取科学合理的方法核定其应纳税款。具体办法由各省、自治区、直辖市地方税务机关结合当地实际情况制定。

2）税率

我国现行房产税采用的是比例税率。由于房产税的计税依据分为从价计征和从租计征两种形式，所以房产税的税率也有两种：一种是按房产原值一次减除10% ~30%后的余值计征的，税率为1.2%；另一种是按房产出租的租金收入计征的，税率为12%。从2001年1月1日起，对个人按市场价格出租的居民住房，用于居住的，可暂减按4%的税率征收房产税。

10.1.5 应纳税额的计算

房产税的计税依据有两种，与之相适应的应纳税额计算也分为两种：一是从价计征的计算；二是从租计征的计算。

1）从价计征的计算

从价计征是按房产的原值减除一定比例后的余值计征，其计算公式为：

应纳税额 = 应税房产原值 ×（1 － 扣除比例）× 1.2%

如前所述，房产原值是"固定资产"科目中记载的房屋原价；减除一定比例是省、自治区、直辖市人民政府规定的10% ~30%的减除比例；计征的适用税率为1.2%。

【例10.1】 某企业的经营用房原值为5 000万元，按照当地规定允许减除30%后余值计税，适用税率为1.2%。请计算其应纳房产税税额。

【解析】 应纳税额 = 5 000 ×（1 － 30%）× 1.2% = 42（万元）

2）从租计征的计算

从租计征是按房产的租金收入计征，其计算公式为：

应纳税额 = 租金收入 × 12%（或4%）

【例10.2】 某公司出租房屋3间，年租金收入为30 000元，适用税率为12%。请计算其应纳房产税税额。

【解析】 应纳税额 = 30 000 × 12% = 3 600（元）

10.1.6 税收优惠

房产税的税收优惠是根据国家政策需要和纳税人的负担能力制定的。由于房产税属地方税，因此给予地方一定的减免权限，有利于地方因地制宜处理问题。

目前，房产税的税收优惠政策主要有：

1）国家机关、人民团体、军队自用的房产免征房产税

但上述免税单位的出租房产以及非自身业务使用的生产、营业用房，不属于免税范围。

这里的"人民团体",是指经国务院授权的政府部门批准设立或登记备案并由国家拨付行政事业费的各种社会团体。这里的"自用的房地产",是指这些单位本身的办公用房和公务用房。

2)由国家财政部门拨付事业经费的单位,本身业务范围内使用的房产免征房产税

学校、医疗卫生单位、托儿所、幼儿园、敬老院、文化、体育、艺术这些实行全额或差额预算管理的事业单位所有的、本身业务范围内使用的房产税免征房产税。为了鼓励事业单位经济自立,由国家财政部门拨付事业经费的单位,其经费来源实行自收自支的,从事业单位实行自收自支的年度起,免征房产税3年。事业单位自用的房产,是指这些单位的自身业务用房。上述单位的附属工厂、商店、招待所不属于单位公务、业务用房,应照章纳税。

3)宗教寺庙、公园、名胜古迹自用的房产免征房产税

宗教寺庙自用的房产,是指举行宗教仪式等的房屋和宗教人员使用的生活用房屋。公园、名胜古迹自用的房产,是指供公共参观游览的房屋及其管理单位的办公用房屋。宗教寺庙、公园、名胜古迹中附设的营业单位,如影剧院、饮食部、茶社、照相馆等所使用的房产及出租的房产,不属于免税范围,应照章纳税。

4)个人所有非营业用的房产免征房产税

个人所有的非营业用房,主要是指居民住房,不分面积多少,一律免征房产税。对个人拥有的营业用房或者出租的房产,不属于免税房产,应照章纳税。

5)对行使国家行政管理职能的中国人民银行总行(含国家外汇管理局)所属分支机构自用的房产,免征房产税

6)经财政部批准免税的其他房产

10.1.7　征收管理

1)纳税义务发生时间

①纳税人将原有房产用于生产经营,从生产经营之月起缴纳房产税。

②纳税人自行新建房屋用于生产经营,从建成之次月起缴纳房产税。

③纳税人委托施工企业建设的房屋,从办理验收手续之次月起缴纳房产税。

④纳税人购置新建商品房,自房屋交付使用之次月起缴纳房产税。

⑤纳税人购置存量房,自办理房屋权属转移、变更登记手续,房地产权属登记机关签发房屋权属证书之次月起,缴纳房产税。

⑥纳税人出租、出借房产,自交付出租、出借房产之次月起,缴纳房产税。

⑦房地产开发企业自用、出租、出借本企业建造的商品房,自房屋使用或交付之次月起,缴纳房产税。

⑧自2009年1月1日起,纳税人因房产的实物或权利状态发生变化而依法终止房产税纳税义务的,其应纳税款的计算应截止到房产的实物或权利状态发生变化的当月末。

2)纳税期限

房产税实行按年计算、分期缴纳的征收方法,具体纳税期限由省、自治区、直辖市人民政府确定。

3)纳税地点

房产税在房产所在地缴纳。房产不在同一地方的纳税人,应按房产的坐落地点分别向房产所在地的税务机关纳税。

10.2 城镇土地使用税

城镇土地使用税法是指国家制定的调整城镇土地使用税征收与缴纳之间权利及义务关系的法律规范。现行城镇土地使用税法的基本规范,是2006年12月31日国务院修改并颁布的《中华人民共和国城镇土地使用税暂行条例》(以下简称《城镇土地使用税暂行条例》)。

10.2.1 城镇土地使用税基本原理

1)城镇土地使用税概念

城镇土地使用税是以城镇土地为征税对象,对拥有土地使用权的单位和个人征收的一种税。

开征城镇土地使用税,有利于通过经济手段,加强对土地的管理,变土地的无偿使用为有偿使用,促进合理、节约使用土地,提高土地使用效益;有利于适当调节不同地区,不同地段之间的土地级差收入,促进企业加强经济核算,理顺国家与土地使用者之间的分配关系。

2)城镇土地使用税的特点

(1)征税对象是国有土地

我国宪法明确规定,城镇土地的所有权归国家,单位和个人对占用的土地只有使用权而无所有权。国家既可以凭借财产权利对土地使用人获取的收益进行分配,又可以凭借政治权利对土地使用者进行征税。开征城镇土地使用税,实质上是运用国家政治权力,将纳税人获取的本应属于国家的土地收益集中到国家手中。农业土地因属于集体所有,故未纳入征税范围。

(2)征税范围

现行城镇土地使用税对在我国境内使用土地的单位和个人征收。征收范围较广的土地使用税,将在筹集地方财政资金、调节土地使用和收益分配方面,发挥积极作用。

(3)实行差别幅度税额

开征城镇土地使用税的目的之一,在于调节土地的级差收入,而级差收入的产生主要取决于土地的位置。占有土地位置优越的纳税人可以节约运输和流通费用,扩大销售和经营规模,取得额外经济收益。为了有利于体现国家政策,城镇土地使用税实行差别幅度税额。对不同城镇适用不同税额,对同一城镇的不同地段,根据市政建设状况和经济繁荣程度也确定不等的负担水平。

3)城镇土地使用税的作用

(1)有利于促进土地的合理使用

土地是一种宝贵的自然资源。我国虽然幅员辽阔,但人均占有土地面积并不宽裕。过去,我国对非农业用地基本都采取行政划拨、无偿使用的办法,造成大量土地资源的浪费。开征城镇土地使用税后,国有土地不再由单位和个人无偿使用,而要按规定向国家纳税。由于土地使用税的负担是按城市大小和所处地区经济繁荣程度确定的,因此,单位和个人多占地、占好地就要多纳税;少占地、占差地就少纳税。这样就能够促进企业合理配置土地和节约使用土地。

(2)调节土地级差收入

在我国目前市场经济条件下,影响企业效益的客观因素很多。其中,地理位置的好坏是影响企业运输成本、流通费用高低,进而影响企业利润率高低的重要因素之一。由于土地级差收入的获得与企业本身经营状况无关,如果对此不征税,则既不利于企业经济核算,也无法对企业的主观经营成果进行比较。开征城镇土地使用税,将土地的级差收入纳入国家财政,不仅有利于理顺国家和土地使用者的分配关系,而且为企业公平竞争创造了条件。

(3)筹集地方财政资金

城镇土地使用税是地方税,它的税收收入归地方政府支配,是地方财政收入的一项稳定来源。同时,由于城镇土地使用税在所有大、中小城市和县城、建制镇、工矿区开征,因此它涉及面广,而且收入额较大,这就为建立和完善地方税体系创造了条件。

10.2.2 纳税义务人

在城市、县城、建制镇、工矿区范围内使用土地的单位和个人,为城镇土地使用税(以下简称土地使用税)的纳税人。

所称单位,包括国有企业、集体企业、私营企业、股份制企业、外商投资企业、外国企业以及其他企业和事业单位、社会团体、国家机关、军队以及其他单位;所称个人,包括个体工商户以及其他个人。

城镇土地使用税的纳税人通常包括以下几类:

①拥有土地使用权的单位和个人。

②拥有土地使用权的单位和个人不在土地所在地的,其土地的实际使用人和代管人为纳税人。

③土地使用权未确定或权属纠纷未解决的,其实际使用人为纳税人。

④土地使用权共有的,共有各方都是纳税人,由共有各方分别纳税。

几个人或几个单位共同拥有一块土地的使用权,这块土地的城镇土地使用税的纳税人应是对这块土地拥有使用权的每一个人或每一个单位。他们应以其实际使用的土地面积占总面积的比例,分别计算缴纳土地使用税。例如,某城市的甲与乙共同拥有一块土地的使用权,这块土地面积为1 500平方米,甲实际使用1/3,乙实际使用2/3,则甲应是其所占的土地

500 平方米（1 500 × 1/3）的城镇土地使用税的纳税人，乙是其所占的土地 1 000 平方米（1 500 × 2/3）的城镇土地使用税的纳税人。

10.2.3 征税范围

城镇土地使用税的征税范围，包括在城市、县城、建制镇和工矿区内的国家所有和集体所有的土地。

上述城市、县城、建制镇和工矿区分别按以下标准确认：

①城市是指经国务院批准设立的市。

②县城是指县人民政府所在地。

③建制镇是指经省、自治区、直辖市人民政府批准设立的建制镇。

10.2.4 应纳税额的计算

1）计税依据

城镇土地使用税以纳税人实际占用的土地面积为计税依据，土地面积计量标准每平方米。即税务机关根据纳税人实际占用的土地面积，按照规定的税额计算应纳税额，向纳税人征收土地使用税。

纳税人实际占用的土地面积按下列办法确定：

①由省、自治区、直辖市人民政府确定的单位组织测定土地面积的，以测定的面积为准。

②尚未组织测量，但纳税人持有政府部门核发的土地使用证书的，以证书确认的土地面积为准。

③尚未核发土地使用证书的，应由纳税人申报土地面积，据以纳税，待核发土地使用证以后再作调整。

2）税率

城镇土地使用税采用定额税率，即采用有幅度的差别税额，按大、中、小城市和县城、建制镇、工矿区分别规定每平方米土地使用税年应纳税额。具体标准如下：

①大城市 1.5 ~ 30 元；

②中等城市 1.2 ~ 24 元；

③小城市 0.9 ~ 18 元；

④县城、建制镇、工矿区 0.6 ~ 12 元。

大、中、小城市以公安部门登记在册的非农业正式户口人数为依据，按照国务院颁布的《城市规划条例》中规定的标准划分。人口在 50 万以上者为大城市；人口在 20 万 ~ 50 万者为中等城市；人口在 20 万以下者为小城市。详见表 10.1。

表 10.1 城镇土地使用税税率

级 别	人口/人	每平方米税额/元
大城市	50 万以上	1.5 ~ 30
中等城市	20 万 ~ 50 万	1.2 ~ 24
小城市	20 万以下	0.9 ~ 18
县城、建制镇、工矿区		0.6 ~ 12

各省、自治区、直辖市人民政府可根据市政建设情况和经济繁荣程度在规定税额幅度内,确定所辖地区的适用税额幅度。经济落后地区,土地使用税的适用税额标准可适当降低,但降低额不得超过上述规定最低税额的 30%。经济发达地区的适用税额标准可以适当提高,但须报财政部批准。

土地使用税规定幅度税额主要考虑到我国各地区存在着悬殊的土地级差收益,同一地区内不同地段的市政建设情况和经济繁荣程度也有较大的差别。把土地使用税税额定为幅度税额,拉开档次,而且每个幅度税额的差距规定为 20 倍。这样,各地政府在划分本辖区不同地段的等级,确定适用税额时,有选择余地,便于具体划分和确定。幅度税额还可以调节不同地区、不同地段之间的土地级差收益,尽可能地平衡税负。

3)应纳税额的计算方法

城镇土地使用税的应纳税额可以通过纳税人实际占用的土地面积乘以该土地所在地段的适用税额求得。其计算公式为:

$$全年应纳税额 = 实际占用应税土地面积(平方米) \times 适用税额$$

【例 10.3】 设在某城市的一家企业使用土地面积为 10 000 平方米,经税务机关核定,该土地为应税土地,每平方米年税额为 4 元。请计算其全年应纳的土地使用税税额。

【解析】 年应纳土地使用税税额 = 10 000 × 4 = 40 000(元)

10.2.5 税收优惠

1)法定免缴土地使用税的优惠

①国家机关、人民团体、军队自用的土地。

这部分土地是指这些单位本身的办公用地和公务用地。如国家机关、人民团体的办公楼用地,军队的训练场用地等。

②由国家财政部门拨付事业经费的单位自用的土地。

这部分土地是指这些单位本身的业务用地。如学校的教学楼、操场、食堂等占用的土地。

③宗教寺庙、公园、名胜古迹自用的土地。

宗教寺庙自用的土地,是指举行宗教仪式等的用地和寺庙内的宗教人员生活用地。

公园、名胜古迹自用的土地,是指供公共参观游览的用地及其管理单位的办公用地。

以上单位的生产、经营用地和其他用地,不属于免税范围,应按规定缴纳土地使用税,如公园、名胜古迹中附设的营业单位如影剧院、饮食部、茶社、照相馆使用的土地。

④市政街道、广场、绿化地带等公共用地。

⑤直接用于农、林、牧、渔业的生产用地。

这部分土地是指直接从事于种植养殖、饲养的专业用地,不包括农副产品加工场地和生活办公用地。

⑥经批准开山填海整治的土地和改造的废弃土地,从使用的月份起免缴土地使用税5~10年。

具体免税期限由各省、自治区、直辖市地方税务局在《城镇土地使用税暂行条例》规定的期限内自行确定。

⑦对非营利性医疗机构、疾病控制机构和妇幼保健机构等卫生机构自用的土地,免征城镇土地使用税。对营利性医疗机构自用的土地自2000年起免征城镇土地使用税3年。

⑧企业办的学校、医院、托儿所、幼儿园,其用地能与企业其他用地明确区分的,免征城镇土地使用税。

⑨免税单位无偿使用纳税单位的土地(如公安、海关等单位使用铁路、民航等单位的土地),免征城镇土地使用税。纳税单位无偿使用免税单位的土地,纳税单位应照章缴纳城镇土地使用税。纳税单位与免税单位共同使用、共有使用权土地上的多层建筑,对纳税单位可按其占用的建筑面积占建筑总面积的比例计征城镇土地使用税。

⑩对行使国家行政管理职能的中国人民银行总行(含国家外汇管理局)所属分支机构自用的土地,免征城镇土地使用税。

⑪为了体现国家的产业政策,支持重点产业的发展,对石油、电力、煤炭等能源用地,民用港口、铁路等交通用地和水利设施用地,三线调整企业、盐业、采石场、邮电等一些特殊用地划分了征免税界限和给予政策性减免税照顾。具体规定如下:

a. 对企业的铁路专用线、公路等用地,在厂区以外、与社会公用地段未加隔离的,暂免征收城镇土地使用税。

b. 对企业厂区以外的公共绿化用地和向社会开放的公园用地,暂免征收城镇土地使用税。

c. 对火电厂厂区围墙外的灰场、输灰管、输油(气)管道、铁路专用线用地、水源用地以及热电厂供热管道用地免征城镇土地使用税;厂区围墙外的其他用地,应照章征税。电力项目建设期间纳税有困难的,由省、自治区、直辖市税务局审核后,报国家税务总局批准减免。对供电部门的输电线路用地、变电站用地,免城镇土地使用税。

d. 对水利设施及其管护用地(如水库库区、大坝、堤防、灌渠、泵站等用地),免征土地使用税;其他用地,如生产、办公、生活用地,应照章征收城镇土地使用税。对兼有发电的水利设施用地征免城镇土地使用税问题,比照电力行业征免土地使用税的有关规定办理。

e. 对机场飞行区(包括跑道、滑行道、停机坪、安全带、夜航灯光区)用地,场内外通信导航设施用地和飞行区四周排水防洪设施用地,免征城镇土地使用税。机场道路,区分为场内、场外道路,场内道路用地免征城镇土地使用税。

f. 中国石油天然气总公司所属单位下列油气生产建设用地暂免征收城镇土地使用税:石油地质勘探、钻井、井下作业、油田地面工程等施工临时用地;各种采油(气)井、注水(气)井、水源井用地;油田内办公、生活区以外的公路、铁路专用线及输油(气、水)管道用地;石油长输管线用地;通信、输变电线路用地;在城市、县城、建制镇以外工矿区内的下列油气生产、生活用地,也暂免征收城镇土地使用税。具体包括:与各种采油(气)井相配套的地面设施用地,包括油气采集、计量、接转、储运、装卸、综合处理等各种场所的用地;与注水(气)井相配套的地面设施用地,包括配水、取水、转水以及供气、配气、压气、气举等各种场所用地;供(配)电、供排水、消防、防洪排涝、防风、防沙等设施用地;职工和家属居住的简易房屋、活动板房、野营房、帐篷等用地。

g. 对煤炭企业的矸石山、排土场用地,防排水沟用地,矿区办公、生活区以外的公路、铁路专用线及轻便道和输变电线路用地,炸药库库房外安全区用地,向社会开放的公园及公共绿化带用地,暂免征收城镇土地使用税。对煤炭企业的塌陷地、荒山,在利用之前,暂缓征收城镇土地使用税。对煤炭企业的报废矿井占地,经煤炭企业申请,当地税务机关审核,可以暂免征收城镇土地使用税。

h. 对矿山的采矿场、排土场、尾矿库、炸药库的安全区、采区运矿及运岩公路、尾矿输送管道及回水系统用地,免征城镇土地使用税。对矿山企业采掘地下矿造成的塌陷地以及荒山占地,在利用之前,暂免征收城镇土地使用税。

i. 港口的码头(即泊位,包括岸边码头、伸入水中的浮码头、堤岸、堤坝栈桥等)用地,免征城镇土地使用税。对港口的露天堆货场用地,原则上应征收城镇土地使用税,企业纳税确有困难的,可由省、自治区、直辖市地方税务局根据其实际情况给予定期减征或免征城镇土地使用税的照顾。

j. 对盐场的盐滩、盐矿的矿井用地,暂免征收城镇土地使用税。

k. 中国海洋石油总公司及其所属公司下列用地,暂免征收城镇土地使用税:导管架、平台组块等海上结构物建造用地;码头用地;输油气管线用地;通信天线用地;办公、生活区以外的公路、铁路专用线、机场用地。

l. 建材行业的石灰厂、水泥厂、大理石厂、砂石厂等企业的采石场、排土场地,炸药库的安全区用地以及采区运岩公路。

在城镇土地使用税征收范围内,利用林场土地兴建度假村等休闲娱乐场所的其经营、办公和生活用地,应按规定征收城镇土地使用税。

m. 对林业系统所属林区的育林地、运材道、防火道、防火设施用地,免征城镇土地使用税。林业系统的森林公园、自然保护区,可以比照公园免征城镇土地使用税。

n. 自2006年1月1日起至2008年12月31日,对从原高校后勤管理部剥离出来而成立的进行独立核算并有法人资格的高校后勤经济实体自用的土地,征城镇土地使用税。

o. 自2007年1月1日起,在城镇土地使用税征收范围内经营采摘、观光业的单位和个人,其直接用于采摘、观光的种植、养殖、饲养的土地,根据《中华人民共和国城镇土地使用税暂行条例》第六条中“直接用于农、林、牧、渔的生产用地”的规定,免征城镇土地使用税。

p.从2007年9月10日起,对核电站的核岛、常规岛、辅助厂房和通信设施用地(不包括地下线路用地),生活、办公用地按规定征收城镇土地使用税,其他用地免征城镇土地使用税。对核电站应税土地在基建期内减半征收城镇土地使用税。

2)省、自治区、直辖市地方税务局确定减免土地使用税的优惠

①个人所有的居住房屋及院落用地。

②房产管理部门在房租调整改革前经租的居民住房用地。

③免税单位职工家属的宿舍用地。

④民政部门举办的安置残疾人占一定比例的福利工厂用地。

⑤集体和个人办的各类学校、医院、托儿所、幼儿园用地。

⑥对基建项目在建期间使用的土地,原则上应照章征收城镇土地使用税。但对有些基建项目,特别是国家产业政策扶持发展的大型基建项目,其占地面积大,建设周期长,在建期间又没有经营收入,为照顾其实际情况,对纳税人纳税确有困难的,可由各省、自治区、直辖市地方税务局根据具体情况予以免征或减征土地使用税。

⑦城镇内的集贸市场(农贸市场)用地,按规定应征收城镇土地使用税。为促进集贸市场的发展及照顾各地的不同情况,各省、自治区、直辖市地方税务局根据具体情况自行确定对集贸市场用地征收或者免征城镇土地使用税。

⑧房地产开发公司建造商品房的用地,原则上应按规定计征城镇土地使用税。

但在商品房出售之前纳税确有困难的,其用地是否给予缓征或减征、免征照顾,可由各省、自治区、直辖市地方税务局根据从严的原则结合具体情况确定。

⑨原房管部门代管的私房,落实政策后,有些私房产权已归还给房主,但由于各种原因,房屋仍由原住户居住,并且住户仍是按照房管部门在房租调整改革之前确定的租金标准向房主缴纳租金。对这类房屋用地,房主缴纳土地使用税确有困难的,可由各省、自治区、直辖市地方税务局根据实际情况,给予定期减征或免征城镇土地使用税的照顾。

⑩对于各类危险品仓库、厂房所需的防火、防爆、防毒等安全防范用地,可由各省、自治区、直辖市地方税务局确定,暂免征收城镇土地使用税。

⑪企业搬迁后原场地不使用的、企业范围内荒山等尚未利用的土地,免征城镇土地使用税。免征税额由企业在申报缴纳城镇土地使用税时自行计算扣除,并在申报表附表或备注栏中作相应说明。

对搬迁后原场地不使用的和企业范围内荒山等尚未利用的土地,凡企业申报暂免征收城镇土地使用税的,应事先向土地所在地的主管税务机关报送有关部门的批准文件或认定书等相关证明材料,以备税务机关查验。具体报送材料由各省、自治区、直辖市和计划单列市地方税务局确定。

企业按上述规定暂免征收城镇土地使用税的土地开始使用时,应从使用的次月起自行计算和申报缴纳城镇土地使用税。

⑫经贸仓库、冷库均属于征税范围,因此不宜一律免征城镇土地使用税。对纳税确有困

难的企业，可根据《城镇土地使用税暂行条例》第七条的规定，向企业所在地的地方税务机关提出减免税申请，由省、自治区、直辖市地方税务局审核报国家税务总局批准，享受减免城镇土地使用税的照顾。

⑬向居民供热并向居民收取采暖费的供热企业暂免征收城镇土地使用税。“供热企业”包括专业供热企业、兼营供热企业、单位自供热及为小区居民供热的物业公司等，不包括从事热力生产但不直接向居民供热的企业。

对于免征城镇土地使用税的“生产占地”，是指上述企业为居民供热所使用的土地。对既向居民供热，又向非居民供热的企业，可按向居民供热收取的收入占其总供热收入的比例划分征免税界限；对于兼营供热的企业，可按向居民供热收取的收入占其生产经营总收入的比例划分征免税界限。

10.2.6 征收管理

1）纳税期限

城镇土地使用税实行按年计算、分期缴纳的征收方法，具体纳税期限由省、自治区、直辖市人民政府确定。

2）纳税义务发生时间

①纳税人购置新建商品房，自房屋交付使用之次月起，缴纳城镇土地使用税。

②纳税人购置存量房，自办理房屋权属转移、变更登记手续，房地产权属登记机关签发房屋权属证书之次月起，缴纳城镇土地使用税。

③纳税人出租、出借房产，自交付出租、出借房产之次月起，缴纳城镇土地使用税。

④以出让或转让方式有偿取得土地使用权的，应由受让方从合同约定交税时间的次月起缴纳城镇土地使用税；合同未约定交付时间的，由受让方从合同签订的次月起缴纳城镇土地使用税。

⑤纳税人新征用的耕地，自批准征用之日起满1年时开始缴纳土地使用税。

⑥纳税人新征用的非耕地，自批准征用次月起缴纳土地使用税。

⑦自2009年1月1日起，纳税人因土地的权利发生变化而依法终止城镇使用税纳税义务的，其应纳税款的计算应截止到土地权利发生变化的当月末。

3）纳税地点和征收机构

城镇土地使用税在土地所在地缴纳。

纳税人使用的土地不属于同一省、自治区、直辖市管辖的，由纳税人分别向土地所在地的税务机关缴纳土地使用税；在同一省、自治区、直辖市管辖范围内，纳税人跨地区使用的土地，其纳税地点由各省、自治区、直辖市地方税务局确定。

土地使用税由土地所在地的地方税务机关征收，其收入纳入地方财政预算管理。土地使用税征收工作涉及面广，政策性较强，在税务机关负责征收的同时，还必须注意加强同国土管理、测绘等有关部门的联系，及时取得土地的权属资料，沟通情况，共同协作把征收管理工作做好。

10.3 契　税

契税法是指国家制定的用以调整契税征收和缴纳之间权利义务关系的法律规范。现行契税法的基本规范，是1997年7月7日国务院发布并于同年10月1日开始施行的《中华人民共和国契税暂行条例》(以下简称《契税暂行条例》)。

10.3.1 契税基本原理

契税是以在中华人民共和国境内转移土地、房屋权属为征税对象，向产权承受人征收的一种财产税。

1)契税的特点

①契税属于财产转移税。它以权属发生转移的土地和房屋为征税对象，具有对财产转移课税性质。

②契税由财产承受人纳税。一般税种在税制中确定纳税人，都确定销售者为纳税人，即卖方纳税。对买方征税的主要目的，在于承认不动产转移生效，承受人纳税以后，便可拥有转移过来的不动产的产权或使用权，法律保护纳税人的合法权益。

2)契税的作用

①广辟财源，增加地方财政收入。契税按财产转移价值征税，税源较为充足，它可以弥补其他财产课税的不足，扩大其征税范围，为地方政府增加一部分财政收入。随着市场经济的发展和房地产交易的日趋活跃，契税的财政作用将日益显著。

②保护合法产权，避免产权纠纷。不动产所有权和使用权的转移，涉及转让者和承受者双方的利益。而且，由于产权转移形式多种多样，如果产权的合法性得不到确认，事后必然会出现产权纠纷。契税规定对承受人征税，一方面是对承受人财富的调节，另一方面有利于通过法律形式确定产权关系，维护公民的合法利益，避免产权纠纷。

10.3.2 征税范围

契税的征税对象是境内转移的土地、房屋权属。具体包括以下五项内容：

1)国有土地使用权出让

国有土地使用权出让是指土地使用者向国家交付土地使用权出让费用，国家将国有土地使用权在一定年限内让与土地使用者的行为。

2)土地使用权的转让

土地使用权的转让是指土地使用者以出售、赠与、交换或者其他方式将土地使用权转移给其他单位和个人的行为。土地使用权的转让不包括农村集体土地承包经营权的转移。

3）房屋买卖

房屋买卖即以货币为媒介，出卖者向购买者过渡房产所有权的交易行为。以下几种特殊情况，视同买卖房屋：

（1）以房产抵债或实物交换房屋

经当地政府和有关部门批准，以房抵债和实物交换房屋，均视同房屋买卖，应由产权承受人，按房屋现值缴纳契税。

例如，甲某因无力偿还乙某债务，而以自有的房产折价抵偿债务。经双方同意，有关部门批准，乙某取得甲某的房屋产权，在办理产权过户手续时，按房产折价款缴纳契税。如以实物（金银首饰等等价物品）交换房屋，应视同以货币购买房屋。

（2）以房产作投资或作股权转让

这种交易业务属房屋产权转移，应根据国家房地产管理的有关规定，办理房屋产权交易和产权变更登记手续，视同房屋买卖，由产权承受方按契税税率计算缴纳契税。

例如，甲某以自有房产，投资于乙某企业。其房屋产权变为乙某企业所有，故产权所有人发生变化，因此，乙某企业在办理产权登记手续后，按甲某入股房产现值（国有企事业房产须经国有资产管理部门评估核价）缴纳契税。如丙某以股份方式购买乙某企业房屋产权，丙某在办理产权登记后，按取得房产买价缴纳契税。

以自有房产作股投入本人独资经营的企业，免纳契税。因为以自有的房地产投入本人独资经营的企业，产权所有人和使用权使用人未发生变化，不需办理房产变更手续，也不办理契税手续。

（3）买房拆料或翻建新房，应照章征收契税

例如，甲某购买乙某房产，不论其目的是取得该房产的建筑材料或是翻建新房，实际构成房屋买卖。甲某应首先办理房屋产权变更手续，并按买价缴纳契税。

4）房屋赠与

房屋的赠与是指房屋产权所有人将房屋无偿转让给他人所有。其中，将自己的房屋转交给他人的法人和自然人，称作房屋赠与人；接受他人房屋的法人和自然人，称为受赠人。房屋赠与的前提必须是，产权无纠纷，赠与人和受赠人双方自愿。

由于房屋是不动产，价值较大，故法律要求赠与房屋应有书面合同（契约），并到房地产管理机关或农村基层政权机关办理登记过户手续，才能生效。如果房屋赠与行为涉及涉外关系，还需公证处证明和外事部门认证，才能有效。房屋的受赠人要按规定缴纳契税。

5）房屋交换

房屋交换是指房屋所有者之间互相交换房屋的行为。

随着经济形势的发展，有些特殊方式转移土地、房屋权属的，也将视同土地使用权转让、房屋买卖或者房屋赠与。一是以土地、房屋权属作价投资、入股；二是以土地、房屋权属抵债；三是以获奖方式承受土地、房屋权属；四是以预购方式或者预付集资建房款方式承受土地、房屋权属。

6)承受国有土地使用权支付的土地出让金

对承受国有土地使用权所应支付的土地出让金,要计征契税。不得因减免土地出让金而减免契税。

10.3.3 纳税义务人与税率

1)纳税义务人

契税的纳税义务人是境内转移土地、房屋权属,承受的单位和个人。境内是指中华人民共和国实际税收行政管辖范围内。土地、房屋权属是指土地使用权和房屋所有权。单位是指企业单位、事业单位、国家机关、军事单位和社会团体以及其他组织。个人是指个体经营者及其他个人,包括中国公民和外籍人员。

2)税率

契税实行3% ~5%的幅度税率。实行幅度税率是考虑到我国经济发展的不平衡,各地经济差别较大的实际情况。因此,各省、自治区、直辖市人民政府可以在3% ~5%的幅度税率规定范围内,按照本地区的实际情况决定。

10.3.4 应纳税额的计算

1)计税依据

契税的计税依据为不动产的价格。由于土地、房屋权属转移方式不同,定价方法不同,因而具体计税依据视不同情况而决定。

①国有土地使用权出让、土地使用权出售、房屋买卖,以成交价格为计税依据。成交价格是指土地、房屋权属转移合同确定的价格,包括承受者应交付的货币、实物、无形资产或者其他经济利益。

②土地使用权赠与、房屋赠与,由征收机关参照土地使用权出售、房屋买卖的市场价格核定。

③土地使用权交换、房屋交换,为所交换的土地使用权、房屋的价格差额。也就是说,交换价格相等时,免征契税;交换价格不等时,由多交付的货币、实物、无形资产或者其他经济利益的一方缴纳契税。

④以划拨方式取得土地使用权,经批准转让房地产时,由房地产转让者补交契税。计税依据为补交的土地使用权出让费用或者土地收益。

为了避免偷、逃税款,税法规定,成交价格明显低于市场价格并且无正当理由的,或者所交换土地使用权、房屋的价格的差额明显不合理并且无正当理由的,征收机关可以参照市场价格核定计税依据。

⑤房屋附属设施征收契税的依据。

a.采取分期付款方式购买房屋附属设施土地使用权、房屋所有权的,应按合同规定的总价款计征契税。

b.承受的房屋附属设施权属如为单独计价的,按照当地确定的适用税率征收契税;如与房屋统一计价的,适用与房屋相同的契税税率。

⑥个人无偿赠与不动产行为(法定继承人除外),应对受赠人全额征收契税。在缴纳契税时,纳税人须提交经税务机关审核并签字盖章的《个人无偿赠与不动产登记表》,税务机关(或其他征收机关)应在纳税人的契税完税凭证上加盖“个人无偿赠与”印章,在《个人无偿赠与不动产登记表》中签字并将该表格留存。

⑦出让国有土地使用权,契税计税价格为承受人为取得该土地使用权而支付的全部经济利益。对通过“招、拍、挂”程序承受国有土地使用权的,应按照土地成交总价款计征契税,其中的土地前期开发成本不得扣除。

2)应纳税额的计算方法

契税采用比例税率。当计税依据确定以后,应纳税额的计算比较简单。应纳税额的计算公式为:

$$应纳税额 = 计税依据 \times 税率$$

【例10.4】 居民甲有两套住房,将一套出售给居民乙,成交价格为200 000元;将另一套两室住房与居民丙交换成两处一室住房,并支付给居民丙换房差价款60 000元。试计算甲、乙、丙相关行为应缴纳的契税(假定税率为4%)。

【解析】 ①甲应缴纳契税 = 60 000 × 4% = 2 400(元)。

②乙应缴纳契税 = 200 000 × 4% = 8 000(元)。

③丙不缴纳契税。

10.3.5 税收优惠

1)契税优惠的一般规定

①国家机关、事业单位、社会团体、军事单位承受土地、房屋用于办公、教学、医疗、科研和军事设施的,免征契税。

②城镇职工按规定第一次购买公有住房,免征契税。

此外,财政部、国家税务总局规定:自2000年11月29日起,对各类公有制单位为解决职工住房而采取集资建房方式建成的普通住房,或由单位购买的普通商品住房,经当地县以上人民政府房改部门批准、按照国家房改政策出售给本单位职工的,如属职工首次购买住房,均可免征契税。

自2008年11月1日起对个人首次购买90平方米以下普通住房的,契税税率暂统一下调到1‰。

③因不可抗力灭失住房而重新购买住房的,酌情减免。不可抗力是指自然灾害、战争等不能预见、不可避免,并不能克服的客观情况。

④土地、房屋被县级以上人民政府征用、占用后,重新承受土地、房屋权属的,由省级人民政府确定是否减免。

⑤承受荒山、荒沟、荒丘、荒滩土地使用权,并用于农、林、牧、渔业生产的,免征契税。

⑥经外交部确认,依照我国有关法律规定以及我国缔结或参加的双边和多边条约或协

定，应当予以免税的外国驻华使馆、领事馆、联合国驻华机构及其外交代表、领事官员和其他外交人员承受土地、房屋权属。

2）契税优惠的特殊规定

（1）企业公司制改造

非公司制企业，按照《中华人民共和国公司法》的规定，整体改建为有限责任公司（含国有独资公司）或股份有限公司，或者有限责任公司整体改建为股份有限公司的，对改建后的公司承受原企业土地、房屋权属，免征契税。

非公司制国有独资企业或国有独资有限责任公司，以其部分资产与他人组建新公司，且该国有独资企业（公司）在新设公司中所占股份超过50%的，对新设公司承受该国有独资企业（公司）的土地、房屋权属，免征契税。

（2）企业股权重组

在股权转让中，单位、个人承受企业股权，企业土地、房屋权属不发生转移，不征收契税。

国有、集体企业实施"企业股份合作制改造"，由职工买断企业产权，或向其职工转让部分产权，或者通过其职工投资增资扩股，将原企业改造为股份合作制企业的，对改造后的股份合作制企业承受原企业的土地、房屋权属，免征契税。

为进一步支持国有企业改制重组，国有控股公司投资组建新公司有关契税政策规定如下：

①对国有控股公司以部分资产投资组建新公司，且该国有控股公司占新公司股份85%以上的，对新公司承受该国有控股公司土地、房屋权属免征契税。上述所称国有控股公司，是指国家出资额占有限责任公司资本总额50%以上，或国有股份占股份有限公司股本总额50%以上的国有控股公司。

②以出让方式承受原国有控股公司土地使用权的，不属于本规定的范围。

（3）企业合并

两个或两个以上的企业，依据法律规定、合同约定；合并改建为一个企业，对其合并后的企业承受原合并各方的土地、房屋权属，免征契税。

（4）企业分立

企业依照法律规定、合同约定分设为两个或两个以上投资主体相同的企业，对派生方、新设方承受原企业土地、房屋权属，不征收契税。

（5）企业出售

国有、集体企业出售，被出售企业法人予以注销，并且买受人按照《劳动法》等国家有关法律法规政策妥善安置原企业全部职工，其中与原企业30%以上的职工签订服务年限不少于3年的劳动用工合同的，对其承受所购企业的土地、房屋权属，减半征收契税；与原企业全部职工签订服务年限不少于3年的劳动用工合同的，免征契税。

（6）企业注销、破产

企业依照有关法律法规的规定实施注销、破产后，债权人（包括注销、破产企业的职工）

承受注销、破产企业的土地、房屋权属以抵偿债务的，免征契税；对于非债权人承受注销、破产企业的土地、房屋权属，凡按照《劳动法》等国家有关法律法规政策妥善安置原企业全部职工，其中与原企业30%以上的职工签订服务年限不少于3年的劳动用工合同的，对其承受所购企业的土地、房屋权属，减半征收契税；与原企业全部职工签订服务年限不少于3年的劳动用工合同的，免征契税。

(7)房屋的附属设施

对于承受与房屋相关的附属设施（包括停车位、汽车库、自行车库、顶层阁楼以及储藏室，下同）所有权或土地使用权的行为，按照契税法律、法规的规定征收契税；对于不涉及土地使用权和房屋所有权转移变动的，不征收契税。

(8)继承土地、房屋权属

对于《中华人民共和国继承法》规定的法定继承人（包括配偶、子女、父母、兄弟姐妹、祖父母、外祖父母）继承土地、房屋权属，不征契税。

按照《中华人民共和国继承法》规定，非法定继承人根据遗嘱承受死者生前的土地、房屋权属，属于赠与行为，应征收契税。

(9)其他

①经国务院批准实施债权转股权的企业，对债权转股权后新设立的公司承受原企业的土地、房屋权属，免征契税。

②政府主管部门对国有资产进行行政性调整和划转过程中发生的土地、房屋权属转移，不征收契税。

③企业改制重组过程中，同一投资主体内部所属企业之间土地、房屋权属的无偿划转，包括母公司与其全资子公司之间，同一公司所属全资子公司之间，同一自然人与其设立的个人独资企业、一人有限公司之间土地、房屋权属的无偿划转，不征收契税。

④对拆迁居民因拆迁重新购置住房的，对购房成交价格中相当于拆迁补偿款的部分免征契税，成交价格超过拆迁补偿款的，对超过部分征收契税。

⑤公司制企业在重组过程中，以名下土地、房屋权属对其全资子公司进行增资，属同一投资主体内部资产划转，对全资子公司承受母公司土地、房屋权属的行为，不征收契税。

10.3.6 征收管理

1)纳税义务发生时间

契税的纳税义务发生时间是纳税人签订土地、房屋权属转移合同的当天，或者纳税人取得其他具有土地、房屋权属转移合同性质凭证的当天。

2)纳税期限

纳税人应当自纳税义务发生之日起10日内，向土地、房屋所在地的契税征收机关办理纳税申报，并在契税征收机关核定的期限内缴纳税款。

3)纳税地点

契税在土地、房屋所在地的征收机关缴纳。

4)征收管理

纳税人办理纳税事宜后,征收机关应向纳税人开具契税完税凭证。纳税人持契税完税凭证和其他规定的文件材料,依法向土地管理部门、房产管理部门办理有关土地、房屋的权属变更登记手续。土地管理部门和房产管理部门应向契税征收机关提供有关资料,并协助契税征收机关依法征收契税。

自1997年《中华人民共和国契税暂行条例》实施以来,各级征收机关在国土部门、房管部门的协作配合下,积极探索契税征收方式,不断加强征收管理,促进了契税收入的持续快速增长。契税已经成为地方税收的重要税种。多年来的征管实践证明,征收机关直接征收契税,是掌握税源情况、制定税收政策的基础,是强化税收管理、严格执行政策的抓手,也是保障契税收入持续快速增长的必要措施。征收机关直接征收契税比委托其他单位代征契税效率高。为此,国家税务总局决定,各级征收机关要在2004年12月31日前停止代征委托,直接征收契税。

10.4 耕地占用税

耕地占用税法是指国家制定的调整耕地占用税征收与缴纳之间权利及义务关系的法律规范。现行耕地占用税法的基本规范,是2007年12月1日,国务院第511号令,重新颁布的《中华人民共和国耕地占用税暂行条例》(以下简称《耕地占用税暂行条例》)。

10.4.1 耕地占用税基本原理

1)耕地占用税的概念

耕地占用税是对占用耕地建房或从事其他非农业建设的单位和个人,就其实际占用的耕地面积征收的一种税,它属于对特定土地资源占用课税。

耕地是土地资源中最重要的组成部分,是农业生产最基本的生产资料。但我国人口众多,耕地资源相对较少,要用占世界总量7%的耕地,养活占世界总量22%的人口,人多地少的矛盾十分突出。因此,我们必须十分注意保护耕地。但是,由于过去长期实行非农业用地无偿使用制度,助长了乱占耕地的行为,浪费了大量的耕地,加剧了地少人多的矛盾。为了遏止并逐步改变这种状况,政府决定开征耕地占用税,运用税收经济杠杆与法律、行政等手段相配合,以便有效地保护耕地。通过开征耕地占用税,使那些占用耕地建房及从事其他非农业建设的单位和个人承担必要的经济责任,有利于政府运用税收经济杠杆调节他们的经济利益,引导他们节约、合理地使用耕地资源。这对于保护国土资源,促进农业可持续发展;以及强化耕地管理,保护农民的切身利益等,都具有十分重要的意义。

2)耕地占用税的特点

耕地占用税作为一个出于特定目的、对特定的土地资源课征的税种,与其他税种相比,具有比较鲜明的特点，主要表现在：

(1)兼具资源税与特定行为税的性质

耕地占用税以占用农用耕地建房或从事其他非农用建设的行为为征税对象，以约束纳税人占用耕地的行为、促进土地资源的合理运用为课征目的，除具有资源占用税的属性外，还具有明显的特定行为税的特点。

(2)采用地区差别税率

耕地占用税采用地区差别税率，根据不同地区的具体情况，分别制定差别税额，以适应我国地域辽阔、各地区之间耕地质量差别较大、人均占有耕地面积相差悬殊的具体情况，具有因地制宜的特点。

(3)在占用耕地环节一次性课征

耕地占用税在纳税人获准占用耕地的环节征收，除对获准占用耕地后超过两年未使用者须加征耕地占用税外，此后不再征收耕地占用税。因而，耕地占用税具有一次性征收的特点。

(4)税收收入专用于耕地开发与改良

耕地占用税收入按规定应用于建立发展农业专项基金，主要用于开展宜耕土地开发和改良现有耕地之用，因此，具有“取之于地、用之于地”的补偿性特点。

10.4.2 纳税义务人

耕地占用税的纳税义务人，是占用耕地建房或从事非农业建设的单位和个人。

所称单位，包括国有企业、集体企业、私营企业、股份制企业、外商投资企业、外国企业以及其他企业和事业单位、社会团体、国家机关、军队以及其他单位；所称个人，包括个体工商户以及其他个人。

10.4.3 征税范围

耕地占用税的征税范围包括纳税人为建房或从事其他非农业建设而占用的国家所有和集体所有的耕地。

所谓“耕地”是指种植农业作物的土地，包括菜地、园地。其中，园地包括花圃、苗圃、茶园、果园、桑园和其他种植经济林木的土地。

占用鱼塘及其他农用土地建房或从事其他非农业建设，也视同占用耕地，必须依法征收耕地占用税。占用已开发从事种植、养殖的滩涂、草场、水面和林地等从事非农业建设，由省、自治区、直辖市本着有利于保护土地资源和生态平衡的原则，结合具体情况确定是否征收耕地占用税。

此外，在占用之前三年内属于上述范围的耕地或农用土地，也视为耕地。

10.4.4 应纳税额的计算

1)计税依据

耕地占用税以纳税人占用耕地的面积为计税依据,以平方米为计量单位。

2)税率

由于在我国的不同地区之间人口和耕地资源的分布极不均衡,有些地区人烟稠密,耕地资源相对匮乏;而有些地区则人烟稀少,耕地资源比较丰富。各地区之间的经济发展水平也有很大差异。考虑到不同地区之间客观条件的差别以及与此相关的税收调节力度和纳税人负担能力方面的差别,耕地占用税在税率设计上采用了地区差别定额税率。税率规定如下:

①人均耕地不超过1亩的地区(以县级行政区域为单位,下同),每平方米为10~50元;

②人均耕地超过1亩但不超过2亩的地区,每平方米为8~40元;

③人均耕地超过2亩但不超过3亩的地区,每平方米6~30元;

④人均耕地超过3亩以上的地区,每平方米5~25元。

经济特区、经济技术开发区和经济发达、人均耕地特别少的地区,适用税额可以适当提高,但最多不得超过上述规定税额的50%。具体如表10.2所示。

表10.2 各省、自治区、直辖市耕地占用税平均税额

地 区	每平方米平均税额/元
上海	45
北京	40
天津	35
江苏、浙江、福建、广东	30
辽宁、湖北、湖南	25
河北、安徽、江西、山东、河南、重庆、四川	22.5
广西、海南、贵州、云南、陕西	20
山西、吉林、黑龙江	17.5
内蒙古、西藏、甘肃、青海、宁夏、新疆	12.5

3)税额计算

耕地占用税以纳税人实际占用的耕地面积为计税依据,以每平方米土地为计税单位,按适用的定额税率计税。其计算公式为:

$$应纳税额 = 实际占用耕地面积(平方米) \times 适用定额税率$$

【例10.5】 假设某市一家企业新占用19 800平方米耕地用于工业建设,所占耕地适用的定额税率为20元/平方米。计算该企业应纳的耕地占用税。

【解析】 应纳税额 = 19 800 × 20 = 396 000(元)

10.4.5 税收优惠

1)免征耕地占用税

①军事设施占用耕地。

②学校、幼儿园、养老院、医院占用耕地。

2)减征耕地占用税

①铁路线路、公路线路、飞机场跑道、停机坪、港口、航道占用耕地,减按每平方米2元的税额征收耕地占用税。

根据实际需要,国务院财政、税务主管部门商国务院有关部门并报国务院批准后,可以对前款规定的情形免征或者减征耕地占用税。

②农村居民占用耕地新建住宅,按照当地适用税额减半征收耕地占用税。

农村烈士家属、残疾军人、鳏寡孤独以及革命老根据地、少数民族聚居区和边远贫困山区生活困难的农村居民,在规定用地标准以内新建住宅缴纳耕地占用税确有困难的,经所在地乡(镇)人民政府审核,报经县级人民政府批准后,可以免征或者减征耕地占用税。

免征或者减征耕地占用税后,纳税人改变原占地用途,不再属于免征或者减征耕地占用税情形的,应当按照当地适用税额补缴耕地占用税。

10.4.6 征收管理

耕地占用税由地方税务机关负责征收。土地管理部门在通知单位或者个人办理占用耕地手续时,应当同时通知耕地所在地同级地方税务机关。获准占用耕地的单位或者个人应当在收到土地管理部门的通知之日起30日内缴纳耕地占用税。土地管理部门凭耕地占用税完税凭证或者免税凭证和其他有关文件发放建设用地批准书。

纳税人临时占用耕地,应当依照本条例的规定缴纳耕地占用税。纳税人在批准临时占用耕地的期限内恢复所占用耕地原状的,全额退还已经缴纳的耕地占用税。

占用林地、牧草地、农田水利用地、养殖水面以及渔业水域滩涂等其他农用地建房或者从事非农业建设的,比照本条例的规定征收耕地占用税。建设直接为农业生产服务的生产设施占用前款规定的农用地的,不征收耕地占用税。

本章练习题

一、单项选择题

1. 某企业2014年自建两栋完全一样的办公楼,6月30日建成投入生产经营,入账金额共为800万元;7月31日将一栋办公楼用于出租,从8月1日起收取租金,根据合同,收取三年租金7.2万;已知当地政府规定的计算房产余值的扣除比例为30%。计算该企业2014年度应纳房产税(   )元。

   A. 20 800　　B. 19 600　　C. 22 400　　D. 23 600

2. 某企业有单独两处地下建筑物，一处为地下仓库，一处为停车厂，分别为工业用途房产和非工业用途房产。房产原值分别为 25 万元和 15 万元。该省规定房产税依照房产原值一次减除 30% 后的余值计算缴纳。同时规定：工业用途地下建筑房产可以原价的 60% 作为应税房产原值；商业和其他用途地下建筑房产可以原价的 70% 作为应税房产原值。则该单位就两处地下建筑物每年应缴纳的房产税合计为(　　)元。

A. 2 288　　B. 2 576　　C. 2 142　　D. 2 864

3. 某企业 2014 年委托施工企业修建物资仓库，8 月中旬办理验收手续，工程结算支出 100 万元，并按此价值计入固定资产核算，已知当地省政府确定计算余值的扣除比例为 30%。该企业新建仓库 2014 年度应缴纳房产税(　　)元。

A. 8 400　　B. 3 500　　C. 5 600　　D. 2 800

4. 某大型企业其生产用房原值 7 800 万元，还拥有一个内部职工医院、一个幼儿园、一个超市和一个学校，房产的原值分别为 320 万元、100 万元、300 万元和 240 万元。已知当地政府规定的扣除比例为 20%，该企业应缴纳房产税(　　)万元。

A. 76.80　　B. 77.76　　C. 78.72　　D. 82.56

5. 甲企业 2014 年 6 月以融资租赁的方式租入一处房产，原值 1 000 万元，租赁期 5 年，租入当月投入使用，每月支付租赁费 10 万元(注：当地计算房产余值的扣除比例为 20%)。2014 年甲企业融资租赁的房产应缴纳房产税(　　)万元。

A. 4.8　　B. 5.6　　C. 7.2　　D. 8.4

6. 根据城镇土地使用税的有关规定，经济发达地区，城镇土地使用税的适用税额标准可以(　　)。

A. 适当提高，但提高额不得超过规定的最高税额的 30%

B. 适当提高，但提高额不得超过规定的最低税额的 30%

C. 适当提高，但须报经国家税务总局批准

D. 适当提高，但须报经财政部批准

7. 2014 年度甲企业与乙企业共同使用面积为 8 000 平方米的土地，该土地上共有建筑物 15 000 平方米，甲企业使用其中的 4/5，乙企业使用其中的 1/5。除此之外，经有关部门批准，乙企业在 2014 年 1 月份新征用耕地 6 000 平方米。甲乙企业共同使用土地所处地段的年税额为 4 元/平方米，乙企业新征土地所处地段的年税额为 2 元/平方米。2014 年度缴纳城镇土地使用税的情况是(　　)。

A. 甲企业纳税 25 600 元，乙企业纳税 18 400 元

B. 甲企业纳税 25 600 元，乙企业纳税 6 400 元

C. 甲企业纳税 48 000 元，乙企业纳税 24 002 元

D. 甲企业纳税 48 000 元，乙企业纳税 12 000 元

8. 甲公司实际占地面积共计 20 000 平方米，其中 3 000 平方米为厂区外的绿化区，2 000 平方米为厂区以内的绿化用地，企业创办的学校和医院共占地 1 500 平方米，出租 500 平方米，无偿借出 800 平方米给部队作训练场地。所处地段适用年税额为 3 元/平方米。甲公

司应缴纳的城镇土地使用税为(　　)。

A. 40 000 元　　B. 42 000 元　　C. 41 000 元　　D. 44 100 元

9. 某公司 2014 年发生两笔互换房产业务,并已办理了相关手续。第一笔业务换出的房产价值 500 万元,换进的房产价值 800 万元;第二笔业务换出的房产价值 600 万元,换进的房产价值 300 万元。已知当地政府规定的契税税率为 3%,该公司应缴纳契税(　　)万元。

A. 0　　B. 9　　C. 18　　D. 33

10. 某企业破产,其房地产评估价值为 2 500 万元,其中以评估价值 1 500 万元的房地产抵偿债务,将价值 1 000 万元的房地产进行拍卖,拍卖收入 1 100 万元。债权人获得房地产后,与他人进行房屋交换,取得额外补偿 500 万元。当事人各方合计应缴纳契税(　　)万元。(适用契税税率 3%)

A. 48　　B. 33　　C. 51　　D. 93

11. 甲企业破产清算时,将价值 2 000 万元的房地产抵偿债务;另将价值 6 000 万元的房地产转让给非债权人乙企业。当事人各方合计应缴纳契税为(　　)(契税适用税率 4%)。

A. 0　　B. 120 万元　　C. 200 万元　　D. 240 万元

12. 关于契税的计税依据,下列说法正确的是(　　)。

A. 以协议方式出让土地使用权的,以成交价格作为计税依据,但不包括土地出让金和土地补偿费

B. 土地使用权相交换的,以交换的土地使用权的价格作为计税依据

C. 房屋赠与的,以征收机关核定的市场价格为计税依据

D. 已购公有住房经补缴土地出让金拥有完全产权的,以补缴的土地出让金为计税依据

13. 采取分期付款方式购买房屋附属设施土地使用权、房屋所有权的,应该按照(　　)计征契税。

A. 首次付款金额

B. 合同规定总价款的一半

C. 合同规定的总价款

D. 首次付款额的 3 倍

14. 下列各项中,契税计税依据可由征收机关核定的是(　　)。

A. 土地使用权出售

B. 国有土地使用权出让

C. 土地使用权赠与

D. 以划拨方式取得土地使用权

15. 下列各项中,不应当征收契税的是(　　)。

A. 以房产抵债

B. 将房产赠与他人

C. 以房产作投资

D. 债权人承受破产企业的房屋

16. 下列各项中,关于耕地占用税说法正确的是(　　)。
A. 占用菜地开发花圃属于耕地占用税征收范围
B. 集体土地不属于耕地占用税征税范围
C. 占用食品加工厂用地属于耕地占用税征税范围
D. 占用鱼塘建房属于耕地占用税征税范围
17. 获准占用耕地的单位或者个人应当在(　　)缴纳耕地占用税。
A. 实际占用耕地之日起 7 日内
B. 实际占用耕地之日起 15 日内
C. 收到土地管理部门的通知之日起 10 日内
D. 收到土地管理部门的通知之日起 30 日内
18. 某企业占用林地 40 万平方米建造生态高尔夫球场,还占用林地 100 万平方米开发经济林木,所占耕地适用的定额税率为 20 元/平方米。该企业应缴纳耕地占用税(　　)万元。
A. 800　　B. 1 400　　C. 2 000　　D. 2 800
19. 2014 年 1 月某企业占用耕地 5 万平方米建造厂房,所占耕地适用的定额税率为 20 元/平方米。同年 7 月份该企业占用耕地 1 万平方米,为当地建设学校,所占耕地适用的定额税率为 20 元/平方米,计算 2014 年该企业应缴纳耕地占用税(　　)万元。
A. 100　　B. 14　　C. 20　　D. 28

二、多项选择题

1. 下列房产中,属于房产税征税范围的有(　　)。
A. 政府机关自用的房产
B. 宗教寺庙出租的房产
C. 人民团体自用的房产
D. 事业单位的经营性房产
E. 个人所有的经营性房产
2. 下列各项符合房产税计税依据规定的有(　　)。
A. 以人民币以外的货币为记账本位币的外资企业缴纳房产税时,应按照上月最后一日的人民币汇率中间价折合人民币缴纳房产税
B. 融资租赁方式租入的房屋以房产余值计算征收房产税
C. 与地上建筑物相连的地下建筑物,应将地上建筑物与地下建筑物分开计算房产税
D. 纳税人对原有房屋进行改造、扩建的,要相应增加房屋的原值
E. 地下建筑物若作为工业用途,其房产计税原值为房屋原价的 70% ~80%,在此基础上扣除原值减除比例作为计税依据
3. 以下关于城镇土地使用税的表述中,正确的是(　　)。
A. 纳税人使用的土地不属于同一市(县)管辖范围内的,由纳税人分别向土地所在地的税

务机关申报缴纳

B. 纳税人使用的土地在同一省(自治区、直辖市)管辖范围内,纳税人跨地区使用的土地,由纳税人分别向土地所在地的税务机关申报缴纳

C. 纳税人新征用的土地,必须于批准新征用之日起 15 日内申报登记

D. 纳税人如有住址变更、土地使用权属转换等情况,从转移之日起,按规定期限办理申报变更登记

E. 城镇土地使用税的纳税期限由省、自治区、直辖市人民政府确定

4. 下列土地属于城镇土地使用税征税范围的有(　　)。

A. 城市中属于国有企业的土地

B. 农村中属于私营企业所有的土地

C. 建制镇中属于集体企业所有的土地

D. 城市郊区中属于股份制企业所有的土地

E. 工矿区中属于集体所有的土地

5. 甲企业将原值 28 万的房产评估作价 30 万元投资乙企业,乙企业办理产权登记后又将该房产以 40 万元价格售与丙企业,当地契税税率 3%,则下列说法正确的有(　　)。

A. 丙企业缴纳契税 0.9 万元

B. 丙企业缴纳契税 1.2 万元

C. 乙企业缴纳契税 0.9 万元

D. 乙企业缴纳契税 0.84 万元

E. 甲企业缴纳契税 0.84 万元

6. 下列关于契税的陈述正确的是(　　)。

A. 对已缴纳契税的购房单位和个人,在未办理房屋权属变更登机前退房的,退还已缴纳契税

B. 对拆迁居民因拆迁重新购置住房的,成交价格超过拆迁补偿款的,对超过部分征收契税

C. 土地使用者置换土地,只有取得了置换土地使用权属证书的,才需要交纳契税

D. 个人购买普通住房免征契税

E. 契税是以发生土地使用权和房屋所有权权属转移的土地和房屋为征税对象

7. 下列关于耕地占用税的陈述,正确的有(　　)。

A. 耕地占用税兼具资源税与特定行为税的性质

B. 耕地占用税的纳税义务人是指占用耕地建房或从事非农业建设的单位

C. “耕地”是指终止农业作物的土地,包括菜地、苗圃、茶园和其他种植经济林木

D. 经济特区、经济技术开发区和经济发达且人均耕地特别少的地区,适用税额可以适当提高,但是提高的部分最高不得超过规定的当地适用税额的 50%

E. 农村居民占用耕地新建住宅,免征耕地占用税

8. 下列关于耕地占用税的征收管理的陈述,正确的有(　　)。

A. 耕地占用税由地方税务机关负责征收

B. 土地管理部门在通知单位或者个人办理占用耕地手续时,应当同时通知耕地所在地同级地方税务机关

C. 获准占用耕地的单位或者个人应当在收到土地管理部门的通知之日起 10 日内缴纳耕地占用税

D. 纳税人临时占用耕地,应当依照本条例的规定缴纳耕地占用税

E. 纳税人新占有的耕地,征收了城镇土地使用税的,就不再征收耕地占用税

第 11 章　车辆购置税、车船税和印花税

【学习要求】

1. 熟悉车辆购置税、车船税和印花税的基本概念和特点；
2. 掌握车辆购置税、车船税和印花税的纳税人和征税范围；
3. 掌握车辆购置税、车船税和印花税的税率和应纳税额的计算；
4. 了解车辆购置税、车船税和印花税的征收管理。

11.1　车辆购置税

车辆购置税法是指国家制定的用以调整车辆购置税征收与缴纳之间权利及义务关系的法律规范。现行车辆购置税法的基本规范，是 2000 年 10 月 22 日国务院令第 294 号颁布并于 2001 年 1 月 1 日起施行的《中华人民共和国车辆购置税暂行条例》(以下简称《车辆购置税暂行条例》)。

11.1.1　车辆购置税基本原理

1)车辆购置税的概念

车辆购置税是以在中国境内购置规定车辆为课税对象、在特定的环节向车辆购置税者征收的一种税。就其性质而言，属于直接税的范畴。

车辆购置税是 2001 年 1 月 1 日在我国开征的新税种，是在原交通部门收取的车辆购置税附加费的基础上，通过"费改税"方式改革而来的。车辆购置税基本保留了原车辆附加费的特点。

2)车辆购置税的特点

车辆购置税除具有税收的共同特点外，还有其自身独立的特点：

(1)征收范围单一

作为财产税的车辆购置税，是以购置的特定车辆为课税对象，而不是对所有的财产或消费财产征税，范围窄，是一种特种财产税。

(2)征收环节单一

车辆购置税实行一次课征制，它不是在生产、经营和消费的每一环节实行道道征收，而

只是在退出流通进入消费领域的特定环节征收。

(3)税率单一

车辆购置税只确定一个统一比例税率征收,税率具有不随课税对象数额变动的特点,计征简便、负担稳定,有利于依法治税。

(4)征收方法单一

车辆购置税根据纳税人购置应税车辆的计税价格实行从价计征,以价格为计税标准,课税与价值直接发生关系,价值高者多征税,价值低者少征税。

(5)征税具有特定目的

车辆购置税具有专门用途,由中央财政根据国家交通建设投资计划,统筹安排。这种特定目的的税收,可以保证国家财政支出的需要,既有利于统筹合理地安排资金,又有利于保证特定事业和建设支出的需要。

(6)价外征收,税负不发生转嫁

车辆购置税的计税依据中不包含车辆购置税税额,车辆购置税税额是附加在价格之外的,且纳税人即为负税人,税负不发生转嫁。

3)开征车辆购置税的作用

(1)有利于合理筹集建设资金

国家通过开征车辆购置税参与国民收入的再分配,可以更好地将一部分消费基金转化为财政资金,为国家筹集更多的资金,以满足国家行使职能的需要。第一,车辆购置税是在消费环节征税,具有经常性的特点,只要纳税人发生了购置、使用应税车辆的行为就要纳税,这就比对所得课税和商品课税具有及时性。第二,车辆购置税按统一比例税率课征,具有相对的稳定性。第三,车辆购置税是依法征收的,具有强制性和固定性,因而其收入是可靠的。因此,车辆购置税更有利于依法合理地筹集交通基础设施建设和维护资金,保证资金专款专用,从而促进交通基础设施建设事业的健康发展。

(2)有利于规范政府行为

社会主义市场经济需要有健全的宏观经济调控体系,以保证其快速协调发展和健康运行。首先,由于税与费之间的本质区别,以费改税,开征车辆购置税,有利于理顺税费关系,进一步完善财税制度,实现税制结构的不断优化。其次,"费改税"改革,不但能规范政府行为,遏制乱收费,同时对正确处理税费关系、深化和完善财税体制改革也能起到积极作用。

(3)有利于调节收入差距

车辆购置税在消费环节对消费应税车辆的使用者征收,能更好地体现两条原则:第一,兼顾公平的原则。兼顾公平的原则,就是要保护合法收入,取缔非法收入,整顿不合理收入,调节过高收入。因此,开征车辆购置税可以对过高的消费支出进行调节。第二,纳税能力原则。即高收入者多负税,低收入者少负税,具有较高消费能力的人比一般消费能力的人要多负税。

(4)有利于配合打击走私和维护国家权益

首先,车辆购置税对同一课税对象的应税车辆不论来源渠道如何,都按同一比例税率征收,具有同一应税车辆税负相同的特性,因此,它可以平衡进口车辆与国产车辆的税收负担,体现国民待遇原则。其次,车辆购置税在车辆上牌使用时征收,具有源泉控制的特点,它可以配合有关部门在打击走私、惩治犯罪等方面起到积极的作用。最后,对进口自用的应税车辆以含关税、消费税的组成计税价格为计税依据,对进口应税车辆征收较高的税收,以限制其进口,有利于保护国内汽车工业的发展。

11.1.2 纳税义务人

车辆购置税的纳税人是指在我国境内购置应税车辆的单位和个人。其中,购置是指购买使用行为、进口使用行为、受赠使用行为、自产自用行为、获奖使用行为以及以拍卖、抵债、走私、罚没等方式取得并使用的行为,这些行为都属于车辆购置税的应税行为。

车辆购置税的纳税人具体是指:

所称单位,包括国有企业、集体企业、私营企业、股份制企业、外商投资企业、外国企业以及其他企业,事业单位、社会团体、国家机关、部队以及其他单位。

所称个人,包括个体工商户及其他个人,既包括中国公民又包括外国公民。

11.1.3 征税对象与征税范围

车辆购置税以列举的车辆作为征税对象,未列举的车辆不纳税。其征税范围包括汽车、摩托车、电车、挂车、农用运输车,具体规定如下:

①汽车:包括各类汽车。

②摩托车。

a. 轻便摩托车:最高设计时速不大于50千米/时,发动机气缸总排量不大于50立方米的两个或三个车轮的机动车;

b. 二轮摩托车:最高设计车速大于50千米/时,或发动机气缸总排量大于50立方米的两个车轮的机动车;

c. 三轮摩托车:最高设计车速大于50千米/时,发动机气缸总排量大于50立方米,空车质量不大于400千克的三个车轮的机动车。

③电车。

a. 无轨电车:以电能为动力,由专用输电电缆供电的轮式公共车辆;

b. 有轨电车:以电能为动力,在轨道上行驶的公共车辆。

④挂车。

a. 全挂车:无动力设备,独立承载,由牵引车辆牵引行驶的车辆;

b. 半挂车:无动力设备,与牵引车共同承载,由牵引车辆牵引行驶的车辆。

⑤农用运输车。

a. 三轮农用运输车:柴油发动机,功率不大于7.4千瓦,载重量不大于500千克,最高车速不大于40千米/时的三个车轮的机动车；

b. 四轮农用运输车：柴油发动机，功率不大于28千瓦，载重量不大于1 500千克，最高车速不大于50千米/时的四个车轮的机动车。

为了体现税法的统一性、固定性、强制性和法律的严肃性特征，车辆购置税征收范围的调整，由国务院决定，其他任何部门、单位和个人无权擅自扩大或缩小车辆购置税的征税范围。

11.1.4 税率与计税依据

1）税率

车辆购置税实行统一比例税率，税率为10%。

2）计税依据

车辆购置税以应税车辆为课税对象，考虑到我国车辆市场供求的矛盾，价格差异变化，计量单位不规范以及征收车辆购置附加费的做法，实行从价定率、价外征收的方法计算应纳税额，应税车辆的价格即计税价格就成为车辆购置税的计税依据。但是，由于应税车辆购置的来源不同，应税行为的发生不同，计税价格的组成也就不一样。车辆购置税的计税依据有以下几种情况：

（1）购买自用应税车辆计税依据的确定

纳税人购买自用的应税车辆的计税依据为纳税人购买应税车辆而支付给销售方的全部价款和价外费用（不含增值税）。

购买的应税自用车辆包括购买自用的国产应税车辆和购买自用的进口应税车辆，如从国内汽车市场、汽车贸易公司购买自用的进口应税车辆。

价外费用是指销售方价外向购买方收取的手续费、基金、违约金、包装费、运输费、保管费、代垫款项、代收款项和其他各种性质的价外收费，但不包括增值税税款。

（2）进口自用应税车辆计税依据的确定

纳税人进口自用的应税车辆以组成计税价格为计税依据，组成计税价格的计算公式为：

组成计税价格 = 关税完税价格 + 关税 + 消费税

进口自用的应税车辆是指纳税人直接从境外进口或委托代理进口自用的应税车辆，即非贸易方式进口自用的应税车辆。而且进口自用的应税车辆的计税依据，应根据纳税人提供的、经海关审查确认的有关完税证明资料确定。

（3）其他自用应税车辆计税依据的确定

现行政策规定，纳税人自产、受赠、获奖和以其他方式取得并自用的应税车辆的计税依据，凡不能或不能准确提供车辆价格的，由主管税务机关依国家税务总局核定的、相应类型的应税车辆的最低计税价格确定。因此，纳税人自产自用、受赠使用、获奖使用和以其他方式取得并自用的应税车辆一般以国家税务总局核定的最低计税价格为计税依据。

（4）最低计税价格作为计税依据的确定

《车辆购置税条例规定》："纳税人购买自用或者进口自用应税车辆，申报的计税价格低于同类型应税车辆的最低计税价格,又无正当理由的,按照最低计税价格征收车辆购置税。”也就是说,纳税人购买和自用的应税车辆,首先应分别按前述计税价格、组成计税价格来确定计税依据。当申报的计税价格偏低,又无正当理由的,应以最低计税价格作为计税依据。实际工作中,通常是当纳税人申报的计税价格等于或高于最低计税价格时,按申报的价格计税;当纳税人申报的计税价格低于最低计税价格时,按最低计税价格计税。

最低计税价格由国家税务总局依据全国市场的平均销售价格制定。根据纳税人购置应税车辆的不同情况,国家税务总局对以下几种特殊情形应税车辆的最低计税价格规定如下:

a. 对已缴纳并办理了登记注册手续的车辆,其底盘和发动机同时发生更换,其最低计税价格按同类型新车最低计税价格的70%计算。

b. 免税、减税条件消失的车辆,其最低计税价格的确定方法为:

最低计税价格 = 同类型新车最低计税价格 ×[1 -(已使用年限 ÷ 规定使用年限)]× 100%

其中,规定使用年限为:国产车辆按10年计算;进口车辆按15年计算。超过使用年限的车辆,不再征收车辆购置税。

c. 非贸易渠道进口车辆的最低计税价格,为同类型新车最低计税价格。

车辆购置税的计税依据和应纳税额应使用统一货币单位计算。纳税人以外汇结算应税车辆价款的,按照申报纳税之日中国人民银行公布的人民币基准汇价,折合成人民币计算应纳税额。

11.1.5 应纳税额的计算

车辆购置税实行从价定率的方法计算应纳税额,计算公式为:

应纳税额 = 计税依据 × 税率

由于应税车辆的来源、应税行为的发生以及计税依据组成的不同,因而,车辆购置税应纳税额的计算方法也有区别。

1)购买自用应税车辆应纳税额的计算

在应纳税额的计算当中,应注意以下费用的计税规定:

①购买者随购买车辆支付的工具件和零部件价款应作为购车价款的一部分,并入计税依据中征收车辆购置税。

②支付的车辆装饰费应作为价外费用并入计税依据中计税。

③代收款项应区别征税。凡使用代收单位(受托方)票据收取的款项,应视作代收单位价外收费,购买者支付的价费款,应并入计税依据中一并征税;凡使用委托方票据收取,受托方只履行代收义务和收取代收手续费的款项,应按其他税收政策规定征税。

④销售单位开给购买者的各种发票金额中包含增值税税款,因此,计算车辆购置税时,应换算为不含增值税的计税价格。

⑤购买者支付的控购费,是政府部门的行政性收费,不属于销售者的价外费用范围,不应并入计税价格计税。

⑥销售单位开展优质销售活动所开票收取的有关费用,应属于经营性收入,企业在代理

过程中按规定支付给有关部门的费用，企业已作经营性支出列支核算，其收取的各项费用并在一张发票上难以划分的，应作为价外收入计算征税。

【例11.1】 宋某2013年1月份从某汽车有限公司购买一辆小汽车供自己使用，支付了含增值税税款在内的款项234 000元，另支付代收临时牌照费550元、代收保险费1 000元，支付购买工具件和零配件价款3 000元，车辆装饰费1 300元。所支付的款项均由该汽车有限公司开具"机动车销售统一发票"和有关票据。请计算宋某应纳车辆购置税。

【解析】 ①计税依据 =（234 000 + 550 + 1 000 + 3 000 + 1 300）÷（1 + 17%）= 205 000(元)

②应纳税额 = 205 000 × 10% = 20 500(元)

2)进口自用应税车辆应纳税额的计算

纳税人进口自用的应税车辆应纳税额的计算公式为：

应纳税额 =（关税完税价格 + 关税 + 消费税）× 税率

【例11.2】 某外贸进出口公司2013年3月份从国外进口10辆宝马公司生产的某型号小轿车。该公司报关进口这批小轿车时，经报关地海关对有关报关资料的审查，确定关税完税价格为每辆185 000元人民币，海关按关税政策规定每辆征收了关税203 500，并按消费税、增值税有关规定分别代征了每辆小轿车的进口消费税11 655元和增值税66 045元。由于联系业务需要，该公司将一辆小轿车留在本单位使用。根据以上资料，计算应纳车辆购置税。

【解析】 ①计税依据 = 185 000 + 203 500 + 11 6 500 = 400 155(元)

②应纳税额 = 400 155 × 10% = 40 015.5(元)

3)其他自用应税车辆应纳税额的计算

纳税人自产自用、受赠使用、获奖使用和以其他方式取得并自用应税车辆的，凡不能取得该型车辆的购置价格，或者低于最低计税价格的，以国家税务总局核定的最低计税价格作为计税依据计算征收车辆购置税：

应纳税额 = 最低计税价格 × 税率

【例11.3】 某客车制造厂将自产的一辆某型号的客车，用于本厂后勤服务，该厂在办理车辆上牌落籍前，出具该车的发票，注明金额65 000元，并按此金额向主管税务机关申报纳税。经审核，国家税务总局对该车同类型车辆核定的最低计税价格为80 000元。计算该车应纳车辆购置税。

【解析】 应纳税额 = 80 000 × 10% = 8 000(元)

4)特殊情形下自用应税车辆应纳税额的计算

(1)减税、免税条件消失车辆应纳税额的计算

对减税、免税条件消失的车辆，纳税人应按现行规定，在办理车辆过户手续前或者办理变更车辆登记注册手续前向税务机关缴纳车辆购置税。

应纳税额 = 同类型新车最低计税价格 ×［1 -（已使用年限 ÷ 规定使用年限）］× 100% × 税率

(2)未按规定纳税车辆应补税额的计算

纳税人未按规定纳税的,应按现行政策规定的计税价格,区分情况分别确定征税。不能提供购车发票和有关购车证明资料的,检查地税务机关应按同类型应税车辆的最低计税价格征税;如果纳税人回落籍地后提供的购车发票金额与支付的价外费用之和高于核定的最低计税价格的,落籍地主管税务机关还应对其差额计算补税。

应纳税额 = 最低计税价格 × 税率

11.1.6　税收优惠

我国车辆购置税实行法定减免,减免税范围的具体规定是:

①外国驻华使馆、领事馆和国际组织驻华机构及其外交人员自用车辆免税;

②中国人民解放军和中国人民武装警察部队列入军队武器装备订货计划的车辆免税;

③设有固定装置的非运输车辆免税;

④对纳税人自2009年1月20日至2009年12月31日期间购置的排气量在1.6升及以下的小排量乘用车,暂减按5%的税率征收车辆购置税。

经国务院批准,对2010年1月1日至12月31日购置1.6升及以下排量乘用车,暂减按7.5%的税率征收车辆购置税。

所称乘用车,是指在设计和技术特性上主要用于载运乘客及其随身行李和(或)临时物品、含驾驶员座位在内最多不超过9个座位的汽车。具体包括:

a. 国产轿车:“中华人民共和国机动车整车出厂合格证”(以下简称合格证)中“车辆型号”项的车辆类型代号为“7”,“排量和功率(毫升/千瓦)”项中排量不超过1 600毫升。

b. 国产客车:合格证中“车辆型号”项的车辆类型代号为“6”,“排量和功率(毫升/千瓦)”项中排量不超过1 600毫升,“额定载客(人)”项不超过9人。

c. 国产越野汽车:合格证中“车辆型号”项的车辆类型代号为“2”,“排量和功率(毫升/千瓦)”项中排量不超过1 600毫升,“额定载客(人)”项不超过9人,“额定载质量(千克)”项小于额定载客人数和65千克的乘积。

d. 国产专用车:合格证中“车辆型号”项的车辆类型代号为“5”,“排量和功率(毫升/千瓦)”项中排量不超过1 600毫升,“额定载客(人)”项不超过9人,“额定载质量(千克)”项小于额定载客人数和65千克的乘积。

e. 进口乘用车,参照国产同类车型技术参数认定。

⑤有国务院规定予以免税或者减税的其他情形的,按照规定免税或减税。

根据现行政策规定,上述“其他情形”的车辆,目前主要有以下几种:

a. 防汛部门和森林消防部门用于指挥、检查、调度、报讯(警)、联络的设有固定装置的指定型号的车辆。

b. 回国服务的留学人员用现汇购买1辆自用国产小汽车。

c. 长期来华定居专家1辆自用小汽车。

11.1.7 征收管理

根据2006年1月1日开始试行的《车辆购置税征收管理办法》,车辆购置税的征收规定如下:

1)纳税申报

车辆购置税实行一车一申报制度。纳税人在办理纳税申报时应如实填写《车辆购置税纳税申报表》,同时提供车主身份证明、车辆价格证明、车辆合格证明及税务机关要求提供的其他资料的原件和复印件,经车购办审核后,由税务机关保存有关复印件。

2)纳税环节

车辆购置税的征税环节为使用环节,即最终消费环节。具体而言,纳税人应当在向公安机关等车辆管理机构办理车辆登记注册手续前,缴纳车辆购置税。

3)纳税地点

纳税人购置应税车辆,应当向车辆登记注册地的主管税务机关申报纳税;购置不需办理车辆登记注册手续的应税车辆,应当向纳税人所在地主管税务机关申报纳税。车辆登记注册地是指车辆的上牌落籍地或落户地。

4)纳税期限

纳税人购买自用的应税车辆,自购买之日起60日内申报纳税;进口自用的应税车辆,应当自进口之日起60日内申报纳税;自产、受赠、获奖和以其他方式取得并自用的应税车辆,应当自取得之日起60日内申报纳税。

这里的"购买之日"是指纳税人购车发票上注明的销售日期;"进口之日"是指纳税人报关进口的当天。

11.2 车船税

车船税法是指国家制定的用以调整车船税征收与缴纳之间权利及义务关系的法律规范。现行车船税法的基本规范,是2006年12月29日国务院颁布并于2007年1月1日实施的《中华人民共和国车船税暂行条例》。

11.2.1 车船税基本原理

1)车船税的概念

车船税是以车船为征税对象,向拥有车船的单位和个人征收的一种税。

我国对车船课税历史悠久。早在公元前129年(汉武帝元光六年),我国就开征了算商车。1945年6月,国民党政府公布了《使用牌照税法》,在全国统一开征车船使用牌照税。新中国成立后,中央人民政府政务院于1951年9月颁布了《车船使用牌照税暂行条例》,在全国部分地区开征。1973 年简化税制、合并税种时，把对国营企业和集体企业征收的车船使用牌照税并入工商税。从那时起，车船使用牌照税只对不缴纳工商税的单位、个人及外侨征收，征税范围大大缩小。1984 年 10 月国务院决定恢复对车船征税，因原税名“车船使用牌照税”不太确定，实际工作中往往误认为是对牌照征税，因此，改名为车船使用税。1986 年 9 月 15 日，国务院发布了《中华人民共和国车船使用税暂行条例》，决定从 1986 年 10 月 1 日起在全国施行。各省、自治区、直辖市人民政府根据《车船使用税暂行条例》规定，先后制定了施行细则。2006 年 12 月 29 日国务院颁布了《中华人民共和国车船税暂行条例》（以下简称《车船税暂行条例》），并于 2007 年 1 月 1 日实施。

2）车船税的作用

（1）为地方政府筹集财政资金

开征车船税，能够将分散在车船人手中的部分资金集中起来，增加地方财源，增加地方政府的财政收入。

（2）有利于车船的管理与合理配置

随着经济发展，社会拥有车船的数量急剧增加，开征车船税后，购置、使用车船越多，应缴纳的车船税越多，促使纳税人加强对自己拥有的车船管理和核算，改善资源配置，合理使用车船。

（3）有利于调节财富差异

在国外，车船税属于对不动产的征税范围，这类税收除了筹集地方财政收入外，另一个重要功能是对个人拥有的财产或财富（如轿车、游艇等）进行调节，缓解财富分配不公。随着我国经济增长，部分先富起来的个人拥有私人轿车、游艇及其他车船的情况将会日益增加，我国征收车船税的财富再分配作用亦会更加重要。

11.2.2 纳税义务人

所谓车船税，是指在中华人民共和国境内的车辆、船舶的所有人或者管理人按照中华人民共和国车船税暂行条例应缴纳的一种税。车船税的纳税义务人，是指在中华人民共和国境内，车辆、船舶（以下简称车船）的所有人或者管理人，应当依照《中华人民共和国车船税暂行条例》的规定缴纳车船税。

11.2.3 征税范围

车船税的征收范围，是指依法应当在我国车船管理部门登记的车船（除规定减免的车船外）。

1）车辆

车辆，包括机动车辆和非机动车辆。机动车辆，指依靠燃油、电力等能源作为动力运行的车辆，如汽车、拖拉机、无轨电车等；非机动车辆，指依靠人力、畜力运行的车辆，如三轮车、自行车、畜力驾驶车等。

2)船舶

船舶,包括机动船舶和非机动船舶。机动船舶,指依靠燃料等能源作为动力运行的船舶,如客轮、货船、气垫船等;非机动船舶,指依靠人力或者其他力量运行的船舶,如木船、帆船、舢板等。

11.2.4 税目与税率

车船税实行定额税率。定额税率,也称固定税额,是税率的一种特殊形式。定额税率计算简便,适宜于从量计征的税种。车船税的适用税额,依照条例所附的《车船税税目税额表》执行。

国务院财政部门、税务主管部门可以根据实际情况,在《车船税税目税额表》规定的税目范围和税额幅度内,划分子税目,并明确车辆的子税目税额幅度和船舶的具体适用税额。车辆的具体适用税额由省、自治区、直辖市人民政府在规定的子税目税额幅度内确定。

车船税采用定额税率,即对征税的车船规定单位固定税额。车船税确定税额总的原则是:非机动车船的税负轻于机动车船;人力车的税负轻于畜力车;小吨位船舶的税负轻于大船舶。由于车辆与船舶的行驶情况不同,车船税的税额也有所不同(表 11.1)。

表 11.1 车船税税目税额表

	目 录	计税单位	年基准税额/元	备 注
乘用车按发动机汽缸容量(排气量)分档	1.0 升(含)以下的	每辆	60 ~ 360	核定载客人数 9 人(含)以下
	1.0 升以上至 1.6 升(含)的		300 ~ 540	
	1.6 升以上至 2.0 升(含)的		360 ~ 660	
	2.0 升以上至 2.5 升(含)的		660 ~ 1 200	
	2.5 升以上至 3.0 升(含)的		1 200 ~ 2 400	
	3.0 升以上至 4.0 升(含)的		2 400 ~ 3 600	
	4.0 升以上的		3 600 ~ 5 400	
商用车	客车	每辆	480 ~ 1 440	核定载客人数 9 人(包括电车)以上
	货车	整备质量每吨	16 ~ 120	1. 包括半挂牵引车、挂车、客货两用汽车、三轮汽车和低速载货汽车等。 2. 挂车按照货车税额的 50% 计算。
其他车辆	专用作业车	整备质量每吨	16 ~ 120	不包括拖拉机
	轮式专用机械车	整备质量每吨	16 ~ 120	
摩托车		每辆	36 ~ 180	
船舶	机动船舶	净吨位每吨	3 ~ 6	拖船、非机动驳船分别按照机动船舶税额的 50% 计算;游艇的税额另行规定。
	游艇	艇身长度每米	600 ~ 2 000	

①机动船舶，具体适用税额为：

a. 净吨位小于或者等于 200 吨的，每吨 3 元；

b. 净吨位 201 ~ 2 000 吨的，每吨 4 元；

c. 净吨位 2 001 ~ 10 000 吨的，每吨 5 元；

d. 净吨位 10 001 吨及以上的，每吨 6 元。

拖船按照发动机功率每 1 千瓦折合净吨位 0.67 吨计算征收车船税。

②游艇，具体适用税额为：

a. 艇身长度不超过 10 米的游艇，每米 600 元；

b. 艇身长度超过 10 米但不超过 18 米的游艇，每米 900 元；

c. 艇身长度超过 18 米但不超过 30 米的游艇，每米 1 300 元；

d. 艇身长度超过 30 米的游艇，每米 2 000 元；

e. 辅助动力帆艇，每米 600 元。

游艇艇身长度是指游艇的总长。

③车船税法及其实施条例涉及的整备质量、净吨位、艇身长度等计税单位，有尾数的一律按照含尾数的计税单位据实计算车船税应纳税额。计算得出的应纳税额小数点后超过两位的可四舍五入保留两位小数。

④乘用车以车辆登记管理部门核发的机动车登记证书或者行驶证书所载的排气量毫升数确定税额区间。

⑤车船税法和实施条例所涉及的排气量、整备质量、核定载客人数、净吨位、功率（千瓦或马力）、艇身长度，以车船登记管理部门核发的车船登记证书或者行驶证书相应项目所载数据为准。

依法不需要办理登记、依法应当登记而未办理登记或者不能提供车船登记证书、行驶证书的，以车船出厂合格证明或者进口凭证相应项目标注的技术参数、所载数据为准；不能提供车船出厂合格证明或者进口凭证的，由主管税务机关参照国家相关标准核定，没有国家相关标准的参照同类车船核定。

11.2.5　应纳税额的计算

购置的新车船，购置当年的应纳税额自纳税义务发生的当月起按月计算。计算公式为：

$$应纳税额 = 年应纳税额 \div 12 \times 应纳税月份数$$

【例 11.4】　某运输公司拥有载货汽车 15 辆（货车载重净吨位全部为 10 吨），乘人大客车 20 辆，小客车 10 辆。计算该公司应纳车船税。

（注：载货汽车每吨年税额 80 元，乘人大客车每辆年税额 500 元，小客车每辆年税额 400 元。）

【解析】　①载货汽车应纳税额 = 15 × 10 × 80 = 12 000（元）

②乘人汽车应纳税额 = 20 × 500 + 10 × 400 = 14 000（元）

③全年应纳车船税额 = 12 000 + 14 000 = 26 000（元）

【例 11.5】 某航运公司拥有机动船 30 艘(其中净吨位为 600 吨的 12 艘,2 000 吨的 8 艘,5 000 吨的 10 艘),600 吨的单位税额 3 元、2 000 吨的单位税额 4 元、5 000 吨的单位税额 5 元。请计算该航运公司年应纳车船税税额。

【解析】 该公司年应纳车船税税额为:

$$12 \times 600 \times 3 + 8 \times 2\,000 \times 4 + 10 \times 5\,000 \times 5$$

$$= 21\,600 + 64\,000 + 250\,000$$

$$= 335\,600(\text{元})$$

11.2.6 税收优惠

1)法定减免

①非机动车船(不包括非机动驳船)。非机动车是指以人力或者畜力驱动的车辆,以及符合国家有关标准的残疾人机动轮椅车、电动自行车等车辆;非机动船是指自身没有动力装置,依靠外力驱动的船舶;非机动驳船是指在船舶管理部门登记为驳船的非机动船。

②拖拉机。拖拉机是指在农业(农业机械)部门登记为拖拉机的车辆。

③捕捞、养殖渔船。捕捞、养殖渔船是指在渔业船舶管理部门登记为捕捞船或者养殖船的渔业船舶。不包括在渔业船舶管理部门登记为捕捞船或者养殖船以外类型的渔业船舶。

④军队、武警专用的车船。军队、武警专用的车船是指按照规定在军队、武警车船管理部门登记,并领取军用牌照、武警牌照的车船。

⑤警用车船。警用车船,是指公安机关、国家安全机关、监狱、劳动教养管理机关和人民法院、人民检察院领取警用牌照的车辆和执行警务的专用船舶。

⑥按照有关规定已经缴纳船舶吨税的船舶。

⑦依照我国有关法律和我国缔结或者参加的国际条约的规定应当予以免税的外国驻华使馆、领事馆和国际组织驻华机构及其有关人员的车船。我国有关法律是指《中华人民共和国外交特权与豁免条例》《中华人民共和国领事特权与豁免条例》。

外国驻华使馆、领事馆和国际组织驻华机构及其有关人员在办理免税事项时,应当向主管地方税务机关出具本机构或个人身份的证明文件和车船所有权证明文件,并申明免税的依据和理由。

2)特定减免

①对尚未在车辆管理部门办理登记、属于应减免税的新购置车辆,车辆所有人或管理人可提出减免税申请,并提供机构或个人身份证明文件和车辆权属证明文件以及地方税务机关要求的其他相关资料。经税务机关审验符合车船税减免条件的,税务机关可为纳税人出具该纳税年度的减免税证明,以方便纳税人购买机动车交通事故责任强制保险。

新购置应予减免税的车辆所有人或管理人在购买机动车交通事故责任强制保险时已缴纳车船税的,在办理车辆登记手续后可向税务机关提出减免税申请,经税务机关审验符合车船税减免税条件的,税务机关应退还纳税人多缴的税款。

②省、自治区、直辖市人民政府可以根据当地实际情况，对城市、农村公共交通车船给予定期减税、免税。

11.2.7 征收管理

1）纳税期限

车船税的纳税义务发生时间，为车船管理部门核发的车船登记证书或者行驶证书所记载日期的当月。纳税人未按照规定到车船管理部门办理应税车船登记手续的，以车船购置发票所载开具时间的当月作为车船税的纳税义务发生时间。对未办理车船登记手续且无法提供车船购置发票的，由主管地方税务机关核定纳税义务发生时间。

车船税按年申报缴纳。纳税年度，自公历 1 月 1 日起至 12 月 31 日止。具体申报纳税期限由省、自治区、直辖市人民政府确定。

2）纳税地点

车船税由地方税务机关负责征收。纳税地点，由省、自治区、直辖市人民政府根据当地实际情况确定。跨省、自治区、直辖市使用的车船，纳税地点为车船的登记地。

3）纳税申报

①车船的所有人或者管理人未缴纳车船税的，使用人应当代为缴纳车船税。

②从事机动车交通事故责任强制保险业务的保险机构为机动车车船税的扣缴义务人，应当依法代收代缴车船税。

③机动车车船税的扣缴义务人依法代收代缴车船税时，纳税人不得拒绝。由扣缴义务人代收代缴机动车车船税的，纳税人应当在购买机动车交通事故责任强制保险的同时缴纳车船税。

④纳税人对扣缴义务人代收代缴税款有异议的，可以向纳税所在地的主管地方税务机关提出。

⑤纳税人在购买机动车交通事故责任强制保险时缴纳车船税的，不再向地方税务机关申报纳税。

⑥扣缴义务人在代收车船税时，应当在机动车交通事故责任强制保险的保险单上注明已收税款的信息，作为纳税人完税的证明。除另有规定外，扣缴义务人不再给纳税人开具代扣代收税款凭证。纳税人如有需要，可以持注明已收税款信息的保险单，到主管地方税务机关开具完税凭证。

⑦扣缴义务人应当及时解缴代收代缴的税款，并向地方税务机关申报。扣缴义务人解缴税款的具体期限，由各省、自治区、直辖市地方税务机关依照法律、行政法规的规定确定。

⑧地方税务机关应当按照规定支付扣缴义务人代收代缴车船税的手续费。税务机关付给扣缴义务人代收代缴手续费的标准由国务院财政部门、税务主管部门制定。

11.3 印花税

印花税法是指国家制定的用以调整印花税征收与缴纳之间权利及义务关系的法律规范。现行印花税法的基本规范,是1988年8月6日国务院发布并于同年10月1日实施的《中华人民共和国印花税暂行条例》。

11.3.1 印花税基本原理

1)印花税的特点

印花税是以经济活动和经济交往中,书立、领受应税凭证的行为为征收对象征收的一种税。印花税因其采用在应税凭证上粘贴印花税票的方法缴纳税款而得名。

印花税具有以下特点:

(1)征税范围广

印花税的征税对象是经济活动和经济交往中书立、领受应税凭证的行为,其征税范围十分广泛,主要表现在两个方面:一是涉及的应税行为广泛,包括书立和领受应税凭证的行为,这些行为在经济生活中是经常发生的;二是涉及的应税凭证范围广泛,包括各类经济合同、营业账簿、权利许可证照等,这些凭证在经济生活中被广泛地使用着。随着社会主义市场经济的发展和经济法制的日益完善,印花税的应税行为和应税凭证将会越来越普遍,征税范围也会更加广阔。

(2)税负从轻

印花税税负较轻,主要表现在其税率或税额明显低于其他税种,最低比例税率为应税凭证所载金额的万分之零点五,一般都为万分之几或千分之几;定额税率是每件应税凭证5元。

(3)自行贴花纳税

印花税的纳税方法完全不同于其他税种,它采取纳税人自行计算应纳税额、自行购买印花税票、自行贴花、自行在每枚税票的骑缝处盖戳注销或画销的纳税方法。

(4)多缴不退不抵

印花税条例规定,凡多贴印花税票者,不得申请退税或者抵用。这与其他税种多缴税款可以申请退税或抵缴的规定也不相同。

2)印花税的作用

印花税之所以能在世界范围内普遍推行,是因为它有良好的财政经济功能与作用。在我国社会主义市场经济条件下,印花税同样具有十分重要的作用。

(1)有利于增加财政收入

印花税虽然对每个纳税人来说税负不重,但是由于其征税面广,税款积少成多,也是一笔可观的财政收入,对于增加国家财政收入,积累更多的财政资金具有积极的作用。同时,在分税制体制下,印花税(证券交易印花税除外)属于地方税,其收入归地方政府所有。证券交易印花税属于共享税,当前其收入的97%归中央,3%归地方所有。

(2)有利于配合和加强经济合同的监督管理

根据印花税条例的规定,发放或办理各种应税凭证的单位负有监督纳税的义务,这样可以配合各种经济法规的实施,加强经济合同的监督管理;同时,各种合同贴花以后,不论是否兑现,都已负担了税款,可以促使经济往来各方信守合同,减少由于盲目签约而造成的经济损失和纠纷,提高合同的兑现率。

(3)有利于培养公民的纳税意识

印花税实行自行贴花纳税的方法,有助于培养纳税人自觉纳税的意识;同时印花税又具有轻税重罚的特点,有利于增强纳税人的税收法制观念。

(4)有利于维护国家经济权益

随着对改革开放和对外经济交往的扩大,涉外经济活动中书立、领受应税凭证的情况也越来越多。目前,世界上多数国家都开征了印花税,我国开征印花税有利于贯彻对等原则,维护国家的经济权益。

(5)有利于配合对其他应纳税种的监督管理

印花税的应税凭证反映着纳税人的生产、经营活动情况,税务机关对纳税人各种应税凭证的贴花和检查,客观上又可以及时掌握纳税人经济活动中涉及应纳其他各税的相关情况,有利于配合加强对其他应纳税种的监督管理。

11.3.2 纳税义务人

印花税的纳税义务人,是在中国境内书立、使用、领受印花税法所列举的凭证并应依法履行纳税义务的单位和个人。所称单位和个人,是指国内各类企业、事业、机关、团体、部队以及中外合资企业、合作企业、外资企业、外国公司和其他经济组织及其在华机构等单位和个人。

上述单位和个人,按照书立、使用、领受应税凭证的不同,可以分别确定为立合同人、立据人、立账簿人、领受人和使用人5种。

1)立合同人

立合同人指合同的当事人。所谓当事人,是指对凭证有直接权利义务关系的单位和个人,但不包括合同的担保人、证人、鉴定人。各类合同的纳税人是立合同人。各类合同,包括购销、加工承揽、建设工程承包、财产租赁、货物运输、仓储保管、借款、财产保险、技术合同或者具有合同性质的凭证。

所称合同,是指根据原《中华人民共和国经济合同法》《中华人民共和国涉外经济合同法》和其他有关合同法规订立的合同。所称具有合同性质的凭证,是指具有合同效力的协议、契约、合约、单据、确认书及其他各种名称的凭证。

《中华人民共和国合同法》1999 年 10 月 1 日起施行,《中华人民共和国经济合同法》《中华人民共和国涉外经济合同法》《中华人民共和国技术合同法》同时废止。有关合同的法律依据可参考《中华人民共和国合同法》的规定。

当事人的代理人有代理纳税的义务,他与纳税人负有同等的税收法律义务和责任。

2)立据人

产权转移书据的纳税人是立据人。是指土地、房屋权属转移过程中买卖双方的当事人。

3)立账簿人

营业账簿的纳税人是立账簿人。所谓立账簿人,指设立并使用营业账簿的单位和个人。例如,企业单位因生产、经营需要,设立了营业账簿,该企业即为纳税人。

4)领受人

权利、许可证照的纳税人是领受人。领受人,是指领取或接受并持有该项凭证的单位和个人。例如,某人因其发明创造,经申请依法取得国家专利机关颁发的专利证书,该人即为纳税人。

5)使用人

在国外书立、领受,但在国内使用的应税凭证,其纳税人是使用人。

6)各类电子应税凭证的签订人

各类电子应税凭证的签订人即以电子形式签订的各类应税凭证的当事人。

值得注意的是,对应税凭证,凡由两方或两方以上当事人共同书立的,其当事人各方都是印花税的纳税人,应各就其所持凭证的计税金额履行纳税义务。

11.3.3 税目与税率

1)税目

印花税的税目,指印花税法明确规定的应当纳税的项目,它具体划定了印花税的征税范围。一般地说,列入税目的就要征税,未列入税目的就不征税。印花税共有 13 个税目。

(1)购销合同

购销合同包括供应、预购、采购、购销结合及协作、调剂、补偿、贸易等合同。此外,还包括出版单位与发行单位之间订立的图书、报纸、期刊和音像制品的应税凭证,例如订购单、订数单等。还包括发电厂与电网之间、电网与电网之间(国家电网公司系统、南方电网公司系统内部各级电网互供电量除外)签订的购售电合同。但是,电网与用户之间签订的供用电合同不属于印花税列举征税的凭证,不征收印花税。

(2)加工承揽合同

加工承揽合同包括加工、定做、修缮、修理、印刷、广告、测绘、测试等合同。

(3)建设工程勘察设计合同

建设工程勘察设计合同包括勘察、设计合同。

(4)建筑安装工程承包合同

建筑安装工程承包合同包括建筑、安装工程承包合同。承包合同,包括总承包合同、分包合同和转包合同。

(5)财产租赁合同

财产租赁合同包括租赁房屋、船舶、飞机、机动车辆、机械、器具、设备等合同,还包括企业、个人出租门店、柜台等签订的合同。

(6)货物运输合同

货物运输合同包括民用航空、铁路运输、海上运输、公路运输和联运合同,以及作为合同使用的单据。

(7)仓储保管合同

仓储保管合同包括仓储、保管合同,以及作为合同使用的仓单、栈单等。

(8)借款合同

银行及其他金融组织与借款人(不包括银行同业拆借)所签订的合同,以及只填开借据并作为合同使用、取得银行借款的借据。银行及其他金融机构经营的融资租赁业务,是一种以融物方式达到融资目的的业务,实际上是分期偿还的固定资金借款,因此融资租赁合同也属于借款合同。

(9)财产保险合同

财产保险合同包括财产、责任、保证、信用保险合同,以及作为合同使用的单据。财产保险合同,分为企业财产保险、机动车辆保险、货物运输保险、家庭财产保险和农牧业保险五大类。"家庭财产两全保险"属于家庭财产保险性质,其合同在财产保险合同之列,应照章纳税。

(10)技术合同

技术合同包括技术开发、转让、咨询、服务等合同,以及作为合同使用的单据。

技术转让合同,包括专利申请权转让、专利实施许可和非专利技术转让。

技术咨询合同,是当事人就有关项目的分析、论证、预测和调查订立的技术合同。但一般的法律、会计、审计等方面的咨询不属于技术咨询,其所立合同不贴印花。

技术服务合同,是当事人一方委托另一方就解决有关特定技术问题,如为改进产品结构、改良工艺流程、提高产品质量、降低产品成本、保护资源环境、实现安全操作、提高经济效益等提出实施方案,进行实施指导所订立的技术合同,包括技术服务合同、技术培训合同和技术中介合同。但不包括以常规手段或者为生产经营目的进行一般加工、修理、修缮、广告、印刷、测绘、标准化测试,以及勘察、设计等所书立的合同。

(11)产权转移书据

产权转移书据包括财产所有权和版权、商标专用权、专利权、专有技术使用权等转移书据和土地使用权出让合同、土地使用权转让合同、商品房销售合同等权力转移合同。

所称产权转移书据,是指单位和个人产权的买卖、继承、赠与、交换、分割等所立的书据。“财产所有权”转换书据的征税范围,是指经政府管理机关登记注册的动产、不动产的所有权转移所立的书据,以及企业股权转让所立的书据,并包括个人无偿赠送不动产所签订的“个人无偿赠与不动产登记表”。当纳税人完税后,税务机关(或其他征收机关)应在纳税人印花税完税凭证上加盖“个人无偿赠与”印章。

(12)营业账簿

营业账簿指单位或者个人记载生产经营活动的财务会计核算账簿。营业账簿按其反映内容的不同,可分为记载资金的账簿和其他账簿。

记载资金的账簿,是指反映生产经营单位资本金数额增减变化的账簿。其他账簿,是指除上述账簿以外的有关其他生产经营活动内容的账簿,包括日记账簿和各明细分类账簿。

但是,对金融系统营业账簿,要结合金融系统财务会计核算的实际情况进行具体分析。凡银行用以反映资金存贷经营活动、记载经营资金增减变化、核算经营成果的账簿,如各种日记账、明细账和总账都属于营业账簿,应按照规定缴纳印花税;银行根据业务管理需要设置的各种登记簿,如空白重要凭证登记簿、有价单证登记簿、现金收付登记簿等,其记载的内容与资金活动无关,仅用于内部备查,属于非营业账簿,均不征收印花税。

(13)权利、许可证照

权利、许可证照包括政府部门发给的房屋产权证、工商营业执照、商标注册证、专利证、土地使用证。

2)税率

印花税的税率设计,遵循税负从轻、共同负担的原则。所以,税率比较低。

现行印花税采用比例税率和定额税率两种税率。

印花税的比例税率分为4档,即:1‰、0.5‰、0.3‰、0.05‰。按比例税率征收的应税项目包括:各种合同及具有合同性质的凭证、记载金额的账簿和产权转移数据等。这些凭证一般都载有金额,按比例税率纳税,金额多的多纳,金额少的少纳,既能增加收入,又可以体现合理负担的原则。其具体规定是:

①财产租赁合同、仓储保管合同、财产保险合同的税率为1‰。

②加工承揽合同、建设工程勘察设计合同、货物运输合同、产权转移书据、营业账簿中记载资金的账簿,其税率为0.5‰。

③购销合同、建筑安装工程承包合同、技术合同的规定税率为0.3‰。这类合同从低规定税率的主要考虑是:企业的购销量大,从购到销要签两次合同;而建筑安装工程承包合同则要按承包总金额计税。因此,为照顾企业的实际承受能力,并鼓励企业进行技术开发、转让和服务,宜于规定较低税率。

④借款合同的税率为0.05‰。因为借款合同的税基较大，从平衡各类合同的税负考虑，需要从低设计税率。

此外，根据国家税务总局等的规定：股份制企业向社会公开发行的股票，因购买、继承、赠与所书立的股权转让书据均依书立时证券市场当日实际成交价格计算的金额纳税。从2007年5月30日起，由立据双方当事人分别按3‰的税率缴纳印花税（包括A股和B股）。2008年4月23日财政部宣布证券交易印花税税率从4月24日起由3‰下调至1‰，2008年9月19日起证券交易印花税实行单向收取。

3）定额税率

在印花税的13个税目中，“权利、许可证照”和“营业账簿”税目中的其他账簿，适用定额税率，均为按件贴花，税额为5元。这样规定，主要是考虑到上述应税凭证比较特殊，有的是无法计算金额的凭证，例如权利、许可证照；有的是虽记载有金额，但以其作为计税依据又明显不合理的凭证，例如其他账簿。采用定额税率，便于纳税人缴纳，便于税务机关征管。印花税税目税率详见表11.2。

表11.2　印花税税目、税率

税　目	范　围	税　率	纳税人	说　明
1. 购销合同	包括供应、预购、采购、购销结合及协作、调剂、补偿、易货等合同	按购销金额0.3‰贴花	立合同人	
2. 加工承揽合同	包括加工、定做、修缮、修理、印刷、广告、测绘、测试等合同	按加工或承揽收入0.5‰贴花	立合同人	
3. 建设工程勘察设计合同	包括勘察、设计合同	按收取费用0.5‰贴花	立合同人	
4. 建筑安装工程承包合同	包括建筑、安装工程承包合同	按承包金额0.3‰贴花	立合同人	
5. 财产租赁合同	包括租赁房屋、船舶、飞机、机动车辆、机械、器具、设备等合同	按租赁金额1‰贴花。税额不足1元按1元贴花	立合同人	
6. 货物运输合同	包括民用航空运输、铁路运输、海上运输、内河运输、公路运输和联运合同	按运输收取的费用0.5‰贴花	立合同人	单据作为合同使用的。按合同贴花
7. 仓储保管合同	包括仓储、保管合同	按仓储收取的保管费用1‰贴花	立合同人	仓单或栈单作为合同使用的按合同贴花
8. 借款合同	银行及其他金融组织和借款人（不包括银行同业拆借）所签订的借款合同	按借款金额0.05‰贴花	立合同人	单据作为合同使用的按合同贴花

续表

税 目	范 围	税 率	纳税人	说 明
9. 财产保险合同	包括财产、责任、保证、信用等保险合同	按收取的保险费收入1‰贴花	立合同人	单据作为合同使用的，按合同贴花
10. 技术合同	包括技术开发、转让、咨询、服务等合同	按所记载金额0.3‰贴花	立合同人	
11. 产权转移书据	包括财产所有权和版权、商标专用权、专利权、专有技术使用权等转移书据、土地使用权出让合同、土地使用权转让合同、商品房销售合同	按所记载金额0.5‰贴花	立据人	
12. 营业账簿	生产、经营用账册	记载资金的账簿。按实收资本和资本公积的合计金额0.5‰贴花。其他账簿按件贴花5元	立账簿人	
13. 权利、许可证照	包括政府部门发给的房屋产权证、工商营业执照、商标注册证、专利证、土地使用证	按件贴花5元	领受人	

11.3.4 应纳税额的计算

1)计税依据的一般规定

印花税的计税依据为各种应税凭证上所记载的计税金额。具体规定为：

①购销合同的计税依据为合同记载的购销金额。

②加工承揽合同的计税依据是加工或承揽收入的金额。具体规定：

a. 对于由受托方提供原材料的加工、定做合同，凡在合同中分别记载加工费金额和原材料金额的，应分别按"加工承揽合同""购销合同"计税，两项税额相加数，即为合同应贴印花；若合同中未分别记载，则应就全部金额依照加工承揽合同计税贴花。

b. 对于由委托方提供主要材料或原料，受托方只提供辅助材料的加工合同，无论加工费和辅助材料金额是否分别记载，均以辅助材料与加工费的合计数，依照加工承揽合同计税贴花。对委托方提供的主要材料或原料金额不计税贴花。

③建设工程勘察设计合同的计税依据为收取的费用。

④建筑安装工程承包合同的计税依据为承包金额。

⑤财产租赁合同的计税依据为租赁金额；经计算，税额不足1元的，按1元贴花。

⑥货物运输合同的计税依据为取得的运输费金额(即运费收入)，不包括所运货物的金额、装卸费和保险费等。

⑦仓储保管合同的计税依据为收取的仓储保管费用。

⑧借款合同的计税依据为借款金额。针对实际借贷活动中不同的借款形式,税法规定了不同的计税方法:

a. 凡是一项信贷业务既签订借款合同,又一次或分次填开借据的,只以借款合同所载金额为计税依据计税贴花;凡是只填开借据并作为合同使用的,应以借据所载金额为计税依据计税贴花。

b. 借贷双方签订的流动资金周转性借款合同,一般按年(期)签订,规定最高限额,借款人在规定的期限和最高限额内随借随还。为避免加重借贷双方的负担,对这类合同只以其规定的最高限额为计税依据,在签订时贴花一次,在限额内随借随还不签订新合同的,不再另贴印花。

c. 对借款方以财产作抵押,从贷款方取得一定数量抵押贷款的合同,应按借款合同贴花;在借款方因无力偿还借款而将抵押财产转移给贷款方时,应再就双方书立的产权书据,按产权转移书据的有关规定计税贴花。

d. 对银行及其他金融组织的融资租赁业务签订的融资租赁合同,应按合同所载租金总额,暂按借款合同计税。

e. 在贷款业务中,如果贷方系由若干银行组成的银团,银团各方均承担一定的贷款数额。借款合同由借款方与银团各方共同书立,各执一份合同正本。对这类合同借款方与贷款银团各方应分别在所执的合同正本上,按各自的借款金额计税贴花。

f. 在基本建设贷款中,如果按年度用款计划分年签订借款合同,在最后一年按总概算签订借款总合同,且总合同的借款金额包括各个分合同的借款金额的,对这类基建借款合同,应按分合同分别贴花,最后签订的总合同,只就借款总额扣除分合同借款金额后的余额计税贴花。

⑨财产保险合同的计税依据为支付(收取)的保险费,不包括所保财产的金额。

⑩技术合同的计税依据为合同所载的价款、报酬或使用费。为了鼓励技术研究开发,对技术开发合同,只就合同所载的报酬金额计税,研究开发经费不作为计税依据。单对合同约定按研究开发经费一定比例作为报酬的,应按一定比例的报酬金额贴花。

⑪产权转移书据的计税依据为所载金额。

⑫营业账簿税目中记载资金的账簿的计税依据为"实收资本"与"资本公积"两项的合计金额。实收资本包括现金、实物、无形资产和材料物资。现金按实际收到或存入纳税人开户银行的金额确定。实物,指房屋、机器等,按评估确认的价值或者合同、协议约定的价格确定。无形资产和材料物资,按评估确认的价值确定。

资本公积,包括接受捐赠、法定财产重估增值、资本折算差额、资本溢价等。如果是实物捐赠,则按同类资产的市场价格或有关凭据确定。

其他账簿的计税依据为应税凭证件数。

⑬权利、许可证照的计税依据为应税凭证件数。

2)计税依据的特殊规定

①上述凭证以"金额""收入""费用"作为计税依据的,应当全额计税,不得作任何扣除。

②同一凭证,载有两个或两个以上经济事项而适用不同税目税率,如分别记载金额的,应分别计算应纳税额,相加后按合计税额贴花;如未分别记载金额的,按税率高的计税贴花。

③按金额比例贴花的应税凭证,未标明金额的,应按照凭证所载数量及国家牌价计算金额;没有国家牌价的,按市场价格计算金额,然后按规定税率计算应纳税额。

④应税凭证所载金额为外国货币的,应按照凭证书立当日国家外汇管理局公布的外汇牌价折合成人民币,然后计算应纳税额。

⑤应纳税额不足 1 角的,免纳印花税;1 角以上的,其税额尾数不满 5 分的不计,满 5 分的按 1 角计算。

⑥有些合同,在签订时无法确定计税金额,如技术转让合同中的转让收入,是按销售收入的一定比例收取或是按实现利润分成的;财产租赁合同,只是规定了月(天)租金标准而无租赁期限的。对这类合同,可在签订时先按定额 5 元贴花,以后结算时再按实际金额计税,补贴印花。

⑦应税合同在签订时纳税义务即已产生,应计算应纳税额并贴花。所以,不论合同是否兑现或是否按期兑现,均应贴花。

对已履行并贴花的合同,所载金额与合同履行后实际结算金额不一致的,只要双方未修改合同金额,一般不再办理完税手续。

⑧对有经营收入的事业单位,凡属由国家财政拨付事业经费,实行差额预算管理的单位,其记载经营业务的账簿,按其他账簿定额贴花,不记载经营业务的账簿不贴花;凡属经费来源实行自收自支的单位,其营业账簿,应对记载资金的账簿和其他账簿分别计算应纳税额。

跨地区经营的分支机构使用的营业账簿,应由各分支机构于其所在地计算贴花。对上级单位核拨资金的分支机构,其记载资金的账簿按核拨的账面资金额计税贴花,其他账簿按定额贴花;对上级单位不核拨资金的分支机构,只就其他账簿按件定额贴花。为避免对同一资金重复计税贴花,上级单位记载资金的账簿,应按扣除拨给下属机构资金数额后的其余部分计税贴花。

⑨商品购销活动中,采用以货换货方式进行商品交易签订的合同,是反映既购又销双重经济行为的合同。对此,应按合同所载的购、销合计金额计税贴花。合同未列明金额的,应按合同所载购、销数量依照国家牌价或者市场价格计算应纳税额。

⑩施工单位将自己承包的建设项目,分包或者转包给其他施工单位所签订的分包合同或者转包合同,应按新的分包合同或转包合同所载金额计算应纳税额。这是因为印花税是一种具有行为税性质的凭证税,尽管总承包合同已依法计税贴花,但新的分包或转包合同是一种新的凭证,又发生了新的纳税义务。

⑪对股票交易征收印花税,始于深圳和上海两地证券交易的不断发展。现行印花税法规定,股份制试点企业向社会公开发行的股票,因购买、继承、赠与所书立的股权转让书据,均依书立时证券市场当日实际成交价格计算的金额,由立据双方当事人分别按 1‰的税率缴纳印花税。

⑫对国内各种形式的货物联运,凡在起运地统一结算全程运费的,应以全程运费作为计税依据,由起运地运费结算双方缴纳印花税;凡分程结算运费的,应以分程的运费作为计税依据,分别由办理运费结算的各方缴纳印花税。

对国际货运,凡由我国运输企业运输的,不论在我国境内、境外起运或中转分程运输,我国运输企业所持的一份运费结算凭证,均按本程运费计算应纳税额;托运方所持的一份运费结算凭证,按全程运费计算应纳税额。由外国运输企业运输进出口货物的,外国运输企业所持的一份运费结算凭证免纳印花税;托运方所持的一份运费结算凭证应缴纳印花税。国际货运运费结算凭证在国外办理的,应在凭证转回我国境内时按规定缴纳印花税。

必须明确的是,印花税票为有价证券,其票面金额以人民币为单位,分为 1 角、2 角、5 角、1 元、2 元、5 元、10 元、50 元、100 元 9 种。

3)应纳税额的计算方法

纳税人的应纳税额,根据应纳税凭证的性质,分别按比例税率或者定额税率计算,其计算公式为:

应纳税额=应税凭证计税金额(或应税凭证件数)×适用税率

【例 11.6】 某企业某年 2 月开业,当年发生以下有关业务事项:领受房屋产权证、工商营业执照、土地使用证各 1 件;与其他企业订立转移专用技术使用权书据 1 份,所载金额 100 万元;订立产品购销合同 1 份,所载金额为 200 万元;订立借款合同 1 份,所载金额为 400 万元;企业记载资金的账簿,“实收资本”“资本公积”为 800 万元;其他营业账簿 10 本。试计算该企业当年应缴纳的印花税税额。

【解析】 ①企业领受权利、许可证照应纳税额:

$$\text{应纳税额} = 3 \times 5 = 15(\text{元})$$

②企业订立产权转移书据应纳税额:

$$\text{应纳税额} = 1\ 000\ 000 \times 0.5‰ = 500(\text{元})$$

③企业订立购销合同应纳税额:

$$\text{应纳税额} = 2\ 000\ 000 \times 0.3‰ = 600(\text{元})$$

④企业订立借款合同应纳税额:

$$\text{应纳税额} = 4\ 000\ 000 \times 0.05‰ = 200(\text{元})$$

⑤企业记载资金的账簿:

$$\text{应纳税额} = 8\ 000\ 000 \times 0.5‰ = 4\ 000(\text{元})$$

⑥企业其他营业账簿应纳税额:

$$\text{应纳税额} = 10 \times 5 = 50(\text{元})$$

⑦当年企业应纳印花税税额:

$$15 + 500 + 600 + 200 + 4\ 000 + 50 = 5\ 365(\text{元})$$

11.3.5 税收优惠

1)对已缴纳印花税凭证的副本或者抄本免税

凭证的正式签署本已按规定缴纳了印花税,其副本或者抄本对外不发生权利义务关系,只是留存备查。但以副本或者抄本视同正本使用的，则应另贴印花。

2）对财产所有人将财产赠给政府、社会福利单位、学校所立的书据免税

所谓社会福利单位，是指扶养孤老伤残的社会福利单位。对上述书据免税，旨在鼓励财产所有人这种有利于发展文化教育事业，造福社会的捐赠行为。

3）对国家指定的收购部门与村民委员会、农民个人书立的农副产品收购合同免税

由于我国农副产品种类繁多，地区之间差异较大，随着经济发展，国家指定的收购部门也会有所变化，对此，印花税法授权省、自治区、直辖市主管税务机关根据当地实际情况，具体划定本地区“收购部门”和“农副产品”的范围。

4）无息、贴息贷款合同免税

无息、贴息贷款合同，是指我国的各专业银行按照国家金融政策发放的无息贷款或贴息贷款。一般情况下，无息、贴息贷款体现国家政策，满足特定时期的某种需要，其利息全部或部分是由国家财政负担的，对这类合同征收印花税没有财政意义。

5）对外国政府或国际金融组织向我国政府及国家金融机构提供优惠贷款所书立的合同免税

该类合同是就具有援助性质的优惠贷款而成立的政府间协议，对其免税有利于引进和利用外资，以推动我国经济与社会的快速发展。

6）对房地产管理部门与个人签订的用于生活居住的租赁合同免税

7）对农牧业保险合同免税

对该类合同免税，是为了支持农村保险事业的发展，减轻农牧业生产的负担。

8）对特殊货运凭证免税

这类凭证有：

①军事物资运输凭证，即附有军事运输命令或使用专用的军事物资运费结算凭证。

②抢险救灾物资运输凭证，即附有县级以上（含县级）人民政府抢险救灾物资运输证明文件的运费结算凭证。

③新建铁路的工程临管线运输凭证，即为新建铁路运输施工所需物料，使用工程临管线专用的运费结算凭证。

9）企业改制过程中有关印花税征免规定

（1）资金账簿的印花税

①实行公司制改造的企业在改制过程中成立的新企业（重新办理法人登记的），其新启用的资金账簿记载的资金或因企业建立资本纽带关系而增加的资金，凡原已贴花的部分可不再贴花，未贴花的部分和以后新增加的资金按规定贴花。

公司制改造包括国有企业依《公司法》整体改造成国有独资有限责任公司；企业通过增资扩股或者转让部分产权，实现他人对企业的参股，将企业改造成有限责任公司或股份有限公司；企业以其部分财产和相应债务与他人组建新公司；企业将债务留在原企业，而以其优质财产与他人组建的新公司。

②以合并或分立方式成立的新企业,其新启用的资金账簿记载的资金,凡原已贴花的部分可不再贴花,未贴花的部分和以后新增加的资金按规定贴花。

合并包括吸收合并和新设合并。分立包括存续分立和新设分立。

③企业债权转股权新增加的资金按规定贴花。

④企业改制中经评估增加的资金按规定贴花。

⑤企业其他会计科目记载的资金转为实收资本或资本公积的资金按规定贴花。

(2)各类应税合同的印花税

企业改制前签订但尚未履行完的各类应税合同,改制后需要变更执行主体的,对仅改变执行主体、其余条款未作变动且改制前已贴花的,不再贴花。

(3)产权转移书据的印花税

企业因改制签订的产权转移书据免予贴花。

(4)股权分置试点改革转让的印花税

股权分置改革过程中因非流通股股东向流通股股东支付对价而发生的股权转让,暂免征收印花税。

自2006年1月1日起至2008年12月31日,对与高校学生签订的学生公寓租赁合同,免征印花税。

11.3.6 征收管理

1)纳税方法

印花税的纳税办法,根据税额大小、贴花次数以及税收征收管理的需要,分别采用以下三种纳税办法。

(1)自行贴花办法

这种办法,一般适用于应税凭证较少或者贴花次数较少的纳税人。纳税人书立、领受或者使用印花税法列举的应税凭证的同时,纳税义务即已产生,应当根据应纳税凭证的性质和适用的税目税率,自行计算应纳税额,自行购买印花税票,自行一次贴足印花税票并加以注销或划销,纳税义务才算全部履行完毕。值得注意的是,纳税人购买了印花税票,支付了税款,国家就取得了财政收入。但就印花税来说,纳税人支付了税款并不等于已履行了纳税义务。纳税人必须自行贴花并注销或划销,这样才算完整地完成了纳税义务。这也就是通常所说的"三自"纳税办法。

对已贴花的凭证,修改后所载金额增加的,其增加部分应当补贴印花税票。凡多贴印花税票者,不得申请退税或者抵用。

(2)汇贴或汇缴办法

这种办法,一般适用于应纳税额较大或者贴花次数频繁的纳税人。

一份凭证应纳税额超过500元的,应向当地税务机关申请填写缴款书或者完税证,将其中一联粘贴在凭证上或者由税务机关在凭证上加注完税标记代替贴花。这就是通常所说的

"汇贴"办法。

同一种类应纳税凭证,需频繁贴花的,纳税人可以根据实际情况自行决定是否采用按期汇总缴纳印花税的方式,汇总缴纳的期限为 1 个月。采用按期汇总缴纳方式的纳税人应事先告知主管税务机关。缴纳方式一经选定,1 年内不得改变。主管税务机关接到纳税人要求按期汇总缴纳印花税的告知后,应及时登记,制定相应的管理办法,防止出现管理漏洞。对采用按期汇总缴纳方式缴纳印花税的纳税人,应加强日常监督、检查。

实行印花税按期汇总缴纳的单位,对征税凭证和免税凭证汇总时,凡分别汇总的,按本期征税凭证的汇总金额计算缴纳印花税;凡确属不能分别汇总的,应按本期全部凭证的实际汇总金额计算缴纳印花税。

凡汇总缴纳印花税的凭证,应加注税务机关指定的汇缴戳记、编号并装订成册后,将已贴印花或者缴款书的一联粘附册后,盖章注销,保存备查。

经税务机关核准,持有代售许可证的代售户,代售印花税票取得的税款须专户存储,并按照规定的期限,向当地税务机关结报,或者填开专用缴款书直接向银行缴纳,不得逾期不缴或者挪作他用。代售户领存的印花税票及所售印花税票的税款,如有损失,应负责赔偿。

(3)委托代征办法

这一办法主要是通过税务机关的委托,经由发放或者办理应纳税凭证的单位代为征收印花税税款。税务机关应与代征单位签订代征委托书。所谓发放或者办理应纳税凭证的单位,是指发放权利、许可证照的单位和办理凭证的鉴证、公证及其他有关事项的单位。如按照印花税法规定,工商行政管理机关核发各类营业执照和商标注册证的同时,负责代售印花税票,征收印花税税款,并监督领受单位或个人负责贴花。税务机关委托工商行政管理机关代售印花税票,按代售金额5%的比例支付代售手续费。

印花税法规定,发放或者办理应纳税凭证的单位,负有监督纳税人依法纳税的义务,具体是指对以下纳税事项监督:

①应纳税凭证是否已粘贴印花;

②粘贴的印花是否足额;

③粘贴的印花是否按规定注销。

对未完成以上纳税手续的,应督促纳税人当场完成。

2)纳税环节

印花税应当在书立或领受时贴花。具体是指在合同签订时、账簿启用时和证照领受时贴花。如果合同是在国外签订,并且不便在国外贴花的,应在将合同带入境时办理贴花纳税手续。

3)纳税地点

印花税一般实行就地纳税。对于全国性商品物资订货会(包括展销会、交易会等)上所签订合同应纳的印花税,由纳税人回其所在地后及时办理贴花完税手续;对地方主办、不涉及省际关系的订货会、展销会上所签合同的印花税,其纳税地点由各省、自治区、直辖市人民政府自行确定。

本章练习题

一、单项选择题

1. 根据《车辆购置税暂行条例》的规定，下列人员中不属于车辆购置税纳税义务人的是（　　）。
   A. 应税车辆的馈赠人
   B. 应税车辆的购买使用者
   C. 免税车辆的受赠使用者
   D. 应税车辆的进口使用者
2. 关于车辆购置税的计算，下列说法正确的是（　　）。
   A. 进口自用的应税小汽车的计税价格包括关税完税价格和关税，不包括消费税
   B. 底盘发生更换的车辆，计税依据为最新核发的同类型车辆最低计税价格
   C. 销售汽车的纳税人代收的保险费，不应计入计税依据中征收车辆购置税
   D. 进口自用的应税小汽车，其计税价格=关税完税价格+关税+消费税
3. 环球公司2013年10月接受捐赠进口小汽车10辆自用，无法取得该型号汽车的市场价格，国家税务总局规定的同类型应税车辆的最低计税价格为200 000元/辆。则该公司应纳的车辆购置税额为（　　）元。
   A. 199 560.52　　B. 199 660.52　　C. 200 000　　D. 216 000
4. 依据车辆购置税的有关规定，下列说法中正确的是（　　）。
   A. 车辆购置税价内征收，不转嫁税负
   B. 车辆购置是一种特种财产税
   C. 车辆购置税是对所有新购置车辆的使用行为征税
   D. 车辆购置税的征税环节为车辆的出厂环节
5. 某汽车贸易公司2013年6月进口30辆小轿车，海关审定的关税完税价格为25万元/辆，当月销售18辆，取得含税销售收入540万元；2辆企业自用，5辆用于抵偿债务，合同约定的含税价格为30万元，剩余5辆待售。该公司应纳车辆购置税（　　）万元。（小轿车关税税率20%，消费税税率为9%。）
   A. 6.59　　B. 82.41　　C. 7.50　　D. 23.07
6. 某交通运输企业2013年拥有5吨载重汽车20辆，4吨挂车10辆，2.5吨低速货车8辆。该企业所在地载货汽车年税额20元/吨。该企业当年应缴纳车船税（　　）元。
   A. 3 700　　B. 3 460　　C. 3 550　　D. 2 800
7. 某交通运输企业2013年初拥有20辆整备质量为5吨载重汽车，10辆整备质量为4吨的挂车，2.5吨载货汽车8辆，中型载客汽车10辆，其中包括2辆电车。该企业所在地载货汽车年税额20元/吨，载客汽车的税额是420元/年。该企业当年应缴纳车船税（　　）元。

A. 7 400　B. 7 500　C. 6 160　D. 7 000

8. 某航运公司2013年4月26日购置机动船舶3艘，每艘净吨位1 200吨，购置养殖船2艘，净吨位2 000吨，拖船1艘，发动机功率为1 600马力，所购船舶均在5月15日取得登记证书。所在省车船税计税标准为净吨位201吨以上2 000吨以下的，每吨4元。2013年该公司应缴纳车船税(　　)元。

A. 10 667　B. 11 732　C. 26 667　D. 16 000

9. 有关车船税的计税依据，下列表述正确的有(　　)。

A. 车辆整备质量尾数在0.5吨以下者免征车船税

B. 拖船、非机动驳船分别按照船舶税额的70%计算车船税

C.《车船税法》及其实施条例所涉及的排气量、整备质量、核定载客人数、净吨位、千瓦、艇身长度，以车船管理部门核发的车船登记证书或者行驶证书相应项目所载数据为准

D. 净吨位不超过1吨的船舶，不缴纳车船税

10. 按照印花税的有关规定，下列各项中，正确的涉税处理是(　　)。

A. 对技术开发合同，以合同所载的报酬金额和研究开发经费作为计税依据

B. 货物运输合同，以收取的全部运费、装卸费和保险费为计税依据

C. 财产租赁合同，以收取的租赁金额为计税依据

D. 财产保险合同的计税依据中包含所保财产的金额

11. 在签订合同时无法确定计税金额的，可在签订时先按定额(　　)元贴花。

A. 5　B. 8　C. 10　D. 15

12. 以下不属于印花税的纳税义务人的是(　　)。

A. 立合同人　B. 合同的鉴定人　C. 立据人　D. 领受人

13. 某企业2013年书立了以下合同：向某公司租赁设备一台，合同记载年租金10万元，租期三年；受甲公司委托加工一批产品，加工承揽合同中注明甲公司提供原材料金额180万元，支付加工费金额20万元。该企业2013年应纳印花税(　　)元。

A. 450　B. 940　C. 1 100　D. 400

14. 某企业与海外公司2012年签订一份金额为500万美元的采购合同，并按规定缴纳了印花税，2013年修改该合同，将金额增加为721万美元，修改凭证当日的美元与人民币的汇率为8.28，当月1日美元与人民币的汇率为8.38，则该企业2013年应缴纳的印花税为人民币(　　)元。

A. 5 489.60　B. 5 490.90　C. 17 909.60　D. 12 420

15. 甲公司与乙公司签订了一项以货易货合同，按合同规定，甲公司向乙公司提供60吨钢材，但合同并未列明钢材金额，国家牌价为每吨0.5万元；乙公司则向甲公司提供价值40万元的设备。则甲乙两个公司合计应纳印花税(　　)元。

A. 90　B. 420　C. 210　D. 30

16. 甲企业与乙企业签订一份技术开发合同记载金额600万元，含研究开发费用60万元。甲、乙企业共计应缴纳印花税(　　)元。

A. 3 240　　B. 3 600　　C. 5 400　　D. 6 000

17. 某加工企业接受某学校委托，制作一批校服，总金额为 800 万元，据此签订了加工承揽合同。合同记载制作校服的主要材料由学校提供，金额为 420 万元；辅助材料由加工企业提供，金额为 150 万元；加工费 230 万元。该加工企业应缴纳印花税（　　）元。

A. 1 150　　B. 1 900　　C. 2 100　　D. 4 000

18. 2013 年 1 月，甲公司将闲置厂房出租给乙公司，合同约定每月租金 3 000 元，租期未定。签订合同时，预收租金 8 000 元，双方已按定额贴花。6 月底合同解除，甲公司收到乙公司补交租金 10 000 元。甲公司 6 月份应补缴印花税（　　）元。

A. 13　　B. 15　　C. 16　　D. 18

二、多项选择题

1. 关于车辆购置税的计算，下列说法正确的有（　　）。

A. 车辆购置税的征税环节为车辆的出厂环节

B. 长期来华的专家购买 2 辆小轿车自用都可以免税

C. 设有固定装置的非运输车辆实行法定免税

D. 购买自用摩托车的计税依据是支付的全部价款和价外费用（不含增值税）

E. 进口自用的应税车辆，应当自进口之日起 60 天内申报纳税

2. 下述关于车辆购置税的规定，正确的有（　　）。

A. 免税条件消失的车辆，自初次办理纳税申报之日起，使用年限未满 15 年的，计税依据为最新核发的同类型车辆最低计税价格按每满 1 年扣减 10%

B. 公安机关车辆管理机构不予办理车辆登记注册的车辆，纳税人申请退税时，主管税务机关应退还全部已缴税款

C. 车辆购置税一次课征，购置已征车辆购置税的车辆，不再征收车辆购置税

D. 购买小汽车时支付的控购费，属于车辆购置税价外费用，应征收车辆购置税

E. 车辆购置税的计税依据和应纳税款应以人民币计算

3. 下列表述符合车船税法的规定的有（　　）。

A. 燃料电池汽车免征车船税

B. 半挂牵引车不需缴纳车船税

C. 人力三轮车免征车船税

D. 拖船按照船舶税额的 50% 计税

E. 非机动驳船按照船舶税额的 70% 计税

4. 关于车船税的说法，正确的有（　　）。

A. 已缴纳车船税的车船在同一纳税年度内办理转让过户的，不另纳税，也不退税

B. 已办理退税的车船失而复得的，应该从公安机关出具相关证明的次月起计算缴纳车船税

C. 车船所有人没有缴纳车船税的，使用人应当代为缴纳车船税

D. 车船使用税纳税义务发生时间为车船管理部门核发的登记证书或行驶证书上记载日期的当月

E. 按照规定缴纳船舶吨税的机动船舶，自车船税法实施之日起 3 年内免征车船税

5. 根据车船税法的规定，下列说法符合车船税规定的有（　　）。

A. 对于依法不需要购买机动车交通事故责任强制险的车辆，纳税人应当向主管税务机关申报缴纳车船税

B. 按照规定缴纳船舶吨税的机动船舶免征车船税

C. 对于节约能源、使用新能源的车船一律免征车船税

D. 税务机关可以在车船管理部门、车船检验机关的办公场所集中办理车船税征收事宜

E. 依法不需要办理登记的车船，车船税的纳税地点为车船所有人或者管理人所在地

6. 下列各项中，按照印花税有关规定，表述正确的有（　　）。

A. 纳税人对印花税的纳税凭证没有按国家规定期限保存的，由税务机关责令限期改正，可处以 2 000 元以下的罚款；情节严重的，可处以 2 000 元以上 1 万元以下的罚款

B. 纳税人购买了印花税票不等于履行了纳税义务，只有在将印花税票贴在应税凭证上以后，才算完成了纳税义务

C. 印花税一般实际就地纳税

D. 对于全国性商品物资订货会上所签订的合同应纳的印花税，应由纳税人回其所在地后及时办理贴花完税手续

E. 已经贴花的凭证，凡修改后所载金额增加的部分，应当全额重新贴花

7. 计算缴纳印花税时，对于某些特殊情况，税法作出了特殊规定，在下列表述中不正确的有（　　）。

A. 对已经贴花的凭证，凡修改后所载金额增加的应对其增加额补贴印花

B. 对多贴花的凭证，可以申请退税或者抵扣

C. 财产租赁合同的计税依据为租赁金额；经计算，税额不足 1 元的，不贴花

D. 按比例税率计算纳税而应纳税额不足 1 角的免纳印花税

E. 对财产租赁合同的应纳税额超过 1 角但不足 1 元的，按 1 元贴花

8. 下列说法中，符合印花税计税依据的有（　　）。

A. 购销合同的计税依据为购销金额，不得扣除任何费用

B. 流动资金周转性借款合同，规定最高限额，借款人在规定的期限和最高限额内随借随还的，以总借款金额为计税依据

C. 由委托方提供主要材料的加工合同，以加工费和主要材料金额合计为计税依据

D. 对技术开发合同，只就合同所载的报酬金额计税，研究开发经费不作为计税依据

E. 记载资金的营业账簿，以实收资本和资本公积的两项合计金额为计税依据

9. 某企业 2013 年 1 月份开业，领受房屋产权证、工商营业执照、商标注册证、土地使用证、专利证各一件；与其他企业订立购销合同一件，所载金额 100 万元；订立借款合同一份，所载金额 200 万元；订立加工承揽合同一份，内列加工收入 10 万元，受托方提供原材料金额 90

万元;订立财产保险合同一份,投保金额200万元,保险费5万元;签订建筑安装工程总承包合同一份,承包金额5 000万元,其中1 000万元分包给其他单位,已签订分包合同。以下关于该企业发生上述业务应纳印花税的说法中正确的有( )。

A. 权利、许可证照应缴纳印花税25元

B. 加工承揽合同应缴纳印花税50元

C. 财产保险合同应缴纳印花税2 050元

D. 总包、分包合同应缴纳印花税18 000元

E. 该企业所有业务应缴纳印花税18 795元

10. 下列关于印花税征收管理的表述中,正确的有( )。

A. 印花税一般实行就地纳税

B. 对中国银行记载资金的账簿需要缴纳印花税的,凡一次贴花数额较大,难以承受的,经当地税务机关批准,可在三年内分次贴花

C. 采用按期汇总缴纳印花税的纳税人应向税务机关提出申请,经税务机关核准发给许可证后,按税务机关确定的限期(最长不超过1个月)汇总计算纳税

D. 印花税票可以委托单位或个人代售,并由税务机关付给5%的手续费

E. 对借款合同的应纳税额不足1角的,免贴印花

第 12 章　税收征收管理法

【学习要求】

1. 了解税收征管法的立法目的；
2. 熟悉征纳双方的权利和义务；
3. 熟悉税务管理、税款征收、税务检查、纳税担保等环节的基本规定。

税收征收管理法是有关税收征收管理法律规范的总称，包括税收征收管理法及税收征收管理的有关法律、法规和规章。

《中华人民共和国税收征收管理法》于 1992 年 9 月 4 日第七届全国人民大表大会常务委员会第二十七次会议通过，1993 年 1 月 1 日起施行，1995 年 2 月 28 日第八届全国人民代表大会常务委员会第十二次会议修正。2001 年 4 月 28 日，第九届全国人民大表大会常务委员会第二十一次会议通过了修订后的《中华人民共和国税收征收管理法》（以下简称《征管法》），并于 2001 年 5 月 1 日起施行。

12.1　税收征收管理法概述

12.1.1　税收征收管理法的立法目的

《征管法》第一条规定："为了加强税收征收管理，规范税收征收和缴纳行为，保障国家税收收入，保护纳税人的合法权益，促进经济和社会发展，制定本法。"此条规定对《征管法》的立法目的做了高度概括。

1）加强税收征收管理

税收征收管理是国家征税机关依据国家税收法律、行政法规的规定，按照统一的标准，通过一定的程序，对纳税人应纳税额组织入库的一种行政活动，是国家将税收政策贯彻实施到每个纳税人，有效地组织税收收入及时、足额入库的一系列活动的总称。税收征管工作的好坏，直接关系到税收职能作用能否很好地发挥。理所当然，加强税收征收管理，成为《征管法》立法的首要目的。

2)规范税收征收和缴纳行为

《征管法》既要为税务机关、税务人员依法行政提供标准和规范,税务机关、税务人员必须依照该法的规定进行税收征收,其一切行为都要依法进行,违者要承担法律责任;同时也要为纳税人缴纳税款提供标准和规范,纳税人只有按照法律规定的程序和办法缴纳税款,才能更好地保障自身的权益。因此,在该法中加入"规范税收征收和缴纳行为"的目的,是对依法治国、依法治税思想的深刻理解和运用,为《征管法》其他条款的修订指明了方向。

3)保障国家税收收入

税收收入是国家财政的主要来源,组织税收收入是税收的基本职能之一。《征管法》是税收征收管理的标准和规范,其根本目的是保证税收收入的及时、足额入库,这也是任何一部《征管法》都具有的目的。

4)保护纳税人的合法权益

税收征收管理作为国家的行政行为,一方面要维护国家的利益,另一方面要保护纳税人的合法权益不受侵犯。纳税人按照国家税收法律、行政法规的规定缴纳税款之外的任何其他款项,都是对纳税人合法权益的侵害。保护纳税人的合法权益一直是《征管法》的立法目的。

5)促进经济发展和社会进步

税收是国家宏观调控的重要杠杆,《征管法》是市场经济的重要法律规范,这就要求税收征收管理的措施,如税务登记、纳税申报、税款征收、税收检查以及税收政策等以促进经济发展和社会进步为目标,方便纳税人,保护纳税人。因此,在该法中加入"促进经济和社会发展"的目的,表明了税收征收管理的历史使命和前进方向。

12.1.2 税收征收管理法的适用范围

《征管法》第二条规定:"凡依法由税务机关征收的各种税收的征收管理,均适用本法。"这就明确界定了《征管法》的适用范围。

我国税收的征收机关有税务、海关、财政等部门,税务机关征收各种工商税收,海关征收关税。《征管法》只适用于由税务机关征收的各种税收的征收管理。

农税征收机关负责征收的耕地占用税、契税的征收管理,由国务院另行规定;海关征收的关税及代征的增值税、消费税,适用其他法律、法规的规定。

值得注意的是,目前还有一部分费由税务机关征收,如教育费附加。这些费不适用《征管法》,不能采取《征管法》规定的措施,其具体管理办法由各种费的条例和规章决定。

12.1.3 税收征收管理法的遵守主体

1)税务行政主体——税务机关

《征管法》第五条规定:"国务院税务主管部门主管全国税收征收管理工作。各地国家税务局和地方税务局应当按照国务院规定的税收征收管理范围分别进行征收管理。"《征管法》和《细则》规定:"税务机关是指各级税务局、税务分局、税务所和省以下税务局的稽查局。稽查局专司偷税、逃避追缴欠税、骗税、抗税案件的查处。国家税务总局应明确划分税务局和稽查局的职责,避免职责交叉。"上述规定既明确了税收征收管理的行政主体(即执法主体),也明确了《征管法》的遵守主体。

2)税务行政管理相对人——纳税人、扣缴义务人和其他有关单位

《征管法》第四条规定:"法律、行政法规规定负有纳税义务的单位和个人为纳税人,法律、行政法规规定负有代扣代缴、代收代缴税款义务的单位和个人为扣缴义务人。纳税人、扣缴义务人必须依照法律、行政法规的规定缴纳税款、代扣代缴、代收代缴税款。"第六条第二款规定:"纳税人、扣缴义务人和其他有关单位应当按照国家有关规定如实向税务机关提供与纳税和代扣代缴、代收代缴税款有关的信息。"根据上述规定,纳税人、扣缴义务人和其他有关单位是税务行政管理的相对人,是《征管法》的遵守主体,必须按照《征管法》的有关规定接受税务管理,享受合法权益。

3)有关单位和部门

《征管法》第五条规定:"地方各级人民政府应当依法加强对本行政区域内税收管理工作的领导或者协调,支持税务机关依法执行职务,依照法定税率计算税额,依法征收税款。各有关部门和单位应当支持、协助税务机关依法执行职务。"这说明包括地方各级人民政府在内的有关单位和部门同样是《征管法》的遵守主体,必须遵守《征管法》的有关规定。

12.1.4 税收征收管理权利和义务的设定

1)税务机关和税务人员的权利和义务

(1)税务机关和税务人员的权利

①负责税收征收管理工作。

②税务机关依法执行职务,任何单位和个人不得阻挠。

(2)税务机关和税务人员的义务

①税务机关应当广泛宣传税收法律、行政法规,普及纳税知识,无偿地为纳税人提供纳税咨询服务。

②税务机关应当加强队伍建设,提高税务人员的政治业务素质。

③税务机关、税务人员必须秉公执法、忠于职守、清正廉洁、礼貌待人、文明服务,尊重和保护纳税人、扣缴义务人的权利,依法接受监督。

④税务人员不得索贿受贿、徇私舞弊、玩忽职守,不征或者少征应征税款;不得滥用职权多征税款或者故意刁难纳税人和扣缴义务人。

⑤各级税务机关应当建立、健全内部制约和监督管理制度。

⑥上级税务机关应当对下级税务机关的执法活动依法进行监督。

⑦各级税务机关应当对其工作人员执行法律、行政法规和廉洁自律准则的情况进行监督检查。

⑧税务机关负责征收、管理、稽查,行政复议人员的职责应当明确,并相互分离、相

互制约。

⑨税务机关应为检举人保密，并按照规定给予奖励。

⑩税务人员在核定应纳税额、调整税收定额、进行税务检查、实施税务行政处罚、办理税务行政复议时，与纳税人、扣缴义务人或者其法定代表人、直接责任人有下列关系之一的，应当回避：a. 夫妻关系。b. 直系血亲关系。c. 三代以内旁系血亲关系。d. 近姻亲关系。e. 可能影响公正执法的其他利益关系。

2）纳税人、扣缴义务人的权利与义务

（1）纳税人、扣缴义务人的权利

①纳税人、扣缴义务人有权向税务机关了解国家税收法律、行政法规的规定以及与纳税程序有关的情况。

②纳税人、扣缴义务人有权要求税务机关为纳税人、扣缴义务人的情况保密。税务机关应当为纳税人、扣缴义务人的情况保密。

保密是指纳税人、扣缴义务人的商业秘密及个人隐私。纳税人、扣缴义务人的税收违法行为不属于保密范围。

③纳税人依法享有申请减税、免税、退税的权利。

④纳税人、扣缴义务人对税务机关所作出的决定，享有陈述权、申辩权；依法享有申请行政复议、提起行政诉讼、请求国家赔偿等权利。

⑤纳税人、扣缴义务人有权控告和检举税务机关、税务人员的违法违纪行为。

（2）纳税人、扣缴义务人的义务

①纳税人、扣缴义务人必须依照法律、行政法规的规定缴纳税款、代扣代缴、代收代缴税款。

②纳税人、扣缴义务人和其他有关单位应当按照国家有关规定如实向税务机关提供与纳税和代扣代缴、代收代缴税款有关的信息。

③纳税人、扣缴义务人和其他有关单位应当接受税务机关依法进行的税务检查。

3）地方各级人民政府、有关部门和单位的权利与义务

（1）地方各级人民政府、有关部门和单位的权利

①地方各级人民政府应当依法加强对本行政区域内税收征收管理工作的领导或者协调，支持税务机关依法执行职务，依照法定税率计算税额，依法征收税款。

②各有关部门和单位应当支持、协助税务机关依法执行职务。

③任何单位和个人都有权检举违反税收法律、行政法规的行为。

（2）地方各级人民政府、有关部门和单位的义务

①任何机关、单位和个人不得违反法律、行政法规的规定，擅自做出税收开征、停征以及减税、免税、退税、补税和其他与税收法律、行政法规相抵触的决定。

②收到违反税收法律、行政法规行为检举的机关和负责查处的机关应当为检举人保密。

12.2 税务管理

12.2.1 税务登记管理

税务登记是税务机关对纳税人的生产、经营活动进行登记并据此对纳税人实施税务管理的一种法定制度。税务登记又称纳税登记,它是税务机关对纳税人实施税收管理的首要环节和基础工作,是征纳双方法律关系成立的依据和证明,也是纳税人必须依法履行的义务。

根据《征管法》和国家税务总局印发的《税务登记管理办法》,我国税务登记制度大体包括以下内容:

1)开业税务登记

(1)开业税务登记的对象

根据有关规定,开业税务登记的纳税人分为以下两类:

①领取营业执照从事生产、经营的纳税人,包括:

a.企业,即从事生产经营的单位或组织,包括国有、集体、私营企业,中外合资合作企业、外商独资企业,以及各种联营、联合、股份制企业等。

b.企业在外地设立的分支机构和从事生产、经营的场所。

c.个体工商户。

d.从事生产、经营的事业单位。

②其他纳税人。根据有关法规规定,不从事生产、经营,但依照法律、法规的规定负有纳税义务的单位和个人,除临时取得应税收入或发生应税行为以及只缴纳个人所得税、车船税的外,都应按规定向税务机关办理税务登记。

(2)开业税务登记的时间和地点

①从事生产、经营的纳税人,应当自领取营业执照之日起30日内,向生产、经营地或者纳税义务发生地的主管税务机关申报办理税务登记,如实填写税务登记表并按照税务机关的要求提供有关证件、资料。

②除上述以外的其他纳税人,除国家机关和个人外,应当自纳税义务发生之日起30日内,持有关证件向所在地主管税务机关申报办理税务登记。

以下几种情况应比照开业登记办理:

①扣缴义务人应当自扣缴义务发生之日起30日内,向所在地的主管税务机关申报办理扣缴税款登记,领取扣缴税款登记证件;税务机关对已办理税务登记的扣缴义务人,可以只在其税务登记证件上登记扣缴税款事项,不再发给扣缴税款登记证件。

②跨地区的非独立核算分支机构应当自设立之日起30日内,向所在地税务机关办理注

册税务登记。

③有独立的生产经营权、在财务上独立核算并定期向发包人或者出租人上缴承包费或租金的承包承租人,应当自承包承租合同签订之日起30日内,向其承包承租业务发生地税务机关申报办理税务登记,税务机关核发临时税务登记证及副本。

④从事生产、经营的纳税人外出经营,在同一地连续12个月内累计超过180天的,应当自期满之日起30日内,向生产、经营所在地税务机关申报办理税务登记,税务机关核发临时税务登记证及副本。

⑤境外企业在中国境内承包建筑、安装、装配、勘探工程和提供劳务的,应当自项目合同或协议签订之日起30日内,向项目所在地税务机关申报办理税务登记,税务机关核发临时税务登记证及副本。

(3)开业税务登记的内容

①单位名称、法定代表人或业主姓名及其居民身份证、护照或者其他证明身份的合法证件。

②住所、经营地点。

③登记注册类型及所属主管单位。

④核算方式。

⑤行业、经营范围、经营方式。

⑥注册资金(资本)、投资总额、开户银行及账号。

⑦经营期限、从业人数、营业执照号码。

⑧财务负责人、办税人员。

⑨其他有关事项。

企业在外地的分支机构或者从事生产、经营的场所,还应当登记总机构名称、地址、法人代表、主要业务范围、财务负责人。

2)变更、注销税务登记

变更税务登记,是纳税人税务登记内容发生重要变化时向税务机关申报办理的税务登记手续;注销税务登记,则是指纳税人税务登记内容发生了根本性变化,需终止履行纳税义务时向税务机关申报办理的税务登记手续。

(1)变更税务登记的范围及时间要求

①适用范围。纳税人办理税务登记后,如发生下列情形之一,应当办理变更税务登记:发生改变名称、改变法定代表人、改变经济性质或经济类型、改变住所和经营地点(不涉及主管税务机关变动的)、改变生产经营或经营方式、增减注册资金(资本)、改变隶属关系、改变生产经营期限、改变或增减银行账号、改变生产经营权属以及改变其他税务登记内容的。

②时间要求。纳税人税务登记内容发生变化的,应当自工商行政管理机关或者其他机关办理变更登记之日起30日内,持有关证件向原税务登记机关申报办理变更税务登记。

纳税人税务登记内容发生变化,不需要到工商行政管理机关或者其他机关办理变更登记的,应当自发生变化之日起30日内,持有关证件向原税务登记机关申报办理变更税务登记。

(2)注销税务登记的适用范围及时间要求

①适用范围。纳税人因经营期限届满而自动解散;企业由于改组、分立、合并等原因而被撤销;企业资不抵债而破产:纳税人住所、经营地址迁移而涉及改变原主管税务机关的;纳税人被工商行政管理部门吊销营业执照;以及纳税人依法终止履行纳税义务的其他情形。

②时间要求。纳税人发生解散、破产、撤销以及其他情形,依法终止纳税义务的,应当在向工商行政管理机关办理注销登记前,持有关证件向原税务登记管理机关申报办理注销税务登记;按照规定不需要在工商管理机关办理注销登记的,应当自有关机关批准或者宣告终止之日起15日内,持有关证件向原税务登记管理机关申报办理注销税务登记。

纳税人因住所、生产、经营场所变动而涉及改变主管税务登记机关的,应当在向工商行政管理机关申请办理变更或注销登记前,或者住所、生产、经营场所变动前,向原税务登记机关申报办理注销税务登记,并在30日内向迁达地主管税务登记机关申报办理税务登记。

纳税人被工商行政管理机关吊销营业执照的,应当自营业执照被吊销之日起15日内,向原税务登记机关申报办理注销税务登记。

3)停业、复业登记

实行定期定额征收方式的纳税人,在营业执照核准的经营期限内需要停业的,应当向税务机关提出停业登记,说明停业的理由、时间、停业前的纳税情况和发票的领、用、存情况,并如实填写申请停业登记表。税务机关经过审核(必要时可实地审查),应当责成申请停业的纳税人结清税款并收回税务登记证件、发票领购簿和发票,办理停业登记。纳税人停业期间发生纳税义务,应当及时向主管税务机关申报,依法补缴应纳税款。

纳税人应当于恢复生产、经营之前,向税务机关提出复业登记申请,经确认后,办理复业登记,领回或启用税务登记证件和发票领购簿及其领购的发票,纳入正常管理。

纳税人停业期满不能及时恢复生产、经营的,应当在停业期满前向税务机关提出延长停业登记。纳税人停业期满未按期复业又不申请延长停业的,税务机关应当视为已恢复营业,实施正常的税收征收管理。

4)外出经营报验登记

①纳税人到外县(市)临时从事生产经营活动的,应当在外出生产经营以前,持税务登记证向主管税务机关申请开具《外出经营活动税收管理证明》(以下简称《外管证》)。

②税务机关按照一地一证的原则,核发《外管证》,《外管证》的有效期限一般为30日,最长不得超过180天。

③纳税人应当在《外管证》注明地进行生产经营前向当地税务机关报验登记,并提交下列证件、资料:

a. 税务登记证件副本。

b.《外管证》。

纳税人在《外管证》注明地销售货物的,除提交以上证件、资料外,应如实填写《外出经营货物报验单》,申报查验货物。

④纳税人外出经营活动结束,应当向经营地税务机关填报《外出经营活动情况申报表》,

并结清税款、缴销发票。

⑤纳税人应当在《外管证》有效期届满后10日内,持《外管证》回原税务登记地税务机关办理《外管证》缴销手续。

5)税务登记证的作用和管理

(1)税务登记证的作用

除按照规定不需要发给税务登记证件的外,纳税人办理下列事项时,必须持以下税务登记证件:

①开立银行账户。

②申请减税、免税、退税。

③申请办理延期申报、延期缴纳税款。

④领购发票。

⑤申请开具外出经营活动税收管理证明。

⑥办理停业、歇业。

⑦其他有关税务事项。

(2)税务登记证管理

①税务机关对税务登记证件实行定期验证和换证制度。纳税人应当在规定的期限内持有关证件到主管税务机关办理验证或者换证手续。

②纳税人应当将税务登记证件正本在其生产、经营场所或者办公场所公开悬挂,接受税务机关检查。

③纳税人遗失税务登记证件的,应当在15日内书面报告主管税务机关,并登报声明作废。同时,凭报刊上刊登的遗失声明向主管税务机关申请补办税务登记证件。

12.2.2 账簿、凭证管理

账簿是纳税人、扣缴义务人连续地记录其各种经济业务的账册或簿籍。凭证是纳税人用来记录经济业务,明确经济责任,并据以登记账簿的书面证明。账簿、凭证管理是继税务登记之后税收征管的又一重要环节,在税收征管中占有十分重要的地位。

1)账簿、凭证管理

(1)关于对账簿、凭证设置的管理

①设置账簿的范围。根据《征管法》第十九条和《细则》第二十二条的有关规定,所有的纳税人和扣缴义务人都必须按照有关法律、行政法规和国务院财政、税务主管部门的规定设置账簿。所称账簿,是指总账、明细账、日记账以及其他辅助性账簿。总账、日记账应当采用订本式。

从事生产、经营的纳税人应当自领取营业执照或者发生纳税义务之日起15日内设置账簿。扣缴义务人应当自税收法律、行政法规规定的扣缴义务发生之日起10日内,按照所代扣、代收的税种,分别设置代扣代缴、代收代缴税款账簿。生产、经营规模小又确无建账能力的纳税人,可以聘请经批准从事会计代理记账业务的专业机构或者经税务机关认可的财会人员代为建账和办理账务;聘请上述机构或者人员有实际困难的,经县以上税务机关批准,可以按照税务机关的规定,建立收支凭证粘贴簿、进货销货登记簿或者使用税控装置。

②对会计核算的要求。根据《征管法》第十九条的有关规定,所有纳税人和扣缴义务人都必须根据合法、有效的凭证进行账务处理。

纳税人建立的会计电算化系统应当符合国家有关规定,并能正确、完整核算其收入或者所得,纳税人使用计算机记账的,应当在使用前将会计电算化系统的会计核算软件、使用说明书及有关资料报送主管税务机关备案。纳税人、扣缴义务人会计制度健全,能够通过计算机正确、完整计算其收入和所得或者代扣代缴、代收代缴税款情况的,其计算机输出的完整的书面会计记录,可视同会计账簿。纳税人、扣缴义务人会计制度不健全,不能通过计算机正确、完整计算其收入和所得或者代扣代缴、代收代缴税款情况的,应当建立总账及与纳税或者代扣代缴、代收代缴税款有关的其他账簿。

账簿、会计凭证和报表,应当使用中文。民族自治地方可以同时使用当地通用的一种民族文字。外商投资企业和外国企业可以同时使用一种外国文字。如外商投资企业、外国企业的会计记录不使用中文的,应按照《征管法》第六十三条第二款"未按照规定设置、保管账簿或者保管记账凭证和有关资料"的规定处理。

(2)关于对财务会计制度的管理

①备案制度。根据《征管法》第二十条和《细则》第二十四条的有关规定,凡从事生产、经营的纳税人必须将所采用的财务、会计制度和具体的财务、会计处理办法,按税务机关的规定,自领取税务登记证件之日起15日内,及时报送主管税务机关备案。

②财会制度、办法与税收规定相抵触的处理办法。根据《征管法》第二十条的有关规定,当从事生产、经营的纳税人、扣缴义务人所使用的财务会计制度和具体的财务、会计处理办法与国务院和财政部、国家税务总局有关税收方面的规定相抵触时,纳税人、扣缴义务人必须按照国务院制定的税收法规的规定或者财政部、国家税务总局制定的有关税收的规定计缴税款。

(3)关于账簿、凭证的保管

根据《征管法》第二十四条的有关规定:"从事生产经营的纳税人、扣缴义务人必须按照国务院财政、税务主管部门规定的保管期限保管账簿、记账凭证、完税凭证及其他有关资料。账簿、记账凭证、报表、完税凭证、发票、出口凭证以及其他有关涉税资料不得伪造、变造或者擅自损毁。"

账簿、记账凭证、报表、完税凭证、发票、出口凭证以及其他有关涉税资料的保管期限,根据《细则》第二十九条,除另有规定者外,应当保存10年。

2)发票管理

根据《征管法》第二十一条规定:"税务机关是发票的主管机关,负责发票的印制、领购、开具、取得、保管、缴销的管理和监督。"

(1)发票印制管理

增值税专用发票由国务院税务主管部门指定的企业印制;其他发票按照国务院税务主管部门的规定,分别由省、自治区、直辖市国家税务局、地方税务局指定企业印制。

(2)发票领购管理

依法办理税务登记的单位和个人,在领取税务登记证后,向主管税务机关申请领购发票。对无固定经营场地或者财务制度不健全的纳税人申请领购发票,主管税务机关有权要求其提供担保人,不能提供担保人的,可以视其情况,要求其提供保证金,并限期缴销发票。对发票保证金应设专户储存,不得挪作他用。纳税人可以根据自己的需要申请领购普通发票。增值税专用发票只限于增值税一般纳税人领购使用。

(3)发票开具、使用、取得的管理

根据《征管法》第二十一条的规定:"单位、个人在购销商品、提供或者接受经营服务以及从事其他经营活动中,应当按照规定开具、使用、取得发票。"普通发票开具、使用、取得的管理,应注意以下几点(增值税专用发票开具、使用、取得的管理,按增值税有关规定办理):

①销货方按规定填开发票。

②购买方按规定索取发票。

③纳税人进行电子商务必须开具或取得发票。

④发票要全联一次填写。

⑤发票不得跨省、直辖市、自治区使用。发票限于领购单位和个人在本省、自治区、直辖市内开具。发票领购单位未经批准不得跨规定使用区域携带、邮寄、运输空白发票,禁止携带、邮寄或者运输空白发票出入境。

⑥开具发票要加盖财务印章或发票专用章。

⑦开具发票后,如发生销货退回需开红字发票的,必须收回原发票并注明"作废"字样或取得对方有效证明;发生销售折让的,在收回原发票并证明"作废"后,重新开具发票。

(4)发票保管管理。

根据发票管理的要求,发票保管分为税务机关保管和用票单位、个人保管两个层次,都必须建立严格的发票保管制度。包括:专人保管制度;专库保管制度;专账登记制度;保管交接制度;定期盘点制度。

(5)发票缴销管理

发票缴销包括发票收缴和发票销毁。发票收缴是指用票单位和个人按照规定向税务机关上缴已经使用或者未使用的发票;发票销毁是指由税务机关统一将自己或者他人已使用或者未使用的发票进行销毁。发票收缴与发票销毁既有联系又有区别,发票销毁首先必须收缴;但收缴的发票不一定都要销毁,一般都要按照法律法规保存一定时期后才能销毁。

3)税控管理

税控管理是税收征收管理的一个重要组成部分,也是近期提出来的一个崭新的概念。它是指税务机关利用税控装置对纳税人的生产经营情况进行监督和管理,以保障国家税收收入,防止税款流失,提高税收征管工作效率,降低征收成本的各项活动的总称。

《征管法》第二十三条规定:“国家根据税收征收管理的需要,积极推广使用税控装置。纳税人应当按照规定安装、使用税控装置,不得损毁或者擅自改变税控装置。”同时还在第六十条中增加了一款,规定:“不能按照规定安装、使用税控装置,或者损毁或者擅自改动税控装置的,由税务机关责令限期改正,可以处以2 000 元以下的罚款;情节严重的,处2 000 元以上1 万元以下的罚款。”这样不仅使推广使用税控装置有法可依,而且可以打击在推广使用税控装置中的各种违法犯罪活动。

12.2.3 纳税申报管理

纳税申报是纳税人按照税法规定的期限和内容,向税务机关提交有关纳税事项书面报告的法律行为,是纳税人履行纳税义务、界定纳税人法律责任的主要依据,是税务机关税收管理信息的主要来源和税务管理的重要制度。

1)纳税申报的对象

根据《征管法》第二十五条的规定,纳税申报的对象为纳税人和扣缴义务人。纳税人在纳税期内没有应纳税款的,也应当按照规定办理纳税申报。纳税人享受减税、免税待遇的,在减税、免税期间应当按照规定办理纳税申报。

2)纳税申报的内容

纳税申报的内容,主要在各税种的纳税申报表和代扣代缴、代收代缴税款报告表中体现,还有的是随纳税申报表附报的财务报表和有关纳税资料中体现。纳税人和扣缴义务人的纳税申报和代扣代缴、代收代缴税款报告的主要内容包括:税种、税目,应纳税项目或者应代扣代缴、代收代缴税款项目,计税依据,扣除项目及标准,适用税率或者单位税额,应退税项目及税额、应减免税项目及税额,应纳税额或者应代扣代缴、代收代缴税额,税款所属期限、延期缴纳税款、欠税、滞纳金等。

3)纳税申报的期限

《征管法》规定纳税人和扣缴义务人都必须按照法定的期限办理纳税申报。申报期限有两种:一种是法律、行政法规明确规定的;另一种是税务机关按照法律、行政法规的原则规定,结合纳税人生产经营的实际情况及其所应缴纳的税种等相关问题予以确定的。两种期限具有同等的法律效力。

4)纳税申报的要求

纳税人办理纳税申报时,应当如实填写纳税申报表,并根据不同的情况相应报送下列有关证件、资料:

①财务会计报表及其说明材料。

②与纳税有关的合同、协议书及凭证。

③税控装置的电子报税资料。

④外出经营活动税收管理证明和异地完税凭证。

⑤境内或者境外公证机构出具的有关证明文件。

⑥税务机关规定应当报送的其他有关证件、资料。

⑦扣缴义务人办理代扣代缴、代收代缴税款报告时,应当如实填写代扣代缴、代收代缴税款报告表,并报送代扣代缴、代收代缴税款的合法凭证以及税务机关规定的其他有关证件、资料。

5)纳税申报的方式

《征管法》第二十六条规定:"纳税人、扣缴义务人可以直接到税务机关办理纳税申报或者报送代扣代缴、代收代缴税款报告表,也可以按照规定采取邮寄、数据电文或者其他方式办理上述申报、报送事项。"目前,纳税申报的形式主要有以下三种:

(1)直接申报

直接申报,是指纳税人自行到税务机关办理纳税申报。这是一种传统申报方式。

(2)邮寄申报

邮寄申报,是指经税务机关批准的纳税人使用统一规定的纳税申报特快专递专用信封,通过邮政部门办理交寄手续,并向邮政部门索取收据作为申报凭据的方式。

纳税人采取邮寄方式办理纳税申报的,应当使用统一的纳税申报专用信封,并以邮政部门收据作为申报凭据。邮寄申报以寄出的邮戳日期为实际申报日期。

(3)数据电文

数据电文,是指经税务机关确定的电话语音、电子数据交换和网络传输等电子方式。例如目前纳税人的网上申报,就是数据电文申报方式的一种形式。

纳税人采取电子方式办理纳税申报的,应当按照税务机关规定的期限和要求保存有关资料,并定期书面报送主管税务机关。纳税人、扣缴义务人采取数据电文方式办理纳税申报的,其申报日期以税务机关计算机网络系统收到该数据电文的时间为准。

除上述方式外,实行定期定额缴纳税款的纳税人,可以实行简易申报、简并征期等申报纳税方式。"简易申报"是指实行定期定额缴纳税款的纳税人在法律、行政法规规定的期限内或税务机关依据法规的规定确定的期限内缴纳税款的,税务机关可以视同申报;"简并征期"是指实行定期定额缴纳税款的纳税人,经税务机关批准,可以采取将纳税期限合并为按季、半年、年的方式缴纳税款。

6)延期申报管理

延期申报是指纳税人、扣缴义务人不能按照税法规定的期限办理纳税申报或扣缴税款报告。

根据《征管法》第二十七条和《细则》第三十七条及有关法规的规定,纳税人因有特殊情况,不能按期进行纳税申报的,经县以上税务机关核准,可以延期申报。但应当在规定的期限内向税务机关提出书面延期申请,经税务机关核准,在核准的期限内办理。如纳税人、扣缴义务人因不可抗力,不能按期办理纳税申报或者报送代扣代缴、代收代缴税款报告表的,可以延期办理,但应当在不可抗力情形消除后立即向税务机关报告。

经核准延期办理纳税申报的,应当在纳税期内按照上期实际缴纳的税额或者税务机关核定的税额预缴税款,并在核准的延期内办理纳税结算。

12.3 税款征收

税款征收是税收征收管理工作中的中心环节,是全部税收征管工作的目的和归宿,在整个税收工作中占据着极其重要的地位。

12.3.1 税款征收的原则

1)税务机关是征税的唯一行政主体的原则

根据《征管法》第二十九条的规定:“除税务机关、税务人员以及经税务机关依照法律、行政法规委托的单位和个人外,任何单位和个人不得进行税款征收活动。”第四十一条同时规定:“采取税收保全措施、强制执行措施的权利,不得由法定的税务机关以外的单位和个人行使。”

2)税务机关只能依照法律、行政法规的规定征收税款

根据《征管法》第二十八条的规定,税务机关只能依照法律、行政法规的规定征收税款。未经法定机关和法定程序调整,征纳双方均不得随意变动。税务机关代表国家向纳税人征收税款,不能任意征收,只能依法征收。

3)税务机关不得违反法律、行政法规的规定开征、停征、多征、少征、提前征收或者延缓征收税款或者摊派税款

《征管法》第二十八条规定:“税务机关依照法律、行政法规的规定征收税款,不得违反法律、行政法规的规定开征、停征、多征、少征、提前征收、延缓征收或者摊派税款。”税务机关是执行税法的专职机构,既不得在税法生效之前先行向纳税人征收税款,也不得在税法尚未失效时,停止征收税款,更不得擅立章法,新开征一种税。

在税款征收过程中,税务机关应当按照税收法律、行政法规预先规定的征收标准进行征税。不得擅自增减改变税目、调高或降低税率、加征或减免税款、提前征收或延缓征收税款以及摊派税款。

4)税务机关征收税款必须遵守法定权限和法定程序的原则

税务机关执法必须遵守法定权限和法定的程序,这也是税款征收的一项基本原则。例如,采取税收保全措施或强制执行措施时;办理减税、免税、退税时;核定应纳税额时;进行纳税调整时;针对纳税人的欠税,进行清理,采取各种措施时;税务机关都必须按照法律或者行政法规规定的审批权限和程序进行操作,否则就是违法。

5)税务机关征收税款或扣押、查封商品、货物或其他财产时,必须向纳税人开具完税凭证或开付扣押、查封的收据或清单

《征管法》第三十四条规定:“税务机关征收税款时,必须给纳税人开具完税凭证。”第四

十七条规定:“税务机关扣押商品、货物或者其他财产时,必须开付收据;查封商品、货物或者其他财产时,必须开付清单。”这是税款征收的又一原则。

6)税款、滞纳金、罚款统一由税务机关上交国库

《征管法》第五十三条规定:“国家税务局和地方税务局应当按照国家规定的税收征管范围和税款入库预算级次,将征收的税款缴入国库。”这也是税款征收的一个基本原则。

7)税款优先的原则

《征管法》第四十五条的规定,第一次在税收法律上确定了税款优先的地位,确定了税款征收在纳税人支付各种款项和偿还债务时的顺序。税款优先的原则不仅增强了税法的刚性,而且增强了税法在执行中的可操作性。

①税收优先于无担保债权。这里所说的税收优先于无担保债权是有条件的,也就是说并不是优先于所有的无担保债权,对于法律上另有规定的无担保债权,不能行使税收优先权。

②纳税人发生欠税在前的,税收优先于抵押权、质权和留置权的执行。这里有两个前提条件:其一,纳税人有欠税;其二,欠税发生在前。即纳税人的欠税发生在以其财产设定抵押、质押或被留置之前。纳税人在有欠税的情况下设置抵押权、质权、留置权时,纳税人应当向抵押权人,质权人说明其欠税情况。

欠缴的税款是指纳税人发生纳税义务,但未按照法律、行政法规规定的期限或者未按照税务机关依照法律、行政法规的规定确定的期限向税务机关申报缴纳的税款或者少缴的税款。纳税人应缴纳税款的期限届满之次日即是纳税人欠缴税款的发生时间。

③税收优先于罚款、没收非法所得。

a. 纳税人欠缴税款,同时又被税务机关决定处以罚款、没收非法所得的,税收优先于罚款、没收非法所得。

b. 纳税人欠缴税款,同时又被税务机关以外的其他行政部门处以罚款、没收非法所得的,税款优先于罚款、没收非法所得。

12.3.2 税款征收的方式

税款征收方式是指税务机关根据各税种的不同特点、征纳双方的具体条件而确定的计算征收税款的方法和形式。税款征收的方式主要有:

1)查账征收

查账征收是指税务机关按照纳税人提供的账表所反映的经营情况,依照适用税率计算缴纳税款的方式。这种方式一般适用于财务会计制度较为健全,能够认真履行纳税义务的纳税单位。

2)查定征收

查定征收是指税务机关根据纳税人的从业人员、生产设备、采用原材料等因素,对其产制的应税产品查实核定产量、销售额并据以征收税款的方式。这种方式一般适用于账册不够健全,但是能够控制原材料或进销货的纳税单位。

3)查验征收

查验征收是指税务机关对纳税人应税商品,通过查验数量,按市场一般销售单价计算其销售收入并据以征税的方式。这种方式一般适用于经营品种比较单一,经营地点、时间和商品来源不固定的纳税单位。

4)定期定额征收

定期定额征收是指税务机关通过典型调查,逐户确定营业额和所得额并据以征税的方式。这种方式一般适用于无完整考核依据的小型纳税单位。

5)委托代征税款

委托代征税款是指税务机关委托代征人以税务机关的名义征收税款,并将税款缴入国库的方式。这种方式一般适用于小额、零散税源的征收。

6)邮寄纳税

邮寄纳税是一种新的纳税方式。这种方式主要适用于那些有能力按期纳税,但采用其他方式纳税又不方便的纳税人。

7)其他方式

如利用网络申报、用IC卡纳税等方式。

12.3.3 税款征收制度

1)代扣代缴、代收代缴税款制度

①对法律、行政法规没有规定负有代扣、代收税款义务的单位和个人,税务机关不得要求其履行代扣、代收税款义务。

②税法规定的扣缴义务人必须依法履行代扣、代收税款义务。如果不履行义务,就要承担法律责任。除按征管法及实施细则的规定给予处罚外,应当责成扣缴义务人限期将应扣未扣、应收未收的税款补扣或补收。

③扣缴义务人依法履行代扣、代收税款义务时,纳税人不得拒绝。纳税人拒绝的,扣缴义务人应当在一日之内报告主管税务机关处理。不及时向主管税务机关报告的,扣缴义务人应承担应扣未扣、应收未收税款的责任。

④扣缴义务人代扣、代收税款,只限于法律、行政法规规定的范围,并依照法律、行政法规规定的征收标准执行。对法律、法规没有规定代扣、代收的,扣缴义务人不能超越范围代扣、代收税款,扣缴义务人也不得提高或降低标准代扣、代收税款。

⑤税务机关按照规定付给扣缴义务人代扣、代收手续费。代扣、代收税款手续费只能由县(市)以上税务机关统一办理退库手续,不得在征收税款过程中坐支。

2)延期缴纳税款制度

纳税人和扣缴义务人必须在税法规定的期限内缴纳、解缴税款。但考虑到纳税人在履行纳税义务的过程中,可能会遇到特殊困难的客观情况,为了保护纳税人的合法权益,《征管法》第三十一条第二款规定:“纳税人因有特殊困难,不能按期缴纳税款的,经省、自治区、直辖市国家税务局、地方税务局批准,可以延期缴纳税款,但最长不得超过3个月。”

特殊困难的主要内容包括:一是因不可抗力,导致纳税人发生较大损失,正常生产经营活动受到较大影响的;二是当期货币资金在扣除应付职工工资、社会保险费后,不足以缴纳税款的。所谓“当期货币资金”,是指纳税人申请延期缴纳税款之日的资金余额,其中不含国家法律和行政法规明确规定企业不可动用的资金;“应付职工工资”是指当期计提数。

纳税人在申请延期缴纳税款时应当注意以下几个问题:

①在规定期限内提出书面申请。纳税人需要延期缴纳税款的,应当在缴纳税款期限届满前提出申请,并报送下列材料:申请延期缴纳税款报告、当期货币资金余额情况及所有银行存款账户的对账单、资产负债表、应付职工工资和社会保险费等税务机关要求提供的支出预算。

税务机关应当自收到申请延期缴纳税款报告之日起20日内作出批准或者不予批准的决定;不予批准的,从缴纳税款期限届满之次日起加收滞纳金。

②税款的延期缴纳,必须经省、自治区、直辖市国家税务局、地方税务局批准,方为有效。

③延期期限最长不得超过3个月,同一笔税款不得滚动审批。

④批准延期内免予加收滞纳金。

3)税收滞纳金征收制度

《征管法》第三十二条规定:“纳税人未按照规定期限缴纳税款的,扣缴义务人未按照规定期限解缴税款的,税务机关除责令限期缴纳外,从滞纳税款之日起,按日加收滞纳税款万分之五的滞纳金。”

加收滞纳金的具体操作应按下列程序进行:

①先由税务机关发出催缴税款通知书,责令限期缴纳或解缴税款,告知纳税人如不按期履行纳税义务,将依法按日加收滞纳税款万分之五的滞纳金。

②从滞纳之日起加收滞纳金(加收滞纳金的起止时间为法律、行政法规规定或者税务机关依照法律、行政法规的规定确定的税款缴纳期限届满次日起至纳税人、扣缴义务人实际缴纳或者解缴税款之日止)。

③拒绝缴纳滞纳金的,可以按不履行纳税义务实行强制执行措施,强行划拨或者强制征收。

4)税额核定和税收调整制度

(1)税额核定制度

根据《征管法》第三十五条的规定,纳税人(包括单位纳税人和个人纳税人)有下列情形之一的,税务机关有权核定其应纳税额:

①依照法律、行政法规的规定可以不设置账簿的。

②依照法律、行政法规的规定应当设置但未设置账簿的。

③擅自销毁账簿或者拒不提供纳税资料的。

④虽设置账簿,但账目混乱或者成本资料、收入凭证、费用凭证残缺不全,难以查账的。

⑤发生纳税义务,未按照规定的期限办理纳税申报,经税务机关责令限期申报,逾期仍

不申报的。

⑥纳税人申报的计税依据明显偏低,又无正当理由的。

目前税务机关核定税额的方法主要有以下四种:

①参照当地同类行业或者类似行业中,经营规模和收入水平相近的纳税人的收入额和利润率核定。

②按照成本加合理费用和利润的方法核定。

③按照耗用的原材料、燃料、动力等推算或者测算核定。

④按照其他合理的方法核定。

采用以上一种方法不足以正确核定应纳税额时,可以同时采用两种以上的方法核定。

纳税人对税务机关采取规定的方法核定的应纳税额有异议的,应当提供相关证据,经税务机关认定后,调整应纳税额。

(2)税收调整制度

这里所说的税收调整制度,主要指的是关联企业的税收调整制度。

《征管法》第三十六条规定:“企业或者外国企业在中国境内设立的从事生产、经营的机构、场所与其关联企业之间的业务往来,应当按照独立企业之间的业务往来收取或者支付价款、费用;不按照独立企业之间的业务往来收取或者支付价款、费用,而减少其应纳税的收入或者所得额的,税务机关有权进行合理调整。”

所称关联企业,是指有下列关系之一的公司、企业和其他经济组织:

①在资金、经营、购销等方面,存在直接或者间接的拥有或者控制关系。

②直接或者间接地同为第三者所拥有或者控制。

③在利益上具有相关联的其他关系。

纳税人与其关联企业之间的业务往来有下列情形之一的,税务机关可以调整其应纳税额:

①购销业务未按照独立企业之间的业务往来作价。

②融通资金所支付或者收取的利息超过或者低于没有关联关系的企业之间所能同意的数额,或者利率超过或者低于同类业务的正常利率。

③提供劳务,未按照独立企业之间的业务往来收取或者支付劳务费用。

④转让财产、提供财产使用权等业务往来,未按照独立企业之间的业务往来作价或者收取、支付费用。

⑤未按照独立企业之间业务往来作价的其他情形。

纳税人有上述所列情形之一的,税务机关可以按照下列方法调整计税收入额或者所得额:

①按照独立企业之间进行的相同或者类似业务活动的价格。

②按照再销售给无关联关系的第三者的价格所应取得的收入和利润水平。

③按照成本加合理的费用和利润。

④按照其他合理的方法。

调整期限：纳税人与其关联企业未按照独立企业之间的业务往来支付价款、费用的，税务机关自该业务往来发生的纳税年度起3年内进行调整；有特殊情况的，可以自该业务往来发生的纳税年度起10年内进行调整。

上述所称"特殊情况"，是指纳税人有下列情形之一：a.纳税人在以前年度与其关联企业间的业务往来累计达到或超过10万元人民币的。b.经税务机关案头审计分析，纳税人在以前年度与其关联企业的业务往来，预计需调增其应纳税收入或所得额达50万元人民币的。c.纳税人在以前年度与设在避税地的关联企业有业务往来的。d.纳税人在以前年度未按规定进行关联企业间业务往来的年度申报，或申报内容不实，或不提供有关价格、费用标准的。

5）未办理税务登记的从事生产、经营的纳税人，以及临时从事经营纳税人的税款征收制度

《征管法》第三十七条规定："对未按照规定办理税务登记的从事生产、经营的纳税人以及临时从事生产、经营的纳税人，由税务机关核定其应纳税额，责令缴纳；不缴纳的，税务机关可以扣押其价值相当于应纳税款的商品、货物。扣押后缴纳应纳税款的，税务机关必须立即解除扣押，并归还所扣押的商品、货物；扣押后仍不缴纳应纳税款的，经县以上税务局（分局）局长批准，依法拍卖或者变卖所扣押的商品、货物，以拍卖或者变卖所得抵缴税款。"

根据上述规定，应特别注意其适用对象及执行程序两个方面：

①适用对象：未办理税务登记的从事生产、经营的纳税人及临时从事经营的纳税人。

②执行程序：

a.核定应纳税额。税务机关要按一定的标准，尽可能合理地确定其应纳税额。

b.责令缴纳。税务机关核定应纳税额后，应责令纳税人按核定的税款缴纳税款。

c.扣押商品、货物。对经税务机关责令缴纳而不缴纳税款的纳税人，税务机关可以扣押其价值相当手应纳税款的商品、货物。纳税人应当自扣押之日起15日内缴纳税款。

对扣押的鲜活、易腐烂变质或者易失效的商品、货物，税务机关根据被扣押物品的保质期，可以缩短前款规定的扣押期限。

d.解除扣押或者拍卖、变卖所扣押的商品、货物。扣押后缴纳应纳税款的，税务机关必须立即解除扣押，并归还所扣押的商品、货物。

e.抵缴税款。税务机关拍卖或者变卖所扣押的商品、货物后，以拍卖或者变卖所得抵缴税款。

6）税收保全措施

税收保全措施，是指税务机关对可能由于纳税人的行为或者某种客观原因，致使以后税款的征收不能保证或难以保证的案件，采取限制纳税人处理或转移商品、货物或其他财产的措施。

《征管法》第三十八条规定：税务机关有根据认为从事生产、经营的纳税人有逃避纳税义务行为的，可以在规定的纳税期之前，责令限期缴纳税款；在限期内发现纳税人有明显的转移、隐匿其应纳税的商品、货物以及其他财产迹象的，税务机关应责令其提供纳税担保。如果纳税人不能提供纳税担保，经县以上税务局（分局）局长批准，税务机关可以采取下列税收保全措施：

①书面通知纳税人开户银行或者其他金融机构冻结纳税人的金额相当于应纳税款的存款。

②扣押、查封纳税人的价值相当于应纳税款的商品、货物或者其他财产。其他财产包括纳税人的房地产、现金、有价证券等不动产和动产。

纳税人在上款规定的限期内缴纳税款的,税务机关必须立即解除税收保全措施;限期期满仍未缴纳税款的,经县以上税务局(分局)局长批准,税务机关可以书面通知纳税人开户银行或者其他金融机构,从其冻结的存款中扣缴税款,或者依法拍卖或者变卖所扣押、查封的商品、货物或者其他财产,以拍卖或者变卖所得抵缴税款。

采取税收保全措施不当,或者纳税人在期限内已缴纳税款,税务机关未立即解除税收保全措施,使纳税人的合法利益遭受损失的,税务机关应当承担赔偿责任。

个人及其所扶养家属维持生活必需的住房和用品,不在税收保全措施的范围之内。个人所扶养家属,是指与纳税人共同居住生活的配偶、直系亲属以及无生活来源并由纳税人扶养的其他亲属。生活必需的住房和用品不包括机动车辆、金银饰品、古玩字画、豪华住宅或者一处以外的住房。税务机关对单价 5 000 元以下的其他生活用品,不采取税收保全措施和强制执行措施。

根据上述规定,采取税收保全措施应注意以下几个方面:

(1)采取税收保全措施的前提和条件

税务机关采取税收保全措施的前提是,从事生产、经营的纳税人有逃避纳税义务行为的。也就是说,税务机关采取税收保全措施的前提是对逃税的纳税人采取的。采取时,应当符合下列两个条件:

①纳税人有逃避纳税义务的行为。没有逃避纳税义务行为的,不能采取税收保全措施。逃避纳税义务行为的最终目的是为了不缴或少缴税款,其采取的方法主要是转移、隐匿可以用来缴纳税款的资金或实物。

②必须是在规定的纳税期之前和责令限期缴纳应纳税款的限期内。如果纳税期和责令缴纳应纳税款的限期届满,纳税人又没有缴纳应纳税款的,税务机关可以按规定采取强制执行措施,就无所谓税收保全了。

(2)采取税收保全措施的法定程序

①责令纳税人提前缴纳税款。税务机关有根据认为从事生产、经营的纳税人有逃避纳税义务行为的,可以在规定的纳税期之前,责令限期缴纳应纳税款。税务机关对有逃税行为的纳税人在规定的纳税期之前,责令限期缴纳税款时,主管税务机关应下达给有逃税行为的纳税人执行。同时主管税务机关填制由纳税人签章的《税务文书送达回证》。

执行时应注意的问题:

a.“有根据认为”是指税务机关依据一定线索作出的符合逻辑的判断,根据不等于证据。证据是能够表明真相的事实和材料,证据须依法定程序收集和取得。税收保全措施是针对纳税人即将转移、隐匿应税的商品、货物或其他财产的紧急情况下采取的一种紧急处理措施。不可能等到事实全部查清,取得充分的证据以后再采取行动,如果这样,纳税人早已将其收入和财产转移或隐匿完毕，到时再想采取税收保全措施就晚了。当然，这并不是说税务机关采取税收保全措施想什么时候采取就什么时候采取。

b. 可以采取税收保全措施的纳税人仅限于从事生产、经营的纳税人，不包括非从事生产、经营的纳税人，也不包括扣缴义务人和纳税担保人。

②责成纳税人提供纳税担保。在限期内，纳税人有明显转移、隐匿应纳税的商品、货物以及其他财产或者应纳税的收入迹象的，税务机关可以责成纳税人提供纳税担保。

a. 纳税担保的具体内容。纳税担保是纳税人为按时足额履行纳税义务而向税务机关作出的保证。纳税担保人，是指在中国境内具有纳税担保能力的公民、法人或其他经济组织。国家机关不得作为纳税担保人。

b. 纳税担保的提供。纳税担保人同意为纳税人提供纳税担保的，填写纳税担保书，写明担保对象、担保范围、担保期限和担保责任以及其他有关事项。担保书须经纳税人、纳税担保人和税务机关签字盖章后方为有效。纳税人以其所拥有的未设置抵押权的财产作为纳税担保的，应当填写作为纳税担保的财产清单，并写明担保财产的价值以及其他有关事项。纳税担保清单须经纳税人和税务机关签字盖章后方为有效。

③冻结纳税人的存款。纳税人不能提供纳税担保的，经县以上税务局（分局）局长批准，书面通知纳税人开户银行或者其他金融机构冻结纳税人的金额相当于应纳税款的存款。

税务机关在采取此项措施时，应当注意的问题：

a. 应经县以上税务局（分局）局长批准。

b. 冻结的存款数额要以相当于纳税人应纳税款的数额为限，而不是全部存款。

c. 注意解除保全措施的时间。如果纳税人在税务机关采取税收保全措施后按照税务机关规定的期限缴纳了税款的，税务机关应当自收到税款或银行转回的完税凭证之日起1日内解除税收保全。

④查封、扣押纳税人的商品、货物或其他财产。纳税人在开户银行或其他金融机构中没有存款，或者税务机关无法掌握其存款情况的，税务机关可以扣押、查封纳税人的价值相当于应纳税款的商品、货物或其他财产。

查封、扣押应注意以下几个问题：

a. 税务机关执行扣押、查封商品、货物或者其他财产时，必须由两名以上税务人员执行，并通知被执行人。被执行人是公民的，应当通知被执行人本人或成年家属到场；被执行人是法人或者其他组织的，应当通知其法定代表人或者主要负责人到场；拒不到场的，不影响执行。

b. 税务机关按照前款方法确定应扣押、查封的商品、货物或者其他财产的价值时，还应当包括滞纳金和扣押、查封、保管、拍卖、变卖所发生的费用。

c. 扣押、查封价值相当于应纳税款的商品、货物或者其他财产时，参照同类商品的市场价、出厂价或者评估价估算。

d. 税务机关扣押商品、货物或者其他财产时，必须开付收据；查封商品、货物或者其他财产时，必须开付清单。

e.税务人员私分所扣押、查封的商品、货物或者其他财产的,必须责令退回并给予行政处分;情节严重、构成犯罪的,移送司法机关依法追究刑事责任。

(3)税收保全措施的终止

税收保全的终止有两种情况:一是纳税人在规定的期限内缴纳了应纳税款的,税务机关必须立即解除税收保全措施;二是纳税人超过规定的期限仍不缴纳税款的,经税务局(分局)局长批准,终止保全措施,转入强制执行措施,即书面通知纳税人开户银行或者其他金融机构从其冻结的存款中扣缴税款,或者拍卖、变卖所扣押、查封的商品、货物或其他财产,以拍卖或者变卖所得抵缴税款。

7)税收强制执行措施

税收强制执行措施,是指当事人不履行法律、行政法规规定的义务,有关国家机关采用法定的强制手段,强迫当事人履行义务的行为。

《征管法》第四十条规定:从事生产、经营的纳税人、扣缴义务人未按照规定的期限缴纳或者解缴税款,纳税担保人未按照规定的期限缴纳所担保的税款,由税务机关责令限期缴纳,逾期仍未缴纳的,经县以上税务局(分局)局长批准,税务机关可以采取下列强制执行措施:

①书面通知其开户银行或者其他金融机构从其存款中扣缴税款。

②扣押、查封、依法拍卖或者其他变卖其价值相当于应纳税款的商品、货物或者其他财产,以拍卖或者变卖所得抵缴税款。

税务机关采取强制执行措施时,对上述所列纳税人、扣缴义务人、纳税担保人未缴纳的滞纳金同时强制执行。

个人及其所抚养家属维持生活必需的住房和用品,不在强制执行措施的范围之内。

根据上述规定,采取税收强制执行措施应注意以下五个方面:

(1)税收强制执行的适用范围

强制执行措施的适用范围仅限于未按照规定的期限缴纳或者解缴税款,经责令限期缴纳,逾期仍未缴纳的从事生产、经营的纳税人。需要强调的是,采取强制执行措施适用于扣缴义务人、纳税担保人,采取税收保全措施时则不适用。

(2)税收强制执行应坚持的原则

税务机关采取税收强制执行措施时,必须坚持告诫在先的原则,即纳税人、扣缴义务人、纳税担保人未按照规定的期限缴纳或者解缴税款的,应当先行告诫,责令限期缴纳。逾期仍未缴纳的,再采取税收强制执行措施。如果没有责令限期缴纳就采取强制执行措施,也就违背了告诫在先的原则,所采取的措施和程序就是违法的。

(3)采取税收强制执行措施的程序

①税款的强制征收(扣缴税款)。纳税人、扣缴义务人、纳税担保人在规定的期限内未缴纳或者解缴税款或者提供担保的,经主管税务机关责令限期缴纳,逾期仍未缴纳的,经县以上税务局(分局)局长批准,书面通知其开户银行或者其他金融机构,从其存款中扣缴税款。

在扣缴税款的同时，主管税务机关应按照《征管法》第六十八条的规定，可以处以不缴或者少缴的税款50%以上5倍以下的罚款。

②扣押、查封、拍卖或者变卖，以拍卖或者变卖所得抵缴税款。按照《征管法》第四十条的规定，扣押、查封、拍卖或者变卖等行为具有连续性，即扣押、查封后，不再给纳税人自动履行纳税义务的期间，税务机关可以直接拍卖或者变卖其价值相当于应纳税款的商品、货物或者其他财产，以拍卖或者变卖所得抵缴税款。

(4)滞纳金的强行划拨

采取税收强制执行措施时，对纳税人、扣缴义务人、纳税担保人未缴纳的滞纳金必须同时强制执行。对纳税人已缴纳税款，但拒不缴纳滞纳金的，税务机关可以单独对纳税人应缴未缴的滞纳金采取强制执行措施。

(5)其他注意事项

①实施扣押、查封、拍卖或者变卖等强制执行措施时，应当通知被执行人或其成年家属到场，否则不能直接采取扣押和查封措施。但被执行人或其成年家属接到通知后拒不到场的，不影响执行。同时，应当通知有关单位和基层组织，他们是扣押、查封财产的见证人，也是税务机关执行工作的协助人。

②扣押、查封、拍卖或者变卖被执行人的商品、货物或者其他财产，应当以应纳税额和滞纳金等为限。对于被执行人必要的生产工具，他本人及他所供养家属的生活必需品应当予以保留，不得对其进行扣押、查封、拍卖或者变卖。

③对价值超过应纳税额且不可分割的商品、货物或者其他财产，税务机关在纳税人、扣缴义务人或者纳税担保人无其他可供强制执行财产的情况下，可以整体扣押、查封、拍卖，以拍卖所得抵缴税款、滞纳金、罚款以及扣押、查封、保管、拍卖等费用。

④实施扣押、查封时，对有产权证件的动产或者不动产，税务机关可以责令当事人将产权证件交税务机关保管，同时可以向有关机关发出协助执行通知书，有关机关在扣押，查封期间不再办理该动产或者不动产的过户手续。

⑤对查封的商品、货物或者其他财产，税务机关可以指令被执行人负责保管，保管责任由被执行人承担。

继续使用被查封的财产不会减少其价值的，税务机关可以允许被执行人继续使用；因被执行人保管或者使用的过错造成的损失，由被执行人承担。

⑥税务机关将扣押、查封的商品、货物或者其他财产变价抵缴税款时，应当交由依法成立的拍卖机构拍卖；无法委托拍卖或者不适于拍卖的，可以交由当地商业企业代为销售，也可以责令纳税人限期处理；无法委托商业企业销售，纳税人也无法处理的，可以由税务机关变价处理，具体办法由国家税务总局规定。国家禁止自由买卖的商品，应当交由有关单位按照国家规定的价格收购。

拍卖或者变卖所得抵缴税款、滞纳金、罚款以及扣押、查封、保管、拍卖、变卖等费用后，剩余部分应当在3日内退还被执行人。

8)欠税清缴制度

欠税,是指纳税人未按照规定期限缴纳税款,扣缴义务人未按照规定期限解缴税款的行为。

《征管法》在欠税清缴方面主要采取了以下措施:

(1)严格控制欠缴税款的审批权限

根据《征管法》第三十一条的规定,缓缴税款的审批权限集中在省、自治区、直辖市国家税务局、地方税务局。这样规定,一方面能帮助纳税人渡过暂时的难关,另一方面也体现了严格控制欠税的精神,保证国家税收免遭损失。

(2)限期缴税时限

从事生产、经营的纳税人、扣缴义务人未按照规定的期限缴纳或者解缴税款的,纳税担保人未按照规定的期限缴纳所担保的税款的,由税务机关发出限期缴纳税款通知书,责令缴纳或者解缴税款的最长期限不得超过 15 日。

(3)建立欠税清缴制度,防止税款流失

①扩大了阻止出境对象的范围。《征管法》第四十四条规定:"欠缴税款的纳税人及其法定代表需要出境的,应当在出境前向税务机关结清应纳税款或者提供担保。未结清税款,又不提供担保的,税务机关可以通知出境管理机关阻止其出境。"

执行离境清税制度应注意下列问题:

a. 离境清税制度适用于依照我国税法规定,负有纳税义务且欠缴税款的所有自然人、法人的法定代表人和其他经济组织的负责人,包括外国人、无国籍人和中国公民。

b. 纳税人以其所拥有的未作抵押的财产作纳税担保的,应当就作为纳税担保的财产的监管和处分等事项在中国境内委托代理人,并将作为纳税担保的财产清单和委托代理证书(副本)交税务机关。担保使用的所有文书和手续如前所述。

c. 需要阻止出境的,税务机关应当书面通知出入境管理机关执行。阻止出境是出入境管理机关依法对违反我国法律或者有未了结民事案件,以及其他法律规定不能离境等原因的外国人、中国公民告之不准离境、听候处理的一项法律制度,是国家实施主权管理的重要方面。

②建立改制纳税人欠税的清缴制度。《征管法》第四十八条规定:"纳税人有合并、分立情形的,应当向税务机关报告,并依法缴清税款。纳税人合并时未缴清税款的,应当由合并后的纳税人继续履行未履行的纳税义务;纳税人分立时未缴清税款的,分立后的纳税人对未履行的纳税义务应当承担连带责任。"

③大额欠税处分财产报告制度。根据《征管法》第四十九条和《细则》第七十七条的规定,欠缴税款数额在 5 万元以上的纳税人,在处分其不动产或者大额资产之前,应当向税务机关报告。这一规定有利于税务机关及时掌握欠税企业处置不动产和大额资产的动向。税务机关可以根据其是否侵害了国家税收,是否有转移资产、逃避纳税义务的情形,决定是否行使税收优先权,是否采取税收保全措施或者强制执行措施。

④税务机关可以对欠缴税款的纳税人行使代位权、撤销权,即对纳税人的到期债权等财产权利,税务机关可以依法向第三者追索以抵缴税款。《征管法》第五十条规定了在哪些情况下税务机关可以依据《中华人民共和国合同法》行使代位权、撤销权。税务机关代表国家,拥有对欠税的债权,是纳税人应该偿还国家的债务。

如果欠税的纳税人,怠于行使其到期的债权,怠于收回其到期的资产、款项等,税务机关可以向人民法院请求以自己的名义代为行使债权。

⑤建立欠税公告制度。根据《征管法》第四十五条和《细则》第七十六条的规定,税务机关应当对纳税人欠缴税款的情况,在办税场所或者广播、电视、报纸、期刊、网络等新闻媒体上定期予以公告。定期公告是指税务机关定期向社会公告纳税人的欠税情况。同时税务机关还可以根据实际情况和实际需要,制定纳税人的纳税信用等级评比制度。

9)税款的退还和追征制度

(1)税款的退还

《征管法》第五十一条规定,纳税人超过应纳税额缴纳的税款,税务机关发现后应当立即退还;纳税人自结算缴纳税款之日起3年内发现的:可以向税务机关要求退还多缴的税款并加算银行同期存款利息,税务机关及时查实后应当立即退还;涉及从国库中退库的,依照法律、行政法规中有关国库管理的规定退还。

根据上述规定,税务机关在办理税款退还时应注意以下几个问题:

①税款退还的前提是纳税人已经缴纳了超过应纳税额的税款。

②税款退还的范围包括:

a.技术差错和结算性质的退税。

b.为加强对收入的管理,规定纳税人先按应纳税额如数缴纳入库,经核实后再从中退还应退的部分。

③退还的方式有:

a.税务机关发现后立即退还。

b.纳税人发现后~申请退还。

④退还的时限有:

a.纳税人发现的,可以自结算缴纳税款之日起3年内要求退还。

b.税务机关发现的多缴税款,《征管法》没有规定多长时间内可以退还。法律没有规定期限的,推定为无限期。因此,税务机关发现的多缴税款,无论多长时间,都应当退还给纳税人。

c.对纳税人超过应纳税额缴纳的税款,无论是税务机关发现的,还是纳税人发现后提出退还申请的,税务机关经核实后都应当立即办理退还手续,不应当拖延。《细则》第七十八条规定:“税务机关发现纳税人多缴税款的,应当自发现之日起10日内办理退还手续;纳税人发现多缴税款,要求退还的,税务机关应当自接到纳税人退还申请之日起30日内查实并办理退还手续。”

(2)税款的追征

《征管法》第五十二条规定:因税务机关责任,致使纳税人、扣缴义务人未缴或者少缴税款的,税务机关在3年内可要求纳税人、扣缴义务人补缴税款,但是不得加收滞纳金。

因纳税人、扣缴义务人计算等失误,未缴或者少缴税款的,税务机关在3年内可以追征税款、滞纳金;有特殊情况的追征期可以延长到5年。

所称特殊情况,是指纳税人或者扣缴义务人因计算错误等失误,未缴或者少缴、未扣或者少扣、未收或者少收税款,累计数额在10万元以上的。

对偷税、抗税、骗税的,税务机关追征其未缴或者少缴的税款、滞纳金或者所骗取的税款,不受前款规定期限的限制。

根据上述规定,税务机关在追征税款时应注意以下几个方面:

①对于纳税人、扣缴义务人和其他当事人偷税、抗税和骗取税款的,应无限期追征。

②纳税人、扣缴义务人未缴或者少缴税款的,其补缴和追征税款的期限,应自纳税人、扣缴义务人应缴未缴或少缴税款之日起计算。

③应注意明确划分征纳双方的责任。

12.4 税务检查

税务检查又称为纳税检查,是指税务机关根据税收法律、行政法规的规定,对纳税人、扣缴义务人履行纳税义务、扣缴义务及其有关税务事项进行审查、核实、监督活动的总称。它是税收征管工作的重要组成内容,是确保国家财政收入和税收法律法规贯彻落实的重要手段。

12.4.1 税务检查的形式和方法

1)税务检查的形式

①重点检查。重点检查,是指对公民举报、上级机关交办或有关部门转来的有偷税行为或偷税嫌疑的,纳税申报与实际生产经营情况有明显不符的纳税人及有普遍逃税行为的行业的检查。

②分类计划检查。分类计划检查,是指根据纳税人历来纳税情况、纳税人的纳税规模及税务检查间隔时间的长短等综合因素,按事先确定的纳税人分类、计划检查时间及检查频率而进行的检查。

③集中性检查。集中性检查,是指税务机关在一定时间、一定范围内,统一安排、统一组织的税务检查,这种检查一般规模比较大,如以前年度的全国范围内的税收、财务大检查就属于这类检查。

④临时性检查。临时性检查,是指由各级税务机关根据不同的经济形势、偷逃税趋势、

税收任务完成情况等综合因素，在正常的检查计划之外安排的检查。如行业性解剖、典型调查性的检查等。

⑤专项检查。专项检查，是指税务机关根据税收工作实际，对某一税种或税收征收管理某一环节进行的检查。比如增值税一般纳税专项检查、漏征漏管户专项检查等。

2)税务检查的方法

①全查法。全查法是对被查纳税人一定时期内所有会计凭证、账簿、报表及各种存货进行全面、系统检查的一种方法。

②抽查法。抽查法是对被查纳税人一定时期内的会计凭证、账簿、报表及各种存货，抽取一部分进行检查的一种方法。

③顺查法。顺查法与逆查法对称，是对被查纳税人按照其会计核算的顺序，依次检查会计凭证、账簿、报表，并将其相互核对的一种检查方法。

④逆查法。逆查法与顺查法对称，指逆会计核算的顺序，依次检查会计报表、账簿及凭证，并将其相互核对的一种稽查方法。

⑤现场检查法。现场检查法与调账检查法对称，指税务机关派人员到被查纳税人的机构办公地点对其账务资料进行检查的一种方法。

⑥调账检查法。调账检查法与现场检查法对称，指将被查纳税人的账务资料调到税务机关进行检查的一种方法。

⑦比较分析法。比较分析法是将被查纳税人检查期有关财务指标的实际完成数进行纵向或横向比较，分析其异常变化情况，从中发现纳税问题线索的一种方法。

⑧控制计算法。控制计算法也称逻辑推算法，指根据被查纳税人财务数据的相互关系，用可靠或科学测定的数据，验证其检查期账面记录或申报的资料是否正确的一种检查方法。

⑨审阅法。审阅法指对被查纳税人的会计账簿、凭证等账务资料，通过直观地审查阅览，发现在纳税方面存在问题的一种检查方法。

⑩核对法。核对法指通过对被查纳税人的各种相关联的会计凭证、账簿、报表及实物进行相互核对，验证其在纳税方面存在问题的一种检查方法。

⑪观察法。观察法指通过被查纳税人的生产经营场所、仓库、工地等现场，实地观察看其生产经营及存货等情况，以发现纳税问题或验证账中可疑问题的一种检查方法。

⑫外调法。外调法指对被查纳税人有怀疑或已掌握一定线索的经济事项，通过向与其有经济联系的单位或个人进行调查，予以查证核实的一种方法。

⑬盘存法。盘存法指通过对被查纳税人的货币资金、存货及固定资产等实物进行盘点清查，核实其账实是否相符，进而发现纳税问题的一种检查方法。

⑭交叉稽核法。国家为加强增值税专用发票管理，应用计算机将开出的增值税专用发票抵扣联与存根联进行交叉稽核，以查出虚开及假开发票行为，避免国家税款流失。目前这种方法通过“金税工程”体现，对利用增值税专用发票偷逃税款行为起到了极大的遏制作用。

12.4.2 税务检查的职责

①税务机关有权进行下列税务检查：

a. 检查纳税人的账簿、记账凭证、报表和有关资料，检查扣缴义务人代扣代缴、代收代缴税款账簿、记账凭证和有关资料。

因检查需要时，经县以上税务局（分局）局长批准，可以将纳税人、扣缴义务人以前会计年度的账簿、记账凭证、报表和其他有关资料调回税务机关检查，但是税务机关必须向纳税人、扣缴义务人开付清单，并在3个月内完整退还；有特殊情况的，经设区的市、自治州以上税务局局长批准，税务机关可以将纳税人、扣缴义务人当年的账簿、记账凭证、报表和其他有关资料调回检查，但是税务机关必须在30日内退还。

b. 到纳税人的生产、经营场所和货物存放地检查纳税人应纳税的商品、货物或者其他财产，检查扣缴义务人与代扣代缴、代收代缴税款有关的经营情况。

c. 责成纳税人、扣缴义务人提供与纳税或者代扣代缴、代收代缴税款有关的文件、证明材料和有关资料。

d. 询问纳税人、扣缴义务人与纳税或者代扣代缴、代收代缴税款有关的问题和情况。

e. 到车站、码头、机场、邮政企业及其分支机构检查纳税人托运、邮寄、应税商品、货物或者其他财产的有关单据凭证和资料。

f. 经县以上税务局（分局）局长批准，凭全国统一格式的检查存款账户许可证明，查询从事生产、经营的纳税人、扣缴义务人在银行或者其他金融机构的存款账户。税务机关在调查税收违法案件时，经设区的市、自治州以上税务局（分局）局长批准，可以查询案件涉嫌人员的储蓄存款。税务机关查询所获得的资料，不得用于税收以外的用途。

上述所称的“经设区的市、自治州以上税务局局长”包括地（市）一级（含直辖市下设区）的税务局局长。

税务机关查询的内容，包括纳税人存款账户余额和资金往来情况。查询时应当指定专人负责，凭全国统一格式的检查存款账户许可证明进行，并有责任为被检查人保守秘密。

②税务机关对纳税人以前纳税期的纳税情况依法进行税务检查时，发现纳税人有逃避纳税义务的行为，并有明显的转移、隐匿其应纳税的商品、货物、其他财产或者应纳税收入的迹象的，可以按照批准权限采取税收保全措施或者强制执行措施。这里的批准权限是指县级以上税务局（分局）局长批准。

税务机关采取税收保全措施的期限一般不得超过6个月；重大案件需要延长的，应当报国家税务总局批准。

③纳税人、扣缴义务人必须接受税务机关依法进行的税务检查，如实反映情况，提供有关资料，不得拒绝、隐瞒。

④税务机关依法进行税务检查时，有权向有关单位和个人调查纳税人、扣缴义务人和其他当事人与纳税或者代扣代缴、代收代缴税款有关的情况，有关单位和个人有义务向税务机关如实提供有关资料及证明材料。

⑤税务机关调查税务违法案件时，对与案，件有关的情况和资料，可以记录、录音、录像、照相和复制。

⑥税务人员进行税务检查时，应当出示税务检查证和税务检查通知书；无税务检查证和

税务检查通知书的,纳税人、扣缴义务人及其他当事人有权拒绝检查。税务机关对集贸市场及集中经营业户进行检查时,可以使用统一的税务检查通知书。

税务机关对纳税人、扣缴义务人及其他当事人处以罚款或者没收违法所得时,应当开付罚没凭证;未开付罚没凭证的,纳税人、扣缴义务人以及其他当事人有权拒绝给付。

对采用电算化会计系统的纳税人,税务机关有权对其会计电算化系统进行检查,并可复制与纳税有关的电子数据作为证据。

税务机关进入纳税人电算化系统进行检查时,有责任保证纳税人会计电算化系统的安全性,并保守纳税人的商业秘密。

12.5 纳税担保

纳税担保,是指经税务机关同意或确认,纳税人或其他自然人、法人、经济组织以保证、抵押、质押的方式,为纳税人应当缴纳的税款及滞纳金提供担保的行为。

12.5.1 纳税保证

纳税保证,是指纳税保证人向税务机关保证;当纳税人未按照税收法律、行政法规规定或者税务机关确定的期限缴清税款、滞纳金时,由纳税保证人按照约定履行缴纳税款及滞纳金的行为。税务机关认可的,保证成立;税务机关不认可的,保证不成立。

1)纳税保证人

纳税保证人,是指在中国境内具有纳税担保能力的自然人、法人或者其他经济组织。法人或其他经济组织财务报表资产净值超过需要担保的税额及滞纳金2倍以上的,自然人、法人或其他经济组织所拥有或者依法可以处分的未设置担保的财产的价值超过需要担保的税额及滞纳金的,为具有纳税担保能力。

国家机关、学校、幼儿园、医院等事业单位、社会团体不得作为纳税保证人。

企业法人的职能部门不得作为纳税保证人。企业法人的分支机构有法人书面授权的,可以在授权范围内提供纳税担保。

有以下情形之一的,不得作为纳税保证人:

①有偷税、抗税、骗税、逃避追缴欠税行为被税务机关、司法机关追究过法律责任未满2年的。

②因有税收违法行为正在被税务机关立案处理或涉嫌刑事犯罪被司法机关立案侦查的。

③纳税信誉等级被评为c级以下的。

④在主管税务机关所在地的市(地、州)没有住所的自然人或税务登记不在本市(地、州)的企业。

⑤无民事行为能力或限制民事行为能力的自然人。

⑥与纳税人存在担保关联关系的。

⑦有欠税行为的。

2）纳税担保范围

纳税担保范围包括税款、滞纳金和实现税款、滞纳金的费用。费用包括抵押、质押登记费用，质押保管费用，以及保管、拍卖、变卖担保财产等相关费用支出。

纳税人有下列情况之一的，适用纳税担保：

①税务机关有根据认为从事生产、经营的纳税人有逃避纳税义务行为，在规定的纳税期之前经责令其限期缴纳应纳税款，在限期内发现纳税人有明显的转移、隐匿其应纳税的商品、货物以及其他财产或者应纳税收入的迹象，责成纳税人提供纳税担保的。

②欠缴税款、滞纳金的纳税人或者其他法定代表人需要出境的。

③纳税人同税务机关在纳税上发生争议而未缴清税款，需要申请行政复议的。

④税收法律、行政法规规定可以提供纳税担保的其他情形。

3）纳税保证责任

纳税保证为连带责任保证，纳税人和纳税保证人对所担保的税款及滞纳金承担连带责任。当纳税人在税收法律、行政法规或税务机关确定的期限届满未缴清税款及滞纳金的，税务机关即可要求纳税保证人在担保范围内承担保证责任，缴纳担保的税款及滞纳金。

保证人用于纳税担保的财产、权利的价值不得低于应当缴纳的税款、滞纳金，并考虑相关的费用。纳税担保的财产价值不足以抵缴税款、滞纳金的，税务机关应当向提供担保的纳税人或纳税担保人继续追缴。

用于纳税担保的财产、权利的价格估算，除法律、行政法规另有规定外，由税务机关按照《税收征管法实施细则》第六十四条规定的方式，参照同类商品的市场价、出厂价或者评估价估算。

4）纳税担保书的填列内容

①纳税人应缴纳的税款及滞纳金数额、所属期间、税种、税目名称。

②纳税人应当履行缴纳税款及滞纳金的期限。

③保证担保范围及担保责任。

④保证期间和履行保证责任的期限。

⑤保证人的存款账号或者开户银行及其账号。

⑥税务机关认为需要说明的其他事项。

5）纳税担保时限

①纳税担保书须经纳税人、纳税保证人签字盖章并经税务机关签字盖章同意方为有效。纳税担保从税务机关在纳税担保书签字盖章之日起生效。

②保证期间为纳税人应缴纳税款期限届满之日起60日内，即税务机关自纳税人应缴纳税款的期限届满之日起60日内有权要求纳税保证人承担保证责任，缴纳税款、滞纳金。

履行保证责任的期限为15日，即纳税保证人应当自收到税务机关的纳税通知书之日起

15 日内履行保证责任,缴纳税款及滞纳金。

纳税保证期间内税务机关未通知纳税保证人缴纳税款及滞纳金以承担担保责任的,纳税保证人免除担保责任。

③纳税人在规定的期限届满未缴清税款及滞纳金,税务机关在保证期限内书面通知纳税保证人的,纳税保证人应按照纳税担保及约定的范围,自收到纳税通知书之日起 15 日内缴纳税款及滞纳金,履行担保责任。

纳税保证人未按照规定的履行保证责任的期限缴纳税款及滞纳金的,由税务机关发出责令限期缴纳通知书,责令纳税保证人在限期 15 日内缴纳;逾期仍未缴纳的,经县以上税务局(分局)局长批准,对纳税保证人采取强制执行措施,通知其开户银行或其他金融机构从其存款中扣缴所担保的纳税人应缴纳的税款、滞纳金,或扣押、查封、拍卖、变卖其价值相当于所担保的纳税人应缴纳的税款、滞纳金的商品、货物或者其他财产,以拍卖、变卖所得抵缴担保的税款、滞纳金。

12.5.2 纳税抵押

纳税抵押,是指纳税人或纳税担保人不转移下列可抵押财产的占有,将该财产作为税款及滞纳金的担保。纳税人逾期未缴清税款及滞纳金的,税务机关有权依法处置该财产以抵缴税款及滞纳金。

前款规定的纳税人或者纳税担保人为抵押人,税务机关为抵押权人,提供担保的财产为抵押物。

1)可以抵押的财产

①抵押人所有的房屋和其他地上定着物。

②抵押人所有的机器、交通运输工具和其他财产。

③抵押人依法有权处分的国有的房屋和其他地上定着物。

④抵押人依法有权处分的国有的机器、交通运输工具和其他财产。

⑤经设区的市、自治州以上税务机关确认的其他可以抵押的合法财产。

以依法取得的国有土地上的房屋抵押的,该房屋占用范围内的国有土地使用权同时抵押。以乡(镇)、村企业的厂房等建筑物抵押的,其占用范围内的土地使用权同时抵押。

2)下列财产不得抵押

①土地所有权。

②土地使用权,上述抵押范围规定的除外。

③学校、幼儿园、医院等以公益为目的的事业单位、社会团体、民办非企业单位的教育设施、医疗卫生设施和其他社会公益设施;学校、幼儿园、医院等以公益为目的的事业单位、社会团体,可以其教育设施、医疗卫生设施和其他社会公益设施以外的财产为其应缴纳的税款及滞纳金提供抵押。

④所有权、使用权不明或者有争议的财产。

⑤依法被查封、扣押、监管的财产。

⑥依法定程序确认为违法、违章的建筑物。

⑦法律、行政法规规定禁止流通的财产或者不可转让的财产。

⑧经设区的市、自治州以上税务机关确认的其他不予抵押的财产。

3)抵押办理程序

(1)填写抵押担保书和纳税担保财产清单

纳税担保书应当包括以下内容：

①担保的纳税人应缴纳的税款及滞纳金数额、所属期间、税种名称、税目。

②纳税人履行应缴纳税款及滞纳金的期限。

③抵押物的名称、数量、质量、状况、所在地、所有权权属或者使用权权属。

④抵押担保的范围及担保责任。

⑤税务机关认为需要说明的其他事项。

纳税担保财产清单应当写明财产价值以及相关事项。纳税担保书和纳税担保财产清单须经纳税人签字盖章并经税务机关确认。

(2)提供抵押登记的证明及其复印件

纳税抵押财产应当办理抵押物登记。纳税抵押自抵押物登记之日起生效。纳税人应向税务机关提供由以下部门出具的抵押登记的证明及其复印件(以下简称证明材料)：

①以城市房地产或者乡(镇)、村企业的厂房等建筑物抵押的，提供县级以上地方人民政府规定部门出具的证明材料。

②以船舶、车辆抵押的，提供运输工具的登记部门出具的证明材料。

③以企业的设备和其他动产抵押的，提供财产所在地的工商行政管理部门出具的证明材料或者纳税人所在地的公证部门出具的证明材料。

抵押期间，经税务机关同意，纳税人可以转让已办理登记的抵押物，并告知受让人转让物已经抵押的情况。纳税人转让抵押物所得的价款，应当向税务机关提前缴纳所担保的税款、滞纳金。超过部分，归纳税人所有，不足部分由纳税人缴纳或提供相应的担保。

(3)抵押财产的处理

①在抵押物灭失、毁损或者被征用的情况下，税务机关应该就该抵押物的保险金、赔偿金或者补偿金要求优先受偿，抵缴税款、滞纳金。

在抵押物灭失、毁损或者被征用的情况下，抵押权所担保的纳税义务履行期未满的，税务机关可以要求将保险金、赔偿金或补偿金等作为担保财产。

②纳税人在规定的期限内未缴清税款、滞纳金的，税务机关应当依法拍卖、变卖抵押物，变价抵缴税款、滞纳金。

③纳税担保人以其财产为纳税人提供纳税抵押担保的，按照纳税人提供抵押担保的规定执行；纳税担保书和纳税担保财产清单须经纳税人、纳税担保人签字盖章并经税务机关确认。

④纳税人在规定的期限届满未缴清税款、滞纳金的，税务机关应当在期限届满之日起15

日内书面通知纳税担保人自收到纳税通知书之日起15日内缴纳担保的税款、滞纳金。

纳税担保人未按照前款规定的期限缴纳所担保的税款、滞纳金的，由税务机关责令限期在15日内缴纳；逾期仍未缴纳的，经县以上税务局（分局）局长批准，税务机关依法拍卖、变卖抵押物，抵缴税款、滞纳金。

12.5.3 纳税质押

纳税质押，是指经税务机关同意，纳税人或纳税担保人将其动产或权利凭证移交税务机关占有，将该动产或权利凭证作为税款及滞纳金的担保。纳税人逾期未缴清税款及滞纳金的，税务机关有权依法处置该动产或权利凭证以抵缴税款及滞纳金。纳税质押分为动产质押和权利质押。

动产质押包括现金以及其他除不动产以外的财产提供的质押。权利质押包括汇票、支票、本票、债券、存款单等权利凭证提供的质押。

对于实际价值波动很大的动产或权利凭证，经设区的市、自治州以上税务机关确认，税务机关可以不接受其作为纳税质押。

1）动产质押

纳税人以动产提供质押担保的，应当填写纳税担保书和纳税担保财产清单并签字盖章。纳税担保书应当包括以下内容：

①担保的税款及滞纳金数额、所属期间、税种名称、税目。

②纳税人履行应缴纳税款、滞纳金的期限。

③质押物的名称、数量、质量、价值、状况、移交前所在地、所有权权属或者使用权权属。

④质押担保的范围及担保责任。

⑤纳税担保财产价值。

⑥税务机关认为需要说明的其他事项。

纳税质押自纳税担保书和纳税担保财产清单经税务机关确认和质押物移交之日起生效。

2）权利质押

①纳税人以汇票、支票、本票、公司债券出质的，税务机关应当与纳税人背书清单记载"质押"字样。以存款单出质的，应由签发的金融机构核押。

②以载明兑现或者提货日期的汇票、支票、本票、债券、存款单出质的，汇票、支票、本票、债券、存款单兑现日期先于纳税义务履行期或者担保期的，税务机关与纳税人约定将兑现的价款用于缴纳或者抵缴所担保的税款及滞纳金。

3）质押的处理

①纳税担保人以其动产或财产权利为纳税人提供纳税质押担保的，按照纳税人提供质押担保的规定执行；纳税担保书和纳税担保财产清单须经纳税人、纳税担保人签字盖章并经税务机关确认。

②纳税人在规定的期限内未缴清税款、滞纳金的，税务机关应当在期限届满之日起15

日内书面通知纳税担保人自收到纳税通知书之日起15日内缴纳担保的税款、滞纳金。

③纳税担保人未按照前款规定的期限缴纳所担保的税款、滞纳金，由税务机关责令限期在15日内缴纳；缴清税款、滞纳金的，税务机关自纳税担保人缴清税款及滞纳金之日起3个工作日内返还质押物、解除质押关系；逾期仍未缴纳的，经县以上税务局（分局）局长批准，税务机关依法拍卖、变卖质押物，抵缴税款、滞纳金。

本章练习题

一、单项选择题

1. 下列关于税款追征的表述中，正确的是（　　）。

A. 因税务机关责任，致使纳税人少缴税款的，税务机关在3年内可要求纳税人补缴税款，但不加收滞纳金

B. 因税务机关责任，致使纳税人少缴税款的，税务机关在3年内可要求纳税人补缴税款并按银行同期利率加收滞纳金

C. 对于纳税人偷税、抗税和骗取税款的，税务机关在20年内可以追征税款、滞纳金；有特殊情况的，追征期可延长到30年

D. 因纳税人计算等失误，未缴或者少缴税款的，税务机关在3年内可以追征税款、滞纳金；有特殊情况的，追征期可延长到10年

2. 下列关于税收强制执行措施的表述中，正确的是（　　）。

A. 税收强制执行措施不适用于扣缴义务人

B. 作为家庭唯一代步工具的轿车，不在税收强制执行的范围之内

C. 税务机关采取强制执行措施时，可对纳税人未缴纳的滞纳金同时强制执行

D. 税务机关可对未按期缴纳工薪收入个人所得税的个人实施税收强制执行措施

3. 税务机关在税务检查中发现，张某委托本地个体户李某加工实木地板。张某已将实木地板收回并销售，但未入账，也不能出示消费税完税证明。下列关于税务机关征管行为的表述中，正确的是（　　）。

A. 要求李某补缴税款

B. 要求张某补缴税款

C. 应对张某处以未缴消费税额0.5~3倍的罚款

D. 应对李某处以未代收代缴消费税额0.5~3倍的罚款

二、多项选择题

1. 下列关于税务机关实施税收保全措施的表述中，正确的有（　　）。

A. 税收保全措施仅限于从事生产、经营的纳税人

B. 只有在事实全部查清，取得充分证据的前提下才能进行

C. 冻结纳税人的存款时，其数额要以相当于纳税人应纳税款的数额为限

D. 个人及其抚养家属维持生活必需的住房和用品，不在税收保全措施的范围之内

2. 下列纳税人中，税务机关有权核定其应纳税额的有（　　）。

A. 虽设置账簿，但账目混乱，难以查账的纳税人

B. 虽设置账簿，但会计报表编制格式有问题的纳税人

C. 依照法律、行政法规的规定可以不设置账簿的纳税人

D. 依照法律、行政法规的规定应当设置但未设置账簿的纳税人

3. 下列关于税务机关行使税务检查权的表述中，符合税法规定的有（　　）。

A. 到纳税人的住所检查应纳税的商品、货物和其他财产

B. 责成纳税人提供与纳税有关的文件、证明材料和有关资料

C. 到车站检查纳税人托运货物或者其他财产的有关单据、凭证和资料

D. 经县税务局长批准，凭统一格式的检查存款账户许可证，查询案件涉嫌人员的储蓄存款

4. 根据税收征收管理法和税务登记管理办法的有关规定，下列各项中应当进行税务登记的有（　　）。

A. 从事生产经营的事业单位

B. 企业在境内其他城市设立的分支机构

C. 不从事生产经营只缴纳车船税的社会团体

D. 有来源于中国境内所得但未在中国境内设立机构、场所的非居民企业

三、简答题

1. 税收管理包括哪些内容？

2. 税收征管法有哪些特点？

3. 税款征收有哪些法律规定税务机关在税款征收中的权限和责任是什么？

第13章　税务行政法制

【学习要求】

1. 了解税务行政处罚、税务行政复议、税务行政诉讼的基本概念；
2. 熟悉税务行政处罚的程序，熟悉税务行政复议的范围；
3. 熟悉税务行政诉讼的管辖和受案范围。

13.1　税务行政处罚

13.1.1　税务行政处罚的概念和内容

为了保障和监督行政机关有效实施行政管理，保护公民、法人和其他组织的合法权益，1996年3月17日第八届全国人民代表大会第四次会议通过了《中华人民共和国行政处罚法》（以下简称《行政处罚法》），于1996年10月1日实施。它的颁布实施，进一步完善了我国的社会主义民主法制制度。

税务行政处罚是行政处罚的重要组成部分。为了贯彻实施《行政处罚法》，规范税务行政处罚的实施，保护纳税人和其他税务当事人的合法权益，1996年9月28日国家税务总局发布了《税务案件调查取证与处罚决定分开制度实施办法（试行）》和《税务行政听证程序实施办法（试行）》，并于1996年10月1日施行。

税务行政处罚，是指公民、法人或者其他组织有违反税收征收管理秩序的违法行为，尚未构成犯罪，依法应当承担行政责任的，由税务机关给予行政处罚。它包括以下几个方面内容：

第一，当事人行为违反了税收法律规范，侵犯的客体是税收征收管理秩序，应当承担税务行政责任。

第二，从当事人主观方面说，并不区分是否具有主观故意或者过失，只要有税务违法行为存在，并有法定依据给予行政处罚的，就要承担行政责任，依法给予税务行政处罚。

第三，当事人行为一般是尚未构成犯罪，依法应当给予行政处罚的行为。需要注意的是：一要区分税收违法与税收犯罪的界限。对此界限，新修订的《中华人民共和国税收征收管理法》（以下简称《征管法》）和1997年修订的《刑法》已经做了规定。进行税务行政处罚的一般是尚不构成税收犯罪的行为,如果构成了危害税收征管罪,就应当追究刑事责任。二要区分税收违法行为是不是轻微。并不是对所有的税务违法行为都一定要处罚,如果税务违法行为显著轻微,没有造成危害后果,只要予以纠正,经过批评教育后可以不必给予处罚。

第四,给予行政处罚的主体是税务机关。

13.1.2 税务行政处罚的原则

1)法定原则

法定原则包括四个方面的内容:

①对公民和组织实施税务行政处罚必须有法定依据,无明文规定不得处罚。

②税务行政处罚必须由法定的国家机关在其职权范围内设定。

③税务行政处罚必须由法定的税务机关在其职权范围内实施。

④税务行政处罚必须由税务机关按照法定程序实施。

2)公正、公开原则

公正就是要防止偏听偏信,要使当事人了解其违法行为的性质,并给其申辩的机会。公开,一是指税务行政处罚的规定要公开,凡是需要公开的法律规范都要事先公布。二是指处罚程序要公开,如依法举行听证会等。

3)以事实为依据原则

任何法律规范的适用必然基于一定的法律行为和事件,法律事实不清或者脱离了法律事实,法律的适用就不可能准确,法律对各种社会关系的调整功能就不可能有效发挥。因此,税务行政处罚必须以事实为依据,以法律为准绳。

4)过罚相当原则

过罚相当是指在税务行政处罚的设定和实施方面,都要根据税务违法行为的性质、情节、社会危害性的大小而定,防止畸轻畸重或者“一刀切”的行政处罚现象。

5)处罚与教育相结合原则

税务行政处罚的目的是纠正违法行为,教育公民自觉守法,处罚只是手段。因此,税务机关在实施行政处罚时,要责令当事人改正或者限期改正违法行为,对情节轻微的违法行为也不一定都实施处罚。

6)监督、制约原则

对税务机关实施行政处罚实行两方面的监督制约:一是内部的,如对违法行为的调查与处罚决定的分开,决定罚款的机关与收缴的机构分离,当场作出的处罚决定向所属行政机关备案等。二是外部的,包括税务系统上下级之间的监督制约和司法监督,具体体现主要是税务行政复议和诉讼。

13.1.3 税务行政处罚的设定和种类

1)税务行政处罚的设定

税务行政处罚的设定,是指由特定的国家机关通过一定形式首次独立规定公民、法人或者其他组织的行为规范，并规定违反该行为规范的行政制裁措施。现行我国税收法制的原则是税权集中、税法统一，税收的立法权主要集中在中央。

①全国人民代表大会及其常务委员会可以通过法律的形式设定各种税务行政处罚。

②国务院可以通过行政法规的形式设定除限制人身自由以外的税务行政处罚。

③国家税务总局可以通过规章的形式设定警告和罚款。税务行政规章对非经营活动中的违法行为设定罚款不得超过1 000元；对经营活动中的违法行为，有违法所得的，设定罚款不得超过违法所得的3倍，且最高不得超过3万元，没有违法所得的，设定罚款不得超过1万元；超过限额的，应当报国务院批准。

省、自治区、直辖市和计划单列市国家税务局、地方税务局及其以下各级税务机关制定的税收法律、法规、规章以外的规范性文件，在税收法律、法规、规章规定给予行政处罚的行为、种类和幅度的范围内做出具体规定，是一种执行税收法律、法规、规章的行为，不是对税务行政处罚的设定。因此.这类规范性文件与行政处罚法规定的处罚设定原则并不矛盾，是有效的，是可以执行的。

2）税务行政处罚的种类

根据税务行政处罚的设定原则，税务行政处罚的种类是可变的，它将随着税收法律、法规、规章设定的变化而变化或者增减。根据税法的规定，现行执行的税务行政处罚种类主要有四种：一是罚款。二是没收非法所得。三是停止出口退税权。四是收缴发票和暂停供应发票。

13.1.4 税务行政处罚的主体与管辖

1）主体

税务行政处罚的实施主体主要是县以上的税务机关。税务机关是指能够独立行使税收征收管理职权，具有法人资格的行政机关。我国税务机关的组织构成包括国家税务总局；省、自治区、直辖市国家税务局和地方税务局；地（市、州、盟）国家税务局和地方税务局；县（市、旗）国家税务局和地方税务局四级。这些税务机关都具有税务行政处罚主体资格。

各级税务机关的内设机构、派出机构不具处罚主体资格，不能以自己的名义实施税务行政处罚。但是税务所可以实施罚款额在2 000元以下的税务行政处罚。这是《征管法》对税务所的特别授权。

2）管辖

根据《行政处罚法》和《征管法》的规定，税务行政处罚由当事人税收违法行为发生地的县（市、旗）以上税务机关管辖。这一管辖原则有以下几层含义：

①从税务行政处罚的地域管辖来看，税务行政处罚实行行为发生地原则。只有当事人违法行为发生地的税务机关才有权对当事人实施处罚，其他地方的税务机关则无权实施。

②从税务行政处罚的级别管辖来看，必须是县（市、旗）以上的税务机关。法律特别授权的税务所除外。

③从税务行政处罚的管辖主体的要求来看，必须有税务行政处罚权。

13.1.5 税务行政处罚的简易程序

税务行政处罚的简易程序,是指税务机关及其执法人员对于公民、法人或者其他组织违反税收征收管理秩序的行为,当场作出税务行政处罚决定的行政处罚程序。简易程序的适用条件:一是案情简单、事实清楚、违法后果比较轻微且有法定依据应当给予处罚的违法行为。二是给予的处罚较轻,仅适用于对公民处以 50 元以下和对法人或者其他组织处以 1 000 元以下罚款的违法案件。

符合上述条件,税务行政执法人员当场作出税务行政处罚决定应当按照下列程序进行:

①向当事人出示税务行政执法身份证件。

②告知当事人受到税务行政处罚的违法事实、依据和陈述申辩权。

③听取当事人陈述申辩意见。

④填写具有预定格式、编有号码的税务行政处罚决定书,并当场交付当事人。

税务行政处罚决定书应当包括下列事项:

a. 税务机关名称。

b. 编码。

c. 当事人姓名(名称)、住址等。

d. 税务违法行为事实、依据。

e. 税务行政处罚种类、罚款数额。

f. 作出税务行政处罚决定的时间、地点。

g. 罚款代收机构名称、地址。

h. 缴纳罚款期限。

i. 当事人逾期缴纳罚款是否加处罚款。

j. 当事人不服税务行政处罚的复议权和起诉权。

k. 税务行政执法人员签字或者盖章。

税务行政执法人员当场制作的税务行政处罚决定书,应当报所属税务机关备案。

13.1.6 税务行政处罚的一般程序

除了适用简易程序的税务违法案件外,对于其他违法案件,税务机关在作出处罚决定之前都要经过立案、调查取证(有的案件还要举行听证)、审查、决定、执行程序。适用一般程序的案件一般是情节比较复杂、处罚比较重的案件。

1)调查与审查

对税务违法案件的调查取证由税务机关内部设立的调查机构(如管理、检查机构)负责。调查机构进行调查取证后,对依法应当给予行政处罚的,应及时提出处罚建议,以税务机关的名义制作《税务行政处罚事项告知书》并送达当事人,告知当事人作出处罚建议的事实、理由和依据,以及当事人依法享有的陈述申辩或要求听证的权利。调查终结,调查机构应当制作调查报告,并及时将调查报告连同所有案卷材料移交审查机构审查。

对税务违法案件的审查由税务机关内部设立的比较超脱的机构(如法制机构)负责。审查机构收到调查机构移交的案卷后,应对案卷材料进行登记,填写《税务案件审查登记簿》。审查机构应对案件下列事项进行审查:

①调查机构认定的事实、证据和处罚建议适用的处罚种类、依据是否正确。

②调查取证是否符合法定程序。

③当事人陈述申辩的事实、证据是否成立。

④听证人、当事人听证申辩的事实、证据是否成立。

审查机构应在自收到调查机构移交案卷之日起 10 日内审查终结,制作审查报告,并连同案卷材料报送税务机关负责人审批。

2)听证

听证,是指税务机关在对当事人某些违法行为做出处罚决定之前,按照一定形式听取调查人员和当事人意见的程序。税务行政处罚听证的范围是对公民做出 2 000 元以上,或者对法人或其他组织做出 1 万元以上罚款的案件。税务行政处罚听证主持人应由税务机关内设的非本案调查机构的人员(如法制机构工作人员)担任。税务行政处罚听证程序如下:

①凡属听证范围的案件,在作出处罚决定之前,应当首先向当事人送达《税务行政处罚事项告知书》,告知当事人已经查明的违法事实、证据、处罚的法律依据和拟给予的处罚,并告知有要求举行听证的权利。

②要求听证的当事人,应当在收到《税务行政处罚事项告知书》后 3 日内向税务机关书面提出听证要求,逾期不提出的,视为放弃听证权利。

③税务机关应当在当事人提出听证要求后的 15 日内举行听证,并在举行听证的 7 日前将《税务行政处罚听证通知书》送达当事人,通知当事人举行听证的时间、地点、主持人的情况。

④除涉及国家秘密、商业秘密或者个人隐私的不公开听证的以外,对于公开听证的案件,应当先期公告案情和听证的时间、地点并允许公众旁听。

⑤听证会开始时,主持人应首先声明并出示税务机关负责人授权主持听证的决定,然后查明当事人或其代理人、调查人员及其他人员是否到场;宣布案由和听证会的组成人员名单;告知当事人有关的权利义务;记录员宣读听证会纪律。

⑥听证会开始后,先由调查人员就当事人的违法行为进行指控,并出示事实证据材料,提出处罚建议,再由当事人或其代理人就所指控的事实及相关问题进行申辩和质证,然后控辩双方辩论;辩论终结,当事人进行最后陈述。

⑦听证的全部活动,应当由记录员制作笔录并交当事人审核、签章。

⑧完成听证任务或有听证终止情形发生时,主持人宣布终止听证。

听证结束后,主持人应当制作听证报告并连同听证笔录附卷移交审查机构审查。

3)决定

审查机构作出审查意见并报送税务机关负责人审批后,应当在收到审批意见之日起 3 日内,根据不同情况分别制作以下处理决定书再报税务机关负责人签发:

①有应受行政处罚的违法行为的,根据情节轻重及具体情况予以处罚。

②违法行为轻微,依法可以不予行政处罚。

③违法事实不能成立,不得予以行政处罚。

④违法行为已构成犯罪的,移送公安机关。

税务机关作出罚款决定的行政处罚决定书应当载明罚款代收机构的名称、地址和当事人应当缴纳罚款的数额、期限等,并明确当事人逾期缴纳是否加处罚款。

13.1.7　税务行政处罚的执行

税务机关作出行政处罚决定后,应当依法送达当事人执行。

税务行政处罚的执行是指履行税务机关依法作出的行政处罚决定的活动。税务机关依法作出行政处罚决定后,当事人应当在行政处罚决定规定期限内,予以履行。当事人在法定期限内不申请复议又不起诉,并且在规定期限内又不履行的,税务机关可以依法强制执行或者申请法院强制执行。

税务机关对当事人作出罚款处罚决定的,当事人应当在收到行政处罚决定书之日起 15 日内缴纳罚款,到期不缴纳的,税务机关可以对当事人每日按罚款数额的 3% 加处罚款。

1)税务机关行政执法人员当场收缴罚款

税务机关对当事人当场作出行政处罚决定,具有依法给予 20 元以下罚款或者不当场收缴罚款事后难以执行情形的,税务机关行政执法人员可以当场收缴罚款。

税务机关行政执法人员当场收缴罚款的,必须向当事人出具合法罚款收据,并应当自收缴罚款之日起 2 日内将罚款交至税务机关。税务机关应当在 2 日内将罚款交付指定的银行或者其他金融机构。

2)税务行政罚款决定与罚款收缴分离

除了依法可以当场收缴罚款的情形以外,税务机关作出罚款的行政处罚决定的执行,自 1998 年 1 月 1 日起,应当按照国务院制定的《罚款决定与罚款收缴分离实施办法》的规定,实行做出罚款决定的税务机关与收缴罚款的机构分离。

税务机关作出的罚款处罚决定,代收罚款的银行或其他金融机构(代收机构)由国家税务总局与财政部、中国人民银行研究确定。各级地方税务机关的代收机构也可以由各地地方税务局与当地财政部门、中国人民银行分支机构研究确定。

税务机关应当同代收机构签订代收罚款协议。代收罚款协议应当包括下列事项:

①税务机关、代收机构名称。

②具体代收网点。

③代收机构上缴罚款的预算科目、预算级次。

④代收机构告知税务机关代收罚款情况的方式、期限。

⑤需要明确的其他事项。

自代收罚款协议签订之日起 15 日内,税务机关应当将代收罚款协议报上一级税务机关和同级财政部门备案;代收机构应当将代收罚款协议报中国人民银行或当地分支机构备案。

代收机构代收罚款,应当向当事人出具财政部规定的罚款收据。

13.2 税务行政复议

为了防止和纠正税务机关违法或者不当的具体行政行为,保护纳税人及其他当事人的合法权益,保障和监督税务机关依法行使职权,根据《中华人民共和国行政复议法》《中华人民共和国税收征收管理法》和其他有关规定。国家税务总局制定了《税务行政复议规则(试行)》,于2004年1月17日第1次局务会议审议通过并予公布,自2004年5月1日起施行。

13.2.1 税务行政复议的概念和特点

税务行政复议是我国行政复议制度的一个重要组成部分。税务行政复议是指当事人(纳税人、扣缴义务人、纳税担保人及其他税务当事人)不服税务机关及其工作人员做出的税务具体行政行为,依法向上一级税务机关(复议机关)提出申请,复议机关经审理对原税务机关具体行政行为依法做出维持、变更、撤销等决定的活动。

我国税务行政复议具有以下特点:

①税务行政复议以当事人不服税务机关及其工作人员做出的税务具体行政行为为前提。这是由行政复议对当事人进行行政救济的目的所决定的。如果当事人认为税务机关的处理合法、适当,或税务机关还没有做出处理,当事人的合法权益没有受到侵害,就不存在税务行政复议。

②税务行政复议因当事人的申请而产生。当事人提出申请是引起税务行政复议的重要条件之一。当事人不申请,就不可能通过行政复议这种形式获得救济。

③税务行政复议案件的审理一般由原处理税务机关的上一级税务机关进行。

④税务行政复议与行政诉讼相衔接。根据《中华人民共和国行政诉讼法》(以下简称《行政诉讼法》)和《行政复议法》的规定,对于大多数行政案件来说,当事人都可以选择行政复议或者行政诉讼程序解决,当事人对行政复议决定不服的,还可以向法院提起行政诉讼。在此基础上,两个程序的衔接方面,税务行政案件的适用还有其特殊性。根据《征管法》第八十八条的规定,对于因征税问题引起的争议,税务行政复议是税务行政诉讼的必经前置程序,未经复议不能向法院起诉,经复议仍不服的,才能起诉;对于因处罚、保全措施及强制执行引起的争议,当事人可以选择适用复议或诉讼程序,如选择复议程序,对复议决定仍不服的,可以向法院起诉。

13.2.2 税务行政复议的受案范围

根据《征管法》《行政复议法》和《税务行政复议规则(试行)》的规定,税务行政复议的受案范围仅限于税务机关做出的税务具体行政行为。税务具体行政行为是指税务机关及其工作人员在税务行政管理活动中行使行政职权，针对特定的公民、法人或者其他组织，就特定的具体事项，做出的有关该公民、法人或者其他组织权利、义务的单方行为。主要包括：

①税务机关做出的征税行为，包括确认纳税主体、征税对象、征税范围，减税、免税及退税、适用税率、计税依据、纳税环节、纳税期限、纳税地点以及税款征收方式等具体行政行为和征收税款、加收滞纳金及扣缴义务人、受税务机关委托征收的单位做出的代扣代缴、代收代缴行为。

②税务机关做出的税收保全措施：

a. 书面通知银行或者其他金融机构冻结存款。

b. 扣押、查封商品、货物或者其他财产。

③税务机关未及时解除保全措施，使纳税人及其他当事人合法权益遭受损失的行为。

④税务机关做出的强制执行措施：

a. 书面通知银行或者其他金融机构从其存款中扣缴税款。

b. 变卖、拍卖扣押、查封的商品、货物或者其他财产。

⑤税务机关做出的行政处罚行为：

a. 罚款。

b. 没收财物和违法所得。

c. 停止出口退税权。

⑥税务机关不予依法办理或者答复的行为：

a. 不予审批减免税或者出口退税。

b. 不予抵扣税款。

c. 不予退还税款。

d. 不予颁发税务登记证、发售发票。

e. 不予开具完税凭证和出具票据。

f. 不予认定为增值税一般纳税人。

g. 不予核准延期申报、批准延期缴纳税款。

⑦税务机关做出的取消增值税一般纳税人资格的行为。

⑧收缴发票、停止发售发票。

⑨税务机关责令纳税人提供纳税担保或者不依法确认纳税担保有效的行为。

⑩税务机关不依法给予举报奖励的行为。

另外，《税务行政复议规则(试行)》还规定，纳税人可以对税务机关做出的具体行政行为所依据的规定提出行政复议申请。具体规定如下：纳税人和其他税务当事人认为税务机关的具体行政行为所依据的下列规定不合法，在对具体行政行为申请行政复议时，可一并向复议机关提出对该规定的审查申请：

a. 国家税务总局和国务院其他部门的规定。

b. 其他各级税务机关的规定。

c. 地方各级人民政府的规定。

d. 地方人民政府工作部门的规定。

13.2.3 税务行政复议管辖

①对各级税务机关做出的具体行政行为不服的，向其上一级税务机关申请行政复议。

对省、自治区、直辖市地方税务局做出的具体行政行为不服的，可以向国家税务总局或者省、自治区、直辖市人民政府申请行政复议。

②对国家税务总局做出的具体行政行为不服的，向国家税务总局申请行政复议。对行政复议决定不服，申请人可以向人民法院提起行政诉讼，也可以向国务院申请裁决，国务院的裁决为终局裁决。

③对上述第①条、第②条规定以外的其他税务机关、组织等做出的具体行政行为不服的，按照下列规定申请行政复议：

a. 对计划单列市税务局做出的具体行政行为不服的，向省税务局申请行政复议。

b. 对税务所、各级税务局的稽查局做出的具体行政行为不服的，向其主管税务局申请行政复议。

c. 对扣缴义务人做出的扣缴税款行为不服的，向主管该扣缴义务人的税务机关的上一级税务机关申请行政复议；对受税务机关委托的单位做出的代征税款行为不服的，向委托税务机关的上一级税务机关申请行政复议。

d. 国税局（稽查局、税务所）与地税局（稽查局、税务所）、税务机关与其他行政机关联合调查的涉税案件，应当根据各自的法定职权，经协商分别做出具体行政行为，不得共同做出具体行政行为。

对国税局（稽查局、税务所）与地税局（稽查局、税务所）共同做出的具体行政行为不服的，向国家税务总局申请行政复议；对税务机关与其他行政机关共同做出的具体行政行为不服的，向其共同上一级行政机关申请行政复议。

e. 对被撤销的税务机关在撤销前所做出的具体行政行为不服的，向继续行使其职权的税务机关的上一级税务机关申请行政复议。

有前款 b、c、d、e 项所列情形之一的，申请人也可以向具体行政行为发生地的县级地方人民政府提出行政复议申请，由接受申请的县级地方人民政府依法进行转送。

13.2.4 税务行政复议申请

①申请人可以在知道税务机关做出具体行政行为之日起 60 日内提出行政复议申请。

因不可抗力或者被申请人设置障碍等其他正当理由耽误法定申请期限的，申请期限自障碍消除之日起继续计算。

②扣缴义务人及纳税担保人对上述征税行为不服的，应当先向复议机关申请行政复议，对行政复议决定不服，可以再向人民法院提起行政诉讼。

申请人按前款规定申请行政复议的，必须先依照税务机关根据法律、行政法规确定的税额、期限，缴纳或者解缴税款及滞纳金或者提供相应的担保，方可在实际缴清税款和滞纳金后或者所提供的担保得到做出具体行政行为的税务机关确认之日起60日内提出行政复议申请。

申请人提供担保的方式包括保证、抵押及质押。做出具体行政行为的税务机关应当对保证人的资格、资信进行审查,对不具备法律规定资格,或者没有能力保证的,有权拒绝。做出具体行政行为的税务机关应当对抵押人、出质人提供的抵押担保、质押担保进行审查,对不符合法律规定的抵押担保、质押担保,不予确认。

③申请人对上述征税行为以外的其他具体行政行为不服,可以申请行政复议,也可以直接向人民法院提起行政诉讼。

④申请人申请行政复议,可以书面申请,也可以口头申请;口头申请的,复议机关应当当场记录申请人的基本情况、行政复议请求、申请行政复议的主要事实、理由和时间。

⑤依法提起行政复议的纳税人及其他当事人为税务行政复议申请人,具体是指纳税义务人、扣缴义务人、纳税担保人和其他当事人。

有权申请行政复议的公民死亡的,其近亲属可以申请行政复议;有权申请行政复议的公民为无行为能力人或者限制行为能力人,其法定代理人可以代理申请行政复议。

有权申请行政复议的法人或者其他组织发生合并、分立或终止的,承受其权利义务的法人或者其他组织可以申请行政复议。

与申请行政复议的具体行政行为有利害关系的其他公民、法人或者其他组织,可以作为第三人参加行政复议。

虽非具体行政行为的相对人,但其权利直接被该具体行政行为所剥夺、限制或者被赋予义务的第三人,在行政管理相对人没有申请行政复议时,可以单独申请行政复议。

申请人、第三人可以委托代理人代为参加行政复议;被申请人不得委托代理人代为参加行政复议。

⑥纳税人及其他当事人对税务机关的具体行政行为不服申请行政复议的,做出具体行政行为的税务机关是被申请人。

⑦申请人向复议机关申请行政复议,复议机关已经受理的,在法定行政复议期限内申请人不得再向人民法院提起行政诉讼;申请人向人民法院提起行政诉讼,人民法院已经依法受理的,不得申请行政复议。

13.2.5 税务行政复议受理

①复议机关收到行政复议申请后,应当在5日内进行审查,决定是否受理。对不符合本规则规定的行政复议申请,决定不予受理,并书面告知申请人。

对有下列情形之一的行政复议申请,决定不予受理:

a. 不属于行政复议的受案范围。

b. 超过法定的申请期限。

c. 没有明确的被申请人和行政复议对象。

d. 已向其他法定复议机关申请行政复议,且被受理。

e. 已向人民法院提起行政诉讼,人民法院已经受理。

f. 申请人就纳税发生争议,没有按规定缴清税款、滞纳金,并且没有提供担保或者担保无效。

g. 申请人不具备申请资格。

对不属于本机关受理的行政复议申请,应当告知申请人向有关复议机关提出。

复议机关收到行政复议申请后未按前款规定期限审查并做出不予受理决定的,视为受理。

②对符合规定的行政复议申请,自复议机关法制工作机构收到之日起即为受理;受理行政复议申请,应当书面告知申请人。

③对应当先向复议机关申请行政复议,对行政复议决定不服再向人民法院提起行政诉讼的具体行政行为,复议机关决定不予受理或者受理后超过复议期限不作答复的,纳税人及其他当事人可以自收到不予受理决定书之日起或者行政复议期满之日起 15 日内,依法向人民法院提起行政诉讼。

④纳税人及其他当事人依法提出行政复议申请,复议机关无正当理由而不予受理且申请人没有向人民法院提起行政诉讼的,上级税务机关应当责令其受理;必要时,上级税务机关也可以直接受理。

⑤行政复议期间具体行政行为不停止执行;但有下列情形之一的,可以停止执行:

a. 被申请人认为需要停止执行的。

b. 复议机关认为需要停止执行的。

c. 申请人申请停止执行,复议机关认为其要求合理,决定停止制定的。

d. 法律规定停止执行的。

⑥行政复议期间,有下列情形之一的,行政复议中止:

a. 申请人死亡,须等待其继承人表明是否参加行政复议的。

b. 申请人丧失行为能力,尚未确定法定代理人的。

c. 作为一方当事人的行政机关、法人或者其他组织终止,尚未确定权利义务承受人的。

d. 因不可抗力原因,致使复议机关暂时无法调查了解情况的。

e. 依照本规则第三十九条和第四十条,依法对具体行政行为的依据进行处理的。

f. 案件的结果须以另一案件的审查结果为依据,而另一案件尚未审结的。

g. 申请人请求被申请人履行法定职责,被申请人正在履行的。

h. 其他应当中止行政复议的情形。

行政复议中止应当书面告知当事人。中止行政复议的情形消除后,应当立即恢复行政复议。

⑦行政复议期间,有下列情形之一的,行政复议终止:

a. 行政复议决定做出前,申请人要求撤回行政复议申请的。

b. 行政复议申请受理后,发现其他复议机关或者人民法院已经先于本机关受理的。

c. 申请人死亡,没有继承人或者继承人放弃行政复议权利的。

d. 作为申请人的法人或者其他组织终止后，其权利义务的承受人放弃行政复议权利的；因前条第 a、b 项原因中止行政复议满 60 日仍无人继续复议的，行政复议终止，但有正当理由的除外。

e. 行政复议申请受理后，发现不符合受理条件的。

行政复议终止应当书面告知当事人。

13.2.6　证据

①行政复议证据包括以下几类：

a. 书证。

b. 物证。

c. 视听资料。

d. 证人证言。

e. 当事人的陈述。

f. 鉴定结论。

g. 勘验笔录、现场笔录。

②在行政复议中，被申请人对其做出的具体行政行为负有举证责任。

③复议机关审查复议案件，应当以证据证明的案件事实为根据。

④复议机关应当根据案件的具体情况，从以下方面审查证据的合法性：

a. 证据是否符合法定形式。

b. 证据的取得是否符合法律、法规、规章、司法解释和其他规定的要求。

c. 是否有影响证据效力的其他违法情形。

⑤复议机关应当根据案件的具体情况，从以下方面审查证据的真实性：

a. 证据形成的原因。

b. 发现证据时的客观环境。

c. 证据是否为原件、原物，复制件、复制品与原件、原物是否相符。

d. 提供证据的人或者证人与当事人是否具有利害关系。

e. 影响证据真实性的其他因素。

⑥下列证据材料不得作为定案依据：

a. 违反法定程序收集的证据材料。

b. 以偷拍、偷录、窃听等手段获取侵害他人合法权益的证据材料。

c. 以利诱、欺诈、胁迫、暴力等不正当手段获取的证据材料。

d. 当事人无正当事由超出举证期限提供的证据材料。

e. 当事人无正当理由拒不提供原件、原物，又无其他证据印证，且对方当事人不予认可的证据的复制件或者复制品。

f. 无法辨明真伪的证据材料。

g. 不能正确表达意志的证人提供的证言。

h. 不具备合法性和真实性的其他证据材料。

⑦在行政复议过程中，被申请人不得自行向申请人和其他有关组织或者个人搜集证据。

⑧申请人和第三人可以查阅被申请人提出的书面答复、做出具体行政行为的证据、依据和其他有关材料，除涉及国家秘密、商业秘密或者个人隐私外，复议机关不得拒绝。

13.2.7 税务行政复议决定

①行政复议原则上采用书面审查的办法，但是申请人提出要求或者法制工作机构认为有必要时，应当听取申请人、被申请人和第三人的意见，并可以向有关组织和人员调查了解情况。

②复议机关对被申请人做出的具体行政行为所依据的事实证据、法律程序、法律依据及设定的权利义务内容之合法性、适当性进行全面审查。

③复议机关法制工作机构应当自受理行政复议申请之日起 7 日内，将行政复议申请书副本或者行政复议申请笔录复印件发送被申请人。

被申请人应当自收到申请书副本或者申请笔录复印件之日起 10 日内，提出书面答复，并提交当初做出具体行政行为的证据、依据和其他有关材料。

④行政复议决定作出前，申请人要求撤回行政复议申请的，可以撤回，但不得以同一基本事实或理由重新申请复议。

⑤申请人在申请行政复议时，依据本规则第九条规定一并提出对有关规定的审查申请的，复议机关对该规定有权处理的，应当在 30 日内依法处理；无权处理的，应当在 7 日内按照法定程序转送有权处理的行政机关依法处理，有权处理的行政机关应当在 60 日内依法处理。处理期间，中止对具体行政行为的审查。

⑥复议机关在对被申请人做出的具体行政行为进行审查时，认为其依据不合法，本机关有权处理的，应当在 30 日内依法处理；无权处理的，应当在 7 日内按照法定程序转送有权处理的国家机关依法处理。处理期间，中止对具体行政行为的审查。

⑦法制工作机构应当对被申请人做出的具体行政行为进行合法性与适当性审查，提出意见，经复议机关负责人同意，按照下列规定作出行政复议决定：

a. 具体行政行为认定事实清楚，证据确凿，适用依据正确，程序合法，内容适当的，决定维持。

b. 被申请人不履行法定职责的，决定其在一定期限内履行。

c. 具体行政行为有下列情形之一的，决定撤销、变更或者确认该具体行政行为违法；决定撤销或者确认该具体行政行为违法的，可以责令被申请人在一定期限内重新做出具体行政行为：

- 主要事实不清、证据不足的。
- 适用依据错误的。
- 违反法定程序的。
- 超越或者滥用职权的。

• 具体行政行为明显不当的。

复议机关责令被申请人重新做出具体行政行为的，被申请人不得以同一事实和理由做出与原具体行政行为相同或者基本相同的具体行政行为；但复议机关以原具体行政行为违反法定程序而决定撤销的，被申请人重新做出具体行政行为的，不受前述限制。

d. 被申请人不按照规定提出书面答复，提交当初做出具体行政行为的证据、依据和其他有关材料的，视为该具体行政行为没有证据、依据，决定撤销该具体行政行为。

重大、疑难的行政复议申请，复议机关应当集体讨论决定。重大、疑难行政复议申请的标准，由复议机关自行确定。

⑧申请人在申请行政复议时可以一并提出行政赔偿请求，复议机关对符合国家赔偿法的有关规定应当给予赔偿的，在决定撤销、变更具体行政行为或者确认具体行政行为违法时，应当同时决定被申请人依法给予赔偿。

申请人在申请行政复议时没有提出行政赔偿请求的，复议机关在依法决定撤销或者变更原具体行政行为确定的税款、滞纳金、罚款以及对财产的扣押、查封等强制措施时，应当同时责令被申请人退还税款、滞纳金和罚款，解除对财产的扣押、查封等强制措施，或者赔偿相应的价款。

⑨复议机关应当自受理申请之日起60日内作出行政复议决定。情况复杂，不能在规定期限内作出行政复议决定的，经复议机关负责人批准，可以适当延长，并告知申请人和被申请人；但延长期限最多不超过30日。

复议机关作出行政复议决定，应当制作行政复议决定书，并加盖印章。

行政复议决定书一经送达，即发生法律效力。

⑩被申请人应当履行行政复议决定。被申请人不履行或者无正当理由拖延履行行政复议决定的，复议机关或者有关上级行政机关应当责令其限期履行。

⑪申请人逾期不起诉又不履行行政复议决定的，或者不履行最终裁决的行政复议决定的，按照下列规定分别处理：

a. 维持具体行政行为的行政复议决定，由做出具体行政行为的行政机关依法强制执行，或者申请人民法院强制执行。

b. 变更具体行政行为的行政复议决定，由复议机关依法强制执行，或者申请人民法院强制执行。

13.2.8 税务行政复议的其他规定

①复议机关、复议机关工作人员及被申请人在税务行政复议活动中，有违反行政复议法及本规则规定的行为，按《中华人民共和国行政复议法》第六章的规定，追究法律责任。

②复议机关受理税务行政复议申请，不得向申请人收取任何费用。

③复议机关在受理、审查、决定税务行政复议案件过程中，可使用行政复议专用章。行政复议专用章与行政机关印章在行政复议中具有同等效力。

④行政复议期间的计算和行政复议文书的送达，依照民事诉讼法关于期间、送达的规

定执行。

关于行政复议期间有关“5 日”“7 日”的规定是指工作日，不含节假日。

⑤税务机关办理行政复议案件应当适用规定的文书格式。文书格式包括：

a. 口头申请行政复议登记表。

b. 不予受理决定书。

c. 受理复议通知书。

d. 行政复议告知书。

e. 责令受理通知书。

f. 责令履行通知书。

g. 提出答复通知书。

h. 停止执行通知书。

i. 行政复议中止通知书。

j. 行政复议终止通知书。

k. 决定延期通知书。

l. 税务行政复议决定书。

13.3 税务行政诉讼

行政诉讼是人民法院处理行政纠纷、解决行政争议的法律制度，与刑事诉讼、民事诉讼一起，共同构筑起现代国家的诉讼制度。具体来讲，行政诉讼是指公民、法人和其他组织认为行政机关及其工作人员的具体行政行为侵犯其合法权益，依照行政诉讼法向人民法院提起诉讼，由人民法院进行审理并做出裁决的诉讼制度和诉讼活动。《行政诉讼法》颁布实施后，人民法院审理行政案件以及公民、法人和其他组织与行政机关进行行政诉讼进入了一个有法可依的新阶段。税务行政诉讼作为行政诉讼的一个重要组成部分，也必须遵循《行政诉讼法》所确立的基本原则和普遍程序；同时，税务行政诉讼又不可避免地具有本部门的特点。

13.3.1 税务行政诉讼的概念

税务行政诉讼，是指公民、法人和其他组织认为税务机关及其工作人员的具体税务行政行为违法或者不当，侵犯了其合法权益，依法向人民法院提起行政诉讼，由人民法院对具体税务行政行为的合法性和适当性进行审理并做出裁决的司法活动。其目的是保证人民法院正确、及时审理税务行政案件，保护纳税人、扣缴义务人等当事人的合法权益，维护和监督税务机关依法行使行政职权。

从税务行政诉讼与税务行政复议及其他行政诉讼活动的比较中可以看出，税务行政诉讼具有以下特殊性：

①税务行政诉讼是由人民法院进行审理并做出裁决的一种诉讼活动。这是税务行政诉讼与税务行政复议的根本区别。税务行政复议和税务行政诉讼是解决税务行政争议的两条重要途径。由于税务行政争议范围广、数量多、专业性强,大量税等行政争议由税务机关以税务复议方式解决,只有由人民法院对税务案件进行审理并做出裁决的活动,才是税务行政诉讼。

②税务行政诉讼以解决税务行政争议为前提,这是税务行政诉讼与其他行政诉讼活动的根本区别,具体体现在:

a. 被告必须是税务机关,或经法律、法规授权的行使税务行政管理权的组织,而不是其他行政机关或组织。

b. 税务行政诉讼解决的争议发生在税务行政管理过程中。

c. 因税款征纳问题发生的争议,当事人在向人民法院提起行政诉讼前,必须先经税务行政复议程序,即复议前置。

13.3.2 税务行政诉讼的原则

除共有原则外(如人民法院独立行使审判权,实行合议、回避、公开、辩论、两审、终审等),税务行政诉讼还必须和其他行政诉讼一样,遵循以下几个特有原则:

①人民法院特定主管原则。即人民法院对税务行政案件只有部分管辖权。根据《行政诉讼法》第十一条的规定,人民法院只能受理因具体行政行为引起的税务行政争议案。

②合法性审查原则。除审查税务机关是否滥用权力、税务行政处罚是否显失公正外,人民法院只对具体税务行为是否合法予以审查。与此相适应,人民法院原则上不直接判决变更。

③不适用调解原则。税收行政管理权是国家权力的重要组成部分,税务机关无权依自己意愿进行处置,因此,人民法院也不能对税务行政诉讼法律关系的双方当事人进行调解。

④起诉不停止执行原则。即当事人不能以起诉为理由而停止执行税务机关所做出的具体行政行为,如税收保全措施和税收强制执行措施。

⑤税务机关负举证责任原则。由于税务行政行为是税务机关单方依一定事实和法律做出的,只有税务机关最了解做出该行为的证据。如果税务机关不提供或不能提供证据,就可能败诉。

⑥由税务机关负责赔偿的原则。依据《中华人民共和国国家赔偿法》(以下简称《国家赔偿法》)的有关规定,税务机关及其工作人员因执行职务不当,给当事人造成人身及财产损害,应负担赔偿责任。

13.3.3 税务行政诉讼的管辖

税务行政诉讼管辖,是指人民法院受理第一审税务案件的职权分工。《行政诉讼法》第十三条至第二十三条详细具体地规定了行政诉讼管辖的种类和内容。这对税务行政诉讼当然也是适用的。

具体来讲,税务行政诉讼的管辖分为级别管辖、地域管辖和裁定管辖。

1)级别管辖

级别管辖是上下级人民法院之间受理第一审税务案件的分工和权限。根据《行政诉讼法》的规定,基层人民法院管辖一般的税务行政诉讼案件;中高级人民法院管辖本辖区内重大、复杂的税务行政诉讼案件;最高人民法院管辖全国范围内重大、复杂的税务行政诉讼案件。

2)地域管辖

地域管辖是同级人民法院之间受理第一审行政案件的分工和权限,分一般地域管辖和特殊地域管辖两种。

①一般地域管辖,是指按照最初做出具体行政行为的机关所在地来确定管辖法院。凡是未经复议直接向人民法院提起诉讼的,或者经过复议,复议裁决维持原具体行政行为,当事人不服向人民法院提起诉讼的,根据《行政诉讼法》第十七条的规定,均由最初做出具体行政行为的税务机关所在地人民法院管辖。

②特殊地域管辖,是指根据特殊行政法律关系或特殊行政法律关系所指的对象来确定管辖法院。税务行政案件的特殊地域管辖主要是指:经过复议的案件,复议机关改变原具体行政行为的,由原告选择最初做出具体行政行为的税务机关所在地的人民法院,或者复议机关所在地人民法院管辖。原告可以向任何一个有管辖权的人民法院起诉,最先收到起诉状的人民法院为第一审法院。

3)裁定管辖

裁定管辖,是指人民法院依法自行裁定的管辖,包括移送管辖、指定管辖及管辖权的转移三种情况。

①移送管辖,是指人民法院将已经受理的案件,移送给有管辖权的人民法院审理。根据《行政诉讼法》第二十一条的规定,移送管辖必须具备三个条件:一是移送人民法院已经受理了该案件;二是移送法院发现自己对该案件没有管辖权;三是接受移送的人民法院必须对该案件确有管辖权。

②指定管辖,是指上级人民法院以裁定的方式,指定某下一级人民法院管辖某一案件。根据《行政诉讼法》第二十二条的规定,有管辖权的人民法院因特殊原因不能行使对行政诉讼的管辖权的,由其上级人民法院指定管辖;人民法院对管辖权发生争议且协商不成的,由它们共同的上级人民法院指定管辖。

③管辖权的转移。根据《行政诉讼法》第二十三条的规定,上级人民法院有权审理下级人民法院管辖的第一审税务行政案件,也可以将自己管辖的第一审行政案件移交下级人民法院审判;下级人民法院对其管辖的第一审税务行政案件,认为需要由上级人民法院审判的,可以报请上级人民法院决定。

13.3.4 税务行政诉讼的受案范围

税务行政诉讼的受案范围,是指人民法院对税务机关的哪些行为拥有司法审查权。换言之,公民、法人或者其他组织对税务机关的哪些行为不服可以向人民法院提起税务行政诉讼。在实际生活中,税务行政争议种类多、涉及面广,不可能也没有必要都诉诸人民法院通过诉讼程序解决。界定税务行政诉讼的受案范围,便于明确人民法院、税务机关及其他国家机关间在解决税务行政争议方面的分工和权限。

税务行政诉讼案件的受案范围除受《行政诉讼法》有关规定的限制外,也受《征管法》及其他相关法律、法规的调整和制约。具体说来,税务行政诉讼的受案范围与税务行政复议的受案范围基本一致,包括:

①税务机关做出的征税行为:一是征收税款、加收滞纳金。二是扣缴义务人、受税务机关委托的单位做出代扣代缴、代收代缴行为及代征行为。

②税务机关做出的责令纳税人提交纳税保证金或者纳税担保行为。

③税务机关做出的行政处罚行为:一是罚款。二是没收违法所得。三是停止出口退税权。四是收缴发票和暂停供应发票。

④税务机关做出的通知出境管理机关阻止出境行为。

⑤税务机关做出的税收保全措施:一是书面通知银行或者其他金融机构冻结存款。二是扣押、查封商品、货物或者其他财产。

⑥税务机关做出的税收强制执行措施:一是书面通知银行或者其他金融机构扣缴税款;二是拍卖所扣押、查封的商品、货物或者其他财产抵缴税款。

⑦认为符合法定条件申请税务机关颁发税务登记证和发售发票,税务机关拒绝颁发、发售或者不予答复的行为。

⑧税务机关的复议行为:一是复议机关改变了原具体行政行为。二是期限届满,税务机关不予答复。

13.3.5 税务行政诉讼的起诉和受理

1)税务行政诉讼的起诉

税务行政诉讼起诉,是指公民、法人或者其他组织认为自己的合法权益受到税务机关具体行政行为的侵害,而向人民法院提出诉讼请求,要求人民法院行使审判权,依法予以保护的诉讼行为。起诉,是法律赋予税务行政管理相对人、用以保护其合法权益的权利和手段。在税务行政诉讼等行政诉讼中,起诉权是单向性的权利,税务机关不享有起诉权,只有应诉权,即税务机关只能作为被告;与民事诉讼不同,作为被告的税务机关不能反诉。

纳税人、扣缴义务人等税务管理相对人在提起税务行政诉讼时,必须符合下列条件:

①原告是认为具体税务行为侵犯其合法权益的公民、法人或者其他组织。

②有明确的被告。

③有具体的诉讼请求和事实、法律根据。

④属于人民法院的受案范围和受诉人民法院管辖。

此外,提起税务行政诉讼,还必须符合法定的期限和必经的程序。根据《征管法》第八十八条及其他相关规定,对税务机关的征税行为提起诉讼,必须先经过复议;对复议决定不服的,可以在接到复议决定书之日起 15 日内向人民法院起诉。对其他具体行政行为不服的,当事人可以在接到通知或者知道之日起 15 日内直接向人民法院起诉。

税务机关做出具体行政行为时,未告知当事人诉权和起诉期限,致使当事人逾期向人民法院起诉的,其起诉期限从当事人实际知道诉权或者起诉期限时计算。但最长不得超过 2 年。

2)税务行政诉讼的受理

原告起诉,经人民法院审查,认为符合起诉条件并立案审理的行为,称为受理。对当事人的起诉,人民法院一般从以下几方面进行审查并做出是否受理的决定:一是审查是否属于法定的诉讼受案范围;二是审查是否具备法定的起诉条件;三是审查是否已经受理或者正在受理;四是审查是否有管辖权;五是审查是否符合法定的期限;六是审查是否经过必经复议程序。

根据法律规定,人民法院接到诉状,经过审查,应当在 7 日内立案或者做出裁定不予受理。原告对不予受理的裁定不服的,可以提起上诉。

13.3.6 税务行政诉讼的审理和判决

1)税务行政诉讼的审理

人民法院审理行政案件实行合议、回避、公开审判和两审终审的审判制度。审理的核心是审查被诉具体行政行为是否合法,即做出该行为的税务机关是否依法享有该税务行政管理权;该行为是否依据一定的事实和法律做出;税务机关做出该行为是否遵照必备的程序等。

根据《行政诉讼法》第五十二条、第五十三条的规定,人民法院审查具体行政行为是否合法,依据法律、行政法规和地方性法规(民族自治地方的自治条例和单行条例);参照部门规章和地方性规章。

2)税务行政诉讼的判决

人民法院对受理的税务行政案件,经过调查、搜集证据、开庭审理之后,分别做出如下判决:

①维持判决。适用于具体行政行为证据确凿,适用法律、法规正确,符合法定程序的案件。

②撤销判决。被诉的具体行政行为主要证据不足,适用法律、法规错误,违反法定程序,或者超越职权、滥用职权,人民法院应判决撤销或部分撤销,同时可判决税务机关重新做出具体行政行为。

③履行判决。税务机关不履行或拖延履行法定职责的,判决其在一定期限内履行。

④变更判决。税务行政处罚显失公正的,可以判决变更。

对一审人民法院的判决不服,当事人可以上诉。对发生法律效力的判决,当事人必须执行,否则人民法院有权依对方当事人的申请予以强制执行。

本章练习题

一、单项选择题

1. 某国有企业因有违反税收征收管理法的行为，被税务机关处以8 000元的罚款。假定该企业收到税务行政处罚决定书的时间为2010年3月1日，则该企业4月5日缴纳罚款时的总金额为（　　）。
   A. 8 000元　　B. 9 200元　　C. 13 040元　　D. 16 640元
2. 下列关于税务行政处罚权的表述中，正确的是（　　）。
   A. 省地方税务局可以通过规范性文件的形式设定警告
   B. 国家税务总局可以通过规章的形式设定一定限额的罚款
   C. 省以下国家税务局的稽查局不具有税务行政处罚主体资格
   D. 作为税务机关派出机构的税务所不具有税务行政处罚主体资格
3. 根据税收征收管理法及其他相关规定，对税务机关的征税行为提起诉讼，必须先经过复议，对复议决定不服的，可以在接到复议决定书之日起的一定时限内向人民法院起诉。下列各项中，符合上述时限规定的是（　　）。
   A. 15日　　B. 30日　　C. 60日　　D. 90日

二、多项选择题

1. 下列各项中，符合税务行政一级复议具体规定的有（　　）。
   A. 对国家税务总局做出的具体行政行为不服的，应向国家税务总局申请复议
   B. 对省级地方税务局做出的具体行政行为不服的，可以向省级人民政府申请复议
   C. 对受税务机关委托的单位做出的代征税款行为不服的，向委托代征的税务机关申请复议
   D. 对国家税务局和地方税务局共同做出的具体行政行为不服的，可以向当地县级以上人民政府申请复议
2. 纳税人和其他税务当事人对侵犯其合法权益的特定税务行政诉讼受案范围的有（　　）。
   A. 税务机关通知银行冻结其存款的行为
   B. 税务机关逾期未对其复议申请作出答复的行为
   C. 税务机关对其所缴纳的税款没有上交国库的行为
   D. 税务机关制订的规范性文件损害其合法权益的行为

三、简答题

1. 对国家税务总局的决定不服的，应该向哪个机关提出行政复议？为什么？
2. 税务行政处罚的一般程序中的听证，是如何进行的？
3. 税务行政诉讼的受案范围有哪些？

参考文献

[1] 中国注册会计师协会. 税法[M]. 北京:经济科学出版社,2014.

[2] 全国注册税务师执业资格考试教材编写组. 税法Ⅰ[M]. 北京:中国税务出版社,2014.

[3] 全国注册税务师执业资格考试教材编写组. 税法Ⅱ[M]. 北京:中国税务出版社,2014.

[4] 刘俊芹. 税法[M]. 北京:电子工业出版社,2014.

[5] 高桂林,张秋华. 税法[M]. 北京:中国人民大学出版社,2014.

[6] 李晓红. 税法[M]. 北京:清华大学出版社,北京交通大学出版社,2013.

[7] 张小玲. 税法实务[M]. 北京:北京理工大学出版社,2014.

[8] 蔡报纯. 税法:实务与案例[M]. 3 版. 大连:东北财经大学出版社,2014.

[9] 施正文. 中国税法评论(第 2 卷)[M]. 北京:中国税务出版社,2014.

[10] 翟继光. 税法学原理:税法理论的反思与重构[M]. 上海:立信会计出版社,2011.

[11] 庞凤喜,薛钢,高亚军. 税收原理与中国税制[M]. 北京:中国财政经济出版社,2014.

[12] 赖金生,徐双泉. 中国税制[M]. 7 版. 北京:中国财政经济出版社,2014.

[13] 杜莉,徐晔. 中国税制[M]. 4 版. 上海:复旦大学出版社,2011.

[14] 财政部营改增课题组. 营业税改正增值税指南[M]. 北京:中国财政经济出版社,2014.

[15] 马国强. 中国税收[M]. 4 版. 大连:东北财经大学出版社,2014.

[16] 黄桦. 税收学[M]. 3 版. 北京:中国人民大学出版社,2014.

[17] 王玮. 税收学原理[M]. 2 版. 北京:清华大学出版社,2012.

[18] 吉文丽. 税法[M]. 北京:清华大学出版社,2014.